Tradición y actualidad de la literatura iberoamericana

ACTAS DEL XXX CONGRESO DEL INSTITUTO INTERNACIONAL DE LITERATURA IBEROAMERICANA

tomo I

dirigido por
PAMELA BACARISSE
Presidenta, XXX Congreso
12-16 de junio de 1994

University of Pittsburgh
Pittsburgh, Pennsylvania

Tapas: Lillian Seddon Lozano

©Copyright 1995
Instituto Internacional de Literatura Iberoamericana

Actas del XXX Congreso
Instituto Internacional de Literatura Iberoamericana

PAMELA BACARISSE, Presentación 9

I. GÉNEROS

ORALIDAD

MAUREEN AHERN, Testimonio oral, memoria y violencia en el diario de Diego Pérez de Luxán: Nuevo México 1583 15
LEONARDO ROSSIELLO, Oralidad y tradición en dos cuentos de Carrasquilla y Güiraldes 25

EL ENSAYO

RUDOLFO A. BORELLO, *Facundo*: la realidad desde el punto de vista del político y del ensayista 35
DAVID LAGMANOVICH, El ensayismo de Paul Groussac (1848-1929) 39
MIGUEL GOMES, Ensayo venezolano y ensayo hispanoamericano: una perspectiva comparada 47

TEATRO

A. VALBUENA-BRIONES, El teatro seglar de Sor Juana y la tradición de la comedia 55
SEYMOUR MENTON, El nuevo teatro histórico o La vuelta del autor 61

POETAS Y POESÍA

MARÍA C. ALBIN, Ante el Niágara: Heredia, Sagra, Avellaneda y el proyecto modernizador 69
GLORIA VIDELA DE RIVERO, Un caso de fecunda interrelación literaria sur-sur: Pablo Neruda y Mendoza (1925-46) 79
ANTHONY STANTON, Vida, memoria y escritura en *Pasado en claro* 85

Jaime Giordano, El arte de hablar solo: Girondo, Borges, Girri 93
Consuelo Hernández J., Del poema narrativo a la novela poética 101
Bruce Stiehm, Imagen multivalente y oración calidoscópica en la poesía de Eduardo Espina 117
Efthimia Pandis Pavlakis, La ciencia en la poesía de Lucila Velásquez: *El Árbol de Chernobyl* 129
Tina Fernández-Escaja, Invención de una periferia: poetas hispanoamericanas de la modernidad 137

II. Temas

La Mujer

Raúl Neira, Construcción social de la "domesticidad" de la mujer en la novelística ecuatoriana: *La emancipada* (1863) 147
Flor María Rodríguez-Arenas, La marginación de la narrativa de escritoras decimonónicas colombianas: "El crimen" de Soledad Acosta de Samper (1869) 153
Andrea Ostrov, Silvina Ocampo: las escrituras peligrosas 159
Julia Cuervo Hewitt, Jurema: la mujer y sus símbolos en *La guerra del fin del mundo* 165
Yvette Jiménez de Báez, Transparencia de los enigmas: *Lilus Kikus* de Elena Poniatowska. Entre textos 171
Estela Cédola, Erotismo y parodia al modo femenino: *Lo impenetrable* de Griselda Gámbaro 179

"Los de Abajo"

Sarah H. Beckjord, Respuesta a Hugo en la novela antiesclavista cubana: *Petrona y Rosalía* de Tanco y Bosmeniel 189
Petrona D. Rodríguez Pasqués, *Viva o povo brasileiro*, de João Ubaldo Ribeiro: historia, ficción y metaficción 197
Rosario Rexach de León, *Pedro Blanco, el negrero*: ¿novela o biografía novelada? 203

La Nación

Kimberle S. López, La ambivalencia de ser criollo: género testimonial en *Los infortunios de Alonso Ramírez* 213
Mabel Moraña, Mariátegui y la cuestión nacional: un ensayo de interpretación 221
Rita de Grandis, Procesos de hibridación cultural 231
Mary K. Addis, Tradición y actualidad en la narrativa actual nicaragüense ... 243

III. FIGURAS

JORGE LUIS BORGES

ROBIN LEFERE, "La casa de Asterión": experiencia de la lectura vs. interpretación 253
RAÚL MARRERO-FENTE, "Tlön, Uqbar, Orbis, Tertius": los mundos posibles de una metafísica de la ficción 259
MIREYA CAMURATI, Tras la pista: Borges y Michael Innes 267
SILVIA G. DAPÍA, El ensayismo de Jorge Luis Borges 273
RAFAEL OLEA FRANCO, Borges y los clásicos españoles 285

CARLOS MONSIVÁIS

MARÍA EUGENIA MUDROVCIC, Carlos Monsiváis, un intelectual post-68 295
LINDA EGAN, Crónica y periodismo: el "género" Carlos Monsiváis 303

ÁNGELES MASTRETTA & LAURA ESQUIVEL

GABRIELLA DE BEER, Las mujeres mexicanas hablan: la narrativa de Ángeles Mastretta y Laura Esquivel 313

CRISTINA PERI ROSSI

ROGELIO ARENAS MONREAL, Cristina Peri Rossi: una escritora de la libertad: entrevista 321

Presentación

Estoy en deuda con muchos amigos y colegas de distintos países por el interés, dedicación y simpatía que me mostraron cuando me dedicaba a la organización del XXX Congreso del Instituto Internacional de Literatura Iberoamericana que tuvo lugar aquí en Pittsburgh en el cálido mes de junio de 1994. Reconozco con agradecimiento la contribución de todos, sabiendo muy bien que el encuentro no habría tenido éxito sin su cooperación. No podría estar más consciente del esfuerzo que hicieron los socios que asistieron al Congreso —los que emprendieron viajes largos y complicados para reunirse con sus colegas, algunos gastándose pequeñas fortunas por no recibir subvenciones de su universidad y otros que tuvieron la generosidad de estar dispuestos a reorganizar agendas complicadas pre-existentes para que cupiera una corta escapada a Pittsburgh.

Tal vez sea imprudente, incluso peligroso, publicar una lista de nombres, pero no puedo menos de mencionar, y agradecer otra vez, a los invitados de honor: a Cristina Peri Rossi, que no tuvo inconveniente en cruzar el Atlántico para pasar una semana con nosotros; a Roberto Fernández Retamar, que (acompañado por su esposa, la historiadora de bellas artes Adelaida de Juan, y su colega, Margarita Mateo) llegó —como por magia, después de tantos trámites y problemas— de La Habana; a Claribel Alegría, Ana María Rodas y Daisy Zamora, quienes nos leyeron algunos de sus maravillosos poemas, y a Amanda Castro, poeta y ex-estudiante de nuestro Departamento, a quien se le ocurrió la posibilidad de una sesión de este tipo en un principio y que tanto hizo para que se realizara; a los poetas Alicia Borinsky, Eduardo Espina y Armando Romero, quienes también nos encantaron leyendo sus poesías; a Tomás Eloy Martínez, cuya estancia en Pittsburgh fue cortísima por tener planeado ya un viaje a Buenos Aires esa misma semana; a José Amor y Vázquez y Rafael Olea Franco, quienes presentaron las Actas del XXVIII Congreso; a Anna Caballé, que vino de Barcelona para presentar las del XXIX Congreso; a Gloria Videla de Rivero, que presentó su libro *Direcciones del vanguardismo hispanoamericano*, que acababa de ser re-editado por el IILI; a mi colega, John Beverley, que nos ofreció una conferencia plenaria que resultó (como siempre) provocadora; a Georgette Dorn, directora de la División Hispánica de la *Library of Congress*; a mi ex-colega —ahora radicado en Berkeley— Antonio Cornejo-Polar, Vice-Presidente del IILI, que viajó desde Lima para estar con nosotros; a Tom McKechnie, *Associate Director* de la *University Center for International Studies*, Universidad de Pittsburgh, y a Billie DeWalt, Director del *Center for Latin American Studies*, Universidad de Pittsburgh; a J. Dennis O'Connor, Canciller de la Universidad, que pronunció un discurso de bienvenida; y a todos los amigos venezolanos con quienes nos reuniremos en 1996 cuando se celebre el XXXI Congreso en Caracas.

Sería más que injusto si no aprovechara esta ocasión para reconocer por escrito el entusiasmo, talento y generosidad de los estudiantes de posgrado del Departamento de Lenguas y Literaturas Hispánicas de esta universidad. No sé cómo hubiera podido celebrarse el Congreso sin ellos. Ni, claro, sin la paciencia y energía de Margarita Leño y Lillian Seddon Lozano, secretarias del IILI, y Yolanda Castellano, Sandi Mathews y Connie Tomko, secretarias y *Administrative Assistant*, respectivamente, del Departamento de Lenguas y Literaturas Hispánicas.

Sin embargo, mi mayor deuda es con Erika Braga, del IILI, quien —al parecer— sabe resolver todos los problemas, tiene infinita paciencia y, quizá lo más importante, es amiga de los computadores. Muchísimas gracias.

Ahora, con la producción en forma de libros de las Actas del XXX Congreso me encuentro con aun más deudas. Sin duda debiera empezar agradeciendo, otra vez, a la incansable Erika Braga; y a Lillian Seddon Lozano, que diseñó las tapas. Luego, quisiera destacar la ayuda de uno de los estudiantes de posgrado de nuestro departamento, Bladimir Ruiz, que leyó y corrigió todas las pruebas de los artículos. Mas esta vez me toca también destacar la generosa ayuda de varios amigos, que, a pesar de estar atareadísimos todos, no dudaron en aceptar mi invitación de formar parte del proceso de asesoramiento de las ponencias/artículos. Entre ellos figuran Angela Dellepiane, Rosario Rexach de León, Gioconda Marún, John Beverley, Keith McDuffie, Danilo Marcondes de Souza, Filho, y nuestra nueva colega en Pittsburgh, Mabel Moraña.

Lo único que me queda es reconocer públicamente el apoyo y la paciencia de mi marido, Keith McDuffie, Director Ejecutivo del IILI. No hay palabras para expresar cuánto debo a sus consejos animadores, basados todos en sus muchos años con el Instituto y su dedicación al futuro éxito de éste.

Pamela Bacarisse
Presidenta del XXX Congreso del IILI, 12-16 de junio de 1994;
secretaria-tesorera del IILI;
editora de la presente edición

* *También quiero volver a agradecer muy sinceramente la contribución financiera del Center for Latin American Studies y del Fondo Roggiano que tanto nos ayudó en la organización del XXX Congreso.*

I. Géneros

Oralidad

Testimonio oral, memoria y violencia en el diario de Diego Pérez de Luxán: Nuevo México 1583

Maureen Ahern

Maureen Ahern sacó su primer título en los EE.UU. pero se doctoró en la Universidad Nacional Mayor de San Marcos, Lima, Perú. Actualmente forma parte del profesorado de The Ohio State University, EE.UU. Ha publicado mucho sobre el período colonial y está preparando un libro sobre las relaciones de la frontera del norte de la Nueva España, 1527-1583: Desde los márgenes del norte

Quisiera reflejar el papel que desempeñan la memoria, el testimonio oral y la escritura en una relación inédita en lengua española que narra —aparentemente sin censura ni autorización oficial— la expedición de Antonio de Espejo al territorio de Nuevo México en 1582-83. La interacción de estos elementos revela los intersticios entre testimonio oral y memoria en la configuración narrativa de la frontera del norte de la Nueva España.

El 26 de octubre de 1583, el arzobispo de Nueva España, Don Pedro Moya y Contreras, escribió a Felipe II para informarle del "descubrimiento de Nuevo México y otros asuntos":

> Estando escribiendo esta, me dieron essa relación ciertos hombres que los días passados vinieron del Nuevo México, de que el conde de Corurqa dió noticia á V.M., *que si es como dizen, se descubre por aquella parte otro Nuevo Mundo*.[1] (Énfasis nuestro)

Los informes a los que hacía referencia eran las *relaciones* oficiales del segundo ciclo de entradas a Nuevo México emprendidas entre los años 1581 y 1583. De la primera, realizada por Fray Agustín Rodríguez y Francisco Chamuscado en 1581, da cuenta *La relación y conçudio del viaje y subseso ...* de Hernán Gallegos.[2] La segunda fue el informe oficial que remitió Antonio de Espejo en septiembre de 1583 a su regreso de la comitiva que dirigió al rescate de los tres misioneros franciscanos que habían quedado el año anterior entre los Tiwas.[3] Durante un periodo de dos años estos pequeños grupos de soldados

---

[1] *Cinco cartas del Illmo. y Exmo. Senor D. Pedro Moya de Contreras* (Madrid: José Porrúa Turanzas, 1962) 164.
[2] Véase mi ensayo sobre la relación de Gallegos, "La relación como glosa, guía y memoria: Nuevo México 1581-1582" en el número sobre letras coloniales de la *Revista Iberoamericana* que ha coordinado Mabel Moraña.
[3] "Relación de viaje ...", *Colección de Documentos Inéditos Relativos al descubrimiento, conquista*

y religiosos visitaron más de sesenta comunidades indígenas. Subieron el valle del Río Grande, llegando hacia el nordeste a Zuni, volviéndose hacia el oeste, a las mesetas de los Hopis y luego hasta el Río Verde en lo que es hoy el estado de Arizona. Tanto por la información que contienen estos dos documentos como por su presentación discursiva, el lector podría pensar que se había encontrado aquel tan buscado "otro nuevo mundo", en tierra adentro. En contraste radical con los rigores de la frontera minera de Nueva Vizcaya —guerra, enfermedades y tribus nómadas— estos discursos oficiales configuraron un espacio utópico en los límites del norte.[4] Para sus lectores, tanto como para el Virrey, el Rey y el Consejo de Indias, Espejo describió su gira por el norte como recorrido por un lugar ideal para la evangelización y el comercio, donde debido al éxito de sus contactos pacíficos con los pueblos indígenas, se resolvían todos los problemas de un futuro asentamiento español.[5]

Pero existía otra versión de esta entrada de Espejo que seguía al pie de la letra la prescripción de las Ordenanzas de 1573 que ordenaba que cada escribano "haga comentario y memoria por días" de todos los sucesos.[6] Se trata del diario de campo que llevaba Diego Pérez de Luxán, soldado y alguacil mayor de la comitiva, que conserva la relación más detallada y precisa de la expedicion de Espejo. Mi análisis se basa en la copia del original que fue enviada a la Corte en 1602, la cual permanece aún inédita en lengua castellana en el Archivo General de Indias en Sevilla.[7] En la actualidad la relación de Luxán ha sido

---

y organización de las antiguas posesiones españolas de América y Oceanía. Tomo XV (Madrid: Imprenta de José María Pérez, 1871) 101-26 En sucesivas referencias *CDI* XV.

[4] Como el espacio utópico de Chile que se ubicaba al otro extremo final del mundo americano en *La Araucana* de Ercilla, o el Paraiso, al final del este, de Colón, el norte se convirtió en la Utopía de Nueva España.

[5] Espejo pinta un cuadro óptimo de lo que "vide por mis ojos" (124). Todo es mejor que México. No hay enfermedades y hay gente de "buen entendimiento y pulicia, hay con buena traza de pueblos y plazas y casas concertadas ..." (*CDI* XV 188). En las cartas que Espejo adjunta a su relación declara que todos los problemas para futuros asientos han sido resueltos y la amistad de los grupos indígenas se ha asegurado por regalar a sus caciques principales En otro documento incluido en *CDI* XV, Espejo propone organizar una expedición constituida por cuarenta franciscanos acompañados de cuatrocientos hombres, mil quinientos caballos y suministros que Espejo costearía de su propia hacienda.

[6] Las Ordenanzas Reales de 1573 habían prescrito explícitamente la manera que cada entrada a tierras nuevas registrara y remitiera su informe o relación. "Los descobridores por mar ó por tierra, hagan comentario é memoria por dias, de todo lo que vieren y hallaren y les aconteciere en las tierras que descobrieren; é todo lo vayan asentando en un libro, y despues de asentado, se léa en público cada dia, delante los que fueren al dicho descobrimiento, porque se averigue mas lo que pasare y pueda constar de la verdad de tod[o] éllo, firmandolo de algunos de los principales, el cual libro se guaardará á mucho recabdo para que cuando vuelvan le traigan y representen ante la Audiencia con cuya licencia hobieren ido". (*CDI* XVI 149)

[7] AGI Ms. Patronato, 22, R4 (5). Hammond y Rey publicaron una traducción inglesa muy libre de la misma en su volumen, *The Rediscovery of New Mexico* (Albuquerque: University of New Mexico Press, 1966). El informe de Luxán es corroborado por una tercera versión de la misma expedición hecha por otro participante, el Capitán Bernardino de Luna, la cual fue incorporada por Baltazar de Obregón a su *Historia de los descubrimientos antiguos y modernos de la Nueva España* escrito en 1584. Ed. de Mariano Cuevas (México: Secretaría de Educación Pública, 1924).

poco estudiada. Sin embargo, mi hipótesis de trabajo defiende que este texto sobre una expedición marginal, generado desde la periferia del mundo colonial, arroja mucha más luz sobre la problemática del contacto inicial entre indígenas y españoles en el continente norteño que aquel discurso oficial y propagandístico que Antonio de Espejo envió a la Corona.

Este ensayo propone examinar sólo dos temas: primero, la entrada española a los pueblos de los Hopis y la forma de que Luxán se vale del testimonio oral y la memoria de intérpretes indígenas para configurar su discurso, al evocar y relatar la presencia anterior de Coronado; y en segundo lugar, el cruento contar de la masacre perpetuada en el pueblo Tiwa de Puala por la misma comitiva de Espejo a su regreso a Nueva Vizcaya.

Luxán consignó su informe en forma de apuntes precisos, anotando para cada jornada de la expedición, la fecha, el número de leguas andadas, los lugares alcanzados, los topónimos españoles que se les pusieron, los grupos lingüísticos y étnicos que encontraron, sus costumbres sociales y ceremoniales y los nombres de sus caciques, tal como lo requerían dichas Ordenanzas de 1573. Sin disimulo alguno Luxán apunta franca y abiertamente los nombres y apellidos, lugares y fechas de las cacerías de esclavos y los capitanes que las llevaron a cabo a lo largo de la zona que va desde el Río de los Conchos hasta el Río Grande, con referencias explícitas a aquéllas en las que su hermano, Gaspar de Luxán, había participado el año anterior. La aparente facilidad que muestra el narrador al registrar estos sucesos que aun en los mejores términos rozaban la ilegalidad, respalda nuestra hipótesis que el diario de Luxán fue un texto que no pasó por la censura oficial, y que de hecho nunca fue destinado a los ojos de otros lectores, sino que su autor lo guardaba para su propia información, como parte de una ganancia sobre el capital que él y su hermano habían invertido en busca de futuros filones de fortuna que prometían tan rica información sobre el territorio incógnito.[8]

MEMORIA DE CORONADO

Cuando la expedición de Antonio de Espejo llegó a la provincia de Zuni y sus seis pueblos en marzo del año 1583, encontraron cruces en todos aquellos pueblos (183):[9]

> ... hallamos en todas los pueblos cruces muy bien hechas por que en esta tierra estubo Coronado, y en todo lo que descubri[eron] Fray Agustin y Francisco Sanchez Xamuscado porque en todas partes nos digeron como abia estado alli. Aqui hallamos Yndios

---

[8] La expedición de quince personas salió de San Gregorio en el Río Parral, el 10 de noviembre de 1582. Los comentarios de Luxán sobre la confusión acerca de la autorización ortogada a los clérigos para entrar a nuevas tierras, confirma que fue el deseo de obtener ganancias lo que motivó a Espejo y los soldados de la escolta, no el rescate de los franciscanos: "y visto por los compañeros que en volverse el dicho padre fray Pedro de Heredia no podiamos ni el dicho [viaje] y que quedabamos perdidos por que algunos de nosotros abiamos gastado nuestras haciendas le requerimos a el dicho padre fray Pedro no nos dexase ni desamparase, pues bia lo mucho que nos costaba el biaxe a lo que respondio por escripto segun que le requerimos que el bernia con nosotros" [104V].
[9] Luxán consigna los nombres de Malaque, Mazaque, Quaquema, Aguico, Alona, Quaquina, Cana. Según Frederick Webb Hodge son Mátsaki, K'iákina, Hálona, Kwákina, Háwikuh, and K'iánawa. *History of Hawikuh, New Mexico* (Los Angeles: The Southwest Museum, 1937) 66.

mexicanos y de los [sic] de guadalajara de los que trajo Coronado, con quien nos entendiamos, aunque hablaban torpemente, i aqui hallamos un libro i un cofrecillo viejo que dejo Coronado.[10] (127V)

Al representar la llegada de los españoles al pueblo Zuni de Hawikuh, Luxán intercala la historia que le han relatado los dos intérpretes mexicanos originales de Guadalajara que hacía cuarenta años habían optado por quedarse entre los Zunis en vez de regresar con el ejército de Francisco Vásquez y Coronado a Nueva España. "Supimos por los naguat[l]atos", Luxán escribe, que dos capitanes de la tropa de Coronado habían pasado dos años en el pueblo de Zuni y que cuando Coronado supo que los Tiguas de Puala habían matado diez de sus caballos, volvió allí y sitió el pueblo, "y les dio tanta guerra que los que no morian a manos de españoles ... morian de hambre y de sed" (128R y 128V). De este modo, son las voces de los mexicanos Andrés y Gaspar, aculturados a los Zunis, enemigos tradicionales de los Hopis, las que revelan el motivo de la muerte de los tres franciscanos que habían quedado en Puala el año pasado:

> supimos por los naguat[l]atos que estubieron en este pueblo dos años dos capitanes de Coronado y que desde aqui yban a descubrir provincias y que estando Coronado en Puala de los martires donde mataron los frayles vino para el pueblo arriba dicho de Acoma y les dio guerra y despues se rrindio y alli le fueron nuebas de como los Tiguas que es la gente en Puala y su comarca auia muerto diez caballos de los que Coronado auia dexado en el con la gente de guarnicion i Coronado cuando lo supo se partio para Puala que son los Tiguas i los serco serca de un pueblo en una sierra redonda y les dio tanta guerra que los que no morian a manos de espanoles que los naturales llaman Castilla que ansi se llamaban los de Coronado morian de hambre y sed y asi Chamuscado y sus soldados no ygnoraron esto que todos lo supieron y no lo quisieron deçir a razon de que se viniera a poblar la tierra y al fin se rindieron los de Puala y se le dieron a merced y tomo el servicio de Yndios y Yndias necesarios y bolbio a este pueblo. (128R y 128V)

Luxán utiliza la memoria de la invasión anterior de Coronado relatada mediante las voces mediatizadas de estos naguat[l]atos o intérpretes aculturados a los Zuni para incorporar el testimonio indígena sobre una violencia tan intensa que la reaparición de soldados españoles cuarenta años después, la evoca instantáneamente. La decisión narrativa de ligar el testimonio de los intérpretes con su propio reportaje subraya el privilegio que Luxán otorga al testimonio indígena —o sea, de fundir la memoria mexicana de los hechos con la suya de las palabras. Aunque estas voces que emergen del segundo nivel enunciativo, son tamizadas por lengua náhuatl, vertida a un castellano "torpemente hablado" que no se ha pronunciado durante cuarenta años, indudablemente, abren una fisura discursiva por la cual se dejan ver estas "huellas" o "rumores" del conflicto pasado, emitiendo un mensaje que liga dos versiones de la misma historia. Está claro que reconoce el peso que tienen los testigos orales para contextualizar su propio testimonio, al consignar por escrito su historia alternativa de los hechos "históricos".

---

[10] Todas las referencias a la relación de Luxán son al documento inédito del Archivo General de Indias, Sevilla, Patronato 22, Ramo 4, 5, ff. 104-148, en mi transcripción de la misma realizada en Sevilla en mayo de 1993.

A esta memoria el narrador vincula su propio pasado reciente, el del segundo ciclo de entradas a Nuevo México, al declarar que Chamuscado y sus soldados, que habían atravesado la misma zona el año anterior, "no ignoraron esto que todos los supieron y no lo quisieron deçir a razon de que se viniera a poblar la tierra ..." (128V). Tampoco lo había mencionado Espejo.

La incorporación de otras memorias mediante la oralidad ofrece dos soluciones simultáneas para la problemática narrativa. Las voces mediatizadas por la distancia temporal, lingüística y cultural le permiten al narrador proteger su propia verosimilitud en la tarea de representar las atrocidades cometidas por sus propios compatriotas. También ofrece un modo de trasladar la culpa por la hostilidad que estos actos engendraron, al quitarla de la comitiva de Espejo y adjudicarla a la anterior expedición, la de Rodríguez y Chamuscado, cuyos líderes habían muerto. Además permite que el narrador refute la calificación del escribano de la comitiva de Rodríguez y Chamuscado como los "primeros descubridores" de "un nuevo mundo" allende el norte. Es más, la destreza comunicativa de los intérpretes mexicanos Gaspar y Andrés, y por ende la "razón" narrativa de citarlos, se confirma cuando el diarista informa que los hermanos negociaron el primer contacto con los Hopis o "Mojoses" tan eficazmente que no hubo conflicto alguno (130R).[11]

ENTRADA RITUAL

El ingreso de la tropa española al pueblo de Walpi, al que Luxán llama Gaspe, constituye el punto culminante del diario. En los apuntes que corresponden al 21 de abril de 1583, el narrador describe el drama ritual de contacto y la primera entrada de soldados españoles a un pueblo Hopi bajo una nube de agua y harina de maíz sagrada:

> e fuimos a parar al pueblo de Gaspe el qual esta [a] un pueblo muy alto y pedregoso como media legua de el dicho pueblo nos salio a rreciu[b]ir y por el camino y asta subir a el muncha gente hombres y mujeres y cada uno con su talega de jicara de pinole (131R) echando por el camino dello y echandonos a nosotros y los cauallos y criados que es todo en señal de paz e cuando llegamos pareçiamos mojarillas en carnestolendas auia por el camino muncha tinaja de agua era muncha comida que era cossa de admirar e llegados que fueron vinieron mas de mill animas cargadas de agua en muy lindas tinajas y conejos benado g[u]isado y tortillas y atole y frigoles y calauasa guidada e mucho maiz e pinole. (131V)

En su estudio clásico sobre la religión indígena de los pueblos de Nuevo México, *Pueblo Indian Religion*,[12] Elsie Clew Parsons indica que el uso de la harina sagrada de pinole o de maíz aparece, virtualmente, en todas las ceremonias sagradas. Castañeda había escrito que cuando Coronado llegó a Zuni en 1540, los habitantes habían esparcido harina

---

[11] Según Hammond y Rey fue donde Aguato o el pueblo de Awátovi que fue destruida en 1700. Se situaba encima de una mesa a unas nueve millas al sureste de Walpi, cerca de lo que hoy es Tallahogan (89).

[12] *Pueblo Indian Religion* (1939). Parts I and II (Chicago: University of Chicago Press, Midway Reprint, 1974).

de maíz para trazar una línea que les prohibió el avance a los forasteros. En cambio, entre los Hopis, parece cobrar una función de recepción o festejo por la referencia a la época de carnaval, "que parecíamos ser mojarillas en carnestolendas".[13] Sin embargo, este acto ritual también tenía su antecedente en el mito del origen de los pueblos, en el cual la Madre Maíz esparció harina de maíz para preparar los caminos para los kachinas. Ciertamente, a ojos de los Hopis, estos forasteros con sus armas tronantes y brillantes bien pudieran ser kachinas. No obstante, recalcamos que lo que se representa textualmente pasa siempre por el tamiz de la escritura del diarista.[14]

DE CRUCES A VARAS RITUALES: SIGNOS SINCRÉTICOS

Espejo y sus soldados continúan sus tácticas de amedrentamiento que les han sido tan efectivas en encuentros anteriores:

> Y este dia con bandera alsada y armados a punto de guerra paseamos el pueblo y en la plaça principal a donde estaua una cruz recien puesta encalada con una placa al uso español con munchas plumas e muncho pinol[e?] sembrado por la placa y suelo [y] se tomo posesión en n[ombr]e de su magestad con salba de arcabuceria. (132R)

La repentina aparición de una cruz adornada de plumas y esparcida con harina de maíz, "recien puesta encalada con munchas plumas" [sic] es un hecho extraordinario, puesto que ahora dentro del centro interior y ceremonial del espacio social de los Hopis, el emblema de la toma de posesión española ha adquirido las plumas y harina de maíz de la vara ceremonial o *pahos*.

En su relación, Espejo se representa a sí mismo como embajador que se esfuerza por negociar con los Hopis para vencer su hostilidad. Sin embargo, Luxán declara (y también lo describe el informante de Baltazar de Obregón, Bernardino de Luna) que fue el recuerdo de las atrocidades cometidas por la tropa de Coronado hacía cuarenta años y la vista de las armas españolas, lo que intimidaron a los Hopis. Son las palabras de Luxán las que nos consignan la imagen de la plaza ceremonial del pueblo de Gaspe (Walpi) donde la cruz es aculturada al espacio Hopi mediante su transformación en vara ceremonial. En los mitos del origen de los Pueblos estas varas eran objetos ceremoniales que se adornaban con plumas y flores y servían para llamar a los kachinas. Aquellos poderosos espíritus que traían lluvia, alimentos y fertilidad atravesaban las generaciones y los linajes, integrando a todos los habitantes del pueblo (Gutiérrez).[15] Las varas ceremoniales eran de seis a doce

---

[13] Mojarilla: "persona que siempre está de chanza, fiesta, burla y alegría". Joan Corominas y José A. Pascual, *Diccionario crítico etimológico castellano e hispánico*. Vol. IV. (Madrid: Gredos, 1981) 110, Autoridades 1726-39.

[14] Sobre el mito del origen de los Pueblo véase Ramón Gutiérrez, *When Jesus Came the Corn Mothers Ran Away: Marriage, Sexuality and Power in New Mexico, 1500-1845* (Stanford: Stanford University Press, 1991).

[15] Gutiérrez explica: "The Pueblo Dead —the katsina— were also potent rain spirits tied to the living in bonds of reciprocity. It was the rain chief who knew how to call the katsina and did so by offering them prayer sticks and gifts, asking them to visit with rain, food and fertility .... The

pulgadas de largo, pintadas con cara humana y encapuchadas de plumas. Como los pájaros que servían de mensajeros entre los humanos y los dioses, las varas ceremoniales llamaban a los kachina (Tyler xii). El reconocimiento por los Hopi de dos sistemas sígnicos distintos aunque no contradictorios, les dio el poder sobre ambos espacios y amparó sus pueblos y sus plazas, asegurándoles control social y sobrevivencia sobre su propio espacio urbano, étnico y religioso.[16]

En este alejado rincón norteño, el poder de los Hopis no se borra ni cede al nuevo poder. Al contrario, el signo español se naturaliza y de inmediato se permuta en signo de integración y comunicación, en pleno contraste con la cruz del ejército invasor, cuyo *Requerimiento* había significado capitulación o muerte. Los Hopis habían presenciado la rendición de sus enemigos los Zunis y aún a los cuarenta años se acordaban de la destrucción de un pueblo Hopi por Coronado. Sin duda se habían enterado de la masacre y arrasamiento de los pueblos Tiguas por los mismos españoles. La respuesta de los Hopis ante esta violencia que les enfrenta no es fugarse a la sierra como los Tiguas o pelear como los Zunis, sino apresurarse a ofrecer comida, construir un corral afuera de sus murallas para los caballos y levantar cruces adornadas de plumas y harina de maíz.

En su ensayo sobre los nexos entre los sistemas simbólicos de los europeos y las etnias Pueblos, Suzanne Kenagy señala la existencia de un antecedente significativo para este episodio.

> Motifs like the cross were not entirely foreign to Pueblo peoples, because they had been part of a prehistoric painting vocabulary. Employed on prehistoric pottery and in kiva wall painting, *equilinear crosses are generally believed to have represented stars and were associated with warrior societies.* Designs in the shape of the Latin cross also were associated with stylized dragonflies in traditional Pueblo art and were painted on ritual objects as water and fertility symbols. Pedro de Castañeda observed in 1540 that the people of Acoma Pueblo crossed their fingers as a sign of peace. In addition, crosses that Spaniards erected among the Río Grande Pueblos were treated as if they were great prayer offerings. *Thus, because of its associations in both systems, the cross was accepted quickly as a potential indicator of symbolic significance,* even if its surrounding theological subtleties were not.[17] (326, énfasis nuestro)

El mensaje que transmitía la cruz de los guerreros forasteros debió impactar según los códigos rituales de los Hopis, porque dentro del espacio ceremonial de la plaza se prohibía

---

worship of the katsina was a model for generational reciprocity and an integrative cult, in that it cross-cut household and lineage affiliatons, and tied the town as a whole together ... Prayer sticks were six to twelve inches long, each painted with a human face and cloaked in feathers. Like the birds who were messengers between humans and gods, the feathered prayer sticks called the katsina" (28). Acerca de la significación de la vara ceremonial o *prayer stick*, véase Parsons, 270-91, y Hamilton A. Tyler, *Pueblo Birds and Myth* (Norman OK: University of Oklahoma Press, 1979) xii.

[16] Véanse otros usos de signos sincréticos por Núñez Cabeza de Vaca y Esteban en mi ensayo, "The Cross and the Gourd: The Appropriation of Ritual Signs in the *Relaciones* of Alvar Núñez Cabeza de Vaca and Fray Marcos de Niza", en Jerry Williams and Robert E. Lewis, eds., *Early Images of the Americas: Transfer and Invention* (Tucson: University of Arizona Press, 1993) 215-44.

[17] Suzanne G. Kenagy. "Stepped Cloud and Cross: The Intersection of Pueblo and European Visual Symbolic Systems", *New Mexico Historical Review* 64, 3 (julio 1989) 325-40.

el uso de la fuerza: lo sagrado imperaba en el centro (Gutiérrez 57). El nuevo signo sincrético levantado dentro del espacio sagrado de los Hopis se convierte en negociador visual, inmediato e inteligible para todos. Los pueblos de los Hopis no se asolan, sus habitantes no se mueren. A los pocos días cuando los españoles visitan los otros dos pueblos cercanos y toman posesión: "aqui hallamos dos cruzes recien puestas como las pasadas" (132V),[18] hecho que confirma que el cambio semántico, impulsado por estas nuevas circunstancias de contacto, ha sido propagado instantáneamente.

Este episodio del diario de Luxán demuestra claramente la casi instántanea permutabilidad de los signos de comunicación interculturales y su gran capacidad para adaptarse a las nuevas y cambiantes situaciones de contacto en la frontera del norte. Demuestra una vez más la falacia de la hipótesis de la supuesta "rigidez" de las prácticas semióticas de las culturas prehispánicas así como la noción eurocéntrica de Todorov de que las culturas nativas no eran capaces de adaptarse a los cambios sígnicos que requería la llegada de europeos.[19] Si bien Gutiérrez ha notado que la memoria de la conquista española en el interior del norte se mantenía viva en la mente indígena mediante una fórmula ritual tripartita —saludo, batalla y sometimiento (83)— en el diario de Luxán esta realización española es reemplazada por la representación de una imagen visual más antigua y poderosa que naturalizó los valores foráneos de la cruz y la adoptó a su propio centro y código sagrados, transformándola en signo de defensa e integración.[20]

LA VIOLACIÓN DEL ESPACIO SAGRADO: LA MASACRE DE PUALA

Al regresar del recorrido por el oeste en busca de minas,[21] mientras la pequeña escolta se encaminaba al valle del Río Grande, Luxán nos regala francos y cruentos detalles sobre la masacre que él y sus compañeros llevaron a cabo en el pueblo de Puala, de la cual la relación de Espejo hace caso omiso. Tuvo lugar el 22 de junio del año de 1583, entre los pueblos de los Tiwas a quienes el narrador ahora se refiere como "nuestros enemigos", mientras él y sus compatriotas "éramos amigos":

> y asi llegamos a Puala y estaban en la çierra toda la gente y asta trinta yndios en las açoteas a los quales les pedimos de comer pues eramos amigos los quales hizieron burla como los demas. Asi les tom[aron] (141r) las esquinas del pueblo quatro compañeros y

---

[18] Actualmente los pueblos de Shongopovi y Mishongnovi.
[19] Tzvetan Todorov, *The Conquest of Mexico: Questions of the Other*. Trad. Richard Howard. Nueva York: Harper & Row, 1984. Para reseñas críticas véanse Deborah Root, "The Imperial Signifier: Todorov and the Conquest of Mexico", *Cultural Critique* 9 (Spring 1988) 197-219, y Jeanne Gillespie, "Saints and Warriors: The *Lienzo de Tlaxcala* and the Conquest of Tenochtitlan". Tesis doctoral, Arizona State University 1994 (190-97).
[20] Véase el manejo del signo híbrido de una cruz adornada con plumas que Fernando de Alarcón envió al cacique de Cucuma en la zona del Río Colorado en 1539 en mi ensayo, "The Articulation of Alterity On the Northern Frontier: *The Relatione della navigatione & scoperta* by Fernando de Alarcón, 1540". Francisco Javier Cevallos-Candau *et al.*, *Coded Encounters: Writing, Gender, and Ethnicity in Colonial Latin America* (Amherst: University of Massachusetts Press, 1994) 57.
[21] En el actual estado de Arizona cerca de Jerome.

> otros quatro con dos moços enpeçaron a prenderlos que si pudieron aber e los metimos en una estufa e por que el pueblo era grande y se auian escondido los mas del dentro le pegamos fuego a el gran pueblo de Puala donde entendimos se quemaron algunos por las voces que daban e luego en un ynstante sacamos de en dos en dos a los presos e arrimados a unos alamos junto a el pueblo de Puala se les dio garrote a munchos de ellos hasta que murieron e justiciaronse diez y seis sin los que se quemaron saltaronse algunos que parecieron no ser de Puala hecho estrano por tan poca gente en medio de tanta suma de enemigos este dia allegamos a la provincia de las quires a el puebla. (140V-141 R)

Para el mundo de los pueblos la kiva a que Luxán refiere como "estufa" representó sus orígenes, al salir del mundo subterráneo. Siempre se ubicaba en el centro del espacio sagrado e interior de la plaza que a su vez significaba armonía. Al jactarse de la heroicidad española del asesinato, Luxán también incluye la reacción que la violación de aquel espacio sagrado y el asesinato de un pueblo entero causó en otros pueblos vecinos:

> y corrio la nueba de Puala en todas las provincias e temblaron en tanta manera que todos nos serbian e nos regalavan e nos trujeron ... desta provincia que son cinco pueblos, catristre, gigue, tipolti, cochita. Se echaron munchas gallinas de donde enbiamos a llamar a los Tiguas de paz los quales dixeron (141 V) que tenian muncho miedo a los castillas que no osavan venir. (141V-142R)

Gutiérrez señala que los protocolos de obsequio de las sociedades Pueblo y las españolas propiciaron el malentendimiento cultural desde los primeros contactos ya que entre los grupos Pueblo el intercambio de alimentos significaba paz y el negarse al mismo significaba guerra (16). "What the Puebloans thought they gave as gifts, the Spanish thought had been surrendered as tribute and conflicts over the meaning of Indian gifts and how freely they should be surrendered triggered the tragedy at Acoma" (52). El diario de Luxán documenta los constantes conflictos a raíz de la cuestión de regalar o exigir alimentos, como también lo hizo Castañeda al comentar los conflictos del ejército de Coronado cuarenta años antes.

Finalmente el 10 o el 11 del mes de septiembre de 1583, la pequeña comitiva volvió al valle de San Bartolomé, Nueva Vizcaya, "donde hizo fin dicho viaje Diego Perez de Luxán" (148v). Su diario pasó desapercibido durante nueve años, hasta 1602 cuando se encontró entre los papeles del cosmógrafo real de la Nueva España, Francisco Domínguez, a quien se había encargado el trazo del primer mapa de los pueblos del Río Grande, donde los apuntes de Luxán pasaron todavía por otro tamiz de la cartografía.[22]

CONCLUSIONES

El diario de Diego Pérez de Luxán se presenta como uno de los pocos ejemplos de una vista franca y aparentemente no censurada del contacto temprano entre indígenas y españoles en las tierras fronterizas del norte, en los finales ciclos de conquista y comienzos de la empresa misionera. Hace uso de la memoria de intérpretes y testigos indígenas para

---

[22] Archivo General de Indias, Sevilla, Mapas y Planos, México 49.

justificar la hostilidad de los Hopis. Documenta la transformación de la cruz en vara ceremonial, mensajero hopi convocador de kachina para defensa de su espacio cultural, mientras los cruentos detalles de la masacre de Puala, cometida por sus propios compañeros, desconstruyen el discurso propagandístico del informe oficial de Espejo publicado en Madrid en 1586.[23]

La interacción de las voces mediatizadas por la memoria de los intérpretes náhuas, Andrés y Gaspar, aquellas huellas o "rumor" de sus palabras habladas[24] que pasan por el tamiz de la escritura española, y la enunciación del propio diarista, producen un diálogo a dos voces que se articula en el diario a dos niveles y tiempos de subjetividad: la de los testigos de los conflictos pasados y la del diarista, testigo y participante del contacto y conflicto actual. Así, a manera baktiniana, se configura una especie de *double voiced discourse*,[25] capaz de recordar otro pasado, un pasado alternativo y omitido, mientras redacta los sucesos presenciados, refuta los datos y corrige las falsedades consignadas por otros narradores como Gallegos o Espejo, como son, por ejemplo, las instancias donde llenaron el vacío de los silencios con omisiones.

El diario de Diego Pérez de Luxán constituye un hito decisivo en los llamados "discursos marginales" que articularon la configuración de la frontera del norte, ya que en el mismo espacio discursivo vincula testimonio oral, memoria, escritura e imagen visual que establecen dos aproximaciones a los sucesos históricos que se entraman, los cuales difieren radicalmente de las versiones oficiales y centristas del contacto.

Sus múltiples capas de significación nos abren otras perspectivas sobre la permutabilidad de la dinámica comunicativa y escrituraria de la realidad norteña cuya estética de la violencia[26] se narraba a partir de una multitud de tradiciones y signos que habían de configurar una subjetividad compleja para comunicar la experiencia de estas cambiantes zonas fronterizas. Desde su atalaya, en los márgenes de la periferia, el informe de Diego Pérez de Luxán sobre la violencia de los primeros contactos novomexicanos, aunque tamizado por la memoria indígena y la escritura de un pragmático soldado y minero español, informa de una lúgubre herencia de férrea resistencia cultural y el fin del espacio utópico, allende el norte.

---

[23] Gonzalo de Mendoza, *Historia de las Cosas mas notables. Ritos y Costumbres del Gran Reyno de la China*, (Madrid, 1586) (The Newberry Library), en traducción francesa en París el mismo año y luego en traducción inglesa por Hakluyt en *The Principal navigations, voiages, traffiques and discoueries of the English nation* ... (Londres, 1598-1600; Glasgow: James MacLehose and Sons, 1903-05).
[24] Michel de Certeau, *The Writing of History* (Nueva York: Columbia University Press, 1988) 212. *L'Écriture de l'histoire* (París: Gallimard, 1975.)
[25] Mikhail Bakhtin. *Problems of Dostoevsky's Poetics*. Trad. R.W. Totsel (Ann Arbor MI: Ardis, 1973. También ed. Caryl Emerson, Minneapolis: University of Minnesota Press, 1984).
[26] Ver José Rabasa, "Aesthetics of Colonial Violence: The Massacre of Acoma in Gaspar de Villagra's *Historia de la Nueva Mexico*". William B.Taylor and Franklin Pease G. Y. eds., *Violence, Resistance and Survival in the Americas* (Washington, DC: Smithsonian Institution Press, 1994).

Oralidad y tradición en dos cuentos de Carrasquilla y Güiraldes

Leonardo Rossiello

Leonardo Rossiello, natural de Uruguay, se doctoró en la Universidad de Gotemburgo, Suecia donde actualmente ofrece cursos. Es autor de La narrativa breve uruguaya. Formas y direcciones (1830-1880) *(Gotemburgo, 1990) y* Narraciones olvidadas de José Pedro Varela *(Montevideo, 1992). En adición fue el compilador de* Narraciones breves uruguayas (1830-1880) *(Montevideo, 1990), al cual contribuyó un Prólogo y notas. Ahora está preparando dos artículos: uno sobre la revista* Graffiti, *el otro acerca de la narrativa de Julio Ricci*

Numerosos son los casos en que la literatura ágrafa, oralidad y tradición mediante, enriquece las letras hispanoamericanas. Estos aportes se elaboran e integran en los textos de manera a veces imperceptible para el lector; en otros casos lo hacen de modo explícito y transparente, pero parece claro que los cuentos folklóricos, los cuentos de fogón, los cuentos de los inmigrantes y otras formas de trasmisión oral de relatos han tenido una influencia y una presencia remarcables en nuestra literatura. Al lado de la oralidad de la tradición deberíamos subrayar, también, la tradición de la oralidad. En este trabajo nos referiremos a dos cuentos enmarcados en los que la intertextualidad habilita una aproximación a aquellos fenómenos. Intentaremos una comparación entre el cuento "En la diestra de Dios Padre"[1] (en lo sucesivo DDP), del hoy bastante olvidado colombiano Tomás Carrasquilla (1858-1940), y el cuento contenido en el Capítulo XXI de *Don Segundo Sombra*[2] (en lo sucesivo *DSS*-21), del argentino Ricardo Güiraldes (1886-1927). Se trata, en ambos casos, de una elaboración literaria del mismo asunto: el del hombre pobre que, habiendo ayudado a Jesús en su peregrinación por la tierra, resulta favorecido por éste con cinco (o tres) gracias, mediante las cuales logra engañar al demonio (o a la muerte). Como veremos, las fuentes de este conocido cuento se remontan a la antigüedad, y su trasmisión ha sido tanto oral como escrita.

DDP fue publicado por primera vez en 1897, en el número 1 de la revista ilustrada *El Montañés*, de Medellín, Colombia. Contrariamente a la novela de Güiraldes, es un texto relativamente poco conocido, o, en todo caso, menos conocido.

---

[1] En Tomás Carrasquilla. *Cuentos de Tomás Carrasquilla* (Edición ilustrada, con base en las príncipes; Medellín: B. A Gutiérrez, 1956. Colección popular de clásicos maiceros, IV). Para las citas usamos esta edición.
[2] Ricardo Güiraldes. *Don Segundo Sombra* (Buenos Aires: Guillermo Kraft, 1952). Para las citas usamos esta edición.

En un prólogo de Roberto de Espada a una re-edición de tres cuentos de Carrasquilla,[3] el crítico señala las dificultades existentes en rastrear las fuentes del cuento del "pobre favorecido", como lo llamaremos nosotros, así como algunas diferencias entre los respectivos textos.[4]

El tema de la muerte, y en particular la personificación de la muerte, es detectable ya en los primeros textos de la literatura occidental y su origen debe rastrearse en los mitos. En el teatro medieval europeo aparece en las difundidas "Danzas de la Muerte" (en el español lo encontramos, precisamente en la *Danza de la Muerte*, probablemente de principios del siglo XV). En el Renacimiento, en numerosos autos sacramentales y en el teatro de Gil Vicente, por ejemplo en la *Trilogia das Barcas*. En el Barroco de la Contrarreforma es tema recurrente.[5]

Stith Thompson (1972, 76 *et. seq.*) clasifica este cuento, generalmente conocido como "El herrero y el diablo" o "El herrero y la muerte", dentro de los tipos "Cuentos de magia-Adversarios sobrenaturales", en particular el tipo 330 y 330A, en el que, señala, es frecuente encontrar el motivo de las aventuras del Señor y San Pedro en relación con la muerte pegada al árbol. Dice al respecto:

> La idea de la muerte pegada a un árbol o a un banco, puede ser rastreada hasta la antigüedad, donde se encuentra en originales griegos y hebreos. El cuento ... apareció en forma literaria en italiano en 1525, y se convirtió en el tema de un popular librito de romances francés, "Histoire nouvelle et divertissante du bonhomme Misère, par le sieur de La Rivière" (Rouen 1719). Fue reeditado a menudo y ha sido la base de muchos tratamientos literarios. La parte más notable del cuento, Muerte sobre un árbol, fue usada como motivo central de una producción cinematográfica, "On Borrowed Time".

Más adelante Thompson señala que es conocido en toda Europa, el Cáucaso y Palestina y apunta que se conocen no menos de 25 versiones de él en Rusia. En *DSS*-21 y DDP encontramos variantes de los tipos clasificado por Aarne y Thompson (1961, 255 *et seq.*) como "Religious tales", tipos 750-779. En particular el tipo 750 A (The wishes) II, con los motivos K 1811 ("God [saints] in disguise visit mortals"; Q 1.1 ("God [saints] in disguise reward hospitality and punish inhospitality" y D 1761.0.2 ("Limited number of wishes granted"). Thompson (1972, 206) apunta que existe un cuento de Ovidio en el que Júpiter y Mercurio aparecen en la casa de Philemon y Baucis, donde son tratados hospitalariamente.

---

[3] "Prólogo" a Tomás Carrasquilla. *En la diestra de Dios padre* (Montevideo: Banda Oriental, 1981). (Lectores de la Banda Oriental, segunda serie, 4).

[4] Agrega, además, el dato de que se representó en Montevideo, en 1981, una "versión teatral del tema del 'herrero y el diablo' que —tomando como base el Cap. XXI de la novela de R. Güiraldes y el cuento de Tomás Carrasquilla— constituye una verdadera creación, con sus valores propios y personales, debida a la autoría de Mercedes Rein y de Jorge Curi ...".

[5] La personalización de la muerte —a menudo un esqueleto con una guadaña— puede encontrarse, como es sabido, en la abundante iconografía que decora las paredes y los techos de muchas antiguas iglesias. En la edición príncipe de DDP se incluyen tres dibujos: en uno de ellos se ve a la muerte (un esqueleto con guadaña) encaramada a un árbol. Debajo está un campesino haciendo un gesto hacia ella.

El motivo del pacto con el diablo (clasificado en M 211, véase Thompson, 1972, 648) tiene antecedentes en la literatura medieval española. Keller (40) remite a fuentes literarias medievales ("Man sells soul to Devil. *Castigos*, p. 215; n° 24"); M 212.2 ("Devil at gallows repudiates his bargain with robber. *Lucanor*, n° 45, *Buen Amor*, vol II, 209"). El motivo de la generosidad recompensada, según Keller (45), también tiene antecedentes en la literatura medieval española. El investigador los clasifica en Q 42 ("generosity to saint [god] rewarded. *Enxemplos* [G], n° 65"). El motivo de los deseos tontos se encuentra clasificado por Keller (28) en J 2070, y remite al *Libro de los engannos et los asayamientos de las mujeres*, n° 17.

En resumen, puede afirmarse que la historia que DDP y *DSS*-21 recrean no es original ni hispanoamericana; que tiene un origen (u orígenes) europeo(s), que confluyen en ellos motivos de larga tradición literaria y que, si bien tienen antecedentes en prestigiosas fuentes literarias, su trasmisión ha corrido por cuenta de la voz colectiva y anónima del pueblo. El propio Carrasquilla, en una carta de abril de 1889, aporta datos sobre la génesis de su cuento, afirmando que lo escuchó por primera vez de boca de un peón de las minas de "El Criadero", "[h]ace como treinta años", es decir, hacia 1859, y posteriormente de boca de una señora de nombre Teresa Roldán, hacia 1880.[6] Sin descartar que la génesis de *DSS*-21 pudiera ser puramente literaria, e incluso tener raíces en el cuento de Carrasquilla, nosotros partimos de la hipótesis de que se incorporó al imaginario de Güiraldes, y a *Don Segundo Sombra*, directamente a través de la tradición oral, lo que, de ser así, no sería de extrañar dadas las vinculaciones del autor con el mundo rural argentino. Creemos que aún pueden encontrarse variantes y versiones de esta fábula en los cuentos folklóricos de todos los países latinoamericanos. Carlos Foresti, en su trabajo de investigación del cuento folklórico en Chile, recoge y publica una variante en el cuento titulado "El pobre y la muerte".[7] Susana Chertudi, en trabajos de recopilación de cuentos folklóricos argentinos, aporta variantes de Catamarca y Córdoba, y señala que se han registrado en España, Chile, Puerto Rico y México.[8] Lo dicho no obsta para que, eventualmente, puedan encontrarse similares relatos de origen indoamericano.

Corresponde ahora intentar una aproximación comparatística a ambos cuentos. DDP es relativamente extenso: poco menos de 7500 palabras gráficas; *DSS*-21 es más breve,[9]

---

[6] Datos tomados del comentario final a DDP en la edición de *Cuentos de Tomás Carrasquilla*... 49.

[7] Carlos Foresti Serrano. *Cuentos de la tradición oral chilena. 1. Veinte cuentos de magia* (Madrid: Ínsula, 1982), serie del Instituto Ibero-americano, Gotemburgo, Suecia 87-90. El doctor Foresti nos ha facilitado generosamente acceso a otra entrega oral, grabada en 1962 en el curso de un trabajo de investigación del cuento folklórico chileno. En esta versión, más cercana a *DSS*-21, se encuentran similares motivos, aunque con diferentes rasgos: el personaje principal es la "viejita Miseria", el visitante es sólo San Pedro, el árbol ahora es un peral, las autoridades que parlamentan con la muerte son una comisión de un congreso médico, etc. Esta versión tiene una coda iluminante, en la que aflora la formación sindical del narrador, que comenta: "Con esto se quiere justificar la existencia de la miseria en el mundo, pues la muerte ha firmado un acta en la que se compromete a no llevarse a Miseria".

[8] Citado por Mireya Camurati en *Revista Iberoamericana* 75 (abril-junio de 1971) 407.

[9] Es interesante la diferencia entre el tiempo real de lectura de *DSS*-21 (entre 20 y 25 minutos para un lector promedio) y el de la entrega oral ficticia, si aceptamos la estimación del narrador principal: "Una hora habría durado el relato y se había acabado el agua" (239).

con menos de 3000 palabras gráficas si se contabilizan sólo las del narrador del cuento, Don Segundo.

Según de Espada, mientras *DSS*-21 tiene un final escéptico "que intenta justificar la existencia de la miseria y la pobreza sobre la tierra, justificación antiprovidencialista y cómodamente extrahumana para uso de las conciencias de poderosos hacendados", se encontraría en DDP "una conmovedora y evangélica puerilidad exhornada por todos los elementos de la imaginería popular ...". Las diferencias de ambas versiones, sin embargo, no atañen sólo al final, y las similitudes, por otra parte, son mayores de lo que podría juzgarse en una primera lectura. Veámoslas primero en una paráfrasis de los respectivos contenidos narrativos.

DDP: Jesucristo y San Pedro acuden a la casa del misericordioso viejo Peralta a pedir posada. Para premiar su bondad, Jesucristo le concede cinco gracias. Peralta rechaza la sugerencia de San Pedro de pedir el Cielo y elige ganar al juego siempre que quiera; que cuando muera pueda ver a la muerte y no a la traición; que pueda detener a quien quiera en un lugar por el tiempo que él quiera; que pueda hacerse pequeño como una hormiga y que el demonio no le haga trampas en el juego. Llega la muerte a llevárselo. Usando la tercera gracia logra detenerla. Cuando la muerte no trabaja se suscitan problemas en el Cielo y en la Tierra. Jesús envía a San Pedro a pedir a Peralta que suelte a la muerte, a lo que éste accede con la condición de seguir vivo por un tiempo. Luego muere. Juega a los naipes con el Diablo y le gana la significativa cifra de treinta y tres mil millones de almas, que se lleva consigo al Cielo. Las almas condenadas no pueden quedarse en el Cielo, pues estaban condenadas, ni regresar al Infierno, ya que Peralta las había ganado en buena ley: deben estar en este mundo hasta el día del juicio final. Peralta se gana el Cielo y usa su última gracia para hacerse pequeño y situarse a la diestra de Dios.

DSS-21: Jesucristo y San Pedro acuden a la herrería del viejo Miseria para herrar la mula en que viajaban. Miseria realiza el trabajo y no les cobra nada. Jesús le concede tres gracias. Miseria rechaza la sugerencia de San Pedro de pedir el Cielo y elige que nadie que se siente en su silla pueda levantarse sin su consentimiento; que nadie que se suba a su nogal pueda bajarse sin su permiso y que quien se meta en su tabaquera no pueda salir sin su permiso. Miseria se arrepiente de no haber pedido veinte años de vida y plata a discreción. El demonio se aparece y hace un pacto con Miseria, quien, veinte años más joven y con dinero, lleva una vida regalada. Usando las gracias, Miseria logra prolongar el pacto dos veces. Logra encerrar al demonio en la tabaquera, donde lo castiga y retiene. El Gobernador, preocupado por la ausencia de muerte y enfermedad, ordena a Miseria que suelte al demonio. Miseria muere, y no es aceptado en el Cielo y tampoco en el Purgatorio. En el Infierno le prohiben la entrada: debe regresar a este mundo y existir para siempre.

Como puede verse, la estructura de los cuentos es tal que explica y justifica no sólo la existencia de la muerte, sino también la del mal y la miseria en el mundo. En ese sentido, la caracterización de Miseria es emblemática, por cuanto pasa a ser significante y portador del sentido del cuento, del destino del personaje y del mundo. La caracterización de Peralta es también emblemática, pero en un sentido diferente, que la relaciona de modo más directo con la humildad y la caridad predicada en el Evangelio.

Aunque se trata de relatos "fantásticos" y, por lo tanto, no realistas, el hecho de que están enmarcados remite sus respectivas pragmáticas a un contexto textual sustancialmente costumbrista-naturalista. En el caso de *DSS*-21, es un narrador dramático, el propio padrino del protagonista, el responsable ficticio de la enunciación.

> Don Segundo me dijo, con su voz pausada y como distraída:
> —Te viá contar un cuento, pa que lo repitás a algún amigo cuando éste ande en la mala.
> ... Mi padrino comenzó el relato:
> —"Esto era en tiempo de nuestro Señor Jesucristo y sus Apóstoles". (226)

Las comillas en el discurso mimético refuerzan el carácter de cuento enmarcado. En ese sentido, la enunciación, el propio cuento deviene "real", en la medida en que es ficción dentro de la ficción:

> Quedé un rato a la espera. Don Segundo nos dejaba caer, así, en un reino de ficción. Ibamos a vivir en el hilo de un relato. Saldríamos de una parte a otra, ¿De dónde y para dónde? (227)

La contextualización neutraliza así toda posible pretensión de autonomía y verosimilitud. Es justamente en la enunciación de este cuento fantástico que el gaucho estilizado y "elegíaco", símbolo e idea, don Segundo, se nos torna menos idealizado y simbólico y, por lo tanto, más auténtico y vital. En el caso de DDP la enmarcación radica en el subtítulo ("Cuento de la señá Ruperta"), que hace que desde el comienzo el lector sepa y recuerde que está asistiendo a la narración de una supuesta señora Ruperta, y en el final: "Botín colorao; perdone lo malo que hubiera estao". A ambos recursos de autentificación debe sumársele la reproducción y elaboración artística del lenguaje popular. Ambrosio Fornet llega a sugerir que DDP puede tratarse de una transcripción: Carrasquilla llega acá, según Fornet, a "los límites de la fidelidad, del simple fluir de la voz humana, el autor ha desaparecido".[10] Consideramos, sin embargo, que en DDP hay una considerable elaboración del lenguaje, que se ve, por ejemplo, en cierto regodeo en la sonoridad de las palabras, en las descripciones de las cocinas o en los abundantes neologismos. DDP es mucho más meritorio que el resultado de una transcripción (o una grabación, si tal posibilidad hubiese existido). La fisonomía formal del relato, es decir, el estilo, la escritura, tiene rasgos que pueden encontrarse en otros relatos y novelas del autor. Ambos cuentos reproducen en la ficción el lenguaje popular de la región respectiva, aunque las diferencias son notables en lo que se refiere a la actualización de ese lenguaje. En *DSS*-21 el narrador está representado, pero en DDP es apenas una voz que a veces se hace recordar en un "dizque".

Tanto en *DDS*-21 como en DDP vemos que hay una espacialidad inicial que se corresponde al ámbito rural, y una espacialidad ultraterrena. Los personajes viven más allá de la muerte y tienen una peripecia en el Infierno y en el Cielo. Mientras Peralta se queda en el cielo (pero se envían las almas de los condenados para asegurarse de que la maldad exista en la tierra), Miseria regresa a este mundo para que la miseria exista para siempre.

---

[10] Cita tomada del prólogo de Fornet a Tomás Carrasquilla, *Cuentos* (La Habana: Casa de las Américas, 1973) vii-xxvi, incluido en Cedomil Goic, *Historia y crítica de la literatura hispanoamericana del Romanticismo al Modernismo* (Barcelona: Crítica, 1991) 2, 327.

Las similitudes son evidentes en la caracterización de los personajes principales: Jesucristo y San Pedro, un hombre pobre pero generoso, el demonio. Algunos motivos comunes cambian en sus rasgos: en DDP el árbol donde se encarama la muerte es un aguacatillo, mientras es un nogal donde se encaraman los diablos en *DSS*-21. También varían los nombres del demonio: Diablo, Lucifer, el Patas, Enemigo Malo en DDP; Rey de los Infiernos, Caballero Lilí y Mandinga (según Granada, 1896: 455 *et seq.*, esta última palabra fue traída por los esclavos africanos y significa duende que "más que en el campo, habita en las ciudades") en *DSS*-21.

Hay diferencias que son notables y significativas. No nos referimos al hecho de que, por ejemplo, Miseria vive con un perro mientras Peralta vive con su hermana, ni a los oficios de los protagonistas (tal vez no sea casual que en la tradición rioplatense sea justamente un herrero), ni a la extensión, sino al modelo narrativo.[11] Obsérvese que en *DSS*-21 tenemos un personaje que pacta con el Diablo: quiere y obtiene dinero, y lleva una vida licenciosa: "... jugaba como nenguno en las carreras ... tuvo trato con hijas de reyes y marqueses ... gastó plata como naides" (230 *et seq.*). En ese sentido, Miseria es un personaje que no es digno de imitarse, y se aproxima al Pícaro. Peralta, por el contrario, si no pide el Cielo es porque quiere ganárselo. Es un modelo de humildad y sacrificio para el prójimo. Con esas virtudes conquista el Cielo. Nadie, dice el Padre Eterno, "lo ha ganao tan alto como vos, porque vos sos la humildá, porque vos sos la caridá" (48). Peralta, personaje digno de imitarse, se aproxima al Santo. DDP es una forma actualizada de la hagiografía; *DSS*-21 es la peripecia de un pícaro. En DDP el protagonista vive eternamente en la gloria, como el título lo indica "en la diestra de Dios padre", mientras en *DSS*-21 también vive en el sufrimiento eterno, pero en el reino de este mundo. Estas diferencias en los destinos epilogales de los personajes son significativas: a la bondad del santo corresponde un premio divino; a la picardía del *antiimitabile* corresponde el castigo terrenal de la eterna miseria.

A nuestro modo de ver, ambos relatos, leídos en clave de hagiografía y picaresca, están planteando, en última instancia, la angustia del ser humano ante el fin de la vida, a la vez que se desarrolla con vigor el tema de la necesidad de la muerte. Cada uno, a su manera, da la misma respuesta a esta contradicción. El protagonista de DDP, Peralta, engaña a la muerte que viene a llevárselo, y el protagonista de *DSS*-21, Miseria, engaña al demonio, que viene a llevárselo: ambos, en realidad, están engañando a la muerte, aunque hacia el final vemos en ambos protagonistas una aceptación sumisa del destino de todos los humanos:

> DDP:
> [*Peralta*] se puso a pensar que harto había vivido y disfrutao, y que lo mismo era morirse hoy que mañana o el otro día. ... apenitas se le presentó la Pelona, cerró el ojo, estiró la pata y le dijo: Mátame, pues. (39)
> *DSS*-21:
> —[*Miseria*] Ya estaba por demás viejo y aburrido del mundo, de suerte que irse dél poco le importaba. ... Despacito nomás se jué a echar sobre sus jergas a esperar la muerte ....

---

[11] Siguiendo a César Segre (1985, 148 *et seq.*), entendemos modelo narrativo como "la forma más general en que un relato puede ser expuesto, conservando el orden y la naturaleza de sus conexiones".

Despacito nomás se jué consumiendo, hasta que quedó duro y como secao por los años. (236 *et seq.*)

CONCLUSIÓN

El cuento del pobre favorecido tiene un innegable encanto en el hecho de que, en virtud de las gracias obtenidas por haber sido bueno, el protagonista logra engañar al mismo diablo y, a la postre, a la propia muerte. El personaje principal realiza en la ficción el anhelo de inmortalidad de los seres humanos. Esto sólo bastaría para explicar por qué hoy tenemos esta tradicion oral, que llamamos con propiedad literatura ágrafa, incorporada a la gran literatura americana. A ello se le suma, sin duda, el oficio de escritores del fuste de Carrasquilla y Güiraldes.

Oralidad y tradición se hacen presentes, pues, elaboradas literariamente, en ambos cuentos, publicados cuando los autores tenían aproximadamente cuarenta años, en momentos en que alcanzaban la madurez narrativa. En ambos confluyen tradiciones de cuentos clasificados por los folkloristas como cuentos maravillosos, leyendas piadosas y cuentos humorísticos. Si se tiene en cuenta las fechas de aparición de los dos textos, puede asumirse que, en ambos casos, la oralidad y la tradición, actualizadas y elaboradas estéticamente, se insertan y funcionan en macrotextos que son respuestas estéticas de ruptura con —y superación de— los movimientos espirituales inmediatamente anteriores y en parte coexistentes con la vida de los autores: el Romanticismo tardío en Colombia y el Modernismo ya decadente en Argentina.

Bibliografía

Aarne, Antti y Stith Thompson. *The Types of the Folktale; A Classification and a Bibliography. Antti Aarne's Verzeichnis den Märchentypen* (FF Communications 3). Traducido y aumentado por Stith Thompson, Indiana University, Second Revision. Helsinki, 1964 (FF Communications 184).

Camurati, Mireya. "Función literaria del cuento intercalado en *Don Segundo Sombra, La Vorágine y Cantaclaro*", *Revista Iberoamericana* 75 (abril-junio 1971) 403-17.

Carrasquilla, Tomás. *En la diestra de Dios padre*. Montevideo: Banda Oriental, 1981: Lectores de la Banda Oriental, segunda serie, 4.

_____ *Cuentos de Tomás Carrasquilla*. Edición ilustrada, con base en las príncipes. Medellín: B. A Gutiérrez, 1956. Colección popular de clásicos maiceros, IV.

Foresti Serrano, Carlos. *Cuentos de la tradición oral chilena, 1. Veinte cuentos de magia.* Madrid: Ínsula, 1982. Serie del Instituto Ibero-americano, Gotemburgo, Suecia.

Goic, Cedomil. *Historia y crítica de la literatura hispanoamericana 2: del Romanticismo al Modernismo.* Barcelona: Crítica, 1991.

Granada, Daniel. *Reseña histórico-descriptiva de antiguas y modernas supersticiones del Río de la Plata.* Montevideo: Barreiro y Ramos, 1896.

Güiraldes, Ricardo. *Don Segundo Sombra.* Buenos Aires: Guillermo Kraft, 1952.

Keller, Esten. *Motif-index of Mediaeval Spanish Exempla.* Department of Romance Languages, The University of Tennessee, *s.d.*

Segre, Césare. *Principios de análisis literario*. Madrid: Crítica, 1985.
Thompson, Stith. *El cuento folklórico*. Trad. de Angelina Lemmo. Caracas: Universidad Central de Venezuela, 1972. Ediciones de la Biblioteca 41.

El Ensayo

Facundo: la realidad desde el punto de vista del político y del ensayista

Rodolfo A. Borello

Rodolfo A. Borello, Profesor de la Universidad de Ottawa, Canadá, nació en Argentina y sacó su primer título en la Universidad de Buenos Aires; se doctoró en la Universidad de Madrid. Sus publicaciones incluyen Habla y literatura en Argentina *(Tucumán, 1975),* Hernández, poesía y política *(Buenos Aires, 1973) y* El peronismo en la novela *(Ottawa, 1991). Actualmente se dedica a la preparación de dos libros:* La prosa de J. L. Borges: desarrollo y etapas *y* Desarrollo de la novela argentina. La poesía gauchesca, *publicado por la Academia Argentina de Letras, está en prensa*

En el examen de la obra sarmientina es frecuente olvidar cuál fue la intención de su autor y cuáles condicionantes influyeron sobre la misma para determinar algunas de sus características. Esto ocurre porque olvidamos que *Facundo* no es (no fue, digamos con mayor precisión) únicamente un ensayo de interpretación de una realidad nacional dada, fue mucho más y mucho menos que eso. Cuando situamos a *Facundo* en la serie de su género tendemos a creer que la obra puede ser considerada en un mismo nivel con las de su especie (tan bien estudiada por Martin Stabb) pero olvidamos de qué manera los intereses inmediatos se sobreponen (se sobrepusieron) a la pura intención comprensiva y descriptiva. Y es a este aspecto al que queremos dedicar la mayor parte de nuestra atención.

Para el sanjuanino lo esencial no era sólo la comprensión de una realidad nacional dada, eso se dio por añadidura, lo fundamental era cumplir con una función y tarea políticas, no cultural ni comprensiva. Sarmiento entrega una interpretación personalísima de su país (al que apenas conocía más por libros que por experiencia propia) pero esa parcial descripción perseguía funciones políticas muy inmediatas y muy concretas. Nuestro conocimiento de la biografía de Sarmiento nos permite conocer cuál fue la situación en que la obra fue escrita y cómo una serie de hechos inmediatos fuerzan al joven escritor a publicar su libro mucho antes de haber reunido la documentación necesaria. En primer lugar la llegada a Santiago de la embajada presidida por García, enviado diplomático de Rosas, una de cuyas misiones era solicitar la extradición de Sarmiento para acallar su voz acusadora y polémica. Después, la difícil situación pública en que estaba el escritor, empeñado en algunas innecesarias pero violentas polémicas periodísticas en las que había sido acusado en varios juicios policiales debido a la oposición que le hacían algunos nacionalistas chilenos. Su difícil situación íntima, enamorado de una joven mujer casada con un hombre anciano, con la que vive un romance y de la cual nacerá su querido hijo Dominguito. Por fin la misma situación social del sanjuanino, pobre, solitario, sin protectores a la vista, quien solamente poseía su pluma para luchar en una causa en la que se jugaba la vida, el futuro y su existencia toda.

Estas notas situacionales explican un aspecto del libro que en una primera lectura parece escapar a nuestra observación: la presencia constante y nerviosa del autor mismo, que unas veces se hace visible en desordenadas manifestaciones desbordantes de emotividad y dramatismo, otras se mete en el cuadro, habla de sí, grita, increpa, apela a las lágrimas, al insulto, a la pasión, a la furia de quien sólo tiene palabras para intervenir en una lucha mortal en la que estaba llevando la peor parte. Ya veremos cómo esta tensa realidad personal aparece también en lo ideológico.

Otra dimensión de la obra que no puede dejarse de lado porque es esencial está representada por el futuro. La última parte del libro contiene todo un programa político, funciona como el programático despliegue de todo lo que en el tiempo futuro será llevado a realidad cuando esta realidad descrita y analizada en las dos primeras partes del libro, sea reemplazada por aquella otra que las ilusiones y la voluntad sarmientina proponían para el porvenir. Esta futuridad anhelada, suponía la transformación y el reemplazo de aquella realidad necesitada de cambio y reajuste. Así, el libro debe leerse como la descripción de una realidad y sus explicaciones posibles, seguida de lo que debe reemplazar y mejorar esa situación necesitada de transformaciones.

Facundo entonces escapa al ensayo puramente interpretativo porque en la obra fue mucho más importante lo político inmediato: condena de una realidad explicada y descrita. Propuesta de un futuro meliorativo que transformará dicha realidad de modo positivo. Veamos ahora lo intelectual, cómo está ideológicamente estructurada la obra. A primera vista el libro está encabezado por muy interesantes capítulos descriptivos, en los que la geografía decimonónica y ciertas formas de sociología *avant la lettre* se expresan por primera vez en Hispanoamérica. Esta primera parte describe la naturaleza y sus habitantes, entrega el entorno geosocial en el que tendrá lugar la acción. La segunda parte es la historia, en la que la biografía desempeña una función esencial. Y la última y tercera parte es la de la voluntad transformativa, la más sarmientina de todo el libro. Naturaleza, historia, las dos primeras, componen lo dado, lo inerte, aquello que se da como determinismo inevitable, o como herencia cumplida que debe ser transformada y cambiada. La última parte es la voluntad transformativa, el futuro. Esta voluntad transformativa compone con las dos primeras, la tríada de factores que funcionan dinámicamente en la obra y se enfrentan en una lucha que jamás se detiene. Esta dinámica forma de enfrentamiento constante se expresa a través de la voz narrativa, que encarna, vive y sufre de manera activa este enfrentamiento, y que da al libro otro de sus aspectos vivos, patéticos, tensos. La última, la voluntad, dramatizada a través de ese hablante principal, representa al autor, y es uno de los factores centrales de la constante movilidad de la obra. Esta voluntad transformativa y transformadora carga de patetismo el libro todo, porque es expresión del deseo enfrentado a una realidad que se resiste a ser cambiada. Deseo frustrado, *pathos*, emoción, lucha contra lo imposible.

Sarmiento estaba dominado por fuertes determinismos y uno de los factores más poderosos de esa realidad que él va dibujando en la obra está en la herencia histórica y en la ineludible influencia de lo geográfico y la naturaleza, a la que el autor concedía desmesurada importancia. Otro factor que nuestro escritor aceptaba sin discusión es la religión, en la que Sarmiento se sitúa sin problema alguno. Otro, que no podemos analizar aquí, es el de la estructura social, que el ensayista acepta tal cual era. Estos factores están en la obra y juegan en ella importante función.

Otro aspecto, ya en lo que se refiere al estilo, es el de las fuertes oposiciones a las que Sarmiento, con método de maestro de escuela, usa con extrordinaria eficacia. Estas oposiciones cumplen no sólo una función ideológica y propagandística, también ayudaron al autor a comprender y organizar la compleja realidad que el libro trataba de ordenar y describir. El estilo es el del maestro y el del conferenciante que apela a destacar extremos enfrentados: América, ellos; Europa, nosotros; *civilización, conciencia, humanidad, progreso* frente a *barbarie, inconciencia, naturaleza, conservatismo, atraso*. Aquí los factores inactivos, del pasado; allá el futuro, activo, progresista nuevo. Unos son arrastre, herencia, pasado, naturaleza; frente a espíritu, futuro, voluntad, Europa.

Las referencias, que funcionan como ejemplos demostrativos, inundan el libro por todas partes y le prestan una calidez humana y narrativa desusada en una obra de esta clase. Funciona en ellas algo muy antiguo que Sarmiento utiliza con habilidad de narrador y de maestro que sabe bien que lo narrativo toca algunas claves emotivas que existen en todo ser humano. Estas referencias ejemplificantes están representadas por pasajes narrativos como anécdotas, relatos tradicionales, fábulas, episodios presuntamente históricos, pasajes tomados de vidas de personajes célebres (biografías de romanos, por ejemplo), cuentos propiamente dichos, todos materiales que inundan el libro y que le dan una de sus más extraordinarias dimensiones. Nunca debe olvidarse que *Facundo* apareció en la parte dedicada al folletín de un diario chileno, y que varias veces Sarmiento recuerda este hecho haciendo referencias muy concretas a la necesidad de conquistar al lector, de interesarlo en lo que allí se dice con la magia de lo narrativo. Recuérdese aquel pasaje de la obra en el que el narrador señala al lector posible: "Si el lector se fastidia [= se aburre] con estos razonamientos, contaréle crímenes espantosos" (181, ed. Palcos). Esto es: si al lector lo aburren los razonamientos sociológicos, políticos, históricos, apelaré a las armas emotivas del folletín ... Esa parte narrativa, que tiene tanta importancia en el libro, cumple allí múltiples funciones. Por una parte inunda la obra de vida y acción, le da calor, movimiento, poder hipnótico sobre el lector. Por otra sirve para desprender de esas situaciones observaciones sociales o argumentos para el ensayista. Unas veces muestran el peligro de la vida cotidiana del habitante de América, su desprecio por la muerte, su credulidad y valor, las dificultades del orden europeo. En contra de lo que Alberdi y Echeverría veían como algo negativo, lo narrativo da a *Facundo* una de sus dimensiones esenciales y fundamentales. Recuérdese lo que escribió el autor de *La cautiva* sobre Sarmiento: "... está poseído de la manía del cuento y de la anécdota, creyendo que los que forja tienen mucho chiste y gracia", y poco después, todavía enojado por lo que Sarmiento había escrito sobre él: "¿Qué cosa ha escrito él que no sean cuentos y novelas ..?". Sin ver que uno de los aspectos más poderosos y constantes de la obra era este aspecto narrativo, sustancial en su poder hipnótico sobre el lector. Esta combinación de descripción geográfica, cuadritos narrativos, de los que se desprende una observación sociológica, anécdotas reales o inventadas que soportan generalizaciones nacionales, narraciones históricas que destacan un rasgo del carácter de un personaje real, son algunos de los instrumentos que han hecho inolvidable el *Facundo*, y toda consideración de la obra no debe ignorar la importancia que en ella tiene lo narrativo como ingrediente esencial del libro.

Otro factor dinámico de la obra es la tensión que la recorre en toda su extensión y que se establece todo el tiempo entre algunos de sus factores básicos. Sarmiento logra establecer una constante tensión entre la "realidad dada" (la geografía, la enormidad de los espacios vacíos; la historia, como herencia poderosa en las costumbres, valores, actitudes, estructura social, educación, etc.) y el deseo de cambiar esa realidad. Y en distintos pasajes de la obra el autor logra mostrar que entre los que desean transformar esa enorme herencia del pretérito, y dicha herencia, se establece una durísima lucha que puede llegar a la oposición ferozmente inmisericorde y constante. O sea, convierte en dramática la oposición entre realidad dada y voluntad transformativa de dicha realidad. Se enfrentan dos mundos, uno de los cuales está encarnado en la voz del hablante principal. Recuérdese que en 1845 todos estos deseos sarmientinos parecían muy difícilmente realizables y allí debe residir, creemos, uno de los factores silenciados que explican la pesada carga emotiva que se esconde entre las líneas de este libro dramático y polémico. Lo ideológico se dramatiza hasta el nivel operístico y un gigantesco e indomeñable *yo* ocupa de pronto el primer plano por encima de toda consideración intelectual. De allí la perceptible *angustia* dramática que recorre toda la obra, angustia que está relacionada con la lucha inútil de un hombre que sólo tiene una indetenible voluntad de triunfar en una lucha en que el destino y los hechos parecen obstinarse en oponerse siempre a sus posibilidades de realizar sus deseos. Esta angustia, que parece golpear con el puño contra un muro inexpugnable que impide la libertad de un prisionero, es uno de los factores más poderosos del dramatismo constante que recorre *Facundo* en toda su extensión. La lectura de algunos pasajes del libro será buena prueba de esto que hemos llamado *la angustia* de quien sabía bien que enfrentaba un enemigo superior que no daba muestras de abandonar la lucha o de dar tregua alguna a sus oponentes. Hay varios momentos en que la voz narrativa abandona la tercera persona para apelar a una primera que se dirige, directamente, a Rosas. Una está al final de la Introducción: "Desde Chile, nosotros nada podemos dar a los que perseveran [= se oponen]. ¡Nada! Excepto ideas... ¡La prensa! He aquí tirano el enemigo que sofocaste entre nosotros" (15). Después de enumerar los calificativos insultantes que Rosas dedica a los unitarios, otra vez el tuteo al tirano: "Rosas, Rosas, ¡Rosas! ¡Me prosterno y humillo ante tu poderosa inteligencia! ¡Sois grande como el Plata, como los Andes! ¡Sólo tú has comprendido cuán despreciable es la especie humana, sus libertades, su ciencia y su orgullo! ¡Pisoteadla!" (201).

En otros casos el que narra se mete directamente en el cuadro, como si quisiera intervenir en la acción que está contando; así cuando narra la triste historia de la Severa Villafañe, golpeada y asesinada por su feroz enamorado (163). O al final del Capítulo XIV, cuando enumera algunas de las actividades para impedir la desaparición de la enseñanza pública, que termina: "Ah, corazones de piedra! Nos preguntáis por qué combatimos...!"(252).

El ensayismo de Paul Groussac (1848-1929)

David Lagmanovich

Socio del Instituto Internacional de Literatura Iberoamericana desde hace aproximadamente treinta años, David Lagmanovich es catedrático de la Universidad Nacional de Tucumán, Argentina, donde sacó su primer título antes de doctorarse en Georgetown University, Washington DC. Autor de Códigos y rupturas: escritores hispanoamericanos *(Roma, 1988),* Estructuras del cuento hispanoamericano *(Xalapa, 1989) y* Oficio crítico: notas de introducción a la literatura hispanoamericana *(Washington DC, 1994), entre otras publicaciones, sus campos de interés actuales son la poética, el Barroco hispanoamericano y la poesía contemporánea. Tiene tres libros en preparación en este momento*

La obra ensayística de Paul Groussac (1848-1929) articula perfectamente el ensayismo argentino del siglo XIX con el del siglo XX. Esto tiene que ver tanto con la ubicación argentina de Groussac como con su condición de testigo de un mundo cambiante, y asimismo, con su propio desarrollo como escritor.

GROUSSAC: TRES ÁNGULOS

Hoy miramos a Groussac desde tres ángulos distintos:
1) En el primer sentido: llega al país durante la presidencia de Mitre; se suma a la vida de la ciudad capital durante la de Sarmiento; es nombrado en su primer cargo de responsabilidad por gestión directa del entonces ministro y luego presidente Avellaneda; presencia las polémicas entre católicos y liberales que signan la vida argentina durante la década de 1880; en la del noventa, llega a director de la Biblioteca Nacional y dirige la revista *La Biblioteca* —central en la historia del modernismo argentino— la que es suprimida por él mismo debido a desavenencias con el ministro de ese momento; acomete asimismo la publicación de importantes documentos de nuestro pasado; desde ese momento hasta treinta años más tarde, asume un importante y definitivo papel en la cultura literaria argentina.
2) Por otra parte, importantes acontecimientos, ya sea nacionales o internacionales, van puntuando la vida de Groussac. Salido de su país natal en la época del Segundo Imperio, intenta regresar al mismo para servir en las fuerzas que combaten en la guerra francoprusiana; colabora, en Buenos Aires, en la lucha contra las temibles epidemias de fiebre amarilla; con motivo de la guerra de 1898 entre Estados Unidos y España, reacciona con vigor en la defensa del país vencido; sigue con pasión el desarrollo de la Primera Guerra Mundial y, a su término, celebra la derrota de los Imperios Centrales, pero también se alarma ante el indudable predicamento mundial que adquieren los Estados Unidos; en fin, deja un testamento intelectual (el prólogo a *Los que pasaban*, de 1919) en donde

expone, avanzado ya el siglo XX, puntos de vista que representan la mejor tradición decimonónica. Muere en 1929, el año del "crack" financiero de Wall Street. Nunca anacrónico pero sí en cierta medida pasatista, Groussac muestra, mejor que muchos de sus contemporáneos, la continuidad entre los dos grandes siglos de la modernidad.

3) Finalmente, desde un punto de vista más estrictamente literario, no cabe duda de que Groussac queda correctamente ubicado junto a los cultores de la prosa modernista: un Ángel de Estrada (uno de sus buenos amigos), un Rubén Darío (a quien publicó en las páginas de *La Biblioteca*), un Leopoldo Lugones (también publicado por él, y con cuyo cientificismo inicial tiene muchos puntos de contacto). El cuidado del texto y el desdén por el desaliño que se achaca a la prosa de la generación anterior; la influencia posromántica francesa (especialmente simbolista, como se advierte en su poesía escrita tanto en francés como en castellano); hasta el sentido del humor que implica una nueva aproximación a muchos de los temas tratados: todo va mostrando su ubicación inequívoca en una zona escrituraria signada por la modernidad, incipiente al principio, luego cada vez más rotunda y meditada.

Los tiempos

En todo caso, a través de Groussac la generación a la que él perteneció supo manifestar, sobre todo, el rasgo de acumulación y continuación, mucho más que el de ruptura. Tal era precisamente lo que los tiempos exigían: al proceso político de la organización del país corresponde el de la organización de la cultura nacional, tarea en la que desempeñó un papel prominente. Esa organización requería un adecuado conocimiento del pasado y una conexión de ese pasado con el presente del escritor: de ahí su labor de historiador. Exigía también la dilucidación valorativa: ello explica la actitud del crítico. Y exigía y autorizaba, por último, el vuelo de la fantasía y la reflexión personal por encima de las premuras de la hora: de tal incitación surge su labor propiamente literaria, y sobre todo su labor de ensayista.

Groussac —ya lo he insinuado— establece un puente entre varias generaciones literarias argentinas. Destaca la labor de quienes le precedieron; apoya el trabajo de los que compartieron con él las fatigas y logros de su tiempo; auspicia, más de una vez con actitud innecesariamente paternal, las nuevas presencias. Enseña, orienta y aconseja. Pero no adula, aunque el sujeto de su estudio merezca el elogio. Muestra una dureza aparente, que nos ha hecho olvidar el acto de amor implícito en su actitud. Porque, como con característica claridad lo vio él mismo en uno de sus estudios aparentemente más inflexibles:

> la recta solución del problema nacional, para unos y otros, no está en la ilusión candorosa ni tampoco en el frío escepticismo, sino en la verdad intermedia: es decir, en el estudio sincero, en el cultivo de la historia que enseña, no de la mitología que infatúa; en el trabajo útil, en la disciplina moral, en la economía y buena aplicación de las fuerzas fecundas —en la orientación del alma colectiva hacia un ideal de nobleza y probidad. Y para atenuar, si necesario fuese, el amargor de este sermón perdido, sírvale de conclusión y moraleja un eco de la antigua sabiduría: "Mejor es la herida del que ama que el ósculo del que aborrece".[1]

---

[1] Conclusión de "Las *Bases* de Alberdi y el desarrollo constitucional", *Estudios de historia argentina* (Buenos Aires: Jesús Menéndez, 1918) 371.

¿No hay algo de sarmientino en estas palabras? Sin duda; pero lo que se mantiene de común con la ya lejana generación de 1837 en cuanto a actitudes ideológicas básicas, no encuentra un correlato inmediato en el plano lingüístico. La distancia estilística va no sólo de generación a generación, sino —y quizá sobre todo— de período a período, es decir, desde el período "romántico-positivista" hasta el período "naturalista-modernista" de nuestro ensayo.[2] En su concepción del estilo —ya modernista— como en tantas otras cosas, Groussac mira hacia adelante, hacia las generaciones venideras. Por eso suenan claramente modernistas sus observaciones sobre el estilo y la lengua —el estilo propio, la lengua finisecular— en el prefacio a su libro de 1897. Ante todo, destaca Groussac el carácter altamente personal de sus observaciones, en lo que Ortega y Gasset llamaría unos años más tarde "prosa de andar y ver":

> En estas páginas, por consiguiente, no encontrará el lector la naturaleza y las gentes americanas, sino tal cual se han revelado al observador, al través de su idiosincrasia y su humor variable. Cualquier otro observador, igualmente sincero, haría un cuadro muy distinto. Toda producción artística, buena o mala, es una combinación de la realidad con la fantasía; y sin duda, cuando de *impresiones de viaje* se trata, lo que ante todo resulta parecido, es el retrato del viajero.[3]

Y, por otra parte, esa visión personalísima del viajero ha de encontrar su fórmula escrituraria propia; en esos años en que ya ha sido posible leer la prosa de Martí y la prosa de Darío, es preciso oponerse al predominio de las formas tardías de la prosa positivista:

> Entre tanto, considero atendible cualquier esfuerzo encaminado al propósito de alcanzar un estilo literario más sobrio y eficaz que nuestro campaneo verbal, al par que más esbelto y ceñido al objeto que la anticuada notación española. Tal empresa, sin duda, era superior a mis fuerzas —acaso a las de cualquier escritor. Para renovar el estilo (no tanto en su letra, cuanto en su espíritu), sin rebajarle al nivel de una jerga cosmopolita, fuera necesario poseer por igual —además del talento robusto unido al más delicado sentimiento del arte— el espíritu extranjero en su más sutil esencia y el castellano o nacional en toda su plenitud. Es un caso de imposibilidad, casi un círculo vicioso. Con todo, la tentativa no habrá sido estéril si, entre los jóvenes argentinos que se preparan a sustituirnos, hay quien recoja siquiera la indicación ...[4]

He ahí, en dos citas, una estética literaria —ensayística— y una concepción lingüística que sitúan a Groussac derechamente en el centro de su tiempo histórico. Ni la una ni la otra tienen explicación alguna fuera de ese contexto. Ahora podemos considerar un aspecto fundamental de su quehacer.

---

[2] Me refiero aquí a anteriores trabajos míos, y especialmente a "Hacia una teoría del ensayo hispanoamericano", Isaac J. Lévy y Juan Loveluck, eds., *El ensayo hispánico: Actas* (Columbia SC: University of South Carolina, 1984) 17-28.
[3] *Del Plata al Niágara* (Buenos Aires: Administración de *La Biblioteca*, 1897).
[4] "Prefacio", *Del Plata al Niágara* xvi y xix. Como en otras citas de las primeras ediciones de Groussac, hemos retocado en lo imprescindible la acentuación y la puntuación.

El ensayismo

El carácter de escritura ensayística —la "ensayicidad", como dicen otros[5]— resalta de manera especial, en nuestra estimación, en *Del Plata al Niágara*, de 1897; en las dos series de *El viaje intelectual*, 1904 y 1920; y en *Los que pasaban*, el libro de 1919,[6] sin perjuicio de encontrarse también bellas páginas ensayísticas en otros libros suyos, aun en aquéllos de tipo más acentuadamente histórico.

Las tres obras están dominadas por la metáfora del tiempo, que es la manifestación última del motivo del viaje. Las tres relatan viajes, reales o imaginarios, físicos o mentales. Viajar, desplazarse, y posteriormente escribir sobre ello, supone también evocar; y en la evocación se juntan las imágenes de las tierras visitadas con otras que provienen del pasado del escritor. Así, en *Del Plata al Niágara*, las crónicas son algo más que "crónica": el mantener la Argentina fuera del relato, el recobrar en algunos de los lugares visitados hebras de recuerdo —Francia, Tucumán, Buenos Aires— el mirar no desde el "estar en blanco" característico del turista moderno, sino dentro de un contexto articulado, donde toda nueva observación se suma, en forma corroborante o modificadora, a un sistema cuidadosamente establecido: todo ello manifiesta la presencia del ensayista en el mejor sentido del término. Las cosas y las gentes, afirma Groussac en el pasaje ya citado, se le revelan "al través de su idiosincrasia y su humor variable": en esas páginas hay "una combinación de la realidad con la fantasía"... En otras palabras, superadoras de los rastros de discurso decimonónico, lo que hay es literatura: hay el prisma de cristal del ensayo que es traspasado por el rayo de luz de la realidad, presente o evocada.

De nuevo el viaje, metáfora del tiempo, en las dos colecciones o series de *El viaje intelectual*. Es éste el otro viaje, el que se realiza dentro de los recintos de la mente. La frase del título está deliberadamente buscada: presentado en 1897 el viaje aparentemente en superficie, el volumen de 1904 —tardíamente continuado en 1920— revela los ámbitos del pensamiento y la reflexión. Es parte de una continuada biografía intelectual, en donde los personajes y los temas evocados van puntuando, en orden que parece arbitrario, momentos importantes en la formación de obras y actitudes del escritor.

En la obra total de Groussac, el tercer núcleo ensayístico, en el sentido de ensayo literario, y posiblemente el más valioso y perdurable, está constituido por *Los que pasaban*. Hasta ahora se lo ha leído especialmente como documento historiográfico; pero quizá no se haya reparado en que, al presentarlo, Groussac lo relaciona exclusivamente con modelos literarios. Es frecuente la referencia a Montaigne, precisamente el creador moderno del género del ensayo. Afirma Groussac que el tono personal se mantiene siempre: "se explica y justifica el que aparezca frecuentemente, si bien siempre en segunda fila, el biógrafo junto al biografiado, a imitación de esos cuadros en que el pintor desliza su propio retrato entre un grupo de espectadores" (11). Y más detalladamente:

> *Le moi est haïssable.* Es cosa sabida; y también lo es que, al formular su riguroso anatema, Pascal apuntaba a Montaigne, en cuyos *Essais* (que nadie conocía ni admiraba más que

---

[5] Por ejemplo, Raúl H. Castagnino, "Estructura del ensayo", *La Prensa* (Buenos Aires) 23 marzo 1975.

[6] Para *Los que pasaban* uso la siguiente edición: Buenos Aires: Librería Huemul, 1972.

su censor) el *yo* retoza perdidamente. No debe abusarse de una sentencia que, tomada al pie de la letra, condenaría en globo tres o cuatro géneros literarios —memorias, epístolas, relaciones de viajes, etc.— necesariamente personales y a los que debemos no pocas obras maestras ... ¿por qué habría de tornarse necesariamente intolerable, en la narración o en el discurso, el giro, al parecer irreemplazable, que corresponde a la certificación presencial? ¿Cómo proscribir en absoluto el *me, adsum qui vidi*, que brota espontáneamente en los labios del espectador?[7]

Reivindicado así el carácter personal de *Los que pasaban*, resalta más su condición de "viaje en el tiempo". El tema del libro es "los que pasaban" (más interesante para el escritor que "lo que pasaba", aunque mucho de esto también figure): es decir, el desfile de personalidades de la "generación del ochenta" con quienes Groussac tuvo contacto más íntimo y personal. Pero él mismo advierte que "el período recorrido a saltos en estas mismas [páginas] se extiende a una vida entera, correspondiendo las primeras casi a la adolescencia del escritor, y las últimas —sin casi— a su vejez" (9). Y la metáfora del viaje se hace dolorosamente íntima en las líneas finales del prefacio, que tantas veces ha sido considerado como el "testamento intelectual" del escritor: "Llegamos a la última posada del camino, al tiempo que se agota nuestro peculio; y el postrer óbolo que nos queda es el que sirve para pagar a Carón, según el símbolo antiguo, nuestro pasaje en la barca fatal" (21).

He ahí el ámbito del ensayismo en Groussac, su mayor contribución al desarrollo del género en las letras argentinas. Dentro de las líneas trazadas por los iluminadores ensayos sarmientinos, las obras ensayísticas de Groussac prosiguen en el ahondamiento de las coordenadas fundamentales del ensayo romántico-positivista, ahora reformuladas desde una perspectiva nueva. El ensayo de interpretación nacional, explícito en el *Facundo*, se hace en cierta forma más soterrado e implícito en los trabajos del escritor francoargentino; pero no por ello deja de figurar, sobre todo en páginas que parecen referirse sólo a otros países, en *Del Plata al Niágara*. El ensayo biográfico y autobiográfico de Sarmiento se transmuta en las ya aludidas biografías de *Los que pasaban*, que ofrecen unido el tipo de materiales que el gran sanjuanino intentaba —no siempre con éxito— mantener separados. El gran tema romántico del viaje, por último, reaparece ahora transportado a la peculiar óptica de los hombres del ochenta, con añadido de la doble articulación (viaje en el espacio y viaje en el tiempo; viaje físico y "viaje intelectual") que enriquece la concepción anterior.

Sarmiento y Groussac

Por último, mis repetidas menciones de Sarmiento en relación con la obra de Groussac no son arbitrarias: las ofrezco como testimonio de un proceso de cambio, de una evolución de módulos expresivos, que es del más alto interés para una historia interna de nuestra literatura. Intento hacer evidente este contraste con ayuda de algunas citas; para ello, me centro en la concepción del retrato en ambos escritores.

---

[7] *Los que pasaban* 13.

El retrato de Quiroga que proporciona Sarmiento en *Facundo* ha sido analizado hasta el cansancio. Recordemos algunos rasgos: "era de estatura baja y fornido; sus anchas espaldas sostenían sobre un cuello corto una cabeza bien formada, cubierta de pelo espesísimo, negro y ensortijado. Su cara, poco ovalada, estaba hundida en medio de un bosque de pelo, a que correspondía una barba igualmente espesa ... Sus ojos negros, llenos de fuego, ... causaban una sensación involuntaria de terror .... La estructura de su cabeza revelaba, sin embargo, bajo esta cubierta selvática, la organización privilegiada de los hombres nacidos para mandar".[8]

Es evidente que el texto sarmientino insiste en la presentación de los rasgos físicos y en el contexto sociológico, procurando armonizar los unos y el otro con ayuda de algunas ideas de la época (la fantasiosa frenología, la incipiente sociología). Frente a esta posición, tan de mediados del siglo XIX, aparece la concepción finisecular de Groussac, que pasa del retrato físico al retrato moral y, si se quiere, de las nociones sociológicas a la preeminente presencia de lo psicológico. De otro caudillo, sin olvidar uno que otro rasgo visual, Groussac apunta, sobre todo, un retrato moral:

> destacábase del grupo como líder aceptado con su ya vigorosa personalidad, el doctor don Leandro Alem. Era éste algo así como un Saint-Just sin belleza, austero y vehemente, con más carácter que talento, dotado de elocuencia tribunicia y tropezoso estilo; fanático de no sé qué libertad sujeta al yugo, y sectario de un hosco patriotismo, practicado como una masonería en cuya logia no debía entrar un rayo de sol; tenía, en suma, un alma generosa y noble, pero replegada sobre sí misma desde la juventud, que fue para él tétrica mañana de invierno hasta la gloriosa y trabajada madurez, tarde tempestuosa que un rayo terminó ...[9]

Aparte de la atención prestada diversamente a aspectos de la naturaleza humana, el contraste que intento esbozar puede quizá sintetizarse en dos palabras: lo *difuso* en Sarmiento, lo *articulado* en Groussac. La diferencia es máxima en las pocas oportunidades en que ambos coinciden en un mismo personaje; entonces, la actitud largamente explicativa de Sarmiento da paso a una escuetamente presentativa, desde un ángulo muy personal, y con atención siempre al elemento moral, en Groussac. Como último ejemplo de esta oposición que señala un tránsito de medio siglo en nuestro ensayismo, permítaseme citar las evocaciones del general Gregorio Aráoz de LaMadrid. Abreviada, he aquí la imagen de Sarmiento:

> Es el general LaMadrid uno de estos tipos naturales del suelo argentino ... los prodigios de su valor romancesco pasan de lo posible ... el humo de la pólvora y los relinchos de los caballos lo enajenan materialmente ... es un tipo natural de aquel país, no por esta valentía fabulosa, sino porque es oficial de caballería y poeta además. Es un Tirteo que anima al soldado con canciones guerreras, el cantor de que hablé en la primera parte; es el espíritu gaucho, civilizado y consagrado a la libertad.[10]

---

[8] Domingo Faustino Sarmiento, *Facundo*, edición de Alberto Palcos (La Plata: Universidad Nacional de La Plata, 1938), parte II, Cap. I.
[9] *Los que pasaban*, 168-69.
[10] *Facundo*, parte II, Cap. IV, 143-44.

Y, por otra parte, la fugaz imagen de LaMadrid, entrevisto por Juan Bautista Alberdi en sus años infantiles, que ofrece Groussac: "De vez en cuando cruzaba por su hogar una tormenta vociferadora, en figura de soldadote estrafalario y tornadizo —también pariente suyo— y supo que esa efigie del descalabro representaba el heroísmo".[11]

Dentro de la lapidaria concisión de esta viñeta retratística, los rasgos físicos y visuales ("soldadote estrafalario", "efigie del descalabro"), tal vez anacrónicos, están cuidadosamente contrapesados por los rasgos de carácter ("tormenta vociferadora", "tornadizo") hasta llegar, en la última palabra, a la clave final de su personalidad: "heroísmo". El retrato es esquemático pero preciso; sobre todo, no ha dejado de lado en momento alguno el elemento moral, ni se ha diluido lo pintoresco del personaje presentado en un mar de palabras. A lo difuso se opone —repito— lo articulado; a las interpretaciones sociologizantes sarmientinas ("un tipo natural de aquel país", "el cantor de que hablé en la primera parte") se contrapone la penetración aguda, apartando decididamente la hojarasca, en el rasgo central de una personalidad.

CONCLUSIÓN

En mi conceptualización del desarrollo del ensayo argentino, Paul Groussac ocupa un lugar exactamente equidistante entre Domingo Faustino Sarmiento y Jorge Luis Borges. De la relación con este último me he ocupado en otra oportunidad; el tiempo no alcanza para tratar también ese aspecto.[12]

Ahora bien: hay otra manera de considerar la serie que propongo, más en la línea de la tipología que en la del ordenamiento histórico. En ese esquema (y con plena conciencia del reduccionismo implícito en toda construcción esquemática), estableceríamos una bipolaridad.

De un lado están los ensayistas como Sarmiento, Obligado, Bunge, Gálvez, Martínez Estrada, Murena, Etchecopar, Massuh. El estilo individual —la forma de realización de la función conativa, y su cruce con la función poética— puede y debe ser estudiado; pero estos ensayos nos interesan especialmente como sistemas de ideas; y no es casual que abunden entre ellos los textos de "interpretación nacional".

Del otro lado se organiza una línea distinta: por ejemplo, la que contiene a Groussac, Ángel de Estrada, Arrieta, Marasso, Borges, Cortázar, Abelardo Castillo. Simétricamente, no es que en estos casos no interesen las ideas, que pueden ser fascinantes: es que las peripecias de la aventura escritural nos fascinan aun más.

Una parte importante del trabajo con la literatura —ese vasto depósito de materiales dispersos, muchos de ellos abandonados— consiste en la organización de series textuales. Es lo que aquí he intentado; y quisiera dejar abiertas estas perspectivas para quienes deseen seguir adelante en la cautivante aventura de trazar mapas descriptivos del ensayo argentino de ayer y de hoy.

---

[11] "Las *Bases* de Alberdi y el desarrollo constitucional" 281-82.
[12] "Dos temas de Borges en Groussac", *Chasqui* XII, 1 (1982) 61-67.

Ensayo venezolano y ensayo hispanoamericano: una perspectiva comparada

Miguel Gomes

Miguel Gomes (Venezuela) sacó su primer título en la Universidad Central de Venezuela para luego doctorarse en la SUNY, Stony Brook, en 1993. Es un socio muy reciente del Instituto, pero ya tiene publicados varios libros: El pozo de las palabras (ensayos de crítica literaria) *(Caracas, 1990) y, como traductor y editor,* Antología poética de Oswald de Andrade *(Caracas, 1988). En prensa tiene* Poéticas del ensayo venezolano del siglo XX *y, como editor,* Estética modernista hispanoamericana. *Es Assistant Professor en la Universidad de Connecticut, Storrs, EE.UU.*

David Lagmanovich, en un estudio de 1981, dividió la historia del ensayo hispanoamericano en tres períodos bien definidos. Sus criterios combinaban lo generacional con un repertorio de "funciones" expresivas que consideraba propias del género. El resultado era un sistema historiográfico coherente que se podría sintetizar de la siguiente manera: la mayor parte del siglo XIX corresponde a un ensayo "romántico-positivista" caracterizado por la preferencia de temas americanistas, una actitud programática y conminatoria y un dominio casi absoluto de la primera persona del plural (pues el ensayista hablaba desde el punto de vista de la colectividad nacional); el ensayo "naturalista-modernista" coincide con el paso del siglo XIX al XX y se distingue por la insistencia en asuntos estéticos y universales, una disposición más bien intimista y confesional y, por consiguiente, un yo enfático poco convencido de su misión magistral o social; finalmente, Lagmanovich se refería al ensayo "vanguardista-existencial": escritura que se debate entre América como problema intelectivo y la individualidad en crisis, entre el "yo" y el "tú" y, desde luego, entregada totalmente a los avatares del diálogo y la polémica. El crítico argentino no lo especifica, pero podemos estar seguros de que su estudio incluye la trayectoria del género hasta los años setenta de nuestro siglo (Lévy-Loveluck 17-28).

Hacer una historia del ensayismo venezolano desde las coordenadas antes descritas es una tarea tentadora, pero creo que el resultado podría servir más para entrever en los límites del país un conjunto de divergencias que para reafirmar su integración fácil en la totalidad continental. Sorprende, por ejemplo, que pocos especialistas en la literatura venezolana se hayan detenido en un hecho notorio: si el ensayo nacional tiene alguna cuna, ésa, probablemente, es el costumbrismo. No faltan desde inicios del siglo XIX los manifiestos, las proclamas, las epístolas o los informes administrativos escritos en excelente prosa; no faltan autores —Fermín Toro, Juan Vicente González, Cecilio Acosta— a quienes podemos atribuir los primeros esbozos dispersos de un ejercicio ensayístico. Pero tampoco podemos olvidar cómo han sido recibidos estos balbuceos posteriormente y de manera repetida a partir de Luis Correa: como "inacabamientos", proyectos frustrados. Lo más nutrido de la labor importantísima de Andrés Bello y Simón Rodríguez, por otra parte, sólo ha sido rescatado en pleno por críticos y creadores hacia mediados del siglo XX; cuando aparecen en el país natal de estos hombres continentales ediciones exhaustivas de sus obras. No faltan casos, ciertamente. Podríamos incluso tratar de configurar una trayectoria genérica emergente desde las prácticas oratorias más comunes en el período posindependentista hasta la actuación revolucionaria del modernismo. Pero el primer esfuerzo colectivo encaminado a escribir desde el mirador de una literatura de ideas — aunque se trate, eso sí, de ideas muy discretas en sus alcances— pertenece a los costumbristas. El ensayo no contó en la época, como sí ocurrió en otros países de Hispanoamérica, con un rango institucional, es decir, un contrato casi explícito entre autores de lo que significaba literariamente el verbo ensayar y cómo debía leerse un texto así producido. El artículo o cuadro de costumbres, que narraba, pero que también reflexionaba, sí fue reconocido, en cambio, como modalidad autónoma.[1]

De 1830 a 1885 aproximadamente, se vislumbra una coherencia en el quehacer literario que rara vez —evitaré los eufemismos: nunca— se había manifestado en Venezuela. Aunque se reconozcan etapas en el costumbrismo, la unidad de propósitos y recursos se mantiene por sobre las diferencias generacionales e individuales. Cuando Daniel Mendoza, como indica Mariano Picón-Salas, "nacionaliza" esta literatura apartándola de la norma lingüística peninsular (7), no rompe con los lineamientos poéticos previos, sino que consigue una de sus aspiraciones máximas: consustanciación con la realidad cotidiana. Es curioso que Picón-Salas, ensayista avezado, no haya señalado el vínculo patente entre la descripción y el análisis en estos escritores y la descripción y el análisis, aunque de más vuelo más contagiado por el avance de las ciencias sociales, que debemos a los ensayistas propiamente dichos de la primera mitad del siglo siguiente —pienso en el mismo Picón-Salas, en Rómulo Gallegos, en Mario Briceño Iragorry, en Arturo Uslar Pietri— deseosos también de fijar los parámetros de la nacionalidad. En ambos conglomerados, Venezuela es la gran preocupación; las vicisitudes de la vida en sociedad, el foco de atención privilegiado. En los primeros predominó una estrategia miniaturista, directa y personalizada a veces, donde abunda la caricatura; en los segundos, la capacidad de cimentar abstracciones y ligar sus experiencias a un entendimiento y corrección del país. Pero el afán didáctico de unos y otros es, en la mayor parte de los casos, el mismo. Rafael Gutiérrez Girardot, confrontando el costumbrismo europeo y el americano, ha señalado con tino la transformación en nuestro lado del Atlántico "del modelo estático español en incipiente reflexión histórica" (84); no es casual que uno de los textos que sustentan dicha aseveración pertenezca al venezolano Rafael María Baralt. Para terminar con esta cuestión se ha de recordar que, tanto en Venezuela como en el resto del mundo hispánico, otro elemento que propicia el acercamiento de costumbrismo y ensayismo es la índole ambigua de la serie de convenciones que los determina genológicamente: ambos son variedades modernas de escritura; ambos surgen por las mismas fechas en lengua española; han sido categorizados repetidas veces como

---

[1] Un comentario como el hecho por Sarmiento a Valentín Alsina en una carta-prólogo al *Facundo*, caracterizado como "ensayo y revelación para mí mismo de mis ideas", revela hasta qué punto en otros lugares de Hispanomérica se re-escribía y se recordaba tácitamente el modelo montaigniano de escritura en tensión con discursos totalizadores y objetivos.

tipos marginales y, ante la pereza o el desconcierto críticos, suelen pasar por "literaturas mixtas".

Después de lo anterior, resulta obvio que rehacer una historia de los antecedentes del ensayo venezolano durante el siglo XIX no sería simple: el estudioso ha de lidiar con los conflictos que plantea la paulatina convergencia de elementos disgregados en una variedad literaria que, cuando formalice su cultivo años más tarde, les atribuirá nueva función y significado: el análisis ensayístico no será pintoresco y circunstancial sino que aspirará con frecuencia a la trascendencia. ¿Qué sucede entonces en el siglo XX? Si retomamos la periodización de Lagmanovich verificaremos los múltiples inconvenientes que supone insertar la historia venezolana en un esquema que, caso curioso, es muy rendidor internacionalmente. El momento "romántico-positivista" del crítico argentino abarcaría la obra en el extranjero de Bello y Rodríguez, pero en el país sólo encontraremos, en vecindad con el ensayo pero ciertamente no ensayistas, por una parte, a los costumbristas y, por otra, a los practicantes de la oratoria judicial, deliberativa o epidíctica o a los filólogos o historiógrafos, ajenos del todo a la conciencia genérica del ensayo como convenio creador y receptivo.[2]

El momento "naturalista-modernista" de Lagmanovich quizá puede identificarse con más facilidad, pero habría de hacerse la siguiente puntualización: si los ilustrados que sobrevivieron a la Independencia fueron asimilados por la era romántica, los positivistas venezolanos que, más allá de lo científico, produjeron obras literarias significativas —me refiero a escritores como César Zumeta o José Gil Fortoul— desarrollan en su escritura un modelo modernista y, en algunos casos tardíos, posmodernista. En realidad, ni en este país ni en otro existió algo semejante a un "ensayo del positivismo" puesto que este credo no generó una poética; jamás fue su intención: en el plano dicotómico ciencia-literatura, los autores positivistas se inclinaban desde luego por el primero de los términos. El tratado y el estudio fueron sus vehículos de expresión privilegiados; cuando los vemos acudir al ensayo, sorprende una escisión ideológica portentosa, como la que vemos en *El humo de mi pipa* (1881) de Gil Fortoul, libro entregado a la divagación desordenada y para nada exhaustiva de una escritura que él llama "meridional", opuesta a otra disciplinada y científica, o sea, "septentrional" (seguramente, la que empleó en su rigurosa *Historia constitucional de Venezuela*).

En Venezuela, precisamente cupo al modernismo fundar el género ensayo como entidad socioliteraria. Cabe destacar el papel protagónico que desempeñaron revistas estables

---

[2] Si para 1840 el panameño Justo Arosemena empleaba a toda conciencia la palabra "ensayo", situándola en un sistema genérico en oposición al estudio o tratado: "Noté la falta de una obra que contuviese la exposición analítica de los hechos correspondientes a la ciencia del gobierno ... De aquí que desde que tuve oportunidad me consagré a su redacción penetrado de que todo ensayo en cualquier materia es luego seguido por otros y otros trabajos hasta que al fin se llega a obtener la perfección en el ramo antes poco conocido ... Los primeros ensayos como el presente necesitan auxilio y protección para que no desmayen sus autores; pero tan lejos estoy yo de considerarlo completo, que justamente porque no lo estimo tal es que le he dado el título de 'apuntamientos' ..." Prólogo a *Apuntamientos para la introducción a las ciencias morales y políticas*), nada parecido se encuentra fácilmente en Venezuela, donde los escritos doctrinarios se agrupaban sin mayores distinciones genéricas en ese entonces.

como *El Cojo Ilustrado* (1892-1915) a la hora de fomentar un espíritu de grupo entre escritores interesados en expresar sus ideas en los confines del arte verbal. La provisionalidad de publicaciones periódicas anteriores nunca contribuyó tanto a la fijación de la condición de ensayista en el horizonte de expectativas del lector y el escritor venezolanos; éste último se veía ahora estimulado a hacer circular sus opiniones sobre infinidad de asuntos en un marco más intelectual que meramente periodístico. No por casualidad, un modernista, creador destacadísimo y central de esos años en todo el ámbito del idioma, llegará a manejar por primera vez en Venezuela, con libertad y desembarazo totales, el término "ensayista" y reconocerá como "gran" y "egregio" paradigma de esta especie literaria a Rodó: me refiero a Manuel Díaz Rodríguez (230, 241, 249, 257-8). Lo importante para efectos de la periodización de Lagmanovich sería notar cómo en Díaz Rodríguez, Pedro César Dominici, Pedro Emilio Coll, Rufino Blanco-Fombona y otros contemporáneos, el *yo* ensayístico, que antes se ocultaba en la oratoria, se desenvuelve incluso ostentosamente. El ensayismo modernista asume sin tapujos la confidencia; el escritor no es vocero sino de sí mismo y de su convivencia con las letras; por ello podemos toparnos con verdaderas proposiciones yoicas en el mejor sentido de la palabra, como la que hace Coll:

> No por impertinencia uso a menudo del Yo, acusado de odioso, sino porque sólo está a mi alcance referir mis propias impresiones a través de la vida y el arte. (Prólogo a *El castillo de Elsinor*, 1901)

Hasta aquí las coincidencias con la periodización de Lagmanovich, porque a la etapa continental que éste denomina "vanguardista-existencialista" no hallaremos ningún paralelo exacto en el país. Por el contrario, verificaremos dos momentos bien diferenciados: uno que Óscar Rodríguez Ortiz, en su antología *Ensayistas venezolanos del siglo XX*, ha llamado "primera contemporaneidad" y dura más o menos de 1910 a 1960, y otro, "segunda contemporaneidad", que empieza en los años sesenta y se prolonga hasta ahora. ¿Cómo caracteriza el antólogo al primer grupo de autores? Su recorrido ético "ancla en un sentido: el de literatura de ideas con imágenes pedagógicas al que se llega desde el eje del humanismo [clásico]" (1: 13). El ensayista de esta etapa es "pensador", arconte, fundador de nacionalidad: pedagogo, magistrado, creador de instituciones, polígrafo" (15-16). El de la "segunda contemporaneidad", por el contrario, más que por entender al país o resolver sus coordenadas fenoménicas, se destaca por una "moral de las formas"; que lo lleva a meditar más a menudo sobre la literatura misma.

Confrontemos el "vanguardismo-existencialismo" de Lagmanovich con la "primera contemporaneidad" de Rodríguez Ortiz y poquísimos parecidos hallaremos. El escritor descrito como perteneciente a la primera de estas unidades historiográficas es un "trágico", su mirada "desesperanzada" o "apocalíptica" (nadie mejor que Ezequiel Martínez Estrada para entender a qué se refiere Lagmanovich). En Venezuela, en cambio, vamos a encontrar en ese instante un optimismo que me atrevería a calificar de programático. Hay tanto progresismo y lucha contra la leyenda negra en, digamos Picón-Salas y Briceño Iragorry, que para nada o muy poco podríamos ponerlos en sintonía con el siglo que ha descubierto y temido la posibilidad de una catástrofe nuclear. La realidad que tuvieron ante sus ojos no es la universal proyectada sobre la nacional o en intercambio con ella, sino la continental y la de una nacionalidad en formación que se va a plasmar en ciertos rasgos enunciativos: el más importante, el recurso constante al "nosotros" venezolano, que hace decir a Picón-Salas, cuando se dispone a seleccionar lo mejor de su labor, que ha suprimido "el abuso del 'yo'" de sus páginas juveniles (y modernistas), pues:

> la literatura, para ser eficaz y hablar al alma de nuestros semejantes, no puede prescindir de claves comunes ... (*Obras* XIII)

¿No está esta poética mucho más cerca de la de Sarmiento, Bello, Rodríguez, González Prada, Martí, que de la de Martínez Estrada, Borges, Paz, en la que, según observa Lagmanovich, lo íntimo y lo público conviven en armonía, sin supresiones? De hecho, me parece que en Venezuela no sería desacertado ver en la primera mitad del siglo XX el ensayo americanista que no existió en los predios nacionales durante el XIX. Ese momento venezolano constituiría por ello una especie de compensación histórica.

Pero si nos asomamos a la "segunda contemporaneidad" de Rodríguez Ortiz, comprobaremos que tras semejante desplazamiento a las fuentes continentales, el ensayismo nacional vuelve a sintonizarse con su tiempo. Juan Liscano, cuya influencia como ensayista se hará más consecuente a partir del decenio de los sesenta, nos proporciona uno de los paradigmas notables. En la última pieza de su libro *Espiritualidad y literatura* (1976), la materia en torno a la cual se medita son problemas culturales que conciernen a toda la humanidad moderna: utopismo, neomilenarismo, el debate entre razón y religiosidad. La manera escogida de introducir esa temática, sin embargo, está francamente signada por la experiencia individual y no hay una purga del "yo", sino una fusión de éste y el "tú":

> 1934, año de mi regreso a Venezuela después de estudiar el bachillerato en países de habla francesa. La dictadura paternalista y recia de Juan Vicente Gómez cumple más de seis lustros ... Yo ignoraba todo de mi país. Era un joven afortunado ... Conocía a los simbolistas franceses, pero nada de los escritores latinoamericanos ... Se produjo entonces la ruptura con el mundo familiar ... [y] me envolvió el sentimiento de opresión que ahogaba al país ...

Aunque el *yo* se difumine poco a poco en las argumentaciones que siguen, el marco subjetivo con que se reflexiona acerca de lo colectivo ha quedado claro y no se oculta. Guillermo Sucre, Francisco Rivera, Eugenio Montejo, Rafael Arráiz Lucca, el mismo Óscar Rodríguez Ortiz, entre otros, son ensayistas que últimamente se añaden a la iniciativa de Liscano y hablan desde su individualidad apartados del populismo, sincero o la demagogia de escritores previos. No hay en ellos las previsibles entronizaciones de centros del conocimiento como la patria, el humanismo, Dios o la historia y en sus libros encontraremos meditaciones acerca del arte y de la literatura signadas por la discreta marginalidad del escéptico.

En resumen, y luego de todo lo dicho en los apuntes anteriores, podría afirmarse que la trayectoria ensayística venezolana no puede integrarse a la hispanoamericana prescindiendo de particularidades histórico-estéticas que van desde el "rezago" hasta la más sorprendente "puesta al día". Un solo siglo de vida institucional tiene este tipo literario en el país y ese siglo se compone de tres períodos (modernista, mundonovista y, llamémoslo provisionalmente, posmundonovista) determinan tres modelos de entender y practicar una escritura que parece debatirse entre lo telúrico y lo universal, referencialmente, y entre la introspección y la extrospección, en lo que toca a fenomenología literaria. La adaptabilidad del ensayo a circunstancias y preferencias tan disímiles, con todo, confirma su capacidad de pervivencia y le augura un futuro aún protagónico entre los géneros cultivados en Venezuela.

Bibliografía

Coll, Pedro-Emilio. *El castillo de Elsinor / Palabras* (1916). Madrid: Editorial América, 1916.

Díaz Rodríguez, Manuel. *Sermones líricos* (1918). Caracas: Nueva Cádiz, 1955.

Gutiérrez Girardot, Rafael. *Temas y problemas de una historia social de la literatura hispano-americana*. Bogotá: Cave Canem, 1989.

Lagmanovich, David. "Hacia una teoría del ensayo hispanoamericano". Isaac Lévy y Juan Loveluck, eds. *El ensayo hispánico*. Columbia: University of South Carolina, 1984.

Liscano, Juan. *Espiritualidad y literatura*. Barcelona: Seix Barral, 1976.

Picón-Salas, Mariano. *Antología de costumbristas venezolanos del siglo XIX* (1940). Caracas: Monte Ávila, 1980.

_____ *Obras selectas*. Caracas-Madrid: Edime, 1962.

Rodríguez Ortiz, Óscar, ed. *Ensayistas venezolanos del siglo XX. Una antología*. 2 vols. Caracas: Contraloría General de la República, 1989.

Teatro

El teatro seglar de Sor Juan Inés de la Cruz y la tradición de la *comedia*

A. J. Valbuena-Briones

Ángel Julián Valbuena-Briones, catedrático de la Universidad de Delaware y socio del IILI desde hace treinta años, es un español que ha investigado el teatro de ambos continentes. Entre sus publicaciones se encuentran las Obras completas de Calderón, I: dramas; II: comedias *(Madrid, 1969, 1988),* Literatura hispanoamericana *(Barcelona, 1962 - 4ª edición, revisada, 1969) y* Calderón y la comedia nueva *(Madrid, 1977). En prensa tiene un artículo, "El código escondido en* Exhortación panegírica al silencio *de Calderón"; actualmente se está dedicando a un estudio del teatro de Sor Juana Inés de la Cruz*

El teatro de Sor Juana Inés de la Cruz se clasifica en la escuela de Calderón. La monja jerónima, sutil conocedora de la poesía de Góngora y de la dramaturgia del poeta madrileño, asimiló y desarrolló con singular agudeza las fórmulas escénicas del autor de *La vida es sueño*. Añadió a sus piezas una peculiaridad y deslinde, debido a su poderosa personalidad creadora y al medio ambiente novohispano. El estro de la escritora mexicana inflamó con su ingenio el auto sacramental, la comedia de capa y espada, la fiesta palaciega, el sainete y la loa.

En el teatro seglar contribuyó con dos buenos ejemplos. *Los empeños de una casa* se representó en la residencia del contador, don Fernando Deza, el 4 de octubre de 1683, y *Amor es más laberinto*, producción mitológica, festejó el cumpleaños del Conde de Galve, el 11 de enero de 1689 en el palacio virreinal, según ha indicado Alberto G. Salceda (XVIII, XXII). Esta segunda obra fue escrita en colaboración con el licenciado don Juan de Guevara, a quien se debe el segundo acto. La décima musa, lo mismo que Calderón, procuró la diversión y entretenimiento de la Corte.

La fórmula de la comedia de enredo, que había tenido su origen lejano en la Nueva Comedia Griega, y que produjo un preclaro exponente en las piezas latinas de Plauto y Terencio, adquirió una original expresión en las comedias de capa y espada del Siglo de Oro. La comedia clásica presentó las relaciones entre padres e hijos, los amores de los jóvenes, y los malentendidos que creaban una red de equívocos. Los desenlaces estaban hábilmente fabricados tras una sorprendente maniobra que cambiaba de súbito la situación dramática. Se satirizaban las costumbres. La peripecia final terminaba con la reunión de los enamorados. Lionel Casson señaló que el asunto favorito era el de un joven y su amante, que se quieren, pero que son separados por un obstáculo que finalmente superan o quitan, y cuando llega el telón están unidos felizmente (xvi-xvii). Northrop Frye ha determinado esta fórmula cómica que llega hasta hoy:

the plot structure —dice el crítico canadiense— of Greek New Comedy, as transmitted by Plautus and Terence, is itself less a form than a formula, has become the basis for most comedy, especially in its more highly conventionalized dramatic form, down to our own day. (Frye 163)

    Una fase importante del desenvolvimiento de esta corriente dramática fue la comedia de capa y espada con las aportaciones de Lope de Vega y Calderón. El primero conformó y ordenó la escena española, y el segundo vino a ser el gran técnico y psicólogo de la mísma. Lope de Vega produjo un fino modelo con *Los melindres de Belisa* (h. 1608), en la que los enamorados Felisardo y Elisa pasan por esclavos para huir de la justicia y sufren una serie de infortunios en la casa de Lisarda, en donde están escondidos. Otro ejemplo fue *La dama duende* de Calderón, en donde las rígidas reglas de la viudez y el honor se oponen a la natural inclinación de dos jóvenes hasta que se logra su reunión definitiva.

    Hemos escogido estas dos piezas porque la primera provee el patrón estructural y la segunda la técnica de claroscuro, con su juego de equívocos de identidades, que Sor Juana manipuló para la elaboración de *Los empeños de una casa*.

    Sor Juana, en la fiesta que celebró la entrada en la capital novohispana del nuevo arzobispo, don Francisco de Aguiar y Seijas, y ante el Virrey Conde de Paredes y su esposa, escogió como tipo la dramática de Calderón, pero sin ceñirse a un ejemplo específico. El título lo obtuvo de una comedia *Los empeños de un acaso* (1639), con la que guarda poca relación. El nombre, en el caso de la monja, expresa a lo que obliga una casa. El acudir al epígrafe titular de una pieza dramática para luego desarrollarla vinculada a otras diversas lo volvería a verificar en *El divino Narciso* (1688), rótulo tomado de *El divino Orfeo* (1663) pero relacionada con el drama *Eco y Narciso*. El patrón de *Los empeños de una casa* se encuentra en *Los melindres de Belisa*, como ya se dijo, ya que en ambas una pareja de enamorados se instala en una casa en contra de su voluntad. La mexicana está bastante cerca de la intriga de *El escondido y la tapada* (1636), con el encubierto César en la casa de doña Celia, y Mosquito, que se disfraza de mujer. Sor Juana crea un mundo de ficción en una casa en Toledo, la residencia de los Arellano, gente pudiente de Madrid que ha ido a la capital goda. Los caballeros y las damas de la corte virreinal tenían hacia la antigua ciudad una devoción romántica que abría las puertas de su fantasía. La monja no imitó un ejemplo en particular, sino que, conocedora de un buen número de obras calderonianas, recreó en una nueva aportación las complicadas técnicas barrocas.

    Debe tenerse en cuenta que la casa ha simbolizado seguridad y abrigo, pero esta significación es conflictiva en este caso. El edificio se transforma en una trampa de los desventurados amantes. Los muros son impasibles testigos del intento de torcer sus voluntades. El ámbito circunscrito alberga la decepción y el peligro. Los dueños del recinto se invisten con especiales poderes con los que buscan satisfacer su capricho y sus veleidades.

    Don Pedro Arellano, mozo rico (EC I, 725), finge una traza para mantener a doña Leonor recluida y poder así cortejarla.

    Los lances de la acción los hemos visto repetidos en una serie de comedias calderonianas. Este teatro fue muy popular en Hispanoamérica, como señaló Lohmann Villena en una documentada monografía.

La técnica del claroscuro la había utilizado Lope en *Los melindres de Belisa*, y la había perfeccionado Calderón en *La dama duende* en torno a la famosa alacena. La casa adquiere una correspondencia simbólica con la sociedad porque posee unas leyes de conducta que se quiebran o que aparentan romperse por los misteriosos secretos que encierra. Hay gente oculta en ella que no acata las restricciones del código del honor. Indirectamente se propone una revisión de las fuerzas del poder y del dinero que permiten tales excesos.

Castaño, nuevo Mosquito, que, como buena figura de donaire, es miedoso, se viste de tapada con un traje de Leonor, ya que de esta manera piensa burlar la vigilancia de la policía. Tal disfraz perfila una ironía sobre la costumbre aceptada de que las mujeres pudieran salir tapadas con velos. Le detiene don Pedro, tomándole por Leonor, y sobreviene así un diálogo cómico. Castaño habla primero con ordinariez y luego cambia de estilo y se aviene al matrimonio para que le deje marcharse. Calderón, en *El escondido y la tapada*, plantea, como dijimos, una situación semejante cuando Mosquito se vista con las prendas de Beatriz. En *El escondido y la tapada*, Mosquito se disfraza de mujer, poniéndose el vestido de la criada Beatriz, pero sin el careo con un galán. Sin embargo, son los graciosos de Tirso los que, con su desgarro y mímica, pueden compararse mejor con la escena adaptada por la monja.

Amor es más laberinto fue, como dijimos, un festejo celebrado en la corte virreinal. Los autores trataron un tema mitológico utilizando la fábula de Teseo como un elemento decorativo que otorga elegancia y plasticidad a la acción escénica. Tuvieron en cuenta para su elaboración *El laberinto de Creta* (h. 1612), de Lope de Vega indicada por Margaret Sayers Peden, y el segundo acto de *Los tres mayores prodigios*, de Calderón, que se había representado para el día de San Juan de 1636 en el Palacio del Buen Retiro y ante su majestad Felipe IV. Además, la leyenda griega había sido usada por Diamante en una zarzuela *El labyrinto de Creta*.

Lope de Vega, el forjador de la comedia, proveyó un modelo, ya destacado por Menéndez y Pelayo, sobre el que se añadirían las características del espectáculo palaciego con música y escenografía. Hilvanó una pieza lírica, en una libre adaptación de los relatos de Ovidio en las *Metamorfosis* (VIII) y Plutarco en *Vidas paralelas* (Theseus).

Lope ha centrado la historia en torno de Ariadna. El énfasis en los personajes masculinos vacila según las escenas. La rivalidad entre las dos hermanas no está más que esbozada. Introduce bellas composiciones y la intriga mantiene interesado al público. Si Lope posee un agudo dote creador y poético, Calderón es más dramaturgo en la sabiduría de la técnica del espectáculo. Entiende mejor el arte de escena, plantea el problema psicológico de las dos princesas y elimina lo que no es esencial en la trama.

Sor Juana ha conocido las dos obras. Recoge algunos tópicos de Lope, imita y explaya el análisis sentimental y el juego de correspondencias, y aplica la técnica del claroscuro de las comedias calderonianas a su concepción dramática. Del autor de *Los tres mayores prodigios* toma, además, la idea de la escena como un espectáculo pictórico y musical, aspecto destacado también por Hernández Araico sobre una Loa de la monja, y con la intención del entretenimiento. Incluye saraos y utiliza un metalenguaje para reflexionar irónicamente sobre la urdimbre de esta fábrica cómica en una doble comunicación con el espectador.

El emblema del laberinto, que Alciato lo había interpretado como la necesidad de mantener en secreto el consejo del que reina (epigrama duodécimo), y que también lo había entendido como símbolo de la confusión y la oscuridad (epigrama nonagésimo séptimo), pasa al teatro para indicar el secreto y el embrollo de las correspondencias amorosas. La descripción del artificio de Dédalo es rápida en Calderón y minuciosa en Sor Juana. En el caso de Lope, éste se limita a presentar en escena un lienzo en el que está dibujada la fábrica del laberinto (120).

La acción se basa, como en las otras dos piezas, en el enfrentamiento de Atenas y Creta. Sor Juana propone que la causa, como está explicado en la *Philosophia Secreta*, de Juan Pérez de Moya, y Lope también menciona, se deba a la muerte de Androgeo. Las Infantas, como en Calderón, se prendan del héroe, atraídas por su gallardía y conmovidas por su infortunio. Teseo y Fedra se hablan amorosamente despertando los celos de Ariadna. Ésta deviene, como ha apuntado Stephanie Merrim, en la dama tramoyera, que inventa un ardid, el de darle un hilo con el que pueda orientarse en el laberinto, hebra con la que piensa atraparlo.

En la jornada tercera, Sor Juana prosigue la maraña del enredo. La acción se estructura alrededor de dos lances. Uno es el desafío que Baco envía a Lidoro, que es interceptado por Teseo, y que termina con la muerte del príncipe de Epiro a manos del héroe ateniense, y cuya responsabilidad recae en Baco. El otro son los preparativos de la huida de Teseo con las dos damas con una serie de equívocos de identidades hasta que se interrumpen con la llegada de Minos. La venida de Licas, dispuesto a vengar la supuesta muerte de Teseo por el Minotauro, resuelve el nudo. La convención final arregla los matrimonios de Fedra y Teseo, Ariadna y Baco, Laura y Atún, y Cintia y Racimo. La complicación ha continuado hasta el desenlace. Un tono caballeresco penetra la escena que recuerda en algún aspecto al de *Auristela y Lisidante* (h. 1653) de Calderón.

La monja jerónima, en este segundo ejemplo de su producción dramática, ha imitado libremente las técnicas españolas en un espectáculo de sólido valor representativo. En conclusión, Sor Juana compuso una buena comedia de capa y espada y una entretenida fiesta cortesana, siguiendo el estilo de escuela, pero manteniendo su genio creador.

Bibliografía

Alciatus, Andreas. *Index Emblematicus*. Dos volúmenes. Ed. Peter M. Daly y Virginia W. Callahan con la ayuda de Simon Cuttler. Toronto: University of Toronto Press, 1985.

Arrom, José Juan. *El teatro de Hispanoamérica en la época colonial*. La Habana: Anuario Bibliográfico Cubano, 1956.

Calderón de la Barca, Pedro. *El alcalde de Zalamea*. Ed. A. Valbuena-Briones. Madrid: Cátedra, 1977.

_____ *La dama duende*. Ed. A. Valbuena-Briones. Madrid: Cátedra, 1976.

_____ *El médico de su honra. Dramas de honor*. II. Ed. A. Valbuena-Briones. Clásicos Castellanos 142. Madrid: Espasa Calpe, 1956.

_____ *Primera Parte de Comedias*. Ed. A. Valbuena-Briones. Madrid: Consejo Superior de Investigaciones Científicas, 1981.

_____ *Obras Completas. Dramas* I. Ed. A. Valbuena-Briones. Madrid: Aguilar, 1966.
_____ *Obras Completas. Comedias*. II. Ed. A. Valbuena-Briones. Madrid: Aguilar, 1960.
_____ *El escondido y la tapada*. Ed. Maravillas Larrañaga Donézar. Barcelona: PPU, 1989.
Casson, Lionel. *The Plays of Menander*. Nueva York: New York University Press, 1971.
Castañeda, James A. "*Los empeños de un acaso* y *Los empeños de una casa*: Calderón y Sor Juana —la diferencia del fonema". *Revista de Estudios Hispánicos* (1967) 107-16.
Feustle, Joseph A. Jr. "Hacia una interpretación de *Los empeños de una casa* de Sor Juana Inés de la Cruz". *Explicación de textos literarios* 1-2 (1973) 143-49.
Frye, Northrop. *Anatomy of Criticism. Four Essays*. Princeton: Princeton University Press, 1957.
Hernández Araico, Susana. "Venus y Adonis en Calderón y Sor Juana. La primera ópera americana, ¿en la Nueva España?". *Relaciones literarias entre España y América en los siglos XVI y XVII*. Coordinadora Ysla Campbell. Ciudad Juárez: Universidad Autónoma de Ciudad Juárez, 1992, 137-51.
Jiménez y Hurtado, Manuel. *Cuentos españoles. Contenidos en las producciones dramáticas de Calderón de la Barca, Tirso de Molina y Moreto*. Madrid: Victoriano Suárez, 1881.
Juana Inés de la Cruz, Sor. *Obras Completas*. IV. *Comedias, sainetes y prosa*. Ed. Alberto G. Salceda. México: Fondo de Cultura Económica, 1957. Citamos por esta edición.
_____ *Los empeños de una casa*. Ed. Celsa Carmen García Valdés. Barcelona: PPU, 1989.
Lázaro Carreter, Fernando. "La comedia de capa y espada". *ABC Suplemento*, 30 de diciembre de 1990.
Lohmann Villena, Guillermo. *El arte dramático en Lima durante el virreinato*. Madrid: Escuela de Estudios Hispanoamericanos, 1945.
Lope de Vega, Felix. *Obras*. 9ª edición. Ed. Emilio Cotarelo y Mori. Madrid: Real Academia Española, Rivadeneyra, 1930, 649-87.
_____ *Obras*. VI. *Comedias mitológicas*. Ed. Marcelino Menéndez y Pelayo. Madrid: Real Academia Española, Sucesores de Rivadeneyra, 1986, 143.
Merrim, Stephanie. "*Mores Geometricae*: the "Womanscript" in the Theater of Sor Juana Inés de la Cruz". *Feminist Perspective on Sor Juana Inés de la Cruz*. Ed. Stephanie Merrim. Detroit: Wayne State University Press, 1991, 94-123.
Mujica, Barbara. "Honor from the Comic Perspective: Calderón's *Comedias de capa y espada*". *Bulletin of the Comediantes* I, 38 (Summer 1986) 7-24.
Oppenheimer, Max Jr. "The Burla in Calderon's *El astrólogo fingido*". *Philological Quarterly* XXVII (July 1948) 241-63.
Ovidio. *Metamorphoses*. Con una traducción al inglés de Frank Justus Miller. I. Biblioteca Clásica Loeb. Cambridge MA: Harvard University Press, 1960.
Paz, Octavio. *Sor Juana Inés de la Cruz o Las trampas de la fe*. México: Fondo de Cultura Económica. 3ª edición, 1983.

Peden, Margaret Sayers. "Sor Juana Inés de la Cruz: The Fourth Labyrinth". *Bulletin of the Comediantes* I, 27 (Spring 1975) 41-48.
Pérez de Moya, Juan. *Philosophia Secreta* II. Ed. Eduardo Gómez Baquero. Clásicos Olvidados VII. Madrid: Compañía Iberoamericana de Publicaciones, 1928.
Plutarco. *Vidas paralelas*. Traducción al inglés de Benadotte Perrin. I. Biblioteca Clásica Loeb. Cambridge MA: Harvard University Press, 1967.
Soons, Alan. "Four Transpositions of the Theseus Legend in the Hispanic Theater". *Cithara* XXIV, 2. St. Bonaventure NY: St. Bonaventure University Press (May 1985) 3-17.
Wilkins, Constance. "Subversion through Comedy? Two Plays by Sor Juana Inés de la Cruz and María de Zayas". *The Perception of Women in Spanish Theater of the Golden Age*. Eds. Anita K. Stoll y Dawn L. Smith. Lewisburg PA: Bucknell University Press, 1991.
Williamsen, Vern G. "Forma simétrica en las comedias barrocas de Sor Juana Inés", *Cuadernos Americanos* 3, CCXXIV (mayo-junio 1979) 183-93.

El nuevo teatro histórico o La vuelta del autor

Seymour Menton

Seymour Menton se doctoró en la New York University. Es autor de El cuento hispanoamericano *(México, 1964),* Prose Fiction of the Cuban Revolution *(Austin, 1975) y* Latin America's New Historical Novel *(Austin, 1993). Actualmente está trabajando sobre el tema del realismo mágico. Lleva más de cuarenta años como socio del Instituto Internacional de Literatura Iberoamericana*

La investigación empírica revela un fenómeno inusitado en la historia reciente del teatro latinoamericano. Dentro de un período de ocho años, o sea entre 1985 y 1993, se han estrenado en Cuba diez piezas cuyos protagonistas son poetas del siglo XIX.[1] Tres de ellas versan sobre José Jacinto Milanés y las otras sobre José María Heredia, Plácido, Gertrudis Gómez de Avellaneda, Juan Clemente Zenea, Julián del Casal y Juana Borrero.

Este fenómeno, que no tiene parangón en ningún otro país latinoamericano, representa la lucha por la resurrección del poeta, del artista en general, después de unos quince años (1970-85) de represión oficial por parte del régimen revolucionario de Cuba —recuérdese el caso Padilla que culminó con su famosa confesión en marzo de 1971. Junto con la representación de la importancia del poeta, las nuevas obras teatrales simbolizan el ocaso del teatro popular, revolucionario, de creación colectiva[2] y la vuelta de los dramaturgos individuales, canónicos o "elitistas" si ustedes quieren. Mientras el llamado Teatro Nuevo, revolucionario, de los años setenta,[3] según Laura Fernández, "pobló los escenarios de marginales redimidos, obreros y estudiantes con conflictos de solución tibia, finales felices y mucho 'sabor popular'" (Espinosa Domínguez 1338), el Nuevo Teatro Histórico, al

---

[1] Abelardo Estorino, *La dolorosa historia del amor secreto de don José Jacinto Milanés* (1974; estreno, 1985) y su refundición *Vagos rumores* (1992); Abilio Estévez, *La verdadera culpa de Juan Clemente Zenea* (1983; estreno, 1986); Tomás González, *Delirios y visiones de José Jacinto Milanés* (1982; premio UNEAC, 1987); Gerardo Fulleda León, *Plácido* (1984; estreno, 1986); Salvador Lemis, *Mascarada Casal* (en proceso de edición, 1993); Carlos Celdrán, *Catálogo de señales*; Marcial Escudero, obra sobre José María Heredia (estrenada pero inédita); Silvia Ramos, obra sobre Gertrudis Gómez de Avellaneda (estrenada pero inédita); Elizabeth Mena, *La virgen triste*, sobre Juana Borrero (estrenada pero inédita).
[2] Matías Montes-Huidobro (1991) afirma "la ausencia de textos de valor permanente dentro del teatro creación colectiva" (246).
[3] Según Beatriz Rizk (1987), "teatristas provenientes de diversos colectivos se declararon parte de un movimiento: el Teatro Nuevo" en 1977 (15).

igual que la Nueva Novela Histórica, revela una complejidad artística basada en ciertos elementos bajtinianos como lo dialógico, lo carnavalesco, la parodia y la intertextualidad.

Sin lugar a dudas, entre los dramaturgos cubanos que han vuelto de la anonimidad durante la última década, el más destacado es Abelardo Estorino. En los primeros años de la Revolución, su obra *El robo del cochino* (1961), junto con la más famosa *La noche de los asesinos* (1965) de José Triana, quien vive en el exilio, gozaba de una fama internacional.[4] En 1965 Estorino estrenó y publicó en Cuba *Los mangos de Caín*, en un acto, que, según Montes-Huidobro "resultó una obra controversial y censurada" (Montes-Huidobro 1991, 1249), y luego transcurrieron unos quince años antes de su próximo estreno.[5]

La dolorosa historia del amor secreto de don José Jacinto Milanés fue escrita en 1974 pero no fue montada hasta 1985, un año después de publicarse en *Teatro de Abelardo Estorino* (La Habana: Letras Cubanas, 1984). Una versión refundida de la obra con el título de *Vagos rumores* fue estrenada y publicada en la revista *Conjunto* en el año 1992. La tercera pieza protagonizada por Milanés se llama *Delirios y visiones de José Jacinto Milanés* de Tomás González Pérez (1938), terminada en 1982 y premiada por la UNEAC en 1987.

Las dos piezas de Estorino protagonizadas por Milanés constituyen una condena de la sociedad esclavista del siglo diecinueve y una justificación de la malograda Conspiración de la Escalera de 1844. Con un "espectacular montaje de Roberto Blanco en 1985" (Espinosa Domínguez 352), *La dolorosa historia del amor secreto de don José Jacinto Milanés* logra "valorar el papel del artista en la sociedad" (Espinosa Domínguez 348) a través de una serie de recursos dramáticos tanto complejos como coherentes. La obra comienza con un prólogo que consta de un diálogo entre el poeta protagonista "resucitado" de su ataúd en el cortejo fúnebre por el Mendigo, su propia creación poética y uno de los predilectos proscritos románticos. En un ambiente sutilmente poético en que "los personajes deben recordar objetos de museo, figuras de cera en vitrinas empolvadas o momias envueltas en sudarios" (358), se anuncian varios de los temas que se desarrollarán en los cuadros siguientes: las relaciones del poeta con su hermana Carlota y su hermano Federico, también poeta; su amor imposible por su prima Isa; su locura; el éxito dudoso de su poesía y la recepción entusiasta de su pieza teatral *El conde Alarcos*; sus amigos literarios; y el castigo de los negros rebeldes. Los mismos temas aparecen en *Vagos rumores*, pero mientras en *La dolorosa historia...* hay unos cuarenta personajes individualizados y grupos de esclavos negros, jugadores, dependientes y hacendados, en *Vagos rumores* sólo tres actores hacen los doce papeles mediante "ropas gastadas que pueden transformarse para asumir los personajes que muestra" (67). El Mendigo, que en las dos piezas se emparenta con los comentaristas brechtianos, desempeña un papel más importante en *Vagos rumores*, tocando "una campanilla para indicar un cambio, un nuevo tema, un discurso" (67). La pieza de

---

[4] *El robo del cochino* figura en la antología del teatro hispanoamericano publicado por Carlos Solórzano (México: Fondo de Cultura Económica, 1964).
[5] *Ni un sí ni un no* (1980) fue estrenada por Teatro Estudio en 1980; *Pachencho vivo o muerto* (1982), inédita, fue estrenada por el Teatro Musical de La Habana en 1982; *Morir del cuento* (1984) fue estrenada en 1984 por Teatro Estudio e incluida en la antología *Seis obras de teatro cubano* (1989) (Espinosa Domínguez 353-54).

Tomás González, en cambio, empieza con la entrada ceremoniosa de muchos poetas "con una escolta insólita, fantasmal, de negros y negras descalzos" (13) para celebrar el triunfo de *El conde Alarcos*, obra dramática de Milanés. Éste va acompañado durante toda la obra del Negro de Chistera, su conciencia, invisible para los demás.

En el prólogo de *La dolorosa historia*, el Mendigo recomienda al resucitado poeta que busque el sentido de sus recuerdos en términos de Hayden White o de Borges: "Pero la historia puede hacerse de distintas maneras y hay tantas historias como recuerdos" (364). No sólo se cierra el prólogo con una evocación del libro de versos de Milanés que leía su mamá sino que se recalca la importancia del libro al final de la pieza: "El Mendigo coloca en el centro un libro, las Obras de Milanés, y se aleja. La luz crece" (456).

Igual que las Nuevas Novelas Históricas y a diferencia de las piezas de creación colectiva, hay distintos grados de lo dialógico en la caracterización de tres poetas: el protagonista Milanés, el mecenas Domingo del Monte y el mulato u ochavón Plácido. Mientras en las dos obras de Estorino se establecen "paralelismos entre el desequilibrio mental de Milanés y los horrores de la esclavitud" (Vivian Martínez Tabares, *Vagos riumores* 66), en la pieza de Tomás González se plantea la posibilidad de que Milanés sólo pretendía estar loco para burlarse de las autoridades españolas.

Aunque Milanés se retrata como gran campeón de la libertad, enemigo de la esclavitud y muy enamorado de su ciudad de Matanzas, ese retrato se desdice un poco por su crítica a Plácido por sus poesías de ocasión, sin tener en cuenta que el ejecutado había tenido que sufrir el desprecio social por su origen racial: "¿Cómo podías dedicarle aquellas odas a un político corrompido, cantar el cumpleaños de una niña tonta, ensalzar a un viejo cargado de dinero?" (*Vagos rumores* 89). Aunque en las dos piezas de Estorino Milanés pide perdón a Plácido, éste también mancha la imagen heroica de Milanés colocando en el mismo parlamento el estado inédito de los poemas anti-esclavistas de Milanés y su propia muerte: "No se publicaron nunca. ¿No ves la sangre que me mancha el pecho?" (*Vagos rumores* 90). En cambio, Milanés aboga por el papel importante del poeta con resonancias obvias para la época actual.

El cuarto cuadro de *La dolorosa historia* ..., titulado "Tertulia", comienza con énfasis en el aspecto juguetón de la literatura. A regañadientes Milanés se deja enganchar en el juego por el Mendigo. No obstante, poco a poco se subraya la importante misión social del poeta. Milanés afirma, pero de un modo dialógico, el compromiso social del poeta: "Yo estoy persuadido de que las letras ejercen una influencia: bien para mejorar o bien para pervertir" (*La dolorosa historia* ... 405); "El poeta, antes que poeta se considerará hombre, y junto a los demás artistas y filósofos que sean dignos de llamarse hombres ... empleará todas sus fuerzas a la mejora de sus semejantes" (405). En la escena con Plácido en *Vagos rumores*, Milanés dice: "El simple hecho de pensar se ha vuelto sospechoso" (90); "Tengo derecho a expresar lo que pienso. Soy un poeta" (90). Plácido le contesta: "¿Qué derecho? Sólo existen la fuerza y el miedo. Y como sospechan de todos acabarán por convertir la ciudad en una cárcel inmensa" (90). Estorino remata el carácter heroico del poeta colocando a Milanés en la escalera de la tortura, una especie de crucifixión, para experimentar lo que sufrieron los acusados de conspirar contra España ... y se vuelve loco por los próximos veinte años, el resto de su vida.

El mismo Plácido, que se presenta con estatura trágica y heroica en las dos piezas de Estorino, resulta más problemático en la de Tomás González.[6] A pesar de que Milanés aboga por Plácido como jefe del alzamiento por ser mulato, desconfía algo de él: "He observado su comportamiento en todos los lugares en que hemos coincidido y siempre me da por hacerme la misma pregunta; ¿cómo será en realidad este hombre? ... ¡Quítese la máscara!" (47-48). Plácido quisiera aplazar el alzamiento pero Gaspar, mulato de origen haitiano, quien no figura en las piezas de Estorino, se opone al aplazamiento aunque reconoce que "tendremos que trabajar mucho para vestir a Plácido con un buen mito" (38).

Domingo del Monte (1804-53), cuyo "opulento hogar fue el centro del movimiento intelectual de Cuba" (Esténguer 38), donde se conspiraba, se caracteriza de un modo más claramente dialógico. Su actitud política en las tres piezas es menos revolucionaria. En *La dolorosa historia*, aclara: "yo proponía eliminar la trata, lograr la emancipación paulatinamente y propiciar la inmigración blanca para convertir esta isla en un país civilizado" (451). En la escena inicial de *Delirios y visiones*, el desfile de poetas se cierra con la "entrada en carro romano, tirado por los intelectuales de color Plácido y Manzano, de don Domingo del Monte" (14). En *Vagos rumores*, Del Monte dice: "Una cosa es estar por la abolición, teóricamente, y otra entregar el país al salvajismo" (92). Igual que tantos finqueros cubanos, Del Monte tenía miedo de los negros y justifica su huida cuando estalla la insurrección: "No iba a quedarme en este país que podía ser reducido a cenizas por una raza salvaje" (450). Sin embargo, en *La dolorosa historia* ..., después de la presentación algo sonambulesca de los esclavos que protestan contra los abusos sufridos, Del Monte proclama que les toca a los poetas divulgar en Cuba los sufrimientos de los esclavos. Frente al obstáculo de la censura, Del Monte explica, con alusiones a la actualidad, que "siempre hay un juego, una argucia, un traspié para burlar la censura" (410). En *Vagos rumores*, aparece la misma crítica implícita del régimen castrista con la afirmación de Del Monte que "el hombre tiene derecho a leerlo todo. Sólo así será libre" (79). De una manera paralela, la discrepancia entre los puntos de vista de Milanés y de Del Monte se concentra en un solo personaje, el poeta Juan Clemente Zenea (1832-71), protagonista de *La verdadera culpa de Juan Clemente Zenea* de Abilio Estévez (1954), escrita en 1983 y estrenada en 1986 bajo la dirección de Abelardo Estorino. Tal como el poeta mulato u ochavón Plácido fue fusilado por su participación en la conjura de 1843, el poeta Juan Clemente Zenea, protagonista de la obra de Estévez, fue fusilado unos veinticinco años más tarde durante la Guerra de los Diez Años (1868-78). Los dos poetas ejecutados se prestan a interpretaciones dialógicas. En *La verdadera culpa de Juan Clemente Zenea*, la escena inicial de la mazmorra con la camisa blanca ensangrentada y el par de espejuelos de oro del poeta ejecutado establece un nexo afectuoso con el público que se va creciendo a pesar de la ambigüedad ideológica del poeta. Fusilado por los españoles en 1871, Zenea era considerado traidor a la causa independentista por introducir el descontento entre los insurrectos de la Guerra de los Diez Años (1868-78). Mientras Zenea trabajaba en Nueva

---

[6] En la obra titulada *Plácido*, estrenada en 1986, de Gerardo Fulleda León, el protagonista pide anacrónicamente a José María Heredia que dirija la sublevación independentista pero sus contemporáneos, tanto los liberales blancos como los esclavos negros, quieren nombrar líder del movimiento a Plácido y éste muere valientemente por la causa.

York de periodista, fue comisionado por los españoles para encontrar un modo de poner fin a la guerra iniciada por Carlos Manuel de Céspedes. Zenea, igual que Del Monte antes, pensaba que si Cuba consiguiera su independencia en 1873, se convertiría en otro Haití: "Si los cubanos vencen, Cuba llegará a ser un segundo Haití o algo peor" (Espinosa Domínguez 1392). Por lo tanto es condenado en la pieza tanto por los pordioseros encadenados independentistas como por los enmascarados devotos de España. Hacia el fin de la pieza, el carcelero, que hace las veces de comentarista brechtiano, afirma la importancia genérica del poeta, pero con una nota final de cuestionamiento: "Heredia, Milanés, Zenea. Un príncipe de la sangre. (*Pausa breve*). ¿Y la traición?" Sin embargo, la continuidad del heroísmo poético se afirma explícitamente con el diálogo inicial en la época actual entre el carcelero de Zenea —que sigue vivo sin haber envejecido— y un poeta de la época actual que quería conocer la mazmorra donde Zenea estuvo encarcelado. El poeta actual se identifica con Zenea poniéndose la camisa ensangrentada y los espejuelos.

Con la obra de Estévez se establecen nexos entre tres generaciones de dramaturgos cubanos. *La verdadera culpa de Juan Clemente Zenea* fue montada por Estorino (1925) y tiene muchos puntos de contacto con *La dolorosa historia del amor secreto de José Jacinto Milanés* del mismo Estorino. Además, Estévez (1954) fue amigo y discípulo de Virgilio Piñera (1912-79), dramaturgo y narrador homosexual de fama internacional que sufrió junto a otros literatos homosexuales durante la campaña de rehabilitación que parece haber terminado en los ocho últimos años permitiendo que los dramaturgos individuales rehabilitados después de veinte años de teatro de creación colectiva resuciten la imagen romántica del poeta: campeón de la libertad y, en términos actuales ... de los derechos humanos.

Bibliografía

Espinosa Domínguez, Carlos. *Teatro cubano contemporáneo*. Madrid: Fondo de Cultura Económica, 1992. Contiene 16 piezas entre las cuales se encuentran *La dolorosa historia del amor secreto de don José Jacinto Milanés* de Abelardo Estorino y *La verdadera culpa de Juan Clemente Zenea* de Abilio Estévez.
Esténguer, Rafael. *Cien de las mejores poesías cubanas*. La Habana: Mirador, 1943, 38.
Estévez, Abilio. *La verdadera culpa de Juan Clemenle Zenea*. Carlos Espinosa Domínguez, *Teatro cubano contemporáneo*. Madrid: Fondo de Cultura Económica, 1992.
Estorino, Abelardo. *Teatro de Abelardo Estorino*. La Habana: Letras Cubanas, 1984.
_____. *Vagos rumores*. Conjunto 92, julio-diciembre 1992. La Habana: Casa de las Américas, 1992, 66-94, con prólogo de Vivian Martínez Tabares.
Fulleda León, Gerardo. *Algunos dramas de la Colonia (Los profanadores, Azogue, Plácido)*. La Habana: Letras Cubanas, 1984.
González Pérez, Tomás. *Delirios y visiones de José Jacinto Milanés*. La Habana: Unión, 1988.
Montes-Huidobro, Matías. "El discurso teatral histórico-poético de Abelardo Estorino: entre el compromiso y la subversión". *Alba de América* 9 (1991) 16-17.
_____. "Sistematización histórica del discurso poético-teatral en la dramaturgia cubana". *Alba de América* 10 (1992) 18-19, 115-34.

Rizk, Beatriz J. *El nuevo teatro latinoamericano: una lectura histórica.* Minneapolis: University of Minnesota, Prisma Institute, en co-operación con el Institute for the Study of Ideologies and Literature, 1987.

Solórzano, Carlos. *Antología del teatro hispanoamericano.* México: Fondo de Cultura Económica, 1964.

POETAS Y POESÍA

Ante el Niágara: Heredia, Sagra, Avellaneda y el proyecto modernizador

María C. Albin

El campo de interés principal de María C. Albin, nacida en Cuba pero actualmente doctorándose por la Universidad de Yale, es la literatura del Caribe, en particular la poesía decimonónica. Es autora de "La revista Album Cubano de Gómez de Avellaneda: la esfera pública y la crítica de la modernidad" y "Gertrudis Gómez de Avellaneda y José María Heredia: el yo lírico y la invención de un mito nacional"

Partiendo de la obra de Cintio Vitier, *Lo cubano en la poesía* (1958), en la que postula que los orígenes de un mito insular pueden trazarse en la imagen de Cuba como visión lejana que inicia el poeta exiliado José María Heredia (1803-39),[1] haré un detenido examen del poema "A vista del Niágara", de Gertrudis Gómez de Avellaneda (1814-73) como texto que corrige la oda precursora de Heredia, "Niágara". Heredia ocupa un lugar privilegiado en el canon de la lírica cubana porque en su obra se elabora la figura del poeta nacional.

El poema de la escritora criolla propone una lectura desmitificadora y subversiva del texto herediano; la lectura errada (Bloom) ocurre en el espacio textual de inscripción de un mito insular que surge como resultado de la tensión entre los registros político y poético. Además, deseo subrayar que en su comentario al proyecto de modernización, es probable que Avellaneda tomara en cuenta el diario de viajes a los Estados Unidos de Ramón de la Sagra (1798-1871).[2] El vínculo que une a La Sagra con Avellaneda no es sólo la crítica

---

[1] Para Vitier la lejanía se convierte en el tropo que ofrece múltiples posibilidades en la invención de un mito insular y de la nacionalidad porque "la distancia, la lejanía, que fue la atmósfera propia del mito de la isla, jugará un papel decisivo en nuestra sensibilidad. Lo cubano en una de sus dimensiones esenciales, se manifiesta siempre como lejanía" (73). Agrega que Heredia es el primer poeta que espiritualiza el paisaje insular y el primero que valoriza la isla en función de la lejanía. Refiriéndose al poeta declara: "hace que la isla ... se convierta en patria, pero no simplemente como tierra natal, sino en patria que brilla distante, lejana, quizás, inalcanzable" (73).

[2] Ramón Dionisio de la Sagra y Peris nace en la Coruña en 1798 y muere en 1871 en París. Dedica la mayor parte de su vida y obra a estudiar los problemas de la administración colonial española en Cuba. Profundo conocedor de los principales problemas socio-económicos de la isla como colonia, emprende la monumental tarea de redactar la *Historia física, económica-política y moral de la isla de Cuba* (1839-61). La Sagra ocupa la cátedra de Historia Natural desde la que promueve la tecnificación de la agricultura e industria de la isla. De 1823 a 1835 ocupa el cargo de director del Jardín Botánico de la Habana y publica la revista *Anales del comercio, artes, ciencia y agricultura* bajo la protección de la Intendencia de la Habana con el propósito de ofrecer "el cuadro general de los principales adelantos modernos en todos los ramos" (citado en Núñez de Arenas, 349).

que ambos hacen de Heredia como poeta nacional; el intelectual gallego y Avellaneda eran amigos desde España y ambos coinciden en Cuba tras un largo período de ausencia.³ Entre 1828 y 1829, Sagra publica en la revista *Anales del comercio, artes, ciencia y agricultura* una crítica a la poesía herediana que le gana la antipatía de la opinión pública cubana, en particular, de la *élite* criolla ilustrada.⁴

La imaginación decimonónica estableció una analogía poética entre la mujer y la nación. Por consiguiente, se les prohibió a las escritoras participar de la invención de una nacionalidad en gestación y de su proyecto político. Como respuesta a la exclusión de las escritoras de la historiografía, propongo una lectura alternativa del poema "A vista del Niágara", de Gertrudis Gómez de Avellaneda. El texto puede ser leído como el aporte de la escritora al proyecto de Cuba y las nuevas naciones de América Latina que aspiraban a incorporarse a la modernidad y al progreso del que se hallaban marginadas. Ahora, pasemos al análisis de los textos.

Heredia compone su oda "Niágara" cuando visita las cataratas el 15 de junio de 1824. El texto puede ser leído como el viaje órfico del poeta que luego de mirar el mundo y recordar su pasado intenta inmortalizar su vocación poética. En la oda se conjugan la voz poética y la mirada de Orfeo (Blanchot) en la pregunta retórica: "¿Qué voz humana describir podría / de la sirte rugiente / la aterradora faz?" El hablante manifiesta su confusión "al mirar esa férvida corriente" que inútilmente "la turbada vista" desea seguir "al borde oscuro / del precipicio altísimo" (165). Prevalece la mirada órfica del deseo que al contemplar la naturaleza extranjera le hace evocar el paisaje de la patria lejana: el hablante se pregunta: "Mas, ¿Qué en ti busca mi anhelante vista / con inútil afán?" y el por qué no ve en la "caverna inmensa" las "palmas deliciosas" "que en las llanuras de mi ardiente patria / nacen del sol a la sonrisa, y crecen" (165-66). El paisaje cubano como evocación o añoranza se mitifica, por lo que es cantado a partir del distanciamiento geográfico asumido por el yo lírico.

---

³ Avellaneda regresa a su isla natal en noviembre de 1859 en compañía de su esposo, el Coronel Domingo Verdugo, conocida figura política en la metrópoli. Verdugo forma parte de la comitiva en que viene Francisco Serrano, el nuevo Capitán General de Cuba. Por otro lado, Sagra visita la isla por última vez en 1859 con el objetivo de recaudar datos para la publicación del volumen 13, que será el suplemento de su monumental obra *Historia física, económico-política, intelectual y moral de la isla de Cuba* (editada en París en 1861). Durante su estancia en la isla viaja por provincias y se vale de fuentes periodísticas y documentales para escribir la *Relación del último viaje del autor* (1861).

⁴ A fines de 1829 y principios de 1830, se produjo una polémica político-literaria entre Sagra y José Antonio Saco (1797-1879) en torno a las poesías de Heredia. El historiador Ramiro Guerra explica que "la cuestión política estaba latente en el fondo de toda la controversia, la cual, con el carácter de un encuentro personal entre Saco y Sagra, fue un choque entre criollos y peninsulares" (336). Puede consultarse también el recuento que hace el historiador Leví Marrero sobre esta polémica en el tomo 15 de *Cuba: economía y sociedad*, (Madrid: Playor, 1992) 73-76. Véanse, además, José Antonio Saco, "Polémica entre Don Ramón de Sagra y Don José Antonio Saco" en su *Colección de papeles*; y los artículos de Sagra y Saco que aparecen reproducidos respectivamente en el tomo I de Cintio Vitier, *La crítica Literaria y estética en el siglo XIX cubano*: "Juicio crítico de las poesías de Don José María Heredia" (69-82), y "Observaciones sobre el juicio crítico de las poesías de Heredia por Don Ramón de la Sagra" (85-105).

En Heredia, se establece un paralelismo entre la lejanía del paisaje natal (vinculado al concepto de patria) y el deseo erótico por la amada ausente. En el verso siguiente se fusiona la naturaleza, la patria y la mujer: "¡Ay! ¡Desterrado, sin patria, sin amores!" (168). El *yo* erotizado confiesa su anhelo de hallar una mujer que lo acompañe en "este abismo al borde turbulento" (167).

En otro poema, "Himno del desterrado",[5] Heredia construye el mito insular a través del pacto que concierta entre la naturaleza natal sacralizada que divisa en la lejanía y la colectividad histórica de la nación. Sin embargo, el convenio que concierta Heredia en "Niágara" es de otra índole al que propone en "Himno del desterrado". En "Niágara" Heredia recurre a la mirada que pretende establecer el convenio con la comunidad imaginada de la nación (Benedict Anderson);[6] se asemeja a la mirada órfica que traiciona el pacto con las divinidades del Hades que le prohiben volverse a mirar a Eurídice. La mirada órfica que adopta el *yo* lírico en "Niágara" con el paisaje recordado de la patria lejana, transforma la tierra natal en una sombra que paulatinamente se va distanciando hasta tornarse invisible. Es entonces, cuando el paisaje natal es sustituido por la tierra extranjera que contempla el hablante. Vale señalar que en este convenio se excluye lo colectivo para dar preeminencia a lo individual: el *yo* lírico establece una alianza con la naturaleza foránea que se constituye en una estrategia para asegurar la continuidad de su voz poética.

En el poema, Heredia establece la distinción entre lo bello y lo sublime.[7] El yo lírico diferencia el "recuerdo" del paisaje mítico de la isla lejana, que remite a lo bello del escenario,

---

[5] Heredia compuso "Himno del desterrado" durante su travesía en la goleta *Chasseur* hacia México al divisar las costas septentrionales de Cuba en septiembre de 1825. El poema está escrito en octavas de versos decasílabos de tres acentos —la estrofa por su ritmo bélico y musical era empleada en los himnos patrióticos y de guerra. El *yo* lírico pretende concertar un convenio entre el paisaje natal que divisa en la lejanía, el monte Pan de Matanzas y la comunidad imaginada, representada por la familia, los amigos y la amada. En el texto se pretenden fusionar dos poéticas irreconciliables: la mítica y la historicista-testimonial, que aspira a ser crónica y testimonio de la realidad colonial de la isla. La poética mítica privilegia la recuperación de la patria como paraíso perdido; su tiempo es el tiempo cíclico del eterno retorno. En contraposición, la poética historicista-testimonial, regida por una voluntad política, propugna la separación de Cuba de la metrópoli; presupone un tiempo de continuo avance. Heredia como cronista-testigo se asigna el papel del que testimonia y testifica, el que declara con verdad. Sufre una conversión en poeta de la realidad colectiva: es el memorialista del pasado, pero es también el profeta de la libertad que incita a la acción revolucionaria que derrocará al "tirano ibérico". Refiriéndose a Cuba exhorta: "Enlacemos un nombre glorioso" y luego predice "... al fin te verás libre y pura .../ Que no en vano entre Cuba y España / Tiende inmenso sus olas el mar" (314).

[6] Benedict Anderson, en *Imagined Communities: Reflections on the Origins and Spread of Nationalism*, define la nación como una comunidad política e imaginada que se "piensa" (o tal vez sería mejor decir que se "inventa") a sí misma como inherentemente delimitada y soberana. Anderson argumenta que los miembros de una nación, incluso la más pequeña, nunca llegarán a conocer a la mayor parte de los ciudadanos; sin embargo, en la mente de sus miembros prevalecerá la imagen de comunión entre ellos (6).

[7] Burke establece en el tratado *A Philosophical Enquiry* (1757) una distinción entre las causas y efectos de la experiencia de lo sublime y de lo bello. La categoría de lo sublime se basa en el terror, el cual, al ser modificado, genera el asombro en el sujeto que contempla el espectáculo (57: II, 1). En cambio, la experiencia de lo bello se basa en el principio del placer positivo que "excites in the

de lo sublime de las cataratas extranjeras. Compara ambos paisajes y determina que para cumplir su destino, lo único que falta al Niágara es "el agreste pino" (166), árbol que simboliza la inmortalidad (Cirlot 364). La subjetividad lírica asigna al paisaje insular los atributos asociados a lo bello: describe el paisaje natal como una llanura en las que las palmas crecen bajo un "cielo purísimo" (166). La palma, transformada en símbolo femenino de la patria, aparecerá de nuevo cuando establece un paralelismo entre palma, mirto y "la delicada rosa" que "muelle placer inspiren y ocio blando / en frívolo jardín ..." (166).

El *yo* lírico herediano infringe y profana el pacto concertado con el paisaje insular: el hablante desdeña el placer que se deriva ante la contemplación de lo bello —representado por el jardín como sinécdoque de la patria. Abandona el convenio con la isla para instaurar un nuevo pacto con el paisaje extranjero que se presenta ante su vista como el espectáculo de lo sublime. La subjetividad lírica establece una alianza con la naturaleza foránea en el que escapa del tiempo histórico para refugiarse "en la sublime soledad" (166). La oda concluye con un apóstrofe al "¡Niágara poderoso!" en el que el hablante revela su deseo de inmortalidad poética al declarar "¡Duren mis versos / cual tu gloria inmortal!" (168), para acto seguido manifestar su voluntad de que algún viajero que contemple las cataratas pueda "dar un suspiro" a su memoria (168).

Ramón de la Sagra, al igual que Heredia, se encuentra entre los viajeros que visitaron las cataratas. Recoge las impresiones de su visita en un diario de viajes que titula *Cinco meses en los Estados Unidos de la América del Norte, desde el 20 de abril al 23 de setiembre de 1835, diario de viaje de don Ramón de la Sagra* (1836). En su diario, Sagra emplea lo sublime natural como pretexto para reflexionar en torno a los avances del mundo moderno. Presta especial atención a los medios y vías de comunicación, prioritarios en el proyecto de modernidad que se implementa en los Estados Unidos. Advierte a sus lectores como:

> Al echar una ojeada sobre el mapa actual de los Estados-Unidos, no puede contenerse el asombro al ver el inmenso número de canales; de rios navegables y de caminos de hierro que le cruzan en todas direcciones. Miles de máquinas en movimiento .... y á toda esta escena de vida industrial, favorecida por el agua, preside ella misma en el sublime templo del Niagara. (*Cinco meses* 260-61)

Por otra parte, al tomar en cuenta el poema "A vista del Niágara" de Avellaneda, nos percatamos de que el paisaje foráneo no produce en el *yo* lírico de la escritora las emociones de terror y admiración que infunde en Heredia. La hablante interpela el paisaje sublime de las cataratas y exhorta a que la exima de no poder saludarlo con "himno triunfal", pues ante su vista, su corazón herido "Se conmueve ante ti, más no se inflama" (351). En su respuesta a "Niágara", texto que pretende fundar la inmortalidad poética de Heredia,

---

soul that feeling, which is called love" (160: IV, 25). El amor incita a virtudes más suaves y subordinadas: buen temperamento, compasión, bondad y generosidad (111: III, 9). Entre los atributos de lo bello se encuentran: la tersura, la suavidad, y la uniformidad, todos relacionados con el género femenino (115: III, 15). Según indica: "But darkness is more productive of sublime ideas than light", y respecto a los colores agrega: "First, the colours of beautiful bodies must not be dusky or muddy, but clean and fair ... Those which seem most appropriate to beauty, are the milder of every sort" (117: III, 17).

Avellaneda se desvía del precursor al afirmar, de forma irónica, que si la escena sublime de las cataratas deviniera en su musa, entonces desafiaría al poeta con su "poderoso canto" que "—Rival del suyo —ufana elevaría!..." (352). La hablante emplea atributos de lo bello para describir el paisaje sublime, pues en su descripción del Niágara no se destaca el dinamismo de la caída del torrente, y predominan la luz y los colores tenues.

La hablante despoja al Niágara de la inmortalidad adjudicada por su precursor poético: el pino herediano que sugiere la inmortalidad de las cataratas es reemplazado por el ciprés, árbol que evoca la muerte (Cirlot 130). Avellaneda contrapone al eterno presente del paisaje sublime el tiempo vertiginoso de la modernidad. El *yo* lírico compara ese otro tiempo, el de la época moderna, con las ondas de las cataratas: "Del voraz tiempo en rápidos turbiones / Cual tus fugaces ondas, desaparecen" (352).

Avellaneda deja a un lado la naturaleza romántica como espacio prelapsario donde prevalece el tiempo mítico y la sustituye por "Las nobles obras en que el genio humano / ..../ Graba su sello y poderoso infunde" (352). Frente a la temporalidad vertiginosa donde "Sobre el abismo todo se hunde" que distingue a la modernidad, la subjetividad lírica muestra las obras hechas por el hombre en su dimensión histórica. La hablante comenta cómo Heredia eternizó el paisaje de las cataratas por medio de su poesía, para inmediatamente confesar que son las obras humanas las que suscitan su admiración: "Mientras yo humilde —al apartar la vista/ De tu hermosura admiro otro portento/ De humano poder gran monumento" (352).

El *yo* lírico apostrofa al puente tubular sobre el río San Lorenzo: "¡Salve, oh aéreo, indescriptible puente". El puente significa el traspaso de un estado a otro, el cambio o el anhelo de cambio, pero también, representa aquello que media entre dos mundos separados (Cirlot 375). A nivel temático, se constituye en figura emblemática de la ambigüedad que experimenta la subjetividad lírica atrapada entre dos zonas de identidad: España, la metrópoli y Cuba la colonia, poniendo de manifiesto la identidad híbrida del criollo que se desplaza entre dos movimientos: la alteridad y la asimilación.[8] El puente, como símbolo de mediación, muestra la posibilidad de reconciliar los territorios de identidad que se hallan en pugna. En otro nivel de interpretación, el puente remite a la escritura de Avellaneda como mediación entre un espacio moderno —los Estados Unidos— y otro al margen de la modernidad, los países latinoamericanos.

Avellaneda concuerda con el ideario sagriano en relación a los Estados Unidos como modelo de progreso para otras naciones. Para ambos, el transporte y las vías de comunicación se constituyen en íconos de la modernidad. La hablante en "A vista del Niágara" apostrofa el puente y lo sacraliza cuando lo exalta como emblema de la modernización: "¡Salve, signo valiente/ Del progreso industrial, cuyas alturas/ —A las que suben las naciones lentas!" (352). El *yo* lírico asume la posición de los viajeros del siglo XIX y adquiere el conocimiento del discurso de la modernidad a través de la comparación que establece entre la nación que se encuentra en las alturas del progreso y

---

[8] Para una explicación de los conceptos de alteridad y asimilación, puede consultarse el prólogo de Aníbal González-Pérez, "El romanticismo hispánico: alteridad y asimilación", en *Revista de Estudios Hispánicos* 24, 2 (mayo de 1990) 1-12. Este volumen está íntegramente dedicado al romanticismo hispánico.

las naciones lentas en vías de modernización. Al igual que para Sarmiento,[9] en Avellaneda y en Sagra, el escritor viaja a las naciones localizadas en "las alturas" para conocer el modelo de progreso e importarlo a otras tierras "bajas".

Avellaneda adopta un lugar de enunciación que evidencia su distanciamiento del mundo anglosajón desde el cual escribe. No obstante, la alteridad asumida por el *yo* lírico revela un deseo de ser otro que encubre una voluntad de asimilación. Declara: "¡Feliz aquel que debe a la fortuna/ Tener en la región privilegiada,/ Que tan tarde conozco, alegre cuna!" (351). El lugar de enunciación subalterno desde el que habla el *yo* lírico se convierte en un mecanismo de autorización: desde el margen, el *yo* lírico emite su comentario al proyecto de progreso en América Latina, pero más que nada, logra incorporarse a la literatura de viajes, forma privilegiada de los discursos sobre la modernidad en la región.[10]

---

[9] Cito un pasaje de los *Viajes* de Sarmiento por parecerme relevante para el análisis del poema de Gómez de Avellaneda: "Ni es ya la fisonomía exterior de las naciones, ni el aspecto físico de los países, sujeto propio de observación, que los libros nos tienen harto familiarizados con sus detalles. Materia más vasta ... ofrecen el espíritu que agita a las naciones, las instituciones que retardan o impulsan sus progresos, y aquellas preocupaciones del momento ... Cúpome la ventura, digna de observador más alto, de caminar en buena parte de mi viaje sobre un terreno minado hondamente por los elementos de una de las más terribles convulsiones que han agitado la mente de los pueblos; trastornando, como por la súbita vibración del rayo, cosas e instituciones que parecían edificios sólidamente basados; y puedo envanecerme de haber sentido moverse bajo mis plantas el suelo de las ideas, y de haber escuchado rumores sordos, que los mismos que habitaban el país no alcanzaban a percibir" (XVI); y algo más adelante indica: "Hay regiones demasiado altas, cuya atmósfera no pueden respirar los que han nacido en las tierras bajas: y es locura mirar el sol de hito en hito, con peligro cierto de perder la vista" (XVIII). Sarmiento también recorre los Estados Unidos y durante su viaje visita las cataratas del Niágara. Ante el paisaje sublime emite su comentario respecto al progreso que se evidencia del lado norteamericano de las cataratas: resalta cómo se levantan grandes ciudades, la actividad comercial, los caminos de hierro que facilitan el movimiento en el territorio norteamericano (474, 477), y acto seguido, señala que las obras humanas deslucen las "sublimes obras de la naturaleza" (546). No obstante, pasa a describir el terrífico espectáculo de las cascadas: "Sus dimensiones colosales, la enormidad de las masas de agua, y las líneas rectas que describe, le quitan, empero, toda belleza, inspirando sólo sensaciones de terror, admiración y aquel deleite sublime que causa el espectáculo de los grandes conflictos" (547). Sin embargo, explica cómo un viajero norteamericano le muestra las cataratas desde otro punto de vista en que se reemplaza la contemplación de lo sublime por una mirada que delata el despertar industrial de la frontera anglosajona (551). El viajero norteamericano describe el espectáculo de progreso que prevé: el inmenso caudal de agua de las cascada sería desviado por canales para ser utilizado en el funcionamiento de "máquinas de tejidos y de otras industrias". La mirada industrial del norteamericano anticipa el atraque de buques en los puertos y el intercambio de mercancías entre Europa y Nueva York (551). Ante el paisaje de modernización que le muestra el norteamericano, Sarmiento, al igual que Gómez de Avellaneda, experimenta el deseo de llegar a ser otro, es decir, la tensión entre asimilación y alteridad que apunta Aníbal González-Pérez en el ensayo sobre el romanticismo hispánico. Confiesa Sarmiento: "Traíame arrobado de dos días atrás la contemplación de la naturaleza, y a veces sorprendía en el fondo de mi corazón un sentimiento extraño, que no había experimentado ni en París. Era el deseo secreto de quedarme por ahí a vivir para siempre, hacerme yanqui, y ver si podría arrimar a la cascada alguna pobre fábrica para vivir" (552). Domingo Faustino Sarmiento, *Viajes* (Buenos Aires: Belgrano, 1981).

[10] Para una discusión de la literatura de viajes como modelo retórico empleado por los patricios modernizadores en América Latina, se puede consultar "Martí y el viaje a los Estados Unidos" de

El poema de Avellaneda ("A vista del Niágara") se desvía de su precursor poético: sustituye la experiencia de lo sublime en Heredia frente al paisaje foráneo como una experiencia solitaria y de auto-adjudicación de poder (Mellor) por un paisaje de modernización en que se destaca el puente. Obra de la ingeniería industrial, el puente es signo del progreso, pero es también símbolo de unión. Frente a la naturaleza sublime de las cataratas, el puente que preside el paisaje de la modernización es figura de una escritura de participación con los otros: la fraternidad horizontal de la nación y con las "naciones lentas".[11]

En la crítica de Avellaneda a la representación de lo sublime en "Niágara" está implícita la relación entre el paisaje y un orden moral fundamentado en principios religiosos. Dicha relación se transluce en los versos siguientes en los que se revela un paralelismo entre las "nobles obras" humanas —usando el puente como ejemplo— y las obras divinas. La hablante exclama al interpelar al puente: "Obra del hombre, que emular procuras/ La obra de Dios, junto a la cual te ostentas!" (352). En este sentido, el poema de Avellaneda coincide, una vez más, con el núcleo doctrinal del pensamiento sagriano: la necesidad de compensar el adelanto material de los pueblos con un desarrollo moral simultáneo. Es decir, para Sagra y para Avellaneda, la ciencia y la religión son los dos cimientos del proyecto de modernidad; siendo la idea religiosa la base y la guía del progreso material.[12]

El *yo* lírico se presenta a sus destinatarios —Cuba y las otras naciones "lentas"— como cronista y testigo-ocular del paisaje anglosajón, paradigma que deberían emular las jóvenes naciones que pretendían incorporarse al progreso. De ahí que en el título del poema se destaque el *ver*, lo cual implica que la escritura de Avellaneda, similar a la

---

Julio Ramos, en *Desencuentros de la modernidad en América Latina*. (México: Fondo de Cultura Económica, 1989) 145-52. Según indica Roberto González Echevarría, la narrativa latinoamericana del siglo XIX está mediatizada por el discurso hegemónico de la época: el discurso científico de los viajeros. Comenta sobre el *Facundo* de Sarmiento: "Sarmiento's relationship to Facundo Quiroga is homologous to the one his book establishes with the discourse of scientific travelers and thinkers whose names he mentions and whose texts he quotes ... The role of this web of texts ... is to lend authority to Sarmiento's discourse, to serve as a model, and to give Sarmiento legitimacy as author" (99-100), y un poco más adelante argumenta: "The obsolete legal discourse of Spanish colonization was replaced by scientific discourse as the authoritative language of knowledge, self-knowledge, and legitimation" (103). Roberto González Echevarría, *Myth and Archive: A Theory of Latin American Narrative* (Cambridge: Cambridge University Press, 1990).

[11] Anne Mellor diferencia la experiencia masculina de lo sublime de la femenina: "In addition to offering an alternative definition of the sublime as an experience that produces an intensified emotional and moral participation in a human community, this tradition of Romantic women writers specifically condemned Burke's and Wordsworth's representations of the sublime as a moment of masculine empowerrnent over female nature. A commitment to the welfare of others and an ethic of care necessarily involves accepting limitations upon the powers and gratifications of the individual self" (105).

[12] En 1859 Sagra publica una serie de artículos en el periódico habanero *La Verdad Católica* que titula "Las malas doctrinas". Postula la necesidad de hallar un nuevo elemento que encauce el orden social suprimiendo las contradicciones entre "el *orden* y la *libertad*. ... la *tranquilidad* y el *progreso*" y concluye que "el progreso no puede ser paralizado por medio alguno, porque está reconocido que en él reside la vitalidad de los pueblos modernos". En el pensamiento sagriano, este nuevo elemento es la "idea moral y religiosa" (62-63).

sagriana, surge de la mirada que otorga verosimilitud a lo que se relata como crónica de viaje o poesía.

En "A vista del Niágara", Avellaneda subvierte la representación que hace Heredia de la mirada de Orfeo. En el texto herediano ("Niágara") la mirada órfica es el *ver*, que conlleva a la traición y a la pérdida: el deseo erótico por la amada se reemplaza por un deseo mayor de inmortalidad poética. En Avellaneda, la mirada de Orfeo se transforma en la mirada del testimonio: la mirada del testigo que implica una voluntad de verdad y que en la economía de ganancia y pérdida, produce el exceso que le permite ser partícipe del discurso histórico.[13]

Avellaneda sugiere que es posible conjugar las obras humanas con la naturaleza, cuando el yo lírico apostrofa al pueblo americano:

> Que si tienes —cantando tu grandeza—
> Prodigios como el Niágara en el suelo,
> Para ostentarte en superior alteza
> Cimentarte supistes instituciones
> Que el genio liberal como modelo
> Presente con orgullo a las naciones! (352)

Es decir, las máquinas y las vías de comunicación no quiebran el paisaje sublime, ya que se da una integración entre obra humana y naturaleza: es entonces cuando podemos hablar del paisaje de la modernización. Es precisamente este paisaje norteamericano, que la mirada distanciada del yo lírico propone como modelo para el progreso de Cuba y de las naciones independientes de América Latina. Esa mirada que pretende delatar una voluntad modernizadora se constituye en la estrategia de Avellaneda para adquirir una autoridad y una visibilidad pública.

Bibliografía

Anderson, Benedict. *Imagined Communities: Reflections on the Origins and Spread of Nationalism*. ed. rev. Londres: Verso, 1991.

Blanchot, Maurice. *L'Espace littéraire*. París: Gallimard, 1955.

Bloom, Harold. *The Anxiety of Influence: A Theory of Poetry*. Nueva York: Oxford University Press, 1975.

———. *A Map of Misreading*. Nueva York: Oxford University Press, 1975.

Burke, Edmund. *A Philosophical Enquiry into the Origin of our Ideas of the Sublime and Beautiful* (1757). ed. revisada con un introducción y notas por James T. Boulton. Oxford: Basil Blackwell, 1987.

Cirlot, Juan-Eduardo. *Diccionario de símbolos*. Barcelona: Labor, 1991.

---

[13] Sobre la figura del testigo visual y su relación con la verdad, pueden consultarse las cinco conferencias que dictó Michel Foucault en la Pontifícia Universidade Católica de Río de Janeiro, entre los días 21 y 25 de mayo de 1973. Michel Foucault, *La verdad y las formas jurídicas*, 3ª ed., traducción de Enrique Lynch (Barcelona: Gedisa, 1992).

Culler, Jonathan. "Apostrophe". *The Pursuit of Signs: Semiotics, Literature, Deconstruction.* Ithaca NY: Cornell University Press, 1981, 135-54.
Foucault, Michel. *La verdad y las formas jurídicas.* Barcelona: Gedisa, 1992.
Gilbert, Sandra M., y Susan Gubar. *The Madwoman in the Attic: Women Writers and the Nineteenth-Century Literary Imagination.* New Haven: Yale University Press, 1979.
Gómez de Avellaneda, Gertrudis. *Obras de la Avellaneda.* Edición Nacional del Centenario con un Discurso del Dr. Enrique José Varona. 4 vols. La Habana: Imprenta de Aurelio Miranda, 1914.
_____ *Obras de doña Gertrudis Gómez de Avellaneda.* Biblioteca de Autores Españoles. Edición y estudio preliminar de D. José María Castro y Calvo. 5 vols. Madrid: Atlas, 1974.
González Echevarría, Roberto. *Myth and Archive: A Theory of Latin American Narrative.* Cambridge: Cambridge University Press, 1990.
González-Pérez, Aníbal. "El romanticismo hispánico: alteridad y asimilación". *Revista de EstudiosHispánicos* 2 (1990) 1-12.
Guerra, Ramiro. *Manual de Historia de Cuba: Desde su descubrimiento hasta 1868.* Madrid: Ediciones R, 1975.
Heredia, José María. *Poesías completas.* Selección, estudio y prólogo por Ángel Aparicio Laurencio. Miami: Universal, 1970.
_____ "Carta del Niágara". *Niágara y otros textos (Poesía y prosa selectas).* Selección, prólogo, cronología y bibliografía por Ángel Augier. Caracas: Biblioteca Ayacucho, 1990, 250-55.
Kirkpatrick, Susan. *Las Románticas: Women Writers and Subjectivity in Spain.* Berkeley: University of California Press, 1988.
Marrero, Leví. *Cuba: economía y sociedad. azúcar, ilustración y conciencia (1763-1868).* Tomo 15. Madrid: Playor, 1992. 15 tomos. 1971-92.
Mellor, Anne K., ed. *Romanticism and Feminism.* Bloomington y Indianapolis: Indiana University Press, 1988.
_____ *Romanticism and Gender.* Nueva York: Routledge, Chapman & Hall, 1993.
Núñez de Arenas, Manuel. "Don Ramón de la Sagra, reformador social". *Revue Hispanique* 60 (1924) 329-497.
Ramos, Julio. *Desencuentros de la modernidad en América Latina: Literatura y política en el siglo XIX.* México: Fondo de Cultura Económico, 1989.
Saco, José Antonio. "Polémica entre Don Ramón de La Sagra y Don José Antonio Saco". *Colección de papeles científicos, históricos, políticos y de otros ramos sobre la Isla de Cuba ya publicados, ya inéditos.* Tomo I. La Habana: Lex, 1960, 230-360.
_____ "Observaciones sobre el juicio crítico de las poesías de Heredia". *La crítica literaria y estética en el siglo XIX cubano.* Prólogo y selección de Cintio Vitier. Tomo I. La Habana; Biblioteca Nacional José Martí, 1968, 85-105.
La Sagra, Ramón de. *Cinco meses en los Estados Unidos de la América de Norte, desde el 20 de abril al 23 de setiembre de 1835, diario de viaje de don Ramón de la Sagra.* París: Imprenta de P. Renouard, 1836.
_____ *Artículos varios sobre las Malas Doctrinas, comunicados a la Verdad Católica.* La Habana: Imprenta del tiempo, 1859.

_____ "Juicio crítico de las poesías de Don José María Heredia". *La crítica literaria y estética en el siglo XIX cubano.* Prólogo y selección de Cintio Vitier. Tomo I. La Habana: Biblioteca Nacional José Martí, 1968, 69-82.

Sarmiento, Domingo Faustino. *Viajes.* Prólogo de Roy Bartholomew. Buenos Aires: Belgrano, 1981.

Vitier, Cintio. *Lo cubano en la poesía.* La Habana: Universidad Central de las Villas, 1958.

Un caso de fecunda interrelación literaria sur-sur: Pablo Neruda y Mendoza (1925-46)

Gloria Videla de Rivero

Después de doctorarse por la Universidad de Madrid, la crítica argentina Gloria Videla de Rivero regresó al CONICET, Universidad Nacional de Cuyo, donde había sacado su primer título. Actualmente ofrece cursos en la misma mientras sigue con su trabajo investigador. Es autora de El ultraísmo *(Madrid, 1963 y 1970),* Contribución para una bibliografía de la literatura de Mendoza *(Mendoza, 1984) y* Direcciones del vanguardismo *(Mendoza, 1990), cuya segunda edición, publicada por el Instituto Internacional de Literatura Iberoamericana, fue presentada durante el Congreso de Pittsburgh (junio de 1994). Tiene en preparación varios artículos y un libro,* Revistas culturales de Mendoza

Mendoza, provincia del Oeste argentino, limítrofe con Chile, estuvo desde sus orígenes muy ligada al país vecino.[1] Su historia, su situación geográfica y el hecho de ser ciudad de tránsito entre Buenos Aires y Chile han determinado una fecunda interrelación cultural que, aunque atenuada después de la creación del Virreinato del Río de la Plata en 1776, con altibajos y algunos conflictos aún se mantiene.

Creo que el estudio sistemático de esta interrelación a lo largo de más de cuatro siglos daría jugosos frutos. Yo haré aquí una cala acotada: la relación de Neruda y Mendoza entre los años 1925 y 1946. El lapso está determinado por dos fechas que considero importantes: en 1925 regresa a Mendoza el escritor mendocino Ricardo Tudela (1893-1984), después de un breve exilio político en Santiago; en 1946 se publica *Alturas de Macchu Picchu* de Neruda.

Crepusculario (1923) y *Veinte poemas de amor y una canción desesperada* (1924) eran ya conocidos en Mendoza cuando Tudela se instala en Santiago durante varios meses, desde 1924 hasta abril de 1925. Allí está en frecuente contacto con Neruda y con otros poetas. Cuando regresa a Mendoza, Tudela lidera, juntamente con Vicente Nacarato y Emilio Antonio Abril un movimiento literario de vanguardia que se expresó en publicaciones periódicas y en la antología *Megáfono* de 1929.[2] Tudela reconoce, en páginas

---

[1] En la época de la conquista y colonización integraba, juntamente con San Juan y San Luis, la región de Cuyo, que quedaba bajo la jurisdicción efectiva de la Capitanía General de Chile y, en consecuencia, del Virreinato del Perú. Esta dependencia duró desde el año de la fundación de la ciudad de Mendoza en 1561 hasta 1776, año en que Carlos III crea el Virreinato del Río de la Plata como desprendimiento del peruano y Cuyo pasa a conformar parte del nuevo territorio virreinal. Véase Adolfo Cueto, Aníbal Romano, Pablo Sacchero, *Historia de Mendoza* (Mendoza: Diario Los Andes, 1994) fascículo 1, 9-12.

[2] *Megáfono; un film de la literatura mendocina de hoy* (Buenos Aires: Gleizer, 1929). Véase sobre este movimiento mi artículo "Notas sobre la literatura de vanguardia en Mendoza: el grupo *Megáfono*", *Revista de Literaturas Modernas* 18 (Mendoza: FFL, UNCuyo, 1985) 189-210.

autobiográficas, la impronta que sobre él tuvo su contacto con los jóvenes poetas chilenos y su admiración por el creacionismo huidobriano.[3] Se convierte además en importante puente entre las letras chilenas y las mendocinas. Esta afirmación no es excluyente de la posible multiplicidad de otros contactos, personales o por vía de lecturas, entre escritores de ambos lados de la cordillera.

La página literaria que dirigió Tudela[4] en el diario *Los Andes* de Mendoza y el rastreo en revistas literarias de la época aparecidas en las ciudades de Mendoza y San Rafael nos ilustran sobre la presencia de poetas y de reseñas de libros y revistas del país vecino en las publicaciones de la provincia argentina. Un estudio pormenorizado excedería el marco contextual que intento presentar. Me limitaré a decir que algunas colaboraciones de Neruda, Julio Barrenechea, Roberto Meza Fuentes, Juvencio Valle, Luis Merino Reyes, entre otros, aparecen en las páginas literarias del diario *Los Andes* en el lapso en que éstas fueron dirigidas por Tudela (1930-31) y en las revistas literarias *Antena* (1930), *Pámpano* (1943-44) y *Égloga* (1945-46), por citar algunas. Como dato curioso, consignaré que uno de los libros del "runrunista" chileno Benjamín Morgado, *Festival de agua y viento* (1936), apareció en la ciudad mendocina de San Rafael, con el sello de la revista *Brigadas Líricas*, que dirigía Rafael Mauleón Castillo.[5]

Este breve contexto nos marca una pluralidad de posibles focalizaciones de la investigación sobre Neruda y Mendoza. Me centraré aquí en la descripción de tres visitas suyas a esta ciudad y en el influjo que *Piedra infinita* (1942) de Ramponi pudo tener sobre *Alturas de Macchu Picchu*.

He encontrado documentación sobre tres visitas breves del chileno a Mendoza. La primera es fugaz y sin aparente trascendencia literaria. El 15 de junio de 1927 el poeta escribe a su medio hermana, Laura Reyes, una carta desde el Gran Hotel Nacional (Godoy Cruz 345, Mendoza). Cito un fragmento: "Querida conejita: He llegado sin novedad a Mendoza atravesando la inmensa cordillera. Hoy sigo viaje a Buenos Aires desde donde les escribiré antes de embarcarme en barco Baden el 18 ...".[6] En esta oportunidad, Mendoza fue sólo una escala en el tren que combinaba con el trasandino rumbo a Buenos Aires. Allí se embarcaría para dirigirse pasando por Europa, a Rangún.[7]

Una visita más demorada tuvo lugar en 1933. El diario *Los Andes* del 30, del 31 de agosto y del 1° de setiembre registra su estada en la ciudad por dos o tres días, desde el día

---

[3] Su exilio se relaciona con escisiones internas en el Partido Radical. Véase R. Tudela, "Ubicación de un destino", *El inquilino de la soledad*, 2ª edición (Mendoza: D'Accurzio, 1964) 37.
[4] La dirigió desde el 17 de agosto de 1930 hasta febrero de 1931. En ellas se reseñaban libros y revistas chilenas como *Mástil*, *Letras* e *Índice* de Santiago de Chile, o libros como *El mitin de las mariposas* de Julio Barrenechea. La sección publicaba también textos de poetas chilenos, no siempre inéditos, por ejemplo "Farewell" de Neruda.
[5] Véase Gloria Videla de Rivero, "El runrunismo chileno (1927-1934)", *Revista Chilena de Literatura* 18 (Santiago: Universidad de Chile, noviembre 1981) 73-87.
[6] Pablo Neruda, *Cartas a Laura*, edición, prólogo y notas de Hugo Montes, (Santiago: Andrés Lo Bello, 1978) 34.
[7] Véase Volodia Teitelboim, *Neruda*, 5ª edición (Santiago de Chile: Ediciones BAT, 1992) 125.

29. Iba en tránsito a Buenos Aires, donde ejercería funciones en el consulado de Chile (Teitelboim 172-174).[8] Cito parcialmente la crónica:

> Pablo Neruda, el joven artista chileno a quien se considera como una de las primeras figuras de la actual poesía del vecino país, se encuentra desde antes de ayer entre nosotros. Será huésped de Mendoza por pocos días, dos, tres, cuatro, a lo sumo. Lleva a Buenos Aires una doble embajada: una artística, ya que será un expositor de la poesía chilena de hoy, y otra como representante consular de su país en la capital federal ...
> Hemos conversado brevemente con Pablo Neruda. Es un hombre de comunicativa simpatía y de palabra fácil y elegante. Comenzó manifestándonos que se detenía por algunos días en nuestra ciudad tanto por conocerla como por afecto hacia algunos escritores locales.
> A una pregunta nuestra sobre si la poesía subsistiría en el rito actual o volvería a los moldes clásicos:
> —Diferencialmente no creo que exista poesía clásica ni moderna —contestó—. Para mí, en los que son poetas la poesía es un estado naturalmente extravertido o latente, del sentimiento. Poesía y patética en mi manera de pensar, son la misma cosa, que no reconocen tiempo ni épocas ...[9]

Neruda hizo una lectura pública de sus poemas en el colegio Patricias Mendocinas.[10] El día 30, por la noche, un grupo de periodistas y escritores locales ofrecieron al chileno una cena en el Hotel Mundial. Hubo discursos de varios oradores —encabezados por Tudela— y Neruda leyó algunos de sus poemas. Me interesa destacar que en la lista de comensales figura el nombre de Jorge Enrique Ramponi, entre otros.[11]

El 15 de agosto de 1945 el diario *Los Andes* registra otra visita breve de Neruda. Viene el poeta desde Brasil y pasa de regreso a su país. La crónica da cuenta esta vez no sólo de su actividad poética sino también del intenso compromiso político asumido. Sintetiza el periodista: "Por dos anchas arterias pues, está entregando así su vida".[12] Venía Neruda —ya Senador de Chile— de participar en dos mítines comunistas organizados en San Pablo y en Río de Janeiro. Habla de ellos con notable entusiasmo. Su concepción poética ha cambiado también rotundamente con respecto a la expresada en 1933. A la pregunta periodística sobre su opinión acerca de la actividad política del intelectual, responde con un largo párrafo, del que extractamos: "Una de las cosas que ha abatido la guerra, ya definitivamente, es el intelectual puro. Hay ahora la exacta evidencia de lo negativo del aislacionismo del artista ... Hay hoy una acabada conciencia de la necesidad del politicismo".

---

[8] Teitelboim, y el mismo Neruda en *Confieso que he vivido* (Buenos Aires: Losada, 1974) 153, destacan en el breve período bonaerense el encuentro con García Lorca y el célebre discurso "al alimón".
[9] "Sobre el concepto de poesía nos habló Neruda", *Los Andes* (Mendoza, 30 agosto 1933) 6.
[10] Véase foto de la concurrencia al recital en *Los Andes* (1° setiembre 1933).
[11] Concurrieron a la demostración Ricardo Tudela, Alejandro Santamaría Conill, Américo Calí, Eduardo Llosent, Armando Herrera, Antonio de Juan Mujica, Luis Kardúner, Jorge Ramponi, Rodolfo Guastavino, Ramón Francisco Morey, Luis Codorniú Almazán. Véase "Anoche realizose la demostración ofrecida al poeta Pablo Neruda" (*Los Andes*, 31 agosto 1933).
[12] Véase "'Clima de libertad se vive en Brasil', dice Pablo Neruda" (*Los Andes*, 15 agosto 1945).

Viajaba Neruda en esta oportunidad con Delia del Carril, "la Hormiga". Se conserva de esta visita una interesante foto que testimonia una cena ofrecida por los amigos mendocinos.[13] En ella se reunieron artistas plásticos y poetas, uno de ellos Jorge E. Ramponi, por entonces Director de la Escuela de Bellas Artes. Podemos suponer que en esa oportunidad Ramponi le regaló su libro *Piedra infinita* (1942),[14] tal vez le leyó algún fragmento (Ramponi necesitaba hacer en voz alta, ante amigos y discípulos, la lectura de sus cantos, con actitud oracular y ritual). El hecho cierto es el siguiente: Neruda había visitado Macchu Picchu en octubre de 1943. Como ha declarado en sus *Memorias*, de esta experiencia nació su poema: "Me sentí chileno, peruano, americano. Había encontrado en aquellas alturas difíciles, entre aquellas ruinas gloriosas y dispersas, una profesión de fe para la continuación de mi canto" (Neruda, *Confieso...* 230). Pero el poema no fue escrito inmediatamente después de la visita al altiplano peruano sino en Isla Negra, en los meses de agosto y setiembre de 1945, según testimonia Volodia Teitelboim, es decir inmediatamente después de su paso por Mendoza. Teitelboim conjetura acerca de las razones por las que el poema no fue escrito de inmediato y dice:

> Muchos hechos tuvieron una réplica poética inmediata en Neruda. Los vivía, y minutos, horas después escribía el poema que había despertado de golpe sugiriéndoselo un rostro, una conversación, un susurro de álamos, la muerte de un amigo. Parecía que su reacción poética era instantánea. No es el caso de Macchu Picchu. Se le metió como una semilla que germina despaciosa y profunda ... (Teitelboim 273)

Ese par de años de maduración debe entenderse, según el biógrafo, como el tiempo requerido para que se desarrollara un proceso en la actitud de Neruda frente a la sociedad y la historia. El 4 de marzo de 1945 fue elegido Senador por el Partido Comunista y el 8 de julio de ese año ingresó oficial y públicamente en el Partido. Coincidiendo con Teitelboim en la consideración de la importancia que este proceso ideológico y su consecuente concepción poética tuvo en la creación de *Alturas de Macchu Picchu*, postulo además que la experiencia de la visita a las ruinas y la intención social se plasman en este texto cuando otro intertexto, *Piedra infinita*, y el contacto personal con Ramponi estimulan la genial inspiración del chileno.

Compararé aquí, sumariamente, algunos aspectos de los dos poemas. Ambos se inspiran en la montaña andina, aunque en distintas latitudes geográficas. La montaña de Ramponi es la andina de Mendoza, pero en ningún momento es nominada, sino que se la despoja de toda circunstanciación, probablemente para enfatizar su simbolismo esencial y metafísico. La montaña de Neruda es la del Perú, enriquecida por los impresionantes restos de la antigua fortaleza incaica, de la ciudad sagrada en donde los últimos Incas se refugiaron después de la Conquista.

---

[13] La foto testimonia la presencia de Jorge E. Ramponi, Lorenzo Domínguez (escultor chileno radicado en Mendoza), su mujer: Clara Domínguez, Delia del Carril, Ricardo Tudela, José Tovar (director de teatro y periodista), el pintor Julio Suárez Marzal y su esposa Tita, el pintor Roberto Azzoni, el poeta Abelardo Vázquez, el grabador Sergio Sergi, entre otros. Véase reproducción de la fotografía y más detalles en J. C. "Neruda de Paso", *Primera Fila* 14 (Mendoza: abril 1991) 43.

[14] Mendoza: Edición de Amigos para Amigos, 1942) 56. Pudo ocurrir también que el chileno ya conociera el libro y que este encuentro lo haya motivado para su relectura.

En Ramponi subyace una teoría cosmogónica, con elementos iniciáticos, órficos, esotéricos. El poeta es vidente o vate que indaga el misterio de la creación cósmica y de la significación del universo, en un viaje iniciático apenas aludido. La piedra responde con su simbolismo de la muerte, de la soledad, del silencio. El protagonista del poema nerudiano es también un visionario guiado en el viaje profético por un misterioso iniciador: "Alguien que me esperó entre los violines ...".

La indagación de Ramponi es sobre todo metafísica: ¿es el hombre un ser para la muerte? El combate desigual entre la piedra y el canto convierten al poeta —símbolo del hombre universal— en un héroe: "Canta, pequeño pastor de unos días y una sangre /... así madura la equidad del mundo, oh héroe del corazón, cantando" (56). En el poema de Neruda se interroga a la muerte, su sentido, su realidad insoslayable. Pero el ascenso a las alturas y el descenso *ad inferos* que realiza el *yo* lírico hacia la piedra-muerte no es un símbolo abstracto: con esa piedra el hombre histórico ha hecho una ciudad, la ha habitado. Y ese hombre ha padecido necesidades, ha sido explotado, tiene nombres y apellidos que aunque lo tipifican, lo encarnan en una vida concreta. Finalmente, el *yo* lírico propone una resurrección: él prestará su vida y su palabra "al viejo corazón del olvidado" (C XI, 34).

En ambos poetas hay un final que afirma la continuidad del combate. En Ramponi el combate es metafísico, en Neruda es, sobre todo, social. Hay en ambos poemas semejanzas en el esquema básico (hombre-canto-sangre-vida efímera frente a la piedra-muerte). Hay también paralelismos en el lenguaje poético, sobre todo en el plano de la creación de las imágenes. Selecciono, como notable ejemplo, algunas imágenes de Ramponi:

> Geometría en rigor, sola en su límite,
> ceñida cantidad, estricto espacio,
> asignatura ciega, pieza hermética,
> contrita y sin piedad, armada en temple ... (9)

y de Neruda:

> Águila sideral, viña de bruma.
> Bastión perdido, cimitarra ciega.
> Cinturón estrellado, pan solemne.
> Escala torrencial, párpado inmenso ... (C IX, 32)[15]

El chileno, como todo gran poeta, abreva en la tradición literaria, sobre todo en la próxima, pero con un permanente ejercicio de renovación y con la impronta de una personalidad poética extraordinaria. Nos dice Neruda en sus *Memorias* que él no cree en la originalidad sino en la *personalidad* a través de cualquier lenguaje, de cualquier forma, de cualquier sentido de la creación artística. El aire del mundo transporta las moléculas de la poesía que cada poeta acoge y transforma en un nuevo fruto.

---

[15] "Alturas de Macchu Picchu" fue publicada por primera vez en *Revista Nacional de Cultura* 57 (Caracas: julio-agosto 1946) 77-85, y 58 (Caracas: setiembre-octubre 1946) 103-12. También en Santiago: Librería Neira, 1947, 47. Luego incluida como Canto II del *Canto General* (1947).

A Ramponi, según varios testimonios, le dolieron los ecos de su poema en el gran libro de Neruda. En realidad debió alegrarse: podría haber evaluado la recepción nerudiana como una forma de legado poético, de permanencia en la obra de otro. Esta es la fecundidad del espíritu. Al mendocino le cabe la prioridad temporal y el valor intrínseco de su poema, de gran aliento poético y metafísico. Neruda integró las incitaciones ramponianas en la corriente de su propio talento, en un lenguaje poético que venía elaborando a través de sus grandes libros anteriores (podríamos señalar, por ejemplo, similitudes entre el viaje espiritual de *Alturas...* con el de *Tentativa del hombre infinito*).

El poeta chileno cambió el registro simbólico ramponiano de la piedra y la montaña al darle una localización explícita, una dimensión histórica, una proyección social y una esperanza de resurrección y de triunfo, en un plano político-social, inmanente y futuro. Podríamos decir que Ramponi y Neruda representan en estos dos poemas dos tendencias de la poesía andina: una, predominantemente esencialista, definidora de la condición humana en el universo; otra que, sin desoír las preguntas esenciales, es predominantemente social. Los dolores de millones de hombres americanos se ponen de manifiesto en un poema que trasciende las consignas de un partido y es un gran canto a la solidaridad americana y humana.[16]

La relación de Neruda con los mendocinos, en apariencia anecdótica, dejó simientes en el uno y en los otros. El análisis de las complejas relaciones sur-sur puede aún, si ampliamos el enfoque, revelarnos mucho más de nuestra propia cara.

---

[16] Hago una comparación más detallada de ambos poemas en mi artículo: "Simbolización de la montaña andina en *Piedra infinita*, de Jorge E. Ramponi y en *Alturas de Macchu Picchu*, de Pablo Neruda. *VII Congreso Nacional de Literatura Argentina; Actas, 18-20 de agosto de 1993* (Tucumán: Facultad de Filosofía y Letras, UNT, 1993) 51-64.

Vida, memoria y escritura en *Pasado en claro*

Anthony Stanton

Anthony Stanton, de nacionalidad inglesa pero actualmente empleado por El Colegio de México, se licenció y se doctoró en la Universidad de Sheffield, Inglaterra. Ha publicado numerosos artículos sobre Octavio Paz y Juan Rulfo, entre otros, y tiene proyectados dos libros: Poesía y ensayo en Octavio Paz *y* Estudios sobre literatura mexicana del siglo XX

> In my beginning is my end.
> In my end is my beginning.
>
> T. S. Eliot, *Four Quartets*

Escrito en los últimos meses de 1974 y publicado al año siguiente, *Pasado en claro*, además de ser uno de los mejores poemas de Octavio Paz, constituye un ejemplo de un género infrecuente en la poesía hispánica, aunque de larga tradición en otras literaturas.[1] Se trata de una forma poética inaugurada por el romántico inglés Wordsworth con *The Prelude*, largo poema escrito a finales del siglo XVIII y re-escrito durante buena parte de su vida.[2] La novedad del género consiste en que es una autobiografía no tanto del hombre como del artista. El tema de Wordsworth es el origen y la formación de la capacidad poética en el poeta. Esta epopeya moderna se modela en las teodiceas de la tradición cristiana, sobre todo en las *Confesiones* de San Agustín, pero se diferencia por su carácter secular. En su clásico estudio, *Natural Supernaturalism*, M. H. Abrams ha demostrado que al contar una historia individual que empieza con la caída del paraíso, seguida por la superación de pruebas y momentos críticos y que termina en la reconciliación con aquella unidad perdida, Wordsworth estaba elaborando una alegoría subjetiva que secularizaba nociones teológicas: la verdadera divinidad es ahora la poesía misma y la ruta de acceso,

---

[1] Todas mis citas provienen de la primera edición: *Pasado en claro* (México: Fondo de Cultura Económica, 1975). En 1978 el poeta publicó en la misma editorial una nueva versión con algunas variantes. Entre los estudios más importantes de este poema destaco el de José Miguel Oviedo, "Los pasos de la memoria: lectura de un poema de Octavio Paz", *Revista de Occidente*, 3ª época, 14 (diciembre 1976) 42-51. También pueden consultarse Rachel Phillips, "*Pasado en claro*: preludio/postludio de Octavio Paz", *Revista Iberoamericana* 42 (1976) 581-84; Pere Gimferrer, *Lecturas de Octavio Paz* (Barcelona: Anagrama, 1980) 73-83.
[2] He empleado con provecho la excelente edición crítica: *The Prelude: 1799, 1805, 1850*, ed. Jonathan Wordsworth, M. H. Abrams, and Stephen Gill (Nueva York: Norton, 1979).

la imaginación autónoma del poeta.³ En este mismo sentido Octavio Paz ha escrito que la poesía moderna es la *otra* religión: una religiosidad heterodoxa porque la nueva salvación parte de la creencia de que el paraíso está dentro del ser humano y de que puede ser conquistado en esta vida. La epopeya romántica expresaría así una interiorización humanizada de la trascendencia sobrenatural.

Por sorprendente que parezca, casi no existen en la tradición hispánica antecedentes para un poema con estas características. Los únicos que se me ocurren son las autobiografías de Pablo Neruda, los poemas en prosa de Luis Cernuda (*Ocnos*) y, tal vez, *Altazor* de Huidobro. ¿Cómo es posible que un género haya tardado casi dos siglos en aclimatarse en otra tradición? Dejo la pregunta en el aire. Sólo apunto que el interés reciente de la crítica literaria por el género autobiográfico en el mundo hispánico tiende, paradójicamente, a limitarse a la prosa.

Decía Goethe que todo arte es autobiográfico, pero aun en un sentido más restringido se pueden percibir, en la obra de Paz, anticipaciones en verso y en prosa que recrean escenas de su infancia en la vieja casona de Mixcoac. Ninguno de estos textos tiene la ambición y el alcance de *Pasado en claro*, poema que indica su filiación en el epígrafe que proviene de Wordsworth:

> Fair seed-time had my soul, and I grew up
> Foster'd alike by beauty and by fear ...

Como el poema del fundador, el de Paz también se centrará en la infancia y la adolescencia, explorando el origen de la vocación poética y las experiencias formativas del poeta. De entrada se plantea el problema de cómo captar el pasado desde el presente, cómo encarnar lo vivido en la escritura. Los dos sentidos que conviven en el título señalan la inextricable interdependencia de rememoración y escritura: *Pasado en claro* se puede tomar como un intento de iluminar el pasado o como el proceso de pasar en limpio el borrador del texto.⁴ Veremos que ambos sentidos se funden en el poema: la iluminación de lo vivido sólo es posible en el acto creativo que actualiza ese pasado en un presente.

El enlace entre experiencia y escritura se da, como en Wordsworth, en la memoria, la facultad que transforma el pasado al traerlo al presente. Como es inseparable de la imaginación, la memoria inventa. Se establece, pues, desde el principio una fractura entre dos seres y entre dos momentos temporales y espaciales a la vez que se postula una continuidad construida por la memoria, la imaginación y la escritura. El recuerdo, como el lenguaje, es un puente frágil que abre la posibilidad de un encuentro con el otro que es uno mismo:

> Oídos con el alma,
> pasos mentales más que sombras,

---

³ Véase M. H. Abrams, *Natural Supernaturalism: Tradition and Revolution in Romantic Literature* (Nueva York: Norton, 1971).
⁴ Es posible que Paz se haya inspirado en el título de la interesante autobiografía en prosa de José Moreno Villa, *Vida en claro* (México: Fondo de Cultura Económica, 1944).

> sombras del pensamiento más que pasos,
> por el camino de ecos
> que la memoria inventa y borra:
> sin caminar caminan
> sobre este ahora, puente
> tendido entre una letra y otra.
> Como llovizna sobre brasas
> dentro de mí los pasos pasan
> hacia lugares que se vuelven aire. (vv. 1-11)

Estos hermosos versos iniciales constituyen un "preludio", un ejercicio de preparación que requiere de una atención involuntaria, un acto en que la rememoración coincide con la plasmación escrita: se trata de *oír* los confusos y oscuros pasos de la memoria que se materializan en palabras que transcurren. La rememoración, como la escritura, es un camino en el tiempo, una delicada llovizna sobre el fuego destructivo de las brasas temporales. El poema entero será un viaje interior para recuperar la sombra del otro: "Me alejo de mí mismo ... voy al encuentro de mí mismo" (vv. 21, 40).

Estos pasos mentales recuerdan el comienzo de otra gran autobiografía espiritual: los *Four Quartets* de Eliot, en cuyo primer movimiento se lee:

> Footfalls echo in the memory
> . . . .
>   My words echo
> Thus, in your mind.[5]

Los ecos de los pasos de la memoria y de las palabras llevan, en los dos poemas, al jardín de "nuestro primer mundo". Y si menciono a Eliot como un modelo más moderno, no es simplemente porque comparte una ambición parecida, sino porque Eliot construye su poema sobre un patrón estructural mucho más nítido que el de Wordsworth: el modelo musical de movimientos que vuelven al punto de partida, variaciones que van ensanchando un tema, exploraciones superpuestas de posibilidades expresivas. Los motivos recurrentes, las reiteraciones de frases, imágenes y ritmos dan una forma relativamente libre a este texto divagador de la conciencia. La estructura se puede visualizar en la figura hegeliana/romántica de la espiral: temporalidad que se desdobla sobre sí misma para reintegrarse en un nivel superior, como la conciencia del poeta que se ve en el doble espejo del lenguaje y de la memoria. En *Pasado en claro*, como en *El preludio* y en los *Cuatro cuartetos*, pasado y presente, origen y destino se confunden en el intento de fijar momentáneamente lo que Wordsworth llamó "spots of time", lo que Eliot llamó "el punto de intersección de lo eterno y lo temporal ... el momento dentro y fuera del tiempo".[6]

---

[5] *Four Quartets*, en *The Complete Poems and Plays of T. S. Eliot* (Londres: Faber and Faber, 1969) 171.
[6] *Four Quartets* 189, 190. La traducción es mía.

Las catorce secciones del poema, marcadas discretamente por rupturas en la continuidad del verso,[7] son realmente movimientos de una sola composición que fluye como aquel río temporal que en el metadiscurso de *Piedra de sol* es "un caminar de río que se curva, / avanza, retrocede, da un rodeo / y llega siempre".[8] ¿Adónde llega? Al encuentro de sí mismo en el presente. En diferentes momentos la conciencia se interroga y se responde: "¿dónde estuve?"(v. 101), "Yo estoy en donde estuve" (v. 127), "Estoy en donde estuve" (v. 582). Este ritmo recurrente también se logra mediante menciones de los ciclos naturales, ya sean de los años, las estaciones o los días, mediante imágenes derivadas de los cuatro elementos cosmológicos o bien a través de figuras circulares que se mueven en torno a un eje a la vez móvil e inmóvil:

> Giran los años en la plaza,
> rueda de Santa Catalina,
> y no se mueven. (vv. 296-98)

Otra variante son las referencias a los ciclos vegetales, ejemplificados por el símbolo del árbol:

> La procesión del año
> —cambios que son repeticiones—
> en las metamorfosis de la higuera. (vv. 209-11)

Y esta "higuera primordial", presente en muchos textos anteriores de Paz, siempre clavada en el centro del patio de la casa de su infancia, asume ahora el papel de confidente y fuente de enseñanza, algo equivalente a lo que el mundo natural había sido para Wordsworth. No es una coincidencia que los primeros recuerdos más o menos nítidos que surgen en el poema privilegien a un árbol: "Desde mi frente salgo a un mediodía / del tamaño del tiempo. / El asalto de siglos del baniano" (vv. 29-31); "Entro en un patio abandonado: / aparición de un fresno" (vv. 42-43). Muy pronto, la escritura misma tiene las características de un árbol:

> Relumbran las palabras en la sombra.
> Y la negra marea de las sílabas
> cubre el papel y entierra
> sus raíces de tinta
> en el subsuelo del lenguaje. (vv. 24-28)

El árbol recordado de la infancia es también el proceso de creación que va creciendo orgánicamente, extendiendo su follaje sobre la página: "Ver al mundo es deletrearlo" (v. 111). Y entre los "paisajes de palabras" se erige este símbolo milenario del centro del

---

[7] En la edición original el número de movimientos es 13, pero a partir de la revisión de 1978 se introduce una nueva división en lo que antes fue el verso 298, división plenamente justificada ya que marca la transición a la secuencia que relata los recuerdos íntimos de la familia.
[8] *Piedra de sol*, en *Libertad bajo palabra. Obra poética (1935-1957)*, 2ª ed. (México: Fondo de Cultura Económica, 1968) 237.

mundo, el eje vertical que atraviesa los tres espacios cósmicos: el árbol que enlaza pasado y presente, experiencia y escritura. Constituye, junto con los campos semánticos del agua y del espejo, la matriz simbólica del poema. Una variante de este eje vertical que entrelaza las zonas fracturadas es el pozo, poderoso símbolo que remite tanto a las superficies que permiten la autocontemplación como a la visión del ojo que perfora el tiempo:

> Estoy dentro del ojo: el pozo
> donde desde el principio un niño
> está cayendo, el pozo donde cuento
> lo que tardo en caer desde el principio,
> el pozo de la cuenta de mi cuento
> por donde sube el agua y baja
> mi sombra. (vv. 61-67)

Versos extraordinariamente complejos que conservan, sin embargo, un aire de los juegos azarosos de la infancia, juegos de palabras, de identidades, de tiempo y de espacio, juegos de reflejos en el agua del espejo del ojo, donde el hombre se vislumbra en el niño. El "cuento" infantil es también el "cuento" de la narración del poema, además de ser la acción lúdica de contar numéricamente. Asimismo, la "cuenta" es la relación final de lo consumido y consumado en esa larga caída desde el principio, desde el jardín de la inocencia. El pozo, como el tronco del árbol, permite caer y también subir: es un canal de comunicación con el pasado. Los dos movimientos, ascendente y descendente, tienen la posibilidad de cruzarse y, en esta intersección, hacer coincidir momentáneamente la sombra reflejada en las profundidades y el ojo que mira desde el cielo transparente de mediodía. En el centro, sobre la línea vertical que es temporal y espacial, se encuentran el hombre y el niño.

En este descenso a la oscuridad del pasado, la parte más íntimamente autobiográfica del poema es cuando el hombre maduro recuerda los fantasmas, los muertos de su familia. Las familias son descritas con amargura como:

> criaderos de alacranes:
> como a los perros dan con la pitanza
> vidrio molido, nos alimentan con sus odios
> y la ambicion dudosa de ser alguien. (vv. 304-07)

En el octavo movimiento hay una sucesión de recuerdos en los cuales aparecen sucesivamente los familiares más cercanos:

> Mi madre, niña de mil años,
> madre del mundo, huérfana de mí. (vv. 322-23)

Después:

> Virgen somnílocua, una tía
> me enseñó a ver con los ojos cerrados,
> ver hacia dentro y a través del muro.

> Mi abuelo a sonreír en caída
> y a repetir en los desastres: *al hecho, pecho.* (vv. 332-36)

Y luego el pasaje de más violenta franqueza dedicado a su padre alcohólico, ausente física y emotivamente en viajes políticos de la revolución, muerto cuando el poeta era adolescente:

> Del vómito a la sed,
> atado al potro del alcohol,
> mi padre iba y venía entre las llamas.
> Por los durmientes y los rieles
> de una estación de moscas y de polvo
> una tarde juntamos sus pedazos.
> Yo nunca pude hablar con él. (vv. 339-45)

Fiel al modelo romántico, el poema presenta cada encuentro como una lección formativa que prefigura la vocación poética. Y dan enseñanzas no sólo los seres humanos sino también la naturaleza: "Los fresnos me enseñaron, / bajo la lluvia, la paciencia, / a cantar cara al viento vehemente" (vv. 329-31). Y si "la conversación con los espectros" se centra en la familia, la naturaleza enseña que el diálogo interior incluye a todos los seres: "Aprendizajes con la higuera: / hablar con vivos y con muertos. / También conmigo mismo" (vv. 206-08).

En la educación del artista tienen lugar especial los autores leídos en la infancia, desde los clásicos hasta los modernos, pasando por novelas de aventuras y libros de viajes. Colocada inmediatamente después del pasaje que describe "los libros ... / leídos en las tardes diluviales" se da una primera declaración acerca del origen del destino del poeta, el nacimiento de una vocación mágica. El pasaje es de la más pura tradición romántica:

> yo escribo porque el druida,
> bajo el rumor de sílabas del himno,
> encina bien plantada en una página,
> me dio el gajo de muérdago, el conjuro
> que hace brotar palabras de la peña. (vv. 266-70)

Al asumir la genealogía mítica, ritual y sagrada de su tarea y al repetir el conjuro de esta ceremonia de iniciación, el poeta apela a la tradición para legitimar sus propios poderes. Se inscribe en ella para poder dar su propia versión del hallazgo fatal de la poesía. El homenaje a los antepasados (familiares y literarios) es también un intento de forjarse un espacio personal. Aquí se ve hasta qué punto la autobiografía poética se conforma al modelo heredado. Como Neruda, Paz es un poeta tan consciente de su genealogía que su poema termina por integrar las revelaciones personales a una celebración arquetípica de la tarea poética. Dicho de otra manera, *Pasado en claro* logra su eficacia textual precisamente porque proyecta elementos autobiográficos confesionales sobre un modelo previamente trazado que ofrece una explicación y una justificación de la vida del hombre en la escritura del artista. Los versos finales expresan, en la máxima apertura de la espiral, esta reintegración de pasado y presente, vida y escritura, sujeto y objeto. Al integrarse al fluir temporal, yo y sombra, voz y eco, pasos exteriores e interiores se han fundido en una quietud móvil. Precisamente por ser una *culminación*, los versos articulan en sus reiteraciones el necesario punto de partida, superado y trascendido (*aufgehoben*):

> Estoy en donde estuve:
> voy detrás del murmullo,
> pasos dentro de mí, oídos con los ojos,
> el murmullo es mental, yo soy mis pasos,
> oigo las voces que me piensan al pensarlas.
> Soy la sombra que arrojan mis palabras. (vv. 582-88)

El arte de hablar solo: Girondo, Borges, Girri

Jaime Giordano

Jaime Giordano nació en Chile pero lleva muchos años en los EE.UU. donde actualmente es catedrático de The Ohio State University. Entre sus publicaciones figuran: La edad del ensueño *(1972),* La edad de la náusea *(1985), y* Dioses, antidioses *(1987). Ahora tiene proyectado un libro sobre poesía moderna hispanoamericana que se titulará* Enigmas

El modelo de comunicación poética basado en la tríada "emisor - mensaje - receptor" (Jakobson) se da a través de un sinnúmero de variaciones en la poesía moderna que van desde:
    (a) la disolución del concepto de emisor único;
    (b) la pluralidad semántica de los mensajes;
y, por último:
    (c) la conveniencia de ampliar el campo receptor desde un nicho económico de lectores iniciados a un espectro amplio del mercado, lo que suele encontrar su contrapartida en la tentación de renunciar a ese privilegio.

El binomio "emisor / receptor" se complica en cuanto va resultando obvio, sobre todo en poesía lírica, que el discurso supone:
    (a) una variedad de sujetos;
a la vez que:
    (b) distintos y complementarios niveles de recepción.

La variación sobre la que aquí sugerimos trabajar es la que, a vía de ejemplo, se puede seguir en poesía lírica argentina desde *Veinte poemas para ser leídos en el tranvía* (1925) hasta *En la masmédula* (1954), de Oliverio Girondo; desde *Fervor de Buenos Aires* (1923) hasta *El otro, el mismo* (1964), de Jorge Luis Borges; y desde *Playa sola* (1946) hasta *Lírica de percepciones* (1983), de Alberto Girri.

Consiste, por un lado, en la omisión de toda direccionalidad semántica hacia un destinatario (ficticio o factual), y, por otro, en un proyecto de enunciado impersonal que implica que el discurso lírico aspira a desprenderse de toda referencia a un hablante lírico o reduce esta referencia a una simple apoyatura espacial/narrativa. Para esto el hablante suele crearse un cuadro narrativo pragmático basado en situaciones de contemplación en la que lo sentido se aplica al sujeto de la misma manera que a cualquier otra persona, esto es, potencialmente los lectores. Es un nosotros igualador que simplemente sugiere un punto compartido de experiencia o de mirada. "¿Por qué, a veces, sentiremos una tristeza parecida a la de un par de medias tirado en un rincón? ... Noches en las que nos disimulamos bajo la sombra de los árboles". Está claro en la frase "nuestra cama" que no se trata de una cama poseída por dos o más personas, sino la cama de la que todos nosotros, desconociéndonos unos a otros, disponemos y en la que dormimos.

Es, por decirlo así, un mensaje que nadie dirige a nadie, voces en el vacío, palabras escuchadas al azar; palabras que parecerían meramente retóricas dichas por alguien, resultan fascinantes cuando no las dice nadie.

En Oliverio Girondo, además de sus textos poéticos, nos interesan sus afirmaciones sobre poética, especialmente aquello que dice relación con la no importancia de publicar. "¿No tendremos una dosis suficiente de estupidez, como para ser admirados? ... Hasta que uno contesta a la insinuación de algún amigo: '¿Para qué publicar? Ustedes no lo necesitan para estimarme" (Carta abierta..., *Veinte poemas*).

De sus textos poéticos nos interesa aquí observar dos cosas:

(1) cómo la imaginación se construye independientemente de cualquier configuración del hablante, reduciéndose el sujeto a una pura dimensión proxémica, y cómo esta pura condición deíctica del sujeto va simplemente creando un marco narrativo dentro del cual las voces surgen como desde ninguna parte; y

(2) cómo se rehúye cualquier presencia de un "otro" en función activa de destinatario.

En el primer caso, el marco narrativo puede ser el de un simple desplazamiento: el hablante, como en "Apunte callejero", camina, observa, apunta. "En la terraza de un café hay una familia gris". El verbo "haber", frecuente en Girondo, es uno de los de mayor pobreza imaginativa que pueda encontrarse y afirma este acto de sencillamente "estar ahí" de los objetos o seres. Se empieza apuntando el lugar: "en la terraza de un café" y se continúa con una descripción tan general como la puede dar la sola palabra "familia", con la única modalización aportada por el adjetivo "gris", que parece más bien desleírla en un contorno dentro del cual sólo se afirma su escaso interés. En estricto sentido, la oración "en la terraza de un café hay una familia gris" debería entenderse más bien como índice tonal del propio observador implícito en el texto.

En el segundo caso, pareciera que en los *Veinte poemas* se rehúye efectivamente cualquier referencia a un destinatario. Es como si los poemas estuvieran dirigidos a un conglomerado amorfo compuesto de los editores, colaboradores y lectores de la revista *La Púa*, a quien va dirigida la carta que sirve de prólogo a la edición de 1925. Más que específicos lectores, estos poemas sugieren un lugar de lectura: "en el tranvía".

En consecuencia, el viejo esquema de Jakobson sólo puede enriquecerse con la invención o suposición de receptores no presentes en la situación de comunicación, los que se acercan a este discurso en calidad de intrusos a la vez que de potenciales invitados a "oír". El libro de Girondo está lleno de cosas que se oyen, se sienten, se huelen o se mastican: "Los árboles filtran un ruido de ciudad". "Un cencerro de llaves impregna la penumbra de un pesado olor a sacristía. ... el cura mastica una plegaria como un pedazo de 'chewing gum'".

El procedimiento equivale a una especie de "deixis en fantasma" (Karl Buhler) complementado con un "receptor n" con el cual se cuenta, pero que no influye en el "hablar solo" (discurso solitario, ensimismado, como entre paréntesis) del poeta.

Algunos textos de Borges sirven para complementar esta descripción, sobre todo aquéllos donde el hablante se define a sí mismo como el destinatario creando, de esta manera, la posibilidad de que un "receptor n" se instale en los huecos comunicativos que van quedando vacantes. Es un ejercicio que ha preservado con creces la posmodernidad, donde el lector es invitado a ser algo más (o algo menos) que un receptor intencional.

El poema "Cercanías", de *Fervor de Buenos Aires*, contiene el eje típicamente borgeano de estar y hablar solo; recurre también a una especie de *flâneur*, un sujeto en desplazamiento que observa, aunque los tonos discursivos, explicitados como "ternura" en Borges, y "humor" y "ataque a la levita", en Girondo, son diferentes. Los primeros versos del poema de Borges prefiguran una cierta convicción de descubrimiento ontológico en este deambular. "Los patios y su antigua certidumbre, / los patios cimentados / en la tierra y el cielo". Y el diálogo es, por supuesto, ensimismado, interno, entre dos Borges opuestos: "He nombrado los sitios / donde se desparrama la ternura / y estoy solo y conmigo" (*OC* 45). La mirada abstrae la totalidad y el sentido de la calle, así como lo hace con la imagen del río o del espejo, por ejemplo en "Arte poética", en *El hacedor*:

> A veces en las tardes una cara
> Nos mira desde el fondo de un espejo;
> El arte debe ser como ese espejo
> Que nos revela nuestra propia cara. (*OC* 843)

Muchos otros poemas revelan este mecanismo, probablemente ficticio, de comunicación entre dobles, que crea una situación imaginaria de enunciación donde resulta más cómodo "hablar solo", y transformar a un supuesto lector en un intruso o un advenedizo de su interioridad. Esto es, por cierto, notable en el libro *El otro, el mismo*, donde hay poemas como "Lectores":

> De aquel hidalgo de cetrina y seca
> Tez y de heroico afán se conjetura
> Que, en víspera perpetua de aventura,
> No salió nunca de su biblioteca.
> La crónica puntual que sus empeños
> Narra y sus tragicómicos desplantes
> Fue soñada por él, no por Cervantes,
> Y no es más que una crónica de sueños.
> Tal es también mi suerte. Sé que hay algo
> Inmortal y esencial que he sepultado
> En esa biblioteca del pasado
> En que leí la historia del hidalgo.
> Las lentas hojas vuelve un niño y grave
> Sueña con vagas cosas que no sabe. (892)

Los poemas de Girri permiten establecer en forma clara:
(1) la manera en que el mensaje se hace ambiguo, hermético o multivalente (o, mejor dicho, semánticamente disponible) al eliminarse los factores de "contexto" y "contacto" y reducirse a un mínimo la dependencia de un "código"; y

(2) cómo el eje "emisor - receptor" se transforma en "emisor n - receptor n", es decir, cómo el *yo* crea simplemente un hueco disponible donde cualquier receptor puede instalarse activamente, en una especie de reapropiación (ficticia o factual) del discurso. El receptor de estos discursos es concebido como alguien que escucha desde "la última butaca de la platea".

Lo primero puede verse funcionando de diversas maneras en este discurso; por ejemplo, en el poema "Libro" (*Poesías completas* I, 269), donde se sobrevalora un cierto contacto misterioso entre autor y lector definido como "confidencial":

> Sin embargo también él,
> el iniciado,
> tendrá que cuidarse,
> es peligroso
> recorrer sus paginas herméticas
> y estar infringiendo
> la ley máxima,
> la inmutable exigencia
> de no conservar por escrito los arcanos,
> de transmitirlos sólo confidencialmente.

Las declaraciones de Girri en entrevistas deben ser asumidas con cuidado y distancia —como las de cualquier otro escritor— pero hay momentos en los que pueden considerarse iluminadoras, como cuando habla de su "cierto escepticismo esencial que me lleva a escribir y ver el mundo de una determinada manera. Creo, también, que esa posición deriva de un ensimismamiento que ha tratado de ser lo más profundo posible ..." (II, 21).

El poema "En la palabra, a tientas" crea su propia poética describiendo en las primeras cuatro partes formas frustradas de comunicación a través de la palabra, para culminar en una exaltación de la poesía como único vehículo en que las palabras logran efecto comunicativo, aunque con limitaciones importantes, como veremos. He aquí la quinta parte del poema:

> Sólo el poema
> sonríe, sabiéndose
> inconcebible como otra certeza que un medio
> de obrar y amordazar con palabras,
> y sabiéndose objeto, de las escasas
> tentativas exitosas de forjar un objeto,
> epítome del yo que por la enmarañada
> selva paladea su propio gusto,
> amiga al cabo de la palabra, ahora
> su indiscutible, benéfica
> arma aun para atacar lo que ama.

El siguiente aforismo de Girri es también importante de considerar si hemos de fundar bien nuestra tesis: "Los auténticos solitarios no hablan. Tampoco se esconden. Se limitan a gesticular", de donde puede desprenderse una interesante pragmática de la poesía como generadora de múltiples y complejos gestos o signos paratextuales. Y lo interesante es que, paradójicamente, esto no implica de ninguna manera desbordar el texto.

> Por sorpresa
> te asomará ese estado de atención
> propicio para empezar a darte cuenta
> de que nada de lo que te toca pudo
> enseñársete fuera de las páginas. (III, 150)

En segundo lugar, esta convicción de estar ante frases pronunciadas por nadie a nadie se proyecta en una sensación de no tener derecho nadie a la autoría, de carecer nadie de autorización para pretenderse inmortal de esta manera, lo cual se asume con dignidad y certidumbre, como puede leerse en el siguiente fragmento final del poema "Contemplador":

> la belleza
> a la que se doblegó en nombre de lo estético,
> temible por excelencia, poder que desde ahora
> lo perturbará vaya donde vaya,
> se encargará asimismo
> de recordarle la insignificancia
> de su visita, para siempre la memoria
> de su condicion de intruso, accidental
> y molesto visitante, un fantasma
> de carne y hueso irrumpiendo
> sin que lo llamen en pugnas de inmortales. (III, 176-77)

Por el otro lado del esquema comunicativo, el receptivo, es claro el epígrafe de su libro *El motivo es el poema*, tomado de André Gide, respecto a la presencia o no presencia de los lectores: "Toutes choses sont dites déjà, mais comme personne n'écoute, il faut toujours recommencer". Será verdad quizás que todo pueda ya haberse dicho, pero casi nada ha sido escuchado. Este escepticismo respecto de los lectores no arredra al poeta: su hablar solitario podría ser recogido al pasar por algún desconocido que quizás oiga y recuerde. Como siempre, botellas lanzadas al mar.

Pero esto no implica aceptar el soliloquio desatado y pedante, ni la exaltación de la mera introversión. En el poema "Introvertido" (como en muchos otros) deja en claro su repudio a la alternativa derrotada o fracasada de la soledad:

> señor
> en inferioridad, maníaco
> de sí mismo por fuera
> a la par que por dentro acrecen,
> se le pudren aspiraciones ...
> Sin remedio
> patán cuando disfrazado
> de sensible sobreactúa
> en la incapacidad, desmañado

para templarse, enfriarse,
delante de terceros,
               y por concluir
cerrado y cercado más allá de lo ilícito,
en las ominosas pausas, los irritantes
silencios de la estupidez. (III, 316)

De esta manera, el poeta lector para enfrentado a textos inevitablemente escritos por otros (lo cual sigue siendo válido incluso cuando él mismo ha sido el autor):

Ni pegado a sus puertas
ni alucinado por sus abismos,
                      más bien
que tu necesidad se colme escuchándolos
como desde la última fila
de una platea. (III, 338)

Es inevitable, sin embargo, que en el discurso vaya quedando algo de quien lo pronuncia, pero no como ser o imagen suya, sino en el sentido de lo que es común en el simple acto de compartir escrituras y acentos:

eres visto, oído: te comparten,
    y según lo prefieras, en el habla
del atrevimiento, del desasosiego,
el vano declamar,
    aunque te resistas, te sorprenda
que escribir sea siempre reescribir,
    un aquí y un allá de voces,
expropiadas, expuestas
desde lo que supones tu acento, inconfundibles
énfasis de tonos, duración, altura ...

Los discursos son pues "esos esbozos de ti mismo" (IV, 206).

A través de poemas como "Introversión" y "Soliloquio" de Girri, es posible distinguir estos discursos de aquellas otras acciones derivadas de la vanidad, autoindulgencia o simple infelicidad comunicativa, y que son las responsables del desprestigio moral de cualquier tipo de poesía que se restrinja a un círculo solitario de comunicación, estigmatizada a veces (no siempre) como "poesía pura" o, no sin cierta dramática ironía, de elitista.

Es posible así demostrar que la situación extrapoéticamente despreciada como elitista, purista, conservadora (valga la enumeración caótica), pueda eventualmente ser vivida y experimentada por cualquiera. Probablemente la única condición sea que acepte las reglas del juego o se sumerja naturalmente en este discurso. Girondo, Borges y Girri han podido disfrutar de cierta dosis de hegemonía que les permitió su inclusión en una modernidad ruptural, desconfiada de lo sublime, ávida de manifiestos y prólogos, siempre revisando y revisando el porvenir, poseída por la superstición de lo nuevo. En épocas en que, por el contrario, la cultura de los medios masivos se transforma agresivamente en el canon hegemónico de un mundo posmoderno, hablar solo, lejos de los mercados neoliberales o subalternos, es un auténtico y humano derecho de la imaginación y de la inteligencia líricas, practicado frecuentemente por escritores que escriben desde nuevos márgenes y que lanzan su botella al mar. Girondo, Borges, Girri son voces cariñosamente recordadas por quienes comparten esta sensación de paréntesis solitario que parece definir a una poesía que, de impotente, ya ni siquiera encuentra modo de seguir siendo ruptural.

Este acto se basa en una moral tan o más legítima que las morales represivas vigentes en el contexto social. Su fortaleza ha sido posible gracias a y por culpa de los abismos que va dejando la consolidación de nuevos nexos y redes (cáptese en todo su sentido esta palabra "redes") de comunicación en el mundo posmoderno. En este sentido, producir poesía puede ser uno de los pocos privilegios que va quedando en literatura, pues se puede producir para sí mismo, para nadie o para un modesto nicho económico desprovisto de poder adquisitivo —y qué triste que alguien todavía pueda condenar a estos grupos marginales como "*élites*". En muchos poetas, desde el Bronx hasta la Araucanía, esto se convierte ahora casi en un voto de pobreza y en un acto subversivo de no producir para ninguno de los mercados.

Del poema narrativo a la novela poética

Consuelo Hernández J.

Consuelo Hernández nació en Colombia pero también posee la nacionalidad venezolana. Hizo sus estudios en Medellín, Caracas y Nueva York, doctorándose por la New York University. Actualmente forma parte del profesorado de Manhattanville College y New York University. Ha publicado artículos sobre Eugenio Montejo y Álvaro Mutis, entre otros, y tiene un libro sobre éste último en prensa. Su título es Álvaro Mutis: un estética del deterioro

> ¿Quién de nosotros no ha soñado ... con una prosa poética, musical, sin ritmo ni rima, suficientemente dúctil y nerviosa como para saber adaptarse a los movimientos líricos del alma, a las ondulaciones del ensueño, a los sobresaltos de la conciencia?
>
> (Baudelaire)

En 1954, cuando Álvaro Mutis publicó su segundo poemario, *Los elementos del desastre*, Gabriel García Márquez escribió: "no está escrito ni en prosa ni en verso, no se parece, por su originalidad, a ninguno de los libros en prosa o en verso escritos por colombianos" (*Poesía y prosa* 537). Mutis, desde muy temprano, planteó la comunicación entre prosa y poesía y eligió un lenguaje poético, alejado de la rima y sin despreciar la referencialidad de la prosa. Desde los comienzos de su obra, el poeta se abría paso hacia la prosa y el relato, a través del poema. Aun poemas tan recientes como "A un retrato de su católica majestad Don Felipe II a los cuarenta y tres años de su edad, pintado por Sánchez Coello", de *Crónica Regia y alabanza del reino* pueden inscribirse en ese orbe próximo al relato.

En esa lucha ambivalente va proponiendo otro discurso, manifiesto en sus últimas obras, cuya nueva escritura flota entre la poesía y la novela, con predominio de esta última. No obstante, sus novelas conservan características de su poesía: alusiones eruditas, inesperados giros literarios, sentencias, encabalgamientos de imágenes, coloquialismos. Desde el punto de vista semántico no se podría establecer una separación tajante entre novela y poesía. Ambas constituyen una estética del deterioro, con la sensación permanente de pérdida de un orden, de un sentido trascendente que nunca se llega a formular pero que subyace como una irreparable nostalgia en el hablante poético, en sus heterónimos y en los personajes novelescos. Como si el vínculo metafísico absoluto, roto en remotas edades, fuera irrecuperable para siempre.

Traslación del poema a la prosa

La obra en prosa de Álvaro Mutis abarca el *Diario de Lecumberri* (1960) que incluye otros tres relatos: "Antes de que cante el gallo", "Sharaya" y "La muerte del estratega"; *La mansión de Araucaíma* (1978) que contiene también "El último rostro"; *El flautista de Hammelin* (1982) que es un cuento para niños, de la más absoluta crueldad, como suelen ser los cuentos de los Hermanos Grimm o los de Andersen. La serie de seis novelas, *La Nieve del Almirante* (1986); *Ilona llega con la lluvia* (1988); *Un bel morir* (1989); *La última escala del tramp steamer* (1989); *Amirbar* (1990) y *Abdul Bashur soñador de navíos* (1992).

Por las fechas se puede observar ese vaivén de Mutis entre poesía y prosa hasta 1986, cuando se instala con más ahínco en el terreno de la novela. Refiriéndose a la publicación de los relatos que aparecen al final del *Diario de Lecumberri* (1960), ya mencionados arriba, Valencia Goelkel declaró:

> los tres cuentos —o como se les quiera llamar— de este libro, son, a mi entender, la exacta realización de la hipótesis "Mutis prosista" a que nos incitaba la lectura de "Mutis poeta". Y el resultado es casi insignificante; tales relatos —la pasión de Cristo en un escenario tropical y contemporáneo, el monólogo interior de un asceta hindú, un militar en el imperio Bizancio— corresponden a los esquemas formales de las poesías de Mutis; trasladados al campo de la narración resultan enfáticos, verbosos y vagos; no son cuentos; son vivencias poéticas infladas, empobrecidas por la aceptación de una lógica y una coherencia intrusas. (*Poesía y prosa* 688)

Este comentario de Valencia Goelkel, escrito hace más de treinta años, pone de relieve la ambigüedad de las formas adoptadas por Álvaro Mutis y, más importante todavía, que sus relatos no respondían a los principios de la narrativa clásica. De allí la incomodidad del crítico al situarse frente a textos que no se dejan clasificar en un género exclusivamente poético o narrativo. Pero, en vez de mermar al autor, este comentario subraya su peculiaridad, su innovación de los moldes comúnmente usados en la literatura colombiana y latinoamericana.

Todas sus novelas como sus relatos poéticos, con excepción del *Diario de Lecumberri*, *La mansión de Araucaíma* y *El flautista de Hammelin*, provienen del desarrollo de poemas que prefiguran cada una de las novelas poéticas.

> Esas novelas —dice Mutis— se venían anunciando desde mucho tiempo antes. Si tú ves la *Reseña de los hospitales de ultramar*, ... hay ciertas prosas de Maqroll que suponen una historia más larga. Por ejemplo, en "El hospital de los soberbios" se ven trozos que podrían haber pertenecido a una narración más extensa. No era esa mi intención, pero seguí escribiendo esas prosas sobre Maqroll que aparecen en *Los elementos del desastre*, como "El hastío de los peces". Te estoy hablando del año 53. Después, en dos libros publicados en México, *Caravansary* y *Los Emisarios*, las prosas que hay allí dedicadas a Maqroll el Gaviero intentaban ser poemas en prosa, pero en verdad eran trozos de narraciones evidentes con un trozo de realidad literaria construida dentro de las normas y de las convenciones con que se escribe un cuento corto o una novela... La idea del viaje de Maqroll por el río, buscando algo era una viejísima idea que había desechado, que

había tratado de contar en el poema y estaba allí latente ... así surgen *La Nieve del Almirante, Ilona llega con la lluvia* y *Un bel morir*. (*Tras las rutas* 334)

Desde "El viaje" (*Summa* 16), que es una penetración en las distintas zonas y un descenso del páramo a las tierras bajas, se anuncia *La Nieve del Almirante*, descenso por el río en busca de los aserraderos. Ni el poema, ni esta novela llega a lo que pudiera decirse una meta. Ambos, poema y novela, presentan viajes que se realizan sin ningún objetivo. El río, al que alude al final de "El viaje", cuando dice que se estableció "a orillas del Gran Río" (*Summa* 18), como figura, vuelve a aparecer en *La última escala del tramp steamer* en cuyo viaje, por vía fluvial, Jon le cuenta al narrador la historia que constituye este libro.

La Nieve del Almirante seguía anunciándose en su poesía. En *Caravansary*, había aparecido un poema narrativo con ese título, en él se describe parcamente la fisonomía del Gaviero, por primera vez.

Un bel morir (1989) también había sido prefigurada por el poema "Un bel morir" (*Summa* 77), que anticipa el fin de la novela y quita todo privilegio al pasado. Incluso la mujer amada no escapará al trabajo del olvido. Esta misma mujer sería, después, Amparo María, una de las protagonistas principales en la novela. Este mismo poema supone partes de *La Nieve del Almirante*, particularmente el viaje del Gaviero por la selva y la muerte parcial que sufrió en dicho viaje a causa de la "fiebre del pozo".

Presagios de lo que posteriormente sería *Amirbar* están en "La carreta" (*Summa* 128), y en "El miedo" (*Summa* 46) (las voces del ahorcado de Cocora) y en "Cocora" (*Caravansary* 39). En *Ilona llega con la lluvia* vuelve a aludir a las minas presentando otra versión de cómo se enroló en esta empresa: después de que naufragara el barco donde trabajaba transportando pieles de Alaska a San Francisco, recibió un dinero del fondo de socorro marino y "un canadiense lunático [lo] convenció de intentar lo de la mina de Cocora" (*Ilona* 44).

Toda la obra toma forma de una arquitectura abierta, mental, que se va construyendo sobre el mismo andamio. Cuando se ha hecho el ejercicio de observar la forma en que se empotran las diferentes partes, los puntos de contacto entre ellas, es posible leerla como una totalidad. En el momento en que se tiene una visión amplia de la construcción que lleva el autor hasta el momento, se siente que se ha incursionado en ese mundo que representa la obra y que, poco a poco, la lectora (o el lector), empieza también a ser investida por él. Por eso se puede afirmar (con palabras prestadas por Murray Krieger) que los poemas de Mutis no son siempre:

> una estrutura totalizante, una autoconciencia teológica cerrada, un microcosmos, cuyos elementos mutuamente interdependendientes estén presentes cooperando para satisfacer sus potencialidades centrípetas. (95)

Serían, en cambio, un juego de "fuerzas centrífugas" de estructuras abiertas que se dirigen hacia un discurso diferente: la novela poética. Según la composición, se pueden distinguir dos etapas en la obra literaria de Álvaro Mutis. La primera, con predominio de la poesía, que va desde *La balanza* (1948) hasta *Un homenaje y siete nocturnos* (1986). Esta primera etapa es interceptada por algunas obras en prosa como el *Diario de Lecumberri* y los relatos que incluyen el tema testimonial, la historia no oficial y la recreación ficcional de personajes históricos tales como Jesús, Simón Bolívar y el soldado bizantino, así como por *La mansión de Araucaíma* (1978). La segunda etapa es básicamente novelística; abarca desde *La Nieve del Almirante* (1986) hasta *Abdul Bashur soñador de navíos* (1991). Simultáneamente ha escrito algunos poemas que han sido recogidos en la última edición de su poesía completa bajo el título "Poemas dispersos" (1988).

Desde el punto de vista significativo en la obra se distinguen tres etapas. La maqrolliana, que va hasta *Caravansary*, un libro que marca la transición entre poesía y novela. Los tres poemarios posteriores: *Los Emisarios* (exceptuando los poemas "La visita del Gaviero" y "El Cañón de Aracuriare", dos textos poéticos de Maqroll), *Crónica Regia y alabanza del reino* y *Un homenaje y siete nocturnos* componen la segunda etapa. Éstos no tienen ese tono personalísimo del Gaviero. Son poemarios de otra voz que también quiere decir lo suyo, diferente a la voz que ha estado al servicio de las peripecias de Maqroll. Es el propio poeta cantando hechos excepcionales, o recreando situaciones históricas. En la tercera etapa, la novelesca, Maqroll vuelve a imponerse, pero a través del narrador, quien por ser amigo de Maqroll tiene la fortuna de oírlo o recibe sus cartas y amigos comunes le envían información sobre la trajinada vida del Gaviero. Con esta documentación el narrador construye las seis novelas que hasta el momento ha escrito. La época de la poesía maqrolliana, la etapa de transición y la novelesca integran su obra hasta el momento. *El flautista de Hammelin*, que también pertenece a la transición de la poesía a la prosa, no es obra del heterónimo sino del autor narrador. Su temática no lo distancia de la línea que domina en la primera y la segunda etapa. Como dice Mutis, sus temas son siempre los mismos:

> Yo trabajo sobre lo mismo ... un poeta tiene dos o tres cosas nada más por decir, siempre las dice en una u otra forma ..., lo importante es que esas cosas tengan trascendencia y sean verdad. ... Yo trabajo, dialogo, lucho, brego con mis personajes con mis gentes y con mis visiones. (*Tras las rutas* 307)

"Empresas y tribulaciones de Maqroll el Gaviero" es una saga que hasta ahora se compone de seis novelas. No debe ser entendida como la historia de un hombre que se ramifica en seis capítulos. Es un tejido de historias que tienen puntos de intersección en el Gaviero. El Gaviero es atravesado por todas estas historias que, simultáneamente, atraviesan muchas otras vidas. Sólo con fines metodológicos hablaremos del Gaviero como el cauce que las encamina; pero igualmente se podrían examinar a través del narrador o de otros personajes que forman parte de este entramado. Aunque cada novela es una unidad y puede ser comprendida sin necesidad de leer todo el ciclo, la significación completa reside en el cuerpo de la saga. Veamos: en *La Nieve*, cuando el Gaviero navega camino a los aserraderos, recuerda a Abdul Bashur, que luego será uno de los personajes más destacados de *Ilona* y de *La última escala del tramp steamer* (Abdul es hermano de Warda, dueña del barco), y el protagonista de *Abdul Bashur*. El final de *La Nieve* no lo conocemos completamente sino al terminar *Un bel morir*. Y es que las novelas de Álvaro Mutis no son novelas convencionales, pero él lo dice mejor:

> Yo creo que lo que nosotros llamamos novela es un género exclusivo del siglo XIX: Balzac, Dickens, Tolstoi, Dostoievsky y los novelistas ingleses George Eliot, los Brontë,

Jane Austen. En los ingleses hay una novelística que podría arrancar con Swift y Daniel Defoe o con *El Vicario de Wakefield* desde el siglo XVIII. ... *Los Buddenbrook*, de Thomas Mann ... tiene esta condición de las novelas de este siglo que es la construcción masiva, completa, de un universo en el que se mueven las personas con un ambiente, con una atmósfera con unas características bien definidas; con un destino, un fatum que los mueve y cuya riqueza crea un universo. (*Tras las rutas* 347)

El hablante lírico desde los inicios en *Los elementos del desastre* sabe que no escribe poemas en el sentido que tenía el término hasta Baudelaire. Él sabe que su escritura está en los indefinidos límites de la narración y el poema y lo hace notar: "No hay fábula en esto que se narra./ La fábula vino después ..." El poema narra la decadencia del húsar, y concluye anunciando que habrá "motivo de otro relato. Un relato de las Tierras Bajas" ("El Húsar", *Summa* 49-50). Las palabras "narra", "fábula", "relato" aluden a una forma literaria ajena al poema y verbalizan el proyecto que se cumple posteriormente en la saga. Más adelante en "Los hospitales de ultramar", en la introducción dice que se trata de una serie de relatos "tejidos por el Gaviero en la vejez de sus años ..." (*Summa* 99). Y, en "El Hospital de Bahía", el enfermero prefigura tanto al poeta como al narrador, es un personaje a la vez fabulador, contador de historias como la de la "Torre de Babel", "El rescate de los dolientes" y "La batalla sin banderas". Como figura del poeta, el enfermero "bautiza nuestros males con nombres de muchachas" (*Summa* 104).

Podemos indicar ya algunas de las particularidades de las novelas de Mutis:

— La densidad existencial de los personajes libera al lector de instalarse en un rígido trazado de acciones concretas. Sus novelas, como sus poemas y relatos, no tienen centro o tienen muchos centros. El interés del lector no se agota en el desarrollo de una trama, al contrario, la conciencia de la geografía espiritual que comunica, conduce al lector con más fuerza hacia las situaciones humanas, universales de los personajes que a sus acciones. Por ello da igual que las viva uno u otro personaje, que pasen aquí o más allá; hay la certeza de estar leyendo verdades definitivas. Sólo que no habían sido verbalizadas de manera tan intensa y por ello tan despiadadamente.

— En la obra como totalidad, la cronología no tiene importancia en Mutis. Basta recordar que Maqroll ha muerto ya varias veces antes de que empiece la serie de novelas donde nuevamente es el principal protagonista. Sus muertes no agotan las noticias de él, queda mucho por decir y la saga cuenta estas historias, dependiendo siempre de las oportunidades del narrador para conseguir información sobre la vida de tan trágico amigo. De allí que las rupturas temporales sean impuestas por el texto mismo y por el lenguaje.

— La multiplicidad de técnicas narrativas depende del punto de vista asumido por el narrador. "Hay muchas maneras de contar esta historia, como muchas son las que existen para relatar el más intrascendente episodio de la vida de cualquiera de nosotros. Podría comenzar por lo que, para mí, fue el final del asunto pero que, para otro participante de los hechos, puede ser apenas el comienzo" (*Última escala* 11). En *La última escala del tramp steamer* decide tomar como punto de vista el de Jon. "Trataré de seguir —dice— una línea más recta y escueta que es la seguida por Jon en las noches de la ciénaga, donde me relató su conmovedora historia", lo que, por otra parte, hace pensar en *Las mil y una noches*. Pero aquí el hecho de hablar no librará a Jon de la muerte como a Scheherezada; en cambio sí lo dejará más aliviado de la pena que por tanto tiempo ha sobrellevado en silencio.

— El contar no tiene una finalidad muy clara. Si Maqroll poetiza hasta 1987, si después escribe las memorias de sus andanzas fue, quizás, por una vaga esperanza en el poder purificador de la palabra. Nunca escribió para publicar; escribió para conjurar sus demonios, para liberarse del inmenso rechazo y para comunicar a su amigo (otro *yo*) lo que pasaba en su vida. Este efecto de exorcismo es contagiado al lector(a) que no busca en sus novelas un final catártico, ni es guiada por el interés de un desenlace. El narrador también lo sabe, por eso le insiste a Jon en *La última escala del tramp steamer* que concluya la historia: "no para satisfacer mi curiosidad —dice— sino más bien para darle oportunidad de exorcizar los fantasmas que debían torturar su alma de vasco introvertido y sensible ..." (108).

— Los personajes tienen una posición muy consonante con los problemas propios de la crisis de la modernidad. Jon Iturri tiene conciencia de la multiplicidad de la historia, se niega como centro de la anécdota y se propone como alguien que fue interceptado por una de las muchas "líneas de fuga" (como diría Deleuze) que pueden reconducir el destino de las personas: "Las historias —me contestó— no tienen final, amigo. Esta que me ha sucedido terminará cuando yo termine y quien sabe si tal vez, entonces, continúe viviendo en otros seres" (108). Su historia es una historia existencial y como tal puede seguir viviendo y recurriendo en cualquier otra persona.

— Ni su poesía ni su novela usa motivaciones de tipo político, sentimental, ni confesional; es, como dice el propio Mutis, una obra escrita con "las entrañas". Sus novelas son más existencialistas, no hay en ellas afán de hacer la crónica de la época o de las circunstancias históricas o económicas del momento actual, ni tampoco dependen de la usual concepción del tiempo o de progreso propias de la cultura occidental. La relación entre los incidentes y personajes no podría estar basada ni justificada por su aceptación de las "normas". Se trata de un experimentalismo más conceptual que lingüístico, lo que sin duda lo aparta de la vanguardia. Mutis resemantiza realidades existenciales y las verbaliza con una precisión asombrosa, casi insoportable.

— Los sistemas de referencia del Gaviero se apartan de lo rutinario lógico: un sueño, los presagios de la naturaleza, la repetición o el ritmo de acontecimientos triviales, un gesto, el encuentro con una persona o cosa suelen ser los que le revelan su porvenir. Nada más lejos del Gaviero que la lógica cartesiana, o la lógica simbólica que excluye la posibilidad de que una proposición pueda ser positiva y negativa simultáneamente. El Gaviero, Ilona, Empera ... se orientan con otro mapa, desconocido para la mayoría. Su sistema de pensamiento es de casualidades, de coincidencias y no de causalidades o cálculos racionales. Así establecen su contacto con el mundo y, de esa manera, logran una mayor proximidad con la realidad.

Todas estas características evidencian, una vez más, que sus novelas no siguen exactamente los principios de la novela narrativa. Por ello las examinaremos bajo otra óptica que permita la mayor penetración en el texto, a la luz de lo que Todorov llama "novela poética".

NOVELA MUTISIANA Y PRINCIPIOS NARRATIVOS

Las novelas de Mutis no se ajustan al principio de "sucesión" de la narrativa expuesto por Vladimir Propp; se acercan más al principio de "transformación" que sugiere Todorov, como alternativa a las limitaciones del principio de sucesión (*Genres* 29). En las novelas de Mutis, en efecto, no existe una relación de causalidad entre las acciones. Los hechos no se desarrollan uno a partir del otro previamente desplegado en la novela (con excepción de *El flautista de Hammelin*, cuento para niños). Los hechos son desencadenados más bien por lo que Jung llama un principio de "sincronicidad", que implica "la coincidencia significativa", "la simultaneidad" de los hechos en el tiempo y en el espacio, opuestos al concepto de causalidad (*Synchronicity* 104-15). Es decir, una interdependencia particular de hechos objetivos, entre sí y entre ellos y los estados subjetivos (psíquicos) del observador y los observados. Simultaneidad, sincronicidad o coincidencia significativa rigen la obra de Mutis en prosa sin prescindir de un mínimo de organización temporal.

Dichas novelas no siguen los pasos obligatorios de la narrativa señalados por Propp. No hay en estas novelas "apertura con situaciones de equilibrio", al contrario, casi todas empiezan en medio de una situación de desazón, de inestabilidad, de crisis o enfermedad de los personajes. Y, consecuentemente, tampoco presentan el orden seguido en narrativa: "degradación de la situación"; "observación del estado de desequilibrio por los personajes"; "búsqueda de lo que causó el desequilibrio"; "recuperación del estado inicial" (*Genres* 29). Habiendo partido de una situación degradada, de desequilibrio que nunca llega a ser mejor, el ciclo narrativo de Propp no se cumple.

En Mutis el lector no está guiado por la pregunta "¿qué sucederá luego?", lo cual nos remitiría a una sucesión lógica y a "la narrativa mitológica". Sabemos desde el inicio lo que sucederá: en *La Nieve*, por Maqroll conocemos que no le importa llegar a los aserraderos y le da igual que existan o no; en *Amirbar* ya sabemos que no encontrará oro y tampoco ése es su verdadero interés, sino la aventura. Nos hacemos otro tipo de preguntas, según la novela que estemos leyendo: qué son las minas para Maqroll, qué son los aserraderos, qué es páramo, cómo es el barco, cómo es el prostíbulo de falsas azafatas, cómo es la cárcel. Así la pregunta se encuentra más en el terreno del "ser" del significado, que del "hacer" (*Genres* 33). En estas novelas que no se agotan en la saga: importa más el conocimiento que las acciones. Como dice Todorov, refiriéndose a la narrativa que sigue el principio de transformación (no de sucesión), "idealmente ella no terminaría nunca". Por ello puede decirse que es una narrativa más "gnoseológica o epistémica" que mitológica.

Por otra parte, más que responder a una organización de la narrativa mitológica, es más bien una narrativa "ideológica, en tanto que una regla abstracta, una idea, produce varias propiedades" (36): la estética del deterioro. El lector no está en la obligación de seguir una lógica donde las acciones positivas conduzcan luego a proposiciones negativas o de error; las acciones se relacionan por una idea de aceptación de *fatum*, de un determinismo activo, de una conciencia de no estar yendo a ninguna parte. A casi todos los personajes mutisianos les da igual cualquier empresa, desplazarse a cualquier lugar, ligarse a cualquier acción. De todas maneras están en un mundo que se deteriora sin remedio, en medio del cual la elección no es la ética sino la estética que se deriva de la experiencia en cada proceso, entendida ésta como un ejercicio de los excesos, del arte. Para identificar este tipo de ideología de base hay que entrar en un nivel de abstracción que permite ver cómo las acciones, independientes de los personajes mutisianos, revelan una ideología semejante, la estética del deterioro. En estas novelas las ideologías tienen un poder "formativo" muy débil —no son moralizantes, ni hay en ellas ningún ánimo doctrinario de ninguna especie; más bien poseen un poder "evocativo" (Todorov, *Genres* 36).

Sin embargo, estas novelas y relatos no prescinden totalmente de elementos narrativos, incluso pueden ilustrar más de un tipo de narrativa pero se trata de analizarlas partiendo de lo que predomina y juega un papel más importante cuantitativa y cualitativamente en su estructura. En esta línea de pensamiento es que parecen responder mejor a lo que Todorov ha definido como "novela poética".

Novelas poéticas

Tzvetan Todorov señala cuatro tipos de fenómeno que diferencian la novela poética de la narrativa: la naturaleza de las acciones, los encabalgamientos narrativos o las narrativas de segundo grado, los paralelismos y el uso de la alegoría (*Genres* 50-59). Así construye un breve esquema que distingue el nivel de experiencia de los héroes de la novela narrativa por oposición al mundo de los poetas, en la novela poética.[1] Este estudio de Todorov sirve aquí de base para mostrar que las novelas de Álvaro Mutis pueden ser leídas con mayor provecho a partir de una perspectiva poética.

1) Naturaleza de las acciones

En Mutis "la narrativa básica primaria" de las novelas es muy simple. Podrían ser resumidas en términos muy breves: En *La Nieve del Almirante*, Maqroll deja la tienda de Flor Estévez donde se reponía de la picadura de un animal venenoso (araña, serpiente o mosca) en la pierna, viaja por el río en busca de los aserraderos, al llegar al sitio indicado no encuentra tales aserraderos, se regresa, va en busca de Flor Estévez y tampoco la encuentra. En *Ilona llega con la lluvia*, el Gaviero queda varado en Cristóbal (Panamá); se enrola en un negocio de venta de artículos robados en la aduana; desiste de este negocio, se encuentra con Ilona y establecen juntos un prostíbulo de falsas azafatas, Ilona muere asesinada por una de las pupilas del prostíbulo que se suicida simultáneamente, el Gaviero se encontrará con Abdul Bashur. En *Un bel morir* la narrativa básica la constituyen las acciones del Gaviero: decide quedarse en la Plata sin un objetivo determinado, conoce a van Branden, quien lo involucra en el contrabando de armas, es descubierto por los militares, tiene que abandonar el pueblo y huye con la certeza de que va hacia la muerte. En *Amirbar* la acción narrativa primaria es contar, el narrador cuenta lo que el Gaviero contó durante un tiempo en que estuvo enfermo en Los Angeles. Esta novela es claro ejemplo de historias encabalgadas. Hay tres niveles en la acción de contar: primero, Maqroll, enfermo, planea viaje a la costa peruana para transportar piedra. Segundo, Maqroll cuenta su experiencia en las minas de Cocora, la Zumbadora y Amirbar, donde, en lugar de oro, encuentra más

---

[1] Héroes: experiencia, acción, negocios del mundo, eventos memorables y revolucionarios, la persona se involucra a sí misma, esparce su aprendizaje por encima de su tiempo, pasa de una cosa a la otra por deducción, ininterrumpida cadena de eventos.
Poetas: contemplación, reflexión, esencia y significado del mundo, existencia reducida a la mayor simplicidad, interés en el mundo como espectáculo, conocimiento inmediato, comprensión intuitiva de cada cosa tomada separadamente y luego comparada, incrementa las fuerzas interiores, secreta identidad de las cosas (Todorov, *Genres* 51).

tribulaciones en su vida y otra cercana amenaza de la muerte (Antonia, la mujer con la que convive en la mina intenta quemarlo). Maqroll abandona las minas; huye de la policía hacia un puerto en el Pacífico, se embarca hacia La Rochelle. Una mujer está en medio de toda la historia de las minas protegiéndolo: Dora Estela, la copera del pueblo. Tercer nivel narrativo, Maqroll envía desde el puerto de Pollensa noticias sobre el viaje al Perú a su amigo (el narrador). En *La última escala del tramp steamer* el narrador se encuentra con el carguero Alción en diferentes lugares y tiempos: Helsinki, Costa Rica (un año después), en Kingston (Jamaica) y en el Delta del Orinoco en Venezuela. Desde el primer momento el barco despierta simpatía en el narrador por la resonancia entre sus destinos; luego las coincidencias en espacios y tiempos diferentes acrecientan dicha identificación. Un día, el narrador conoce a Jon Iturri en un viaje por el río Magdalena desde Barranca Bermeja hasta Barranquilla. Descubre que Jon fue el último capitán que tuvo el Alción antes de naufragar. El narrador encuentra otra razón de su extraña sintonía con el navío. Jon Iturri le cuenta, durante las noches de viaje, su relación con el *tramp steamer* y su amor por Warda, dueña del barco y hermana de Bashur.

En esta enumeración sólo se han mencionado las acciones resaltantes y las que son relatadas directamente por el autor o por la persona poética que confía en el autor toda su experiencia de la vida: Maqroll el Gaviero. Concomitante con la narrativa primaria, se desarrolla una "narrativa secundaria" predominante que alcanza a balancearse con la brevedad de las acciones de la primaria.

Los personajes de las novelas y relatos son seres más intuitivos que de acción. Aun personajes connotados por su actividad en la historia oficial, como Bolívar, Jesús o los soldados bizantinos, adquieren otra dimensión en los relatos de Mutis. Allí sus acciones cuentan menos que su estado existencial y la conciencia que tienen de él. En *Abdul Bashur*, Bashur, definido al comienzo como un hombre de acción, termina siendo poseído por la filosofía de vida del Gaviero, y el lado intuitivo se afirma por encima del carácter activo que parecía distinguirlo. Los personajes de acción son pocos, de corta vida y nunca llegan a ser definitivos en el desarrollo de la novela. El Mayor de *La Nieve*; Wito, el capitán que se suicida en *Ilona*, y el Capitán Segura en *Un bel morir*, a quien sólo vemos en dos escenas.

Maqroll, protagonista principal de cuatro de las seis novelas y personaje de las otras dos es hombre de vida y de pensamiento. Contrariamente al héroe, no desafía el destino; la vida lo reta y él, obediente, acepta con una entrega casi devocional lo que le propone la vida. Como quien remonta la cresta de una ola, a sabiendas de que el final será un reventar contra las rocas o la tierra; el Gaviero vive los procesos y, en ellos, agota su interés. No busca recompensa, ni siquiera un saber cumulativo; para qué, ningún saber tiene validez permanente y cada experiencia ofrece retos nuevos donde el saber anterior no es fórmula para enfrentarlos.

La mansión, que pareciera ser una novela de más acción, demarca los personajes más por sus características que por lo que hacen. En los hechos (Ángela irrumpe en un orden demoníaco, extraño, el piloto la invita a quedarse y duerme con ella; Ángela duerme con el fraile porque el piloto no la satisface; el sirviente seduce a Ángela y la aparta del fraile por sugerencia del dueño; la Machiche duerme con el sirviente en lugar de hacerlo con el guardián, su pareja habitual en esos días; el guardián rompe con la Machiche, la Machiche se venga a través de Ángela seduciéndola hasta llevarla a la relación sexual; la Machiche rechaza a Ángela cuando ésta se encuentra emocional y sexualmente más dependiente de la Machiche; Ángela se ahorca; el piloto mata a la Machiche, en venganza; luego el piloto se suicida, los otros abandonan la mansión), se observa que las acciones no tienen demasiada lógica en el mundo de lo heroico y lo memorable.

Otras veces se trata de acciones insignificantes como las que desempeña Maqroll el Gaviero de celador de barcos, limpiador de lámparas de latón para la caza de zorros, conductor de trenes, fabulador entre los fogoneros de un barco, arriero de mulas que cargan contrabando, buscador de oro en los más apartados lugares de la tierra. El nivel primario de las acciones, generalmente se borra o pierde importancia frente a la densidad de los sucesos existenciales y la conciencia que los personajes tienen de ellos.

El *Diario*, por su forma y contenido, no admitiría la clasificación de pura narrativa; como *La mansión*, insinúa que el camino de la actividad no es válido porque desafía el orden que cada día propone el destino y expone a peores desastres. Es más aceptable entregarse a la marcha del deterioro incrustado en todo lo vivido y a los movimientos de energía de cada hecho, que son propuestos como alternativas.

Las conversaciones de los personajes son sobre temas muy generales y filosóficos. El Gaviero e Ilona discuten sobre su hastío con el prostíbulo de falsas azafatas, si es una cuestión de ética o de estética; el Gaviero, en *La Nieve*, trata de encontrar una explicación de sus sueños; Abdul y Maqroll, al final de *Abdul Bashur*, desarrollan una profunda conversación que devela todo el sistema filosófico e ideológico de ambos personajes. Jon Iturri y el narrador, en *La última escala del tramp steamer*, discuten sobre lo transitorio, el amor, el olvido, la nostalgia, el arte, la religión, la soledad, la vida en el mar y la muerte como esencia de la vida. La mayoría de las veces la palabra hablada no es acción salvadora sino que interesa lo comunicado, rescatar del olvido u oponer un antídoto al desastre.

Tampoco son determinantes en las novelas de Mutis los dos "poderosos sistemas de causación" señalados por Todorov como el desencadenamiento de acciones, una a partir de otra, o la búsqueda de una verdad secreta. Un acontecimiento no es condición para mover la novela como en la narrativa clásica. Como lectores no nos sentimos guiados a encontrar una verdad escondida en el desarrollo de la trama. No hay secretos y los eventos causales son muy limitados, léase *La última escala* donde el plano de coincidencias es superior al plano de las determinaciones causa-efecto. Con excepción del encadenamiento entre partida, viaje y arribo, son pocas las acciones causales, lo cual no implica que los hechos y sucesos no estén relacionados entre sí.

2) Encabalgamientos o uso de narrativas de segundo grado

Los encabalgamientos narrativos surgen de manera muy distinta a la forma en que se encuentran narrativas de segundo grado en obras como las de Cervantes. En las novelas de Mutis la mayoría de los empotramientos están logrados por máximas, canciones, poemas, invocaciones, sueños, recuerdos y reflexiones.

En *La mansión* el canto del piloto, la oración del fraile, la salmodia del sirviente y las máximas que el dueño mandó a escribir en las paredes funcionan como empotramientos narrativos; leamos:

> Mirar es un pecado de tres caras, como los espejos de las rameras en una aparece la verdad, en otra la duda y en la tercera la certidumbre de haber errado.

Alza tu voz en el blando silencio de la noche, cuando todo ha callado en espera del alba; alza, entonces, tu voz y gime la miseria del mundo y sus criaturas. Pero que nadie sepa el sentido de tus lamentos. (*Mansión* 11-12)

Al pasar por los rápidos, del río Xurandó en *La Nieve*, el capitán del barco reparte copias de una plegaria (*Nieve* 76-77) que, más que oración, es poema y, en *Amirbar*, el Gaviero eleva una plegaria para aplacar al jefe de los mares, porque "algo, allá muy adentro, [le] decía que [su] larga ausencia del mar no era bien vista por los abismales poderes del océano" (*Amirbar* 97-98). Hablar, en estos casos, toma el matiz de acción fuerte en la cual interesa lo dicho. Mutis emplea este recurso desde el poema donde aparece, por primera vez, el Gaviero "La oración de Maqroll".

Los sueños del Gaviero u otros personajes constituyen otro recurso para las narrativas de segundo grado. En *Un bel morir* (42-45) narra varios sueños del Gaviero. En *La Nieve del Almirante* (52-59), durante el viaje por el río Xurandó, el Gaviero sueña y, luego, se empeña en descifrar, sin mucho éxito, su significado. En ellos aparecen Flor Estévez, lugares visitados antes y espacios históricos de libros leídos. Frecuentemente Maqroll, el narrador o alguno de sus personajes, declara algo que podía haber sido narrativo pero no despliega el contenido. En *Ilona llega con la lluvia*, Maqroll e Ilona manifiestan su descontento con el prostíbulo de falsas azafatas: "El tráfico continuo de mujeres cuya vida, bastante elemental, refluía y chocaba con la nuestra, adhiriéndole una especie de corteza insípida hecha de minúsculas historias" (*Ilona* 75). Ni la historia de las prostitutas, ni las incongruencias con la vida de Maqroll e Ilona son narradas. Las anécdotas que Nils Olrik, capitán del barco que lo llevó a la costa peruana (*Amirbar*), no son contadas inmediatamente; interesa destacar el efecto que tuvieron sobre su salud: "me regresaron —dice— el placer de estar vivo y ahuyentaron hasta la última huella de las fiebres que me habían derrumbado en California" (*Amirbar* 134). Las historias no se cuentan y el punto final del triple empotramiento no aparece explícito en la novela y el lenguaje sólo insinúa; la atmósfera psicológica cumple la parte más importante de la acción.

Anunciaciones que no se explican y que obedecen a presentimientos, es otra de las formas que adquieren aquí las narrativas de segundo grado. Cuando Doña Empera se despide del Gaviero "lo estrechó en silencio, sin lágrimas, sin sollozos. Ella, que todo lo sabía, sintió que de sus brazos se alejaba un hombre que le estaba diciendo adiós a la vida" (*Bel morir* 137).

Algunas de estas narrativas de segundo grado se presentan a través del narrador. Se trata más bien de reflexiones, pensamientos o recuerdos que de acciones. ¿No son éstas las actividades principales del Gaviero? Su interés en la observación del espectáculo de los seres humanos, de la historia, del paisaje, rebasa su participación activa en los acontecimientos. En *Abdul Bashur*, se observa que después del encuentro imprevisto que tiene Maqroll con Fatma, hermana de Abdul, dice: "Fatma Bashur. ¿Por qué, a menudo, el azar se empeña en adquirir el acento de una sobrecogedora llamada de los dioses?" (*Abdul* 3). En forma similar, al concluir el negocio de la prostitución en Panamá que llevan el Gaviero e Ilona, se producen reflexiones de tipo filosófico: "por qué nos afecta algo que en ningún momento hemos vivido, como si atentara contra nuestros muy particulares principios éticos. El fastidio viene de otra parte, de otra zona de nuestro ser", dice Ilona. Y el Gaviero agrega:

> Yo creo que se trata más bien de estética que de ética. Que estas mujeres se prostituyan con nuestra anuencia y apoyo, es cosa que nos tiene por completo sin cuidado. Lo que nos es difícil tolerar es la calidad de vida que se desprende de esta actividad, muy lucrativa, sin duda pero de una monotonía irremediable. (I, 76)

En estas novelas que parecen ser más poéticas que narrativas, poemas, canciones, invocaciones, sueños, reflexiones abstractas, comentarios sin desarrollar, diálogos sobre libros leídos, relaciones entre lo vivido y lo leído, historias que apenas se enuncian, son todas formas de empotramientos o narrativas de segundo grado que desplazan la narrativa primaria a otro nivel.

3) Paralelismos

La tendencia al parecido gobierna numerosas relaciones de los elementos en la novela. Mutis paraleliza lugares, épocas, sueños, situaciones y experiencias vividas por los personajes. Es común encontrar personajes que, por su analogía psicológica, podrían considerarse de la misma familia: militares, mediocres y tramposos como Branden. Sabios como la ciega y la mayoría de mujeres. Mezquinos y avariciosos como el portero del hotel Astor y el preso de la cárcel de Lecumberri (que le recuerda las novelas de Zola), y desesperanzados como Maqroll e Ilona.

Maqroll observa las acciones de los demás y organiza un cuadro que jamás puede completar porque es un tejido de múltiples coincidencias. Él no está interesado en acciones concretas y, por esa razón, cuando el narrador quiere organizar cronológicamente la historia de Abdul y el Gaviero, se topa con una tarea imposible porque "en la mayoría de los casos, la ausencia de toda indicación impide ubicar la época del relato"; de todas maneras, ese rigor sobra cuando se trata de "los comunes casos de toda suerte humana" (*Abdul* 14). Y así afirma que sus personajes tienen una vida semejante a la vida de todo el género. En ocasiones, lo principal del paralelismo es que la segunda parte no está escrita y debe ser deducida de la primera. Cuando Maqroll dice: "Pero meditando un poco más sobre estas recurrencias caídas, estos esquinazos que voy dándole al destino con la misma repetida torpeza, caigo en la cuenta, de repente, que a mi lado, ha ido desfilando otra vida"; la otra vida tiene que ser figurada a partir de la que conocemos.

Cuando Mutis paraleliza lugares, no es raro que un hospital se compare con el hotel o la cárcel, que el desierto y el mar sean equivalentes o que la montaña y la selva tengan poderes similares sobre Maqroll y otros personajes. Las épocas también se cotejan: en *Amirbar*, después de que Maqroll ha vivido su experiencia de las minas, un libro titulado *Verídica estoria de las minas que la judería laboró sin provecho en los montes de Axartel*, actualiza una época de su vida: "Pues bien; ya ve usted cómo y por qué conductos tan inesperados regresan a uno, de pronto, ecos del pasado que creíamos abolido" (*Amirbar* 141). El paralelismo de épocas implica el de espacios que pueden relacionarse por su hostilidad. Las minas tienen su correspondiente en los hospitales donde igualmente ha vivido largas enfermedades. La época de vida en los hoteles también retorna en el tiempo que pasa en hospitales de California.

Otros paralelismos narrativos reproducen, en pequeña escala, el mundo total de la novela o de la saga. Es lo que Todorov llama un "abyss narrative". En *La mansión de Araucaíma* casi todos los sueños de los distintos personajes agregan un elemento extraordinario y premonitorio de la forma en que se cumplirán los hechos en la segunda parte, predominantemente narrativa donde las acciones se encadenan por relaciones de casualidad y de sexualidad.

El mundo de decadencia de *Ilona* se manifiesta plenamente en personajes como Larissa y Wito, pero también se observa en otros personajes secundarios: el empleado de la KLM que quiere tener relaciones sexuales con una de las azafatas de su empresa; el ciego, que acompañado de su hermana, llega con sus urgencias al prostíbulo y Peñaloza, el contador bancario que encuentra su "línea de fuga" en su primera visita a un prostíbulo.

En estas "repeticiones y doblajes" que el lector(a) descubre, hay otras que conciernen a la manera en que los personajes perciben el mundo que los rodea. Su permanente observación de las atmósferas de ciertos lugares o de las características de ciertas épocas que se reproducen en un momento dado, les permiten ejercer una capacidad premonitoria de los acontecimientos. Las vidas de los personajes se llenan de augurios y de acontecimientos proféticos. Estos paralelismos premonitorios hacen que los personajes sientan que esas situaciones ya han formado parte de su experiencia. Al Gaviero, ciertos estados de ánimo le son tan conocidos que, a partir de ellos, puede adivinar toda la situación que a continuación vivirá. En *Un bel morir* dice: "Llevaba cuenta minuciosa de las visitaciones de ese orden y algo, allá adentro, [le] decía que estaba acercándose al final de la cuerda y que esos momentos de plenitud estaban a punto de ser cancelados" (*Bel morir* 61). Se habrá visto que en este mundo la progresión temporal importa menos que la forma en que se van relacionando los hechos. Y los personajes están en capacidad de prefigurarse el entramado que resultará al final. Así se explica también el sentido de vaticinio que tiene el diálogo que al final de *Abdul Bashur* sostienen Maqroll y Abdul en el epílogo de la novela.

> Que el diálogo antes transcrito tiene un palmario sentido premonitorio, es cosa tan evidente que huelga todo comentario. El mismo hecho de que el Gaviero lo hubiera consignado con tal fidelidad, nos está probando que, precisamente, su condición de pronóstico fue la que lo llevó a dejar testimonio de este encuentro. Los hechos que se encadenaron para llevar a Abdul Bashur hacia el fin de sus días. (*Abdul* 154)

Los paralelismos en las novelas de Mutis se multiplican en personajes, épocas, espacios, alusiones con función profética, acontecimientos sincrónicos que tejen hechos comunes, sueños, narrativas incrustadas de segundo grado que reproducen una parte o la totalidad de la novela. Algunos tienen que ver con la poesía en general (el código), otros con el libro en particular (el mensaje). Pero el contraste entre personajes no muestra la diferencia de experiencias o hazañas cumplidas por ellos sino que pone de manifiesto, por una vía más intuitiva que razonada, las diferencias entre su historia humana de sus temperamentos, buscando lo esencial de las relaciones vitales, y la sincronicidad de sucesos que va moviendo más las vidas que las tramas novelescas.

4) Alegorías

Otra condición que debe cumplir la novela para ser poética es la presencia de elementos "alegóricos". En la alegoría, ordinariamente se parte de una comparación o de una metáfora. Cuando Mutis dice que "el sueño es como la muerte", el término real es el sueño, pero por su uso alegórico, no se instala en el primer significado de la palabra sueño. Obliga a fijarse en un segundo significado, muerte, para desarrollar todas las proposiciones alrededor del tema. ¿No es esto lo que sucede precisamente en *La última escala del tramp steamer*? El Alción se vuelve alegórico de la vida de Jon y de su relación con Warda a tal punto que llega a ser razón de su vida.[2] Desaparecido el barco, su motivación para vivir se acaba, y así se lo hace saber al narrador: "Jon Iturri en verdad dejó de existir. A la sombra que anda por el mundo con su nombre nada puede afectarle ya" (*Última escala* 57). Aquí sucede algo formidable: ambas situaciones son reales. Lo que hace que la alegoría pueda ser leída también en sentido inverso y pueda convertirse en una situación de paralelismo.

En el uso de nombres propios también se impone la alegoría. *Amirbar* no es sólo el título de una novela, es la imagen acústica que escucha en la mina, es el nombre que luego distinguirá a la propia mina, y ante todo es "Al Emir Bhar", señor de los mares, origen de la palabra "almirante" y con esta semántica es usado en el texto. Igualmente "el rompe espejos" de *Abdul Bashur* es un nombre alegórico. Remite a los que "salen de sus cauces y rompen con las reglas y convenciones de su clase. Son de alta peligrosidad porque han dejado atrás los principios con los que nacieron y jamás respetan los establecidos por el hampa" (70-71). Es, también, "el que destruye su propia imagen y la de los demás, el que hace pedazos otro mundo del que nada sabemos" (80). El propio título *Abdul Bashur soñador de navíos* es alegórico del sentido de la vida de Abdul, quien soñó siempre con un barco que nunca pudo conseguir y, cuando logró encontrarlo, murió.

Entender el significado de algunos de estos recursos alegóricos exige al lector hacer un alto en la línea de acciones primarias y desviarse del contenido semántico principal. No hemos pretendido seguir aquí un análisis página por página de todas las novelas. Quisimos, en cambio, plantear que las novelas de Mutis responden más a lo que se entiende por novela poética.

El predominio de las características de la novela poética en las obras en prosa de Mutis: acciones más bien abstractas y discusiones que se imponen en cualidad y cantidad a las acciones en sentido fuerte, las narrativas de segundo grado, los abundantes paralelismos y los recursos alegóricos, invitan a interpretarlas como novelas poéticas. Ello no significa encerrarlas dentro de un molde. Pero esta perspectiva formal muestra más directamente la relación poema-prosa, en contenido y en los recursos estilísticos, permite entender mejor los niveles de intertextualización de la obra total y aclara cómo es que la misma poética rige su poesía y su prosa. De allí que podamos continuar hablando del discurso poético y del poeta, aún cuando estemos frente a textos novelescos.

Bibliografía

Mutis, Álvaro. *Abdul Bashur soñador de navíos*. Novela. Manuscrito, 1991.
_____ *Amirbar*. La Otra Orilla. Bogotá: Norma, 1990.
_____ *Caravansary*. México: Fondo de Cultura Económica, 1981.
_____ *Crónica Regia y alabanza del reino*. Poesía. Madrid: Cátedra, 1985.

---

[2] El nombre del "Alción" es también alegórico; hace referencia al ave mitológica que construye su nido en mitad del mar.

_____ *Diario de Lecumberri*. México: Espiral, 1986. Esta obra fue publicada también en Xalapa: Universidad Veracruzana, Serie Ficción, 1960 y en Bogotá: Círculo de Lectores, 1975.
_____ *Ilona llega con la lluvia*. Bogotá: Oveja Negra, 1987. También lo editan en Barcelona: Mondadori, 1988 y en México: Diana, 1988.
_____ *La última escala del tramp steamer*. Bogotá: Arango Editores, 1989. También lo editan en México: El Equilibrista, 1989.
_____ *La mansión de Araucaíma*. Barcelona: Seix Barral, 1978. También fue publicada en Bogotá: Oveja Negra, 1982.
_____ *La Nieve del Almirante*. Madrid: Alianza, 1986.
_____ *La verdadera historia del flautista de Hammelin*. México: Penélope, 1982.
_____ *Los Emisarios*. México: Fondo de Cultura Económica, 1984.
_____ *Poesía y prosa: Álvaro Mutis*. Biblioteca Básica Colombiana. Quinta serie, 46. Editor Santiago Mutis Durán. Bogotá: Instituto Colombiano de Cultura, 1982.
_____ *Summa de Maqroll el Gaviero (Poesía, 1947-1970)*. Bogotá: La Oveja Negra, 1982.
_____ *Summa de Maqroll el Gaviero (Poesía, 1948-1970)*. Insulae Poetarum. Prológo de J. G. Cobo Borda. Barcelona: Barral, 1973.
_____ *Un bel morir*. Bogotá: La Oveja Negra, 1989.
_____ *Un homenaje y siete nocturnos*. México: El Equilibrista, 1986. También fue editado en Pamplona: Pamiela, 1987.
García Márquez, Gabriel. "Álvaro Mutis". *El espectador*. (13 de septiembre, 1954). Publicado también en Mutis, *Poesía y prosa* 537-43.
Jung, Carl. *Synchronicity*. Traducción F. F. C. Hull. Princeton: Princeton University Press, 1973.
Krieger, Murray. "An Apology for Poetics". *American Criticism. The Poststructuralist Age*. Ed. Konisberg. Ann Arbor: University of Michigan, 1981, 87-101.
Mutis Durán, Santiago. *Tras las rutas de Maqroll el Gaviero (1981-1988)*. Cali: Proartes, Universidad del Valle y Revista Gradiva, 1988.
Todorov, Tzvetan. *Genres in Discourse*. Traducción Catherine Porter. Nueva York: Cambridge University Press, 1990.

Imagen multivalente y oración calidoscópica en la poesía de Eduardo Espina

Bruce Stiehm

Bruce Stiehm es catedrático de la Universidad de Pittsburgh, sede desde hace 33 años del Instituto Internacional de Literatura Iberoamericana. Sacó su primer título en Marquette University, Milwaukee, EE.UU., para luego doctorarse en la Universidad de Wisconsin. Ha publicado artículos sobre temas lingüísticos y literarios y tiene proyectados estudios sobre la fonología dialectológica del español y sobre la poesía lingüística. Actualmente, sus dos campos de interés principales son la crítica de la poesía a partir del análisis lingüístico y la lingüística computacional

ENFOQUE

En la poesía más actual de Eduardo Espina, y me refiero particularmente al libro titulado *La caza nupcial*, hay una gran riqueza de rasgos de superficie que fascinan: la profusión de rima interna; el juego de repetición, distorsiones y transformaciones de sonidos y morfemas; una musicalidad que resulta de esos factores; la producción de combinaciones léxicas inesperadísimas; unas salpicaduras insinuantes de conexiones intertextuales y de comentarios sociopolíticos; un erotismo ubicuo que brota en todas partes de la obra; un coqueteo con referencias clásicas (culteranas) y conceptistas que, combinándose con el hipérbaton y otras especies de quiebra sintáctica característicos de este libro, bien puede considerarse neobarroco.

Dada esa riqueza de fascinación con la superficie de esta obra poética, no es de extrañar que puedan eludir la atención del lector y del crítico dos factores subyacentes en la estructuración de esta poesía que revolucionan la relación entre autor, texto y lector. A estos dos factores los llamo "imagen multivalente" y "oración calidoscópica". Enfoco aquí esos aspectos de la obra poética de Eduardo Espina. Afirmo, además, que resultan de un intensificado esfuerzo metafórico que procura emancipar la poesía de los códigos del lenguaje, valiéndose de la captación cognitiva extra-lingüística de las imágenes para unir la lectura de la poesía con la experiencia propia del lector.

DEFINICIÓN Y EJEMPLOS DE IMAGEN MULTIVALENTE Y ORACIÓN CALIDOSCÓPICA

Imagen multivalente

No se puede separar lo que llamo "imagen multivalente" de la "oración calidoscópica". No obstante, primero quiero definir esa "imagen multivalente". Utilizo como ejemplo un trozo del poema titulado "Ay amor cuánto líquido me cuestas", tomado de *La caza nupcial*.

La imagen multivalente, según se nota en los versos citados en adelante, consiste en un tipo de metáfora en la que la combinación de los elementos que forman la metáfora puede interpretarse de múltiples maneras. Además, el contexto verbal no permite "resolver" la interpretación de la metáfora a favor de una de las varias posibilidades. Resulta que el lector percibe una multiplicidad de distintas interpretaciones simultáneamente, sin que el autor le dé ningún indicio sobre cómo debe escoger entre ellas.

Urge darse cuenta, al examinar estos ejemplos de la imagen multivalente, que los términos "ambiguo" y "ambigüedad" son muy pobres de significado frente a la realidad multivalente. Esos términos implican que el lector tiene que escoger entre solamente dos posibles interpretaciones, mientras en la imagen multivalente, las interpretaciones prodigan y son múltiples.

Fijémonos en este trozo del poema:

Ay amor cuánto líquido me cuestas
...
II
Que a ti no entonces, intacta mozuela
a la caza de masajes como si músculos
enmielados a mansalva en melodía de
furor y fraguas donde ni lumbre salía
detrás de lebreles por los alumbrados
ni caras enmascaradas por la tormenta
pues en tales ajadas fotografías otra
la fémina era tras de gruesos calibres
palpando moribunda un dije marchito
en la cerrazón de la voz donde apenas
oído el eco de la misma carne erizada
del deseo que aúlla en los hospitales
contando las semanas de la purgación
que por los tres hoy yo ya las cuento
ay amor, que sin delicia nos quedamos
ni nos amamos sin aliviar la lascivia
del oso furioso que acosan los osados
cazadores con asomos de osezno al pie
del aire que arde hasta pasado mañana
sin salir fuera del fuego donde ambos
en kimono a la quimera de sabernos la
última liana de los mismos al atarnos
en atisbos que no somos ni lo decimos
con megáfono en la garganta ni gritos
de gozne en que gozeando osamos cuan
divino dinosaurio que solo vuelve del
pleitoceno a dar su sorna de mamífero
en las manchas de pábilo en el hisopo
ni más bien en la virtud de la página
donde escribimos de la letra inmortal
de los jeroglíficos unidos a un papel
blanco donde la burra sopla mi flauta
pero soplidos de aquella que se fue y

> ya ida como decir los nuestros en dos
> mil años a partir de ahora en más, en
> mudez pero de loros solos en silencio
> más mudos y solos que mi sorda tapia
> van los labios a posarse en el abismo
> a besar donde tan herida grieta garbo
> en un pozo líquido a perder la cabeza
> la alcancía del relámpago y ruidos de
> rápidas redes y la paciencia a perder
> el nombre, una bolsa llena de caspa y
> claveles en el jardín encima del agua
> el arlequín enamorado a perderlo todo
> su gran cabeza ni casi menos la boca
> tan cerca como si lamiendo el limo de
> la dicha su durísima pija de travesti
> al lamer las partes rotas del molusco
> con desparpajos de frutero disfrazado
> de pecarí donde allí deslía su horror
> y allí mío deslíe en trote de estrías
> como decir, luz y espada de caballero
> errante, no y sí y comiencen de nuevo. (*La caza nupcial* 65-67)

¿Cómo interpretar en este contexto "... furor y fraguas donde ni lumbre salía / detrás de lebreles por los alumbrados"? ¿Literalmente? ¿Atribuyendo a "lumbre" el valor de "luz" o "fuego"? O en el contexto de la mención anterior de "intacta mozuela", ¿como referencia al deseo sexual reprimido, donde "lebreles" también sería una referencia oculta al falo? ¿O es la interpretación la de luz y ruido constreñidos de una fundición? ¿Puede referirse a alguna agresión reprimida? Pues todas esas interpretaciones son posibles, y otras también, dependiendo solamente de la disposición interpretativa del lector.

Igualmente, ¿qué debe decirse acerca del "divino dinosaurio que solo vuelve del / pleitoceno a dar su sorna de mamífero / en las manchas de pábilo en el hisopo"? Se puede decir que hay una referencia obvia al uso del óleo dejado en la tierra por los dinosaurios. Pero también puede husmearse una sugerencia de la fosilización de la Iglesia, o de la religión. O por un camino distinto, otra vez al falo. Y el contexto no da ningún indicio sobre cómo deben resolverse estas posibilidades múltiples de interpretación.

Otra imagen con múltiples posibilidades de interpretación se encuentra en "en / mudez pero de loros solos en silencio / más mudos y solos que mi sorda tapia / van los labios a posarse en el abismo / a besar donde tan herida grieta garbo / en un pozo líquido a perder la cabeza". Obviamente es un texto sin interpretación fija, donde continuamente se sugieren distintas posibilidades de interpretación.

Además, las diferencias de interpretación no deben considerarse como distintos "niveles", por no existir en ningún nivel un conjunto consecuente de relación que pueda formar la base de una interpretación análoga en otro nivel. El texto más bien se enfrenta con el lector en un nivel de imagen equívoca inmediata. Y por el aspecto calidoscópico, las mismas imágenes poseen lindes borrosas, uniéndose cada una con la anterior y con la que sigue, como si fuesen facetas de detalle de una sola imagen que se muda continuamente.

La imagen multivalente modifica la relación entre autor, texto y lector: el autor ya no presenta una imagen cierta (aunque sutilmente oculta en la materia verbal), sino una riqueza de imágenes posibles; el texto ya no forma una evocación única de algún aspecto de la experiencia común al autor y al lector, sino que ofrece una serie de puntos índices en la experiencia del lector; el lector ya no obra para reproducir un "mensaje" determinado por el autor, sino que escoge espontáneamente entre todas las posibilidades de imágenes ofrecidas para crear por sí mismo un significado "suyo" del texto. Además, la presión de la lectura del texto obliga que el lector así actúe, que se arriesgue, que se decida (o no), que se lance, que vaya formando bajo el dominio del texto un fluir de imágenes creadas en el acto, que no permitan titubeo ni paráfrasis.

Por la influencia de la imagen multivalente, el texto ya no es mensaje, sino ocasión para enriquecer imaginativamente los contornos de la experiencia del lector. El autor es un dios que establece al lector como otro dios en un universo que se va creando de lenguaje.

La imagen multivalente así sobrepasa los límites del supuesto código universal de la lengua, porque la lectura de la imagen multivalente, más que basarse en la lengua, se vale de la conexión en cada individuo entre lengua y experiencia propia. Lo que de eso salga universal, universal queda, mientras lo que sea individualmente solipsista, también resulta de la lectura del texto. De ese modo el poeta arroja un texto que cumple la paradoja de hablar a todos en términos de la experiencia única de cada individuo.

Oración calidoscópica

Ahora, consideremos también lo que llamo "oración calidoscópica".

La oración calidoscópica comienza con procesos sintácticos aparentemente normales, llevando así al lector al intento de descifrar el texto por procedimientos convencionales. Sin embargo, la oración se alarga, una función anticipada se convierte en otra incongruente y la hilación de imágenes continúa, con sólo un apoyo esporádico y equívoco del marco sintáctico. El efecto es el de pasar repentinamente de imagen en imagen, sin procesar un significado que las una.

El mismo trozo del poema sirve como ejemplo de la oración calidoscópica. Considérese el principio del poema:

> Que a ti no entonces, intacta mozuela
> a la caza de masajes como si músculos
> enmielados a mansalva en melodía de
> furor y fraguas donde ni lumbre salía
> detrás de lebreles por los alumbrados
> ni caras enmascaradas por la tormenta
> pues en tales ajadas fotografías otra
> la fémina era tras de gruesos calibres
> ...

De lo primero que nos damos cuenta es que aquí no hay oración. Hay más bien un simulacro de sintaxis que utiliza estructuras sub-oracionales para dar la impresión de apuntar hacia una unidad sintáctica. Sin embargo, la verdad es que cada frase desemboca ilógicamente en otra de función incongruente. El efecto se parece a la consecuencia ilógica de los dibujos de Escher. El resultado es una oración inacabable, siempre abierta a extenderse en contacto con la continuidad de la experiencia. Ver el mundo a través de esta clase de oración es como mirar un calidoscopio, en donde el cambio es continuo pero impredecible, sin principio y sin fin.

Así se ve que la imagen multivalente y la oración calidoscópica se apoyan mutuamente en una relación complementaria. La quiebra de la sintaxis permite una enorme libertad en la interpretación de las imágenes metafóricas, produciendo la captación simultánea de varias imágenes potenciales; a la vez, la astucia semántica del poeta de crear continuamente combinaciones metafóricas que no se presten a interpretaciones ciertas en sus contextos respectivos contribuye grandemente a la hilación multipotencial en cuanto a la sintaxis.

Por ese camino el poeta lleva a un nivel extremo el intenso esfuerzo metafórico que es característico de la poesía de Eduardo Espina. Nótese que la metáfora como comúnmente se usa combina dos conceptos de interrelación improbable para crear una imagen que aún no posee un lugar definido en el léxico convencional. Es decir, que la metáfora actúa para extender el léxico. Lo hace por medio de un esfuerzo cognitivo, extra-verbal, en el que el ejercicio del conocimiento del mundo y de las capacidades imaginativas procura que aflore una posibilidad de interpretación. Pero donde se prodiga la libertad semántica y sintáctica habida por medio de la imagen multivalente y la oración calidoscópica, las metáforas ya no aparecen cada una en su lugar, sino que simultáneamente sucede la potencialidad de varias a la vez, escintilando, apareciendo y desvaneciendo según el capricho del lector.

Evolución hacia el predominio de la imagen multivalente y la oración calidoscópica

La evolución cronológica de la poesía de Eduardo Espina puede caracterizarse en términos de un movimiento hacia el predominio de la imagen multivalente y la oración calidoscópica. De acuerdo con lo que se ha dicho antes, este movimiento cumple un esfuerzo de intensificada libertad metafórica. Estos rasgos de la obra poética de Eduardo Espina se compaginan con un esfuerzo consciente, de crear un estilo que en 1988 Eduardo Espina llamó barrococó. Luego volveré a este tema del neobarroquismo de la poesía de Eduardo Espina. Pero ahora voy a caracterizar brevemente cuatro libros de poesía de Eduardo Espina según contribuyan al movimiento hacia el predominio de la imagen multivalente y la oración calidoscópica. Las cuatro obras son: *Niebla de pianos* (1975); *Dadas las circunstancias* (1977); *Valores personales* (1983); y *La caza nupcial* (1993).

Límites convencionales y quiebras de sistema: "Descenso a la hermosa mentira"

Como se debe suponer, la poesía más temprana de Eduardo Espina respeta una estructuración fundamentada sobre límites semánticos y sintácticos convencionales, no obstante el gran esfuerzo metafórico que existe en esa obra temprana. Sin embargo, también en la obra temprana surgen atisbos de anarquía semántica y sintáctica, a veces de un modo sutil y equívoco y otras veces en ráfagas de distorsiones audaces de las reglas convencionales de la lengua. Con el propósito de ejemplificar esta especie de poesía que posee un marco convencional a la vez que demuestra tendencias hacia quebrar las convenciones de la lengua, quiero dirigir nuestra atención al poema que aparece al principio de *Niebla de pianos*, titulado "Descenso a la hermosa mentira". Este poema se sirve de los límites convencionales para ser descifrable mientras también manifiesta rasgos de ambigüedad que luego forman la base del predominio de la imagen multivalente en la poesía más reciente de Eduardo Espina.

Abajo va el texto del poema:

DESCENSO A LA HERMOSA MENTIRA

Frente a la positiva herejía de lo efímero
el diluvio había cesado

En un laberinto transitando bajo espesa
humareda de violines descubro
* una sombra que poseía el abismo del espacio
* y olvidaba como afrodisíaca lujuria

* Era el ser del espejo

Cuestiona sobre vientos momentáneos y su paradero
A través de él se contempla el apocalipsis
con todos los colores no descubiertos
Ser tan bello que mi respuesta convirtióse
en una bandada de halcones congelándose sin alas

Aquella imagen desapareció
luego vinieron tiempos pasó un monje pasó un candelabro
hubo guerras

A la juventud próximo al placer
regresó dicho ilógico semblante casi real
* Me has mentido —increpó dulcemente—
como castigo recibirás un soplo de la más
hermosa mentira

Desde ese instante aguardo mi transmutación
en la celda de mil navajas
donde aquel individuo que llamo Posible me visita
imperiódicamente sin mediar palabra alguna. (*Niebla de pianos* 5)

Por su lugar al principio del libro, algo apartado de los poemas que siguen, es claro el propósito de prólogo que lleva este poema. Leyéndolo con cuidado, además, no es difícil percibir que comunica el contacto del poeta con la poesía, como un tipo de musa que le visita y que le responsabiliza a trasladar fielmente su espíritu a los demás. Lleno de expresiones metafóricas que forman un sutil rompecabezas, el poema, sin embargo, rinde una interpretación, y lo hace por medio de respetar dos tipos de convenciones dentro del código de la lengua: 1) las distinciones entre primera, segunda y tercera persona, es decir, entre el narrador, el oyente y otros seres mencionados; y 2) la integridad sintáctica de la oración y de las unidades sub-oracionales. Estas convenciones proveen un marco que limita las posibilidades de interpretación de las expresiones metafóricas y que las interrelaciona de un modo que define su significado de conjunto.

Un breve examen de las tres primeras estrofas del poema puede demostrar cómo esta especie de poesía posee un marco convencional que tiende a definir un significado unitario a la vez que el poema ejerce tendencias a quebrar las convenciones de la lengua.

La primera estrofa comunica la conciencia del autor/lector que percibe un ser afirmativo/independiente/efímero en contradistinción al mundo de trasfondo ("el diluvio [que] había cesado"). La segunda estrofa extiende la percepción del mundo de trasfondo que posee rasgos de humo y musicales, dentro del cual se descubre un ser caracterizado como "una sombra que poseía el abismo del espacio / y olvidaba como afrodisíaca lujuria". Este ser de la segunda estrofa puede identificarse anafóricamente con el de la primera estrofa, sin embargo esa relación no queda definida. La que sí se define es que el ser de la segunda estrofa se identifica como antecedente del de la estrofa siguiente (la tercera estrofa), y de esa manera comienza el discurso sobre ese ser enfocado como temático en el poema entero.

Los dos últimos versos de la segunda estrofa y el único de la tercera estrofa definen el ser temático del poema. Poseen una alta carga de información, y ahí es donde se halla un uso denso pero sutil de ambigüedad (multivalencia) y quiebra sintáctica. Miremos estos versos con alguna detención:

> ... descubro
> una sombra que poseía el abismo del espacio
> y olvidaba como afrodisíaca lujuria
>
> Era el ser del espejo

Se debe notar la ambigüedad sintáctica de "una sombra que poseía el abismo del espacio". Es decir, que se puede interpretar igualmente para comunicar que es la sombra que poseía el abismo del espacio, o es el abismo del espacio que poseía la sombra. El resultado es que los dos significados operan simultáneamente. Y ya que se atribuye conciencia a la sombra ("y olvidaba"), existe en una relación recursiva con el abismo del espacio, mutuamente poseyendo ese abismo y siendo poseída por él. Esta relación recursiva es precisamente la que opera entre la mente y el mundo, y la que frecuentemente se ha metaforizado como espejo. Pero, antes de seguir, démonos cuenta también que la palabra "poseía", que aparece hacia el centro de este verso clave, con una sola metátesis de la "s" y la "e", se convierte en "poesía", la cual es el tópico del poema. ¿Feliz casualidad? ¿Astucia del poeta? ¿Coincidencia irrelevante? En todo caso, el sembrar los versos más significativos del poema con tales ambigüedades subliminales invita ya al lector a participar en la creación de la obra.

Una ambigüedad sintáctica que se complica por incompatibilidades semánticas igualmente sucede en el verso "y olvidaba como afrodisíaca lujuria". ¿Cómo debe interpretarse? ¿Olvidaba como [olvidaba] la afrodisíaca lujuria? (que no es ser consciente y así no puede servir de sujeto para el verbo "olvidar", pero sí puede ser personificada por un esfuerzo metafórico del lector). ¿Olvidaba como [uno olvida] afrodisíaca lujuria? (lo cual requiere una intervención creativa asintáctica del lector). ¿Olvidaba [algo parecido a la] afrodisíaca lujuria? (que también exige una intervención interpretiva del lector). Queda claro que este verso también invita al lector a participar en la creación de la obra.

El único verso de la tercera estrofa ("Era el ser del espejo") es semánticamente multivalente. Varias interpretaciones posibles son: "era el ser [que se veía en el espejo]"; "era [el espejo mismo]"; "era [la esencia de ser espejo]". De nuevo, todas las variantes operan a la vez. Y teniendo ya como antecedente "una sombra que poseía el abismo del espacio", enriquecido por la sugerencia de conciencia recursiva, se comunica aquí una visión de la poesía muy nutrida de facetas: espejo consciente poseído por el mundo y que lo posee, sombra tan imposible de calar y vaciar como es el mismo mundo, que "como afrodisíaca lujuria" es elusiva, olvidadiza.

Otra posibilidad de ambigüedad sutil se halla en el tercer verso de la sexta estrofa: "Me has mentido —increpó dulcemente—" donde una interpretación creativa podría violar el sistema con evaluar "me" como complemento directo en vez de complemento indirecto. Esa distorsión gramatical produciría el sentido de que el poeta había representado falsamente la inspiración poética, y como resultado, está sentenciado a repetir sus esfuerzos, como es de veras el destino del poeta.

Otras tendencias a violar los límites convencionales

Niebla de pianos (1975)

Los demás poemas de *Niebla de pianos* siguen el modelo que acabo de demostrar en relación con "Descenso a la hermosa mentira". Es decir, se fundamentan sobre un respeto por las convenciones de las personas del discurso y las reglas sintácticas, introduciendo en los versos claves alguna invitación a la intervención creativa del lector. Es en los poemas hacia el final de este libro donde ya se innovan unas libertades que anticipan el estilo encontrado en *La caza nupcial*.

Dadas las circunstancias (1977)

Los poemas del pequeño libro titulado *Dadas las circunstancias* representan un paso decidido en la dirección de quiebras de sistema sintáctico y semántico. La mayoría de los poemas se organizan por una unidad lógica; sin embargo, en todos hay un afán de salir de los marcos convencionales. En algunos, como "Elogio a las máquinas", el estilo ya va adquiriendo una soltura que anticipa la de *La caza nupcial*; sin embargo, aun aquí se siente la tiranía de la unidad sintáctica, la cual tiende a cumplirse en cada verso:

    elogio a las máquinas

    Manzanos cuando por la quietud resplandece
    Pretérita en beber lenguas abajo

> El rocío columpio de variados mediodías
> Tras esa impronta hora justa
> Las urgentes miniaturas para la crucifixión
> A vientre blando cercanas devorándolos picotean
> Casi lenta lucífuga conjuga navegante
> Fiebre en los tumultos tiempo a favor
> Así la llamo (perdóname Señor)
> Si por sus ojos transformaría desde lejos
> Penúltimas atmósferas de verbo apuñalado
> Percanta sin eleúsis ni omega tampoco de batallas
> Tales que mantienen ámbar al piano infinito
> —Desconoce las balanzas del gnomo que le atormenta—
> Susurros hoy no oyen el destino dilucidará
> Que aquí se sienta bajo vulcanos del pensamiento
> Pegada con orejas gogh en nosotros
> A reconstruir su trono de leches naturales
> La sonrisa a galopar
> Y al viento libera miles todos los payasos
> Diríase: Es la Unión divinamente imaginada. (*Dadas las circunstancias* 13)

Valores personales (1982)

En *Valores personales*, Eduardo Espina parece disminuir el esfuerzo metafórico, mientras experimenta con el anticipo de la oración larga, rítmica, sinuosa, que luego llega a ser calidoscópica. Motivado todavía por un respeto de las reglas de la lengua, es como si en este libro las estuviera aprendiendo bien a fondo, probando sus límites, para después poderlas quebrar.

Violación total de límites convencionales

La caza nupcial (1993)

Los poemas de *La caza nupcial*, como hemos visto, demuestran un paso decisivo, magistral, de Eduardo Espina en establecer su voz propia, con el predominio en su poesía de la imagen multivalente y la oración calidoscópica.

EL NEO-BARROCO Y EL "BARROCOCÓ"

En 1988, Eduardo Espina, en una entrevista con Miguel Ángel Zapata, definía su poesía de la siguiente manera:

> Defino, o mejor dicho, comprendo mi poesía como "barrococó". Dos estrategias estéticas confluyen en el mismo lenguaje. La constante variación formal que hace del texto un espacio de desplazamientos, la desarticulación de la acción y de la unidad, la banalización de toda la realidad con un gesto deliberadamente anacrónico y la cursilería adaptada del habla diaria, que son elementos propios del rococó, dialogan con modalidades diseñantes

> propias del barroco, como ser el horror al espacio vacío (que hace desbordar de significantes a la página), el renunciamiento a nombrar una concretidad discernible, el apego por lo corporal, y el propósito de reivindicar la fealdad como suprema manifestación estética. En el "barrococó" que identifico en mi texto hay un cruce de épocas, viniendo desde las palabras griegas habladas en un jardín, pasando por los tormentos religiosos medievales, hasta llegar a los enunciados que diré pasado mañana. No es barroco ni rococó (ni siquiera "rockocó"); sino eso, "barrococó". No es el uno que se disuelve en la página, sino el Uno y el Universo enlazados en un único verso. El milagro de lo trascendente habla por lo contingente. (Zapata 120-21)

La imagen multivalente y la oración calidoscópica que he venido describiendo forman una parte de cómo Eduardo Espina cumple este programa estético. En particular, realizan "la constante variación formal", "el horror del espacio vacío" y "el renunciamiento a nombrar una concretidad discernible". Lo que yo deseo enfatizar es que, al conseguirlo, Eduardo Espina logra revolucionar la relación entre autor, texto y lector, dando realce al activo papel creativo del lector.

Resumen de los efectos de la imagen multivalente y la oración calidoscópica

En resumen, los efectos de la imagen multivalente y la oración calidoscópica son los siguientes:

violación de todo límite convencional
En el uso del lenguaje, hay una violación de todos los límites convencionales del sistema, con un enfoque especial aplicado a la sintaxis y la semántica.

lo irresoluble de las combinaciones metafóricas
Las combinaciones metafóricas no se "resuelven" con imágenes ciertas, sino que quedan con la posibilidad de varias interpretaciones a la vez.

lo irresoluble de la interrelación sintáctica
La interrelación sintáctica se quiebra sistemáticamente, haciendo imposible la comprensión oracional, así creando el fluir calidoscópico.

el lector como creador
El lector participa en la lectura como creador de las imágenes y su conjunto, escogiendo una (o más) de las interpretaciones metafóricas durante el fluir del texto.

discurso con (desafío de) el lenguaje convencional
Esta poesía, por lo que se ha dicho, forma un discurso de desafío con el lenguaje convencional.

discurso con el contexto cultural (¿social?)
También entabla un discurso crítico con la sociedad circundante, poniendo en duda sus categorías fijas, y proponiendo una orientación cambiable, flexible frente al mundo y

al lenguaje. Parece ser una orientación que requiere el mundo actual basado en un contexto de información densa y rápidamente cambiable.

Bibliografía

Libros de poesía de Eduardo Espina

Espina, Eduardo. *Niebla de pianos*. Buenos Aires/Montevideo: Ánfora Solar, 1975.
_____ *Dadas las circunstancias*. Buenos Aires/Montevideo: Ánfora Solar, 1977.
_____ *Valores personales*. México: La Máquina de Escribir, 1983.
_____ *La caza nupcial*. Buenos Aires: Último Reino, 1993.

Obras críticas

Espina, Eduardo. "Entre la isla y el cielo: la poesía socio-religiosa de Inchaustegui Cabral". *Revista Iberoamericana* 54 (enero-marzo 1988) 187-97.
_____ "Julio Herrera y Reissig y la no-integrable modernidad de 'La torre de las esfinges'". *Revista Iberoamericana* 55 (enero-junio 1989) 451-56.
_____ "Francisco Ayala y la narración como estructura temporal". *Círculo: Revista de Cultura* (del Círculo de Cultura Panameña) 18 (1989) 217-22.
Zapata, Miguel Ángel. "Eduardo Espina: buscando a Dios en el lenguaje. Una escritura llamada barrococó". *Inti: Revista de Literatura Hispánica* 26-27 (1987-88) 115-31.

Obras relacionadas

Espina, Eduardo. "Julio Herrera y Reissig y el discurso de la modernidad", tesis doctoral (Washington University) 1987 (DAI-A 48/07, 1784, enero 1988).
_____ *El disfraz de la modernidad*. Toluca, Estado de México: Universidad Autónoma del Estado de México, 1992.

La ciencia en la poesía de Lucila Velásquez: *El Árbol de Chernobyl*

Efthimia Pandis Pavlakis

Aunque de nacionalidad griega y actualmente catedrática de la Universidad de Atenas, Efthimia Pandis Pavlakis se doctoró en la New York University. Sus campos de interés principales son el cuento latinoamericano contemporáneo y la ciencia en la poesía latinoamericana contemporánea; efectivamente, tiene proyectado un libro sobre la ciencia y la filosofía de la ciencia en la obra de Lucila Velásquez. Ya ha publicado estudios de la obra de Pablo Neruda y del teatro argentino y en prensa están: Onelio Jorge Cardoso en el cuento cubano *y "*El niño como personaje y lector en la obra cardosiana*"*

Lucila Velásquez (1927-), poeta venezolana, empezó a escribir una poesía que cabía dentro de las normas que dominaban en la literatura hispanoamericana. Pronto cambia radicalmente a una forma de expresión y visión poéticas imbricadas en el desarrollo de la ciencia.

Los avances rápidos de la ciencia, y más específicamente de la física y de las matemáticas, los esfuerzos del ser humano de estudiar el Universo y ponerlo a su servicio, no dejaron indiferente el pensamiento sensible y reflexivo de Lucila Velásquez.

Desde temprano en las obras de la poeta se nota esta influencia de la ciencia, aunque esporádicamente. En su libro *Indagación del día* (1969), los poemas "En los campos sociales del sol" y "Ha llegado el hombre" se inspiran en los viajes espaciales del hombre con el propósito de explorar, estudiar y conquistar el Universo.[1] Sin embargo, la poeta, persistentemente, se familiarizará no sólo con la física y las otras ciencias, sino también con la filosofía de la ciencia. Así, interesada por la relación de la existencia humana con éstas, forma una personalidad poética que logra unir la poesía con la ciencia y la filosofía de la ciencia. Medita sobre esta unión y se dedica a una indagación del ser humano y del ente espacio-temporal, desde una perspectiva de un mundo irremediablemente condicionado por los efectos del avance científico, contribuyendo de esta manera a la creación de una modalidad dentro de la poesía, la *cienciapoesía*.

Dentro de este marco de la cienciapoesía se elabora la obra de Lucila Velásquez a partir de 1989.[2] La producción poética de la autora a partir de este año cambia tan radicalmente que por el momento nos permite hablar de dos etapas de su producción poética:

---

[1] Lucila Velásquez, *Antología poética 1949-1989* (Caracas: Ediciones Presidencia de la República, 1990) 213-21.
[2] Las obras de Lucila que caben dentro del marco de la cienciapoesía son: *El Árbol de Chernobyl* (1989), *Algo que transparece* (1991), *La rosa cuántica* (1992), *La próxima textura* (1992 inédito), *El tiempo irreversible* (1993, inédito), *La singularidad endecasílaba* (1994, inédito).

1) su poesía hasta 1989 expresa reflexiones personales de la poeta relacionadas con el amor, lo planetario, etc. por medio de un lenguaje poético bastante tradicional; 2) su poesía desde 1989 hasta el presente rompe totalmente con su poética anterior y se dedica a la cienciapoesía que a) es inspirada por la ciencia y la filosofía de la ciencia, b) se caracteriza por un lenguaje nuevo y original, abundante en imágenes y conceptos científicos y cósmicos, c) expresa su admiración por los avances científicos que ensanchan la visión y la posibilidad del ser humano y que abren la puerta hacia nuevos mundos muy lejanos de nuestro mundo terrestre, y d) trata nuevos temas como la noción de la pluralidad de la concepción espacio-tiempo, el origen de la vida y muchos otros que tanto han preocupado la filosofía de la ciencia de nuestro tiempo.

Comentando la poesía de la segunda etapa de Lucila Velásquez, el físico teórico y poeta catalán David Jou apunta:

> por más extensa y unitaria la obra de Velásquez es el primer caso que conozco en el ámbito de la lengua española de esta profunda fascinación y expresión de la poesía por la ciencia ... es una obra riquísima y plural, que pasa a formar parte de mi memoria poética. (Jou 3)

La cienciapoesía de Velásquez logra trascender su ámbito latinoamericano y se inserta en otra proyección más universal.

Su libro *El Árbol de Chernobyl* (1989) es una obra representativa de la cienciapoesía, en la que se combinan de una manera excepcional, la poesía, la ciencia y la filosofía de la ciencia. Refiriéndose a este libro Óscar Sambrano Urdaneta añade que:

> [n]os queda *El Árbol de Chernobyl* como lectura reflexiva, como testimonio de un trabajo monumental de lenguaje, de estudio exigente y de creatividad; como una avanzada extraordinaria de la poesía latinoamericana hacia la poesía del siglo veintiuno. (Sambrano Urdaneta 17)

Este poemario marca el rompimiento de la autora con su poética anterior y, de una manera original y extraordinaria, refleja su preocupación por la relación del átomo-ser humano, y más específicamente la desintegración del átomo y su capacidad destructora debida al error o a la inconciencia humana. Por supuesto, los descubrimientos científicos relacionados a la desintegración del átomo han contribuido enormemente a la producción de energía ilimitada y al desarrollo tecnológico de nuestra civilización. Pero desgraciadamente, los estudios científicos no se limitan sólo al mejoramiento de la vida sino conducen a su plena destrucción en formas conscientes (como guerras nucleares, guerras químicas, destrucción ecológica, etc.) o inconscientes.

El trágico accidente de Chernobyl, en la primavera de 1986, es un resultado obvio del error y de la inconciencia humana, en cuanto a la desintegración del átomo. Este evento, el cual la autora lo vivió de cerca, estando en Dinamarca, es la base del poemario, a la vez que sus hondos conocimientos de las ciencias y de la filosofía de la ciencia, le articulan su estructura poética. Refiriéndose a esta obra, Severo Sarduy señala que "además de la belleza de la forma y la atención prestada al apecto del ritmo y del metro en la poesía, hay también algo profundo y conceptual que podríamos llamar la decantación de un pesar (la añoranza de un tiempo primigenio donde el hombre estaría unido al Cosmos ...)" (Sarduy 397).

Esta obra es una textura epistemológica, en cuyo tacto poético subyace la conciencia de alcanzar un lenguaje y un acento de puntual referencia contemporánea, que es la cultura del átomo, es decir la experiencia múltiple y compleja, llena de ansiedad, de la humanidad que se adelanta hacia el siglo XXI con el conocimiento de la dimensión nuclear. Desde esta premisa *El Árbol de Chernobyl* es un poema-paradigma. En esta propuesta de cienciapoesía hay una doble innovación: primero, del lado científico acerca la poesía a un principio tangible que es la ciencia y segundo, del lado poético, acerca la ciencia a la poesía. Así ciencia y poesía se conjuntan en la trama lírica de la propuesta de lenguaje, que es por antonomasia una ruptura profunda con el discurso poético tradicional. La audaz ansiedad de buscar la palabra en otra dimensión del pensamiento y de la imaginación, como es el vocabulario científico, une este libro a una tendencia lírica de novedosa identidad contemporánea.

El Árbol de Chernobyl es, así, la expresión del átomo en un estado de fisión devastador, desintegrado en acto imponderable. Y Lucila Velásquez lo traduce al idioma poético con singular manejo de los mecanismos metafóricos de la complejidad:

Chernobyl tenía un pequeño pueblo
que venía de las manos
apenas una fruta
a lo lejos tocada por el radón del aire
.....
en los jardines y los osmios
de aquella ucrania primavera   (2)

entorno de grafito del paisaje nuclear
donde enrarecen tantos caracteres del átomo
columnas de circonio de una llama asonante
...
bello torso de uranio al descubierto
líneas puras superficies desnudas
de cópulas de seres radioactivos (5)

ni es tiempo de metáforas
atadas a la lluvia
cuando hay un cielo raso
nublado de criptones   (11) (Velázquez 43, 51, 65 respectivamente)

Desde los primeros poemas del libro, la poeta se refiere directamente al radón —elemento radioactivo en forma gaseosa formado de la desintegración del radium— el cual después del accidente se queda en el aire y es altamente peligroso para la vida (2). También los pasajes (5) y (11) constituyen una interpretación puntual de la desintegración radioactiva.

En el poemario tenemos "el árbol" simbólico de esta región ucraniana que crece urdido en la propia trama de los isótopos que lo desintegraron, con "la lluvia sin cesar del mendelevio" en un día de "ucrania primavera" (3).

> El Árbol de Chernobyl en el núcleo del átomo
> refractivos sus tallos de lantano
> quebradizas sus ramas de rutenio
> metálicas sus hojas de telurio
> irradiadas sus raíces y yodo
> ...
> férreo por dentro su follaje de itrio (Velásquez 55)

Se trata de un árbol ficticio, cuyas partes son de elementos radioactivos que causan la destrucción y la muerte, es "un árbol flamífero y funerario, el árbol de la hecatombe nuclear" (Lameda 9). La palabra "árbol" que insinúa la vida, se usa metafóricamente con un cierto grado de ironía para significar la nube radioactiva que cubre no sólo el pueblo de Chernobyl sino también la mayor parte de Europa y otras tierras y aguas. Este acaecer de la onda radioactiva en distintos cielos y distintas tierras lo presenta la poeta con una magnífica alegoría picasseana:

> propagado de aleros de Guernica
> el paisaje de Horta de Ebro
> con cráneos y guitarras
> de la mujer que llora
> naturalezas muertas
> de Árbol de Chernobyl (Veláquez 95)

Relacionando así el evento trágico de Chernobyl con Guernica, la poeta, con un lenguaje dramático, subraya las nociones alucinantes, surrealistas, de la enorme catástrofe que la mente humana no puede concebir en su estado normal.

No es posible agotar la mención específica de este lenguaje dramático, de áspera belleza conceptual y alegórica, con la que Lucila Velásquez transplanta el "árbol radioactivo" a la poesía, para dejarlo ahí, testimonialmente como una realidad de nuestro tiempo:

> canto rodante al fin contaminado
> la morfología de los isótopos
> metáfora de trazos de la nada   (7)
> con que una flor de hidrógeno se cuaja
> de rojos curios en el vapor de agua   (8
> (Velásquez 53, 57 respectivamente).

La autora con este discurso poético alegórico y lleno de belleza, expresa una protesta por la inconciencia del hombre la cual considera responsable de la contaminación letal de la atmósfera ucraniana. Este drama radioactivo trasciende a elegía del verbo poético para subrayar la realidad cotidiana del ser contemporáneo, que desgraciadamente tiene que acostumbrarse a ser parte de la era nuclear:

> se rumora que pájaros oscuros
> aún no han podido alzar el vuelo

> porque sus alas migradoras
> levantan un extraño cuerpo
> cuerpo del trino de la quemadura (Velásquez 113).

He aquí la causa épica contemporánea, su bagaje común a todos los seres y las cosas expuestas al raro acontecer de estos tiempos nucleares. Estos versos elegíacos muestran cómo quedaron los pájaros de Chernobyl después de su contacto con la atmósfera contaminada por la nube radioactiva, que afectó tierra y cielo y transformó cualquier ser vivo que encontró en su camino. Por eso todo lo vivo queda como los "pájaros oscuros", quemados y transformados de tal manera que no puede ser reconocible.

Vale la pena considerar en estos contextos, en esta escritura, que la autora no renuncia a la legitimidad intrínseca de sus instrumentos de expresión. Su arte poético propiamente dicho surge aquí enriquecido de neologismos y vocablos cuyo significado científico se recrea en los signos lingüísticos que la poesía le traza:

> los días llenos de gentes se alejaron
> con las estrellas más remotas
> aquí en la soledad se inundan labios
> algo en los labios muerde acerbos litios (Velásquez 115).

expresando la tristeza de la tierra después de la radiación de Chernobyl y la desolación latente de lo humano.

Al mismo tiempo *El Árbol de Chernobyl* es, por convicción, un canto a la paz, un canto a la vida, un canto al filo del alma humana. Se trata además de uno de los poemas más extraordinarios de la poética contemporánea, en que se aborda como tema ontológico la cultura nuclear:

> reflexión del Árbol de Chernobyl
> en el estanque de las radiaciones
> el nivel sube almas baja cuerpos
> de hombres pájaros mareas
> y palabras de aguda soledad lazurita (Velásquez 105).

Pero no habrá caída supersticiosa en un pesimismo de las cosas, en una vacilación de la existencia en este poemario. La poesía encuentra las claves de la nueva realidad humana y del acomodamiento de esa realidad al horizonte de renovar la vida, y así emerge la fuerza de la palabra, y se va del átomo asolador al átomo creador y recreado:

> hay un átomo nuevo
> que el hombre riega y crece
> como el arisco cardo
> entre el jazmín y el nardo
> es un átomo duro
> que el hombre puede tersar
> en hostia o agua navegable

o en algo del viento solar
con la belleza de la llama olímpica (Velásquez 225)

Como un gran poeta Lucila Velásquez ha armado el mural del destino planetario, que se debate entre el equilibrio del terror y la ansiedad y la esperanza de sobrevivencia. Así, en la última parte del libro, la poeta nos entrega la captura de la complejidad espacio-temporal. Volvemos a conceptuar el átomo, pero ahora es una abstracción de lo real, del ser y las cosas, es decir, de la naturaleza y el cosmos como unidades del misterio. Velásquez logra un plano de belleza conceptual en la averiguación filosófica de la dualidad materia/ inmateria que intenta:

> qué sugirió esa punta de relámpago
> sería un derrumbe gravitacional
> de concentración de las estrellas
> o la consumación de la materia
> por alguna perversa antimateria
> o en el principio fue el verbo
> o el átomo antes de la nada
> el átomo en estado comprimido
> o era un átomo ingenuo primitivo
> que fue haciendo universo continuo
> o estado estable de la eternidad (Velásquez 65).

Todas estas interrogaciones poéticas revelan un intenso esfuerzo por meditar sobre la noción del origen del Universo, del tiempo y del espacio-tiempo, nociones que han preocupado a los filósofos desde la antigüedad y que para nosotros, en las vísperas del siglo XXI, cobran un sentido especial.

El Árbol de Chernobyl es un canto fundamental al átomo, con el que Lucila Velásquez asume el destino de un lenguaje de vanguardia, que desarrollará con otras posibilidades originales, de crecimiento cualitativo lírico, en los libros subsiguientes *Algo que transparece* y *La rosa cuántica* y otros libros todavía inéditos, pero en prensa, como *La próxima textura, El tiempo irreversible, La singularidad endecasílaba*, también en la misma línea estética de cienciapoesía.

Bibliografía

Jou, David. "Lenguaje científico y experiencia poética en Lucila Velásquez". Lucila Velásquez, *La rosa cuántica*. Caracas: Monte Ávila, 1992, 7-14.

Lameda, Alí. "Prólogo". Lucila Velásquez, *Algo que transparece*. Caracas: Monte Ávila, 1991, 7-14.

Sambrano Urdaneta, Óscar. "Libro-Delta en una poesía: *El Árbol de Chernobyl*". Lucila Velásquez, *Antología poética 1949-1989*. Caracas: Ediciones Presidencia de la República, 1990, 9-17.

Sarduy, Severo. "Sobre *El árbol de Chernobyl*"; Lucila Velásquez, *Antología poética 1949-1989*. Caracas: Ediciones Presidencia de la República, 1990.

Velásquez, Lucila. *Antología poética 1949-1989.* Caracas: Ediciones Presidencia de la República, 1990.
____ *El Árbol de Chernobyl.* Caracas: Monte Ávila, 1989.

Invención de una periferia: las poetas del modernismo

Tina Fernández Escaja

Tina Fernández Escaja sacó su primer título en la Universitat de Barcelona doctorándose luego en la de Pennsylvania, EE.UU. Sus campos de interés principales son las poetas hispánicas del siglo XX y el cine y la mujer. Ha publicado artículos sobre Ana Rossetti y Olga Orozco. Actualmente trabaja en la University of Vermont, EE.UU.

> Como a un muñeco destripé tu vientre
> y examiné sus ruedas engañosas
> y muy envuelta en sus poleas de oro
> hallé una trampa que decía: sexo.
> Alfonsina Storni, "A Eros"[1]

El movimiento literario modernista en Hispanoamérica parece caracterizarse por la ausencia de nombres de mujer entre su nutrida lista de poetas.[2] Sin embargo, los comentarios de la época aluden a la ola de "poetisas" que escriben en el periodo, a las que se refieren muchas veces como contrapunto de las pocas voces de mujer admitidas por la crítica oficial.[3]

---

[1] Alfonsina Storni, "Mascarilla y trébol", *Poesías completas* (Buenos Aires: Galerna, 1990) 359.

[2] "During Modernismo ... there was not a single woman among the many great poets who then appeared" (Rosenbaum 41). "Las mujeres estuvieron ausentes del copioso movimiento literario de las dos últimas décadas del siglo anterior" (Henríquez 190). Las razones que apuntan ambos críticos complementan la supuesta falta de creatividad en la mujer (Rosenbaum) con la "impersonalidad" del movimiento modernista (Henríquez). Con mayor perspicacia, Fernando Alegría documenta y denuncia la ausencia de nombres de mujer en la "historia oficial" del modernismo, ausencia que atribuye a razones de sexismo y no a la carencia de mujeres poetas en el periodo (27).

[3] A propósito de "La mujer española", en un ensayo del mismo título de Rubén Darío escrito en marzo de 1900, el poeta señala lo siguiente: "En este siglo las literatas y poetisas han sido un ejército .... Entre todo el inútil y espeso follaje, los grandes árboles se levantan: la Coronado, la Pardo-Bazán, Concepción Arenal. Estas dos últimas, particularmente, cerebros viriles, honran a su patria. En cuanto a la mayoría innumerable de Corinas cursis y Safos de hojaldre, entran a formar parte de la abominable *sisterhood* internacional a que tanto ha contribuido la Gran Bretaña con sus miles de *authoresse* [sic]" (326). El mismo autor contrasta en un ensayo posterior la actitud de las sufragistas inglesas (a las que acusa de "marivaronas —suavicemos la palabra", feas y dignas de escarmiento), con otras actitudes más admisibles de reivindicación femenina en el campo del hombre:

Entre las afortunadas, se mencionan las figuras de María Eugenia Vaz Ferreira (Uruguay, 1875-1920), María Enriqueta (México, 1872-1968) y Juana Borrero (Cuba, 1877-96). El principal grupo posterior, integrado por Delmira Agustini (Uruguay, 1886-1914), Alfonsina Storni (Argentina, 1892-1938), Juana de Ibarbourou (Uruguay, 1895-1979) y la Premio Nobel Gabriela Mistral (Chile, 1889-1957), ha sido mayoritariamente clasificado como grupo aparte, a modo de "apéndice" del movimiento modernista,[4] esto es, aparecen en la sección "posmodernista" y, con frecuencia, en un subgrupo de escritura comúnmente adjetivado como "femenina".[5]

La indicación de escritura "femenina" y "posmodernista" señala una complementariedad o dependencia respecto al canon que implica tanto la escritura "masculina" como la categoría literaria "modernismo". En ambos casos, la posición de estas autoras se advierte como variante respecto a un centro literario sobre el que gravita tanto la crítica como las valoraciones sociales y culturales. Esa perspectiva refleja el factor de "género", es decir, de lo considerado masculino y femenino, que se extiende a los conceptos de centro y de periferia.

La diferencia es importante para poder entender las relaciones de poder que existen como sustrato de la situación sociocultural que admitió o enmudeció voces de mujer. Esta situación, en la que intervienen también consideraciones políticas, de clase y de raza, se complica en el ambiente de fin de siglo, un periodo que Elaine Showalter destaca como "a crisis in masculinity and an age of sexual anarchy" (9).[6] Si la indicación de Showalter parece menos acentuada en el contexto católico latinoamericano, en ese mismo y reducido espacio intervienen otras realidades a tener en cuenta, como la consolidación de fronteras geográficas, el desarrollo de sus ciudades, y el auge americanista.

"Las pintoras de la legión y las novelistas y poetisas ya no pueden contarse. Se dedican á esos sports como á cualquier otro, y hay musas muy recomendables" (¡Estas mujeres! 35). Otros ejemplos de alusión a la fertilidad de la poesía de mujer en el período de fin de siglo o inmediatamente posterior, se rastrea en algunos de los comentarios a la obra de Delmira Agustini. Pérez y Curis destaca a Delmira como "Elegida que florece en nuestro ambiente como una orquídea en un vasto jardín de rosas" (Agustini, *Poesías completas* 152). En la misma fuente, Guillermo Lavado Isava destaca a la autora como "el más prodigioso temperamento femenino de los actuales tiempos" (247).

[4] "La mayor parte de la crítica hispanoamericana ... analiza la poesía femenina del primer cuarto de siglo como una especie de apéndice del Modernismo y, aludiendo a un periodo posterior, como un balbuceo de acercamiento al creacionismo, ultraísmo o surrealismo" (Alegría 30). Según Fernando Alegría, las poetas de la época tienen un lenguaje propio, "que no es ni el lenguaje de los modernistas ni tampoco el de la Vanguardia" (30), es decir, constituyen un espacio personal "al margen del Modernismo y la Vanguardia" (31).

[5] Hugo Achugar anota variantes de clasificación por parte de la la crítica oficial respecto a la literatura escrita por mujeres durante el período modernista. Todas las clasificaciones apuntan hacia el carácter marginal de la literatura de mujer en relación con "la praxis modernista canónica" (15). Indicaciones como "poesía femenina", "reacción postmodernista", "figuras independientes" (17) reflejan, en criterio de Achugar, la "absolutización" de unos criterios que han convertido la perspectiva tradicional del movimiento modernista "en una especie de canon sagrado" (16).

[6] Véase también la obra de Elaine Showalter, *Sexual Anarchy. Gender and Culture at the Fin de Siècle* (Nueva York: Viking Penguin, 1990).

En este contexto escriben las autoras mencionadas. En todas ellas, la percepción de la crítica suele supeditar la relevancia de sus escritos a las implicaciones convencionales de su sexo. De este modo, el autor no se limita en sus obras a presentar a la mujer como objeto sexual, sino que también lee e interpreta los textos de las escritoras de acuerdo con las mismas convenciones y fantasías. Tal distorsión, que no se produce en el análisis de la escritura masculina, se mantiene hasta nuestros días cuando se valora la obra literaria de las mujeres. A modo de ejemplo puede citarse el acercamiento del crítico Anderson Imbert, quien incide en la "biología" de Delmira Agustini en su breve comentario a la obra de la autora: "Delmira Agustini fue así, como una orquidea húmeda y caliente" (2, 66). El mismo crítico no alude a desviación alguna en el "organismo" del laureado Rubén Darío, poeta que muere de cirrosis crónica a causa de su alcoholismo.

Por el mismo criterio, la calidad erótica y espiritual en la obra de Rubén Darío y de Delmira Agustini ha sido interpretada de manera muy diferente. Si los comentarios al tratamiento del erotismo en la obra de Rubén insisten en elogiar los valores estilísticos y transcendentes de sus versos, el acercamiento al erotismo en la obra de Delmira dio lugar a personalizaciones tales como las manifestadas por Rodríguez Monegal, quien califica a Delmira de "pitonisa en celo" (8), "obsesa sexual" (9) y "Leda de fiebre" (53).

Por su parte, la mujer poeta y crítica reproduce muchas veces los mismos esquemas y convenciones. Esto puede deberse tanto a una estrategia de supervivencia, como a la internalización de unos valores aceptados como norma, y también a la ausencia de una alternativa de expresión de la que participa la falta de una sólida tradición de escritura de mujer.

En principio, las "autoras" no son consideradas como tales, es decir, como poetas susceptibles de "autoridad" literaria, sino más frecuentemente como "musas" que inspiran al poeta y artista. Y recuérdese la afirmación de Rubén Darío respecto al papel que ejercen las musas clásicas: "Y la primera ley, creador: crear. Bufe el eunuco. Cuando una musa te dé un hijo, queden las otras ocho encinta" (*Prosas profanas* 170).

"'Amarilis' is the true precursor of all the Spanish American 'muses'", indica Sidonia Carmen Rosenbaum al iniciar su recorrido de poetas latinoamericanas (27). Julio Herrera y Reissig califica a Delmira Agustini como "Nueva Musa de América".[7] De la misma manera, la poeta Juanita Fernández, esto es, Juana de Ibarbourou, fue galardonada con la nominación de "Juana de América", lo cual subraya una triple relación de dependencia: respecto al padre (Fernández), al marido ("de Ibarobourou"), y al continente ("de América").

El grado de responsabilidad nacional contribuye a determinar y a construir los roles de los representantes de la nueva América. La publicación *El Telégrafo Marítimo*, como también lo hace el periódico *El Bien*, incide en los triunfos de Delmira Agustini que espera "sean cada día mayores para honor suyo y del país" (Agustini 249). A la misma autora se concede "*par droit de conquête* un puesto de preeminencia entre las cultoras de la Gaya Ciencia Americana", y esto gracias a "un estilo completamente viril" (Agustini 248). "Yo no encuentro entre las poetisas autóctonas de América una sola comparable a ella por su originalidad de buena cepa y por la arrogancia viril de sus cantos", afirma Pérez y Curis en su introducción a los *Cantos de la mañana* de Agustini (Agustini 153). Parece evidente

---

[7] Delmira Agustini, *Poesías completas*, ed. Manuel Alvar (Barcelona, 1971) 245.

que el acceso al canon universalista requiere adjetivaciones masculinas, y es por ello que algunas autoras del periodo deciden utilizar pseudónimos de hombre, como fue el caso de María Enriqueta, quien se camufló bajo el exótico nombre de Iván Moszkowski. Junto al afán de legitimación artística que implica el uso de un pseudónimo masculino persiste la necesidad de escapar de la censura social que considera inapropiada para una mujer la labor de escribir.

No obstante, esa misma sociedad moralista y ociosa (a la que significativamente pertenecían todas las autoras que se constatan en el periodo modernista) admite un tipo de escritura de mujer que responde a los valores más típicamente "femeninos", es decir, acepta aquella literatura que refleja los aspectos atribuidos a la mujer "decente". Esta opción es asumida en su valor particular y secundario respecto a la norma universal del canon masculino. Según tal criterio, la poeta María Enriqueta es destacada por su "aspiración sencilla", implicando en la presunta sencillez la detención en los valores cotidianos y domésticos de una mujer entregada a su casa y a su marido (Rosenbaum 43). Juana de Ibarbourou es una mujer devota que escribe *Loores de Santa María* y otros textos religiosos, pero que también despliega un erotismo en sus primeras composiciones que los críticos compensan con prudentes calificaciones como la de "osadía casta" (Rosenbaum 231).

Otros apelativos que los escritores de la época (y aun los modernos) atribuyen a las poetas reflejan una necesidad implícita de contener o dominar el territorio de los versos de sus autoras. En otras palabras, la reacción masculina ante la producción de la mujer escritora suele compensar la extrañeza o posible complejo de castración literaria mediante el procedimiento de convertir las autoras en textos, incorporándolas así al fetichismo modernista. Juana Borrero es la "virgen triste", según poema del mismo título escrito por Julián del Casal. María Eugenia Vaz Ferreira es la "novia de la soledad" (Rosenbaum 49), y la supuesta potencialidad no culminada de sus escritos parece justificarla Rosenbaum con la anotación de dos versos de Vasseur: "Brasa de castidad fría de angustia, / Porque jamás supísteis ofrendaros" (49). En la contención, principalmente sexual, parece indicarse el arquetipo de la musa-escritora. Es por ello que la presentación erótica y marcadamente personal desconcierta a la crítica y a la sociedad de su tiempo, como desconcertaron principalmente las obras y las personalidades de Delmira Agustini y de Alfonsina Storni.

La culminación de las concesiones de la norma parece lograrse con el galardón en 1945 del Premio Nobel de Literatura a la chilena Gabriela Mistral (pseudónimo de Lucila Godoy Alcayaga). Curiosamente, el codiciado galardón es el primero que se otorga en Latinoamérica, y es celebrado con cierta "sorpresa" por parte de la critica (Rivero 13).

La poesía de Mistral ha sido consistentemente elogiada por su carácter universal y transcendente (Goic 504). Entre los rasgos que suelen destacarse en la autora están la sencillez de sus versos, el elogio de la naturaleza y de la maternidad, el canto al amor y a la muerte, y también la labor pedagógica de Lucila en su romantizada condición de maestra rural. Muchos de los aspectos resaltados por la crítica sobre Gabriela Mistral inciden, por lo tanto, en valores principalmente "femeninos".

Una tercera opción de escritura de mujer se sitúa en el espacio localizado entre las acomodables etiquetas que atribuyen rasgos masculinos (universales) o femeninos (particulares) a las escritoras del momento. Este nivel intermedio inquieta más a la crítica convencional por su posición inclasificable, esto es, no fácilmente susceptible de ser dominada o contenida en la reconstrucción de los textos y de sus autoras. A este espacio corresponde principalmente la escritura de Delmira Agustini y de Alfonsina Storni. En ambas poetas, la disidencia de sus obras puede rastrearse en las reacciones de la crítica.

Anderson Imbert incide en la estética negativa del "feminismo" de Storni, que adereza el crítico con especulaciones biográficas: "Con el rescoldo de su resentimiento contra el varón encendió su poesía pero también la dañó dejándole sobrantes de ceniza estética.... Se sentía mujer humillada, vencida, torturada; y, no obstante, con una pagana necesidad de amor" (2: 75). Alberto Zum Felde alude a la peculiaridad glandular de Delmira (29-30). Conocida es también la calificación de "milagro" que Carlos Vaz Ferreira hace de *El libro blanco* de Delmira Agustini, y que la autora abrevia en un apéndice a la publicación de *Cantos de la mañana*:

> Si hubiera de apreciar con criterio relativo, teniendo en cuenta su edad, etc., diría que su libro es simplemente "un milagro ...". No debería ser capaz, no precisamente de escribir, sino de "entender" su libro. Cómo ha llegado usted; sea a saber, sea a sentir lo que ha puesto en ciertas poesías suyas ... es algo completamente inexplicable. (Agustini 187)

Cuando Delmira Agustini publica *El libro blanco* tiene la misma edad de Rubén Darío cuando éste publicó el elogiado *Azul*: veintiún años. Junto a la edad de la autora, que efectivamente era temprana en algunas de las composiciones de *El libro blanco*, intervienen otros factores implícitos en el "etc." de la transcripción del texto de Vaz Ferreira. A los mismos se refiere Rodríguez Monegal: "el ambiente en que ha vivido" Delmira Agustini, y "su sexo" (38).

Las variantes de género, de clase y los acondicionamientos sociohistóricos determinan tanto la creación de los textos literarios como la publicación y recepción de los mismos. Nuestras autoras escriben en un contexto de imposiciones que margina y limita dramáticamente su producción. Un recurso frecuente que utilizan para autolegitimarse en el modernismo, un contexto que centra su estética en el fetiche de la mujer, es el recurso de la autoduplicación y la estrategia de multiplicar los discursos de poder disponibles, tanto sociales como literarios. Esto supone un serio conflicto puesto que, como afirma Sylvia Molloy, "women cannot be, at the same time, inert textual objects and active authors. Within the ideological boundaries of turn-of-the century literature, woman cannot write woman" (109). Y en cierta medida, esa peculiar situación bitextual, y a menudo "politextual", contribuyó a los dramáticos destinos de muchas de ellas.

María Eugenia Vaz Ferreira murió demente sin haber publicado su único libro, *La isla de los cánticos*. Juana Borrero, "la adolescente atormentada", muere a los 18 años en el exilio estadounidense a que estaba sometida su familia. Delmira Agustini es asesinada por su ex-marido en el último de sus encuentros clandestinos, en 1914, antes de cumplir los veintiocho años. Alfonsina Storni se suicida ahogándose en el río de la Plata en 1938, el mismo año que Ibarbourou, Mistral y Storni se reúnen; el mismo año que Alfonsina publica un poema en que destripa a Eros, el Eros elogiado por los modernistas y venerado por Delmira Agustini.

Las obras que componen las poetas hispanoamericanas en las últimas décadas del siglo XIX y en las primeras del XX no constituyen una escritura al margen sino una literatura escrita desde el centro de sí mismas, desde el corazón del modernismo, del posmodernismo y de la vanguardia. La variante de género existe como categoría de análisis que permite apreciar tanto las relaciones entre mujer y hombre como las interacciones con otros acondicionamientos como los de clase y raza. Desde tal perspectiva múltiple deben aproximarse nuestras lecturas, y por lo mismo denunciar los acercamientos convencionales que han distorsionado o enmudecido la riqueza aportada por la mujer a las letras hispanas. El deseo de ser, de existir, de autolegitimarse, constituye finalmente el afán de todas ellas, la aspiración de alcanzar con la lengua, con la palabra, el corazón de la rosa.

Bibliografía

Achugar, Hugo. *Poesía y sociedad (Uruguay 1880-1910)*. Montevideo: Arca, 1985.
Agustini, Delmira. *Poesías completas*. Ed. Manuel Alvar. Barcelona: Labor, 1971.
Alegría, Fernando. "Aporte de la mujer al nuevo lenguaje poético de Latinoamérica". *Revista/Review Interamericana* 12,1 (1982) 27-35.
Anderson Imbert, Enrique. *Historia de la literatura hispanoamericana*. 2 vols. México,: Fondo de Cultura Económica, 1987, 1980.
Darío, Rubén. "¡Estas mujeres!" *Todo al vuelo*. Madrid: Renacimiento, 1912, 34-36.
_____ "La mujer española". *España contemporánea*. Madrid: Mundo Latino, 321-28.
_____ *Prosas profanas*. Madrid: Alhambra, 1980.
Goic, Cedomil. "Gabriela Mistral y la poesía posmodernista". Introducción. *Historia y crítica de la literatura hispanoamericana*. Vol 2. Barcelona: Crítica, 1991, 492-507.
Henríquez Ureña, Pedro. *Las corrientes literarias en la América Hispánica*. México: Fondo de Cultura Económica, 1969.
Molloy, Sylvia. "Introduction. Female Textual Identities: The Strategies of Self-Figuration". *Women Writing in Latin America. An Anthology*. Boulder CO: Westview Press, 1991, 105-24.
Rodríguez Monegal, Emir. "Sexo y poesía en el 900 uruguayo". *Los extraños destinos de Roberto y Delmira*. Montevideo: Alfa, 1969.
Rosenbaum, Sidonia Carmen. *Modern Women Poets of Spanish America*. Nueva York: Hispanic Institute, 1946.
Showalter, Elaine. "The Rise of Gender". *Speaking of Gender*. Nueva York: 1989, 1-13.
Zum Felde, Alberto. Prólogo. *Poesías completas* de Delmira Agustini. Buenos Aires: Losada, 1944, 7-41.

II. TEMAS

La Mujer

Construcción social de la "domesticidad" de la mujer en la novelística ecuatoriana: *La emancipada* (1863)

Raúl Neira

Raúl Neira, que nació en el Ecuador, se doctoró en la Universidad de Texas (Austin) y actualmente ofrece cursos en el Buffalo State College, EE.UU. Ha publicado guías bibliográficas de escritores ecuatorianos y venezolanos (Bogotá, 1993) y tiene proyectado un libro titulado: Aspectos de la narrativa de Pareja Diezcanseco

Se sabe que la ficción ha intentado y de hecho ha representado a lo largo de los tiempos las distintas manifestaciones de los comportamientos sociales en los diferentes ámbitos. Este hecho tan conocido nos lleva a indagar en una circunstancia particular que se muestra en la narrativa de ficción ecuatoriana del siglo XX y la determina: la representación de una sociedad ficcional que se organiza para generar los temas de la injusticia, el desarraigo y la miseria, tanto moral como económica, a que se ve reducida la población marginada o no, especialmente las mujeres. Al mismo tiempo, muestra la aceptación sumisa de esos seres que sufren por la explotación a que se los somete, puesto que esa situación proviene de la ignorancia y de las estructuras de opresión social. Estas circunstancias que se hicieron evidentes en la narrativa a partir del realismo social, impulsado fuertemente por el grupo de Guayaquil, permitieron que la novela y el cuento alcanzaran una gran madurez como géneros durante el siglo XX. Asimismo con ellas se obtuvo una gran aceptación no sólo de la crítica, sino del lector contemporáneo en el Ecuador.

Uno de los escritores del siglo XX que con mayor claridad, visión y continuidad supo exponer la lucha del pueblo ecuatoriano por superar las constricciones sociales diarias fue Alfredo Pareja Diezcanseco, quien para resolver literariamente esa lucha propuso que para que la idea de domesticidad entronizada se modificara, las mujeres debían reivindicarse mediante la transformación de su condición en lugar de continuar con la vida de subordinación que se ha estamentalizado y que crea mujeres fragmentadas, escindidas, solas en la búsqueda de la libertad y de la autonomía.

A primera vista, muchas de las mujeres de la narrativa de Pareja Diezcanseco se ven como estereotipos que reflejan un aspecto de la cultura, en cuanto proyección de las modalidades vigentes en la estructura social. En esta medida, los personajes femeninos son una representación de la realidad en la forma como ellos viven y actúan en relación con las instituciones sociales que de modo más inmediato les concierne: matrimonio, iglesia, organización del trabajo, etc. Además, en la narrativa de Pareja se destaca el empeño por mostrar las diversas expresiones de la domesticidad que padecen sus personajes femeninos en tanto seres arrojados a la sociedad impuesta por su destino. De ahí que la mayoría de estos personajes en las primeras nueve novelas de este escritor, además de conformar la base de las familias representadas, reflejen lo que la sociedad patriarcal espera de la mujer.

Los personajes femeninos del mundo narrativo que creara Pareja definen la feminidad en función del matrimonio y la maternidad, sin percibir la necesidad que tienen de autorrealización, independientemente del rol de esposas y madres. De esta forma, se vincula, dentro de lo cotidiano, a la mujer con las imágenes de: madre, niña, inocencia, indefensión, así como también de objeto sexual; preconcepciones que conforman el centro desde el cual se hace irradiar la cultura de la domesticidad, subordinación, que difusamente influye en el contexto diario modelando ambientes, gustos y deseos. En ese mundo se manifiestan las maneras en que se ejercen presiones no sólo a nivel de la verbalización, sino también con actitudes no verbales sobre las mujeres, con lo cual se construyen y se proyectan imágenes sobre lo que se quiere que la mujer sea, y que con el tiempo se convierten en preceptos. Muchas de estas presiones contribuyen a ofrecer una imagen de mujer carente de objetivos propios y de identidad autónoma. Esto se ve claramente en la situación que envuelve a las hermanas Parrales, protagonistas de *Las tres ratas* o en María del Socorro en *El muelle*.

El universo parejiano asimismo expone mujeres que se presentan como superadoras de las limitaciones que la sociedad tradicional les impone, personajes femeninos que reaccionan contra una concepción social de lo femenino que menoscaba e inferioriza su condición de ser humano, como sucede con Cristina Cerro, Baldomera, Eugenia y Micaela. A primera vista la intención de la voz narrativa parece ser una de desprecio hacia estos seres y las situaciones sociales en las que se involucran, pero mirados cuidadosamente esos personajes femeninos y contrastados con los que sucumben, se infiere que los roles socializadores establecidos por la tradición se deben modificar. Para ello es indispensable un cuestionamiento de esas falsas alternativas y de la vida fosilizada que hace infelices a los seres humanos.

Ahora bien, la crítica literaria ecuatoriana coincide en afirmar que características como éstas que se han señalado en la narrativa de Pareja Diezcanseco son producto de:

> un original realismo, social y a la vez telúrico, [que] se impuso de manera omnímoda a partir de los años 30, [del siglo XX] borrando ... hasta el recuerdo de lo que fue la fase [narrativa] precedente [si es que la hubo]. (Cueva 1988, 634)

Ya que, como se afirma por unanimidad tanto en la crítica como en la historia literaria, el Ecuador no tuvo una tradición novelística. Las primeras novelas que se reconocen como producto de la pluma de ecuatorianos son: *Cumandá* de Juan León Mera (1879) y *Los capítulos que se le olvidaron a Cervantes* (póstuma, 1895) de Juan Montalvo, las cuales no fueron consideradas modelos literarios porque se las percibió o bien como idealizada y caduca la una, o bien como exagerada y extranjerizante la otra.

Por fortuna, la historia ecuatoriana lentamente se va completando, gracias a recientes investigaciones, para ofrecer una visión literaria del país menos fragmentada y pobre. En 1973, un cuerpo de escritores lojanos, en el que destaca Alejandro Carrión, difundió la segunda edición de una novela escrita en un periódico quiteño a mediados del siglo XIX en donde se pueden observar muchos de los aspectos sobre la domesticidad y la imprescindible necesidad de su modificación, como Pareja Diezcanseco propusiera muchas décadas después.

Esa novela es *La emancipada*, del lojano Miguel Riofrío (1822-79). A pesar de la temprana fecha de aparición, 1863, Carrión no afirma tajantemente que sea la primera novela escrita en el Ecuador, pues ya que como él mismo dice: "la República [es] una época escasamente explorada y aún puede ser que algún erudito afortunado encuentre otra anterior" (*La emancipada* 1973, 36).

Esta novela para Carrión es:

> una novela romántica, didáctica y edificante, ... novela de costumbres también. La emancipada crea una vigorosa figura femenina, apasionada y trágica: Rosaura, que tiene vida propia y que se revela contra el ambiente y las costumbres en medio de una soledad absoluta y sin esperanza, que la conduce a la muerte. (*La emancipada* 1973, 136)

El argumento de la obra es simple: un hombre viudo, ayudado por el cura, rompe el noviazgo de su única hija de 18 años para lograr dos fines: desembarazarse de la joven a la que considera torcida en su formación por la intervención de la que fuera su esposa; y, al mismo tiempo, posiblemente mejorar su ya precaria situación económica. Cuando la esposa murió años antes, él le había dicho a Rosaura:

> Tienes doce años y es necesario que vivas con temor de Dios; es necesario enderezar tu educación, aunque ya el arbolito está torcido por la moda ...; yo quiero que te eduques para señora, y esta educación empezará desde hoy: "tú estarás siempre en la recámara y al oír que alguien llega, pasarás inmediatamente al cuarto del traspatio; no más paseos ni visitas a nadie ni de nadie. ... Lo que diga tu padre lo oirás bajando los ojos y obedecerás sin responderle, sino cuando fueres preguntada". (41-42)

A pesar de esto, al oír la orden de matrimonio años después, Rosaura se niega a obedecer; pero el padre comienza a golpear a los sirvientes indígenas, obligándola a aceptar el mandato para evitar la muerte de alguno de ellos. Al celebrarse el matrimonio cinco días después, Rosaura, respaldándose con una pistola, anuncia que gracias a la boda se ha emancipado y que no acatará a nadie, a pesar de las amenazas del cura, el padre y el teniente político. Luego deja oír: "Quiero descubrir lo que puede hacer el brazo de una hembra como yo resuelta a arrostrar por todo. Una palabra más y volarán los sesos de mis verdugos". La gente tradicional del pueblo rechaza el proceder de la joven, afirmando:

> la mujer [ha] sido creada para gloria y comodidad del hombre ... y, por consiguiente ... [debe] educarse en el temor del hombre, obedeciendo ciegamente al padre y después al esposo, ... el crimen de Rosaura debía ser severamente castigado para vindicta de la sociedad y ejemplo vivo de todas las hijas. (55)

Mientras por el contrario, un amigo de Eduardo le dice al cura:

> debemos ser sustancialmente distintos de aquellos pueblos, en que la mujer es entregada como mercancía a los caprichos del dueño, a quien sirve de utilidad o de entretenimiento, mas no de esposa. (44)

Durante los nueve meses siguientes, la joven viaja de pueblo en pueblo, explorando y descubriendo las posibilidades que la vida a la que se ha lanzado le permite conocer. En ese corto tiempo, el frustrado novio "descubre su misión en la vida y se hace repentinamente sacerdote", dedicando sus esfuerzos a hacer recapacitar a la joven sobre la senda que ha seguido. Entre ellos se cruzan cartas durante un mes, hasta que él logra convencerla de que ha errado. Poco a poco la salud de Rosaura se va resintiendo y acosada por los remordimientos, en un momento de desesperación, ingiere un suculento banquete, toma licor, se baña en las heladas aguas del río Zamora y se suicida.

Como se observa, el relato de Riofrío representa sin ambages el puesto que el sector social al cual pertenece esta familia le asigna a la mujer. Esta visión de la domesticidad, que se ajusta a una ideología reaccionaria, determina el ámbito del hogar como propio de la mujer; lugar al que debía circunscribir todas sus acciones, reacciones y pensamientos. Para el padre, Rosaura se había perdido desde la infancia a causa de la madre, quien como consecuencia de haber asistido a las escuelas normales y leer malos libros se había vuelto "una masoncita remilgada":

> respondona, murmuradora de los predicadores, enemiga de que se cumplieran ciertos ritos benditos para aplacar la ira de Dios y amiga de libros, papeles y palabras ociosas ... en vez de hilar y cocinar, que es lo que deben hacer las mujeres, le gustaba preguntar en donde estaba Bolívar, quiénes iban al congreso, qué decía la Gaceta ... (46)

Este relato decimonónico intenta desentrañar cómo el lenguaje de la domesticidad, de las relaciones sexuales, depende del lenguaje que emplean funcionarios de las instituciones jerárquicas de la sociedad. representados por el padre, el cura y el teniente. Es decir, estableciendo formas de dominación para controlar a aquellos grupos —mujeres, indígenas— que el sector hegemónico considera inferiores, se ejerce otra forma de poder político cultural. Por esta razón, la cultura representada aparece como una lucha entre diversas facciones sociales y políticas: aquellos sectores tradicionales, que apoyan las acciones del padre vs. aquéllos que la rechazan. La realidad que domina en este texto particular tiene que ver con la forma de representación que busca la superación, mediante el desafío a la tradición. Los desdeñosos comentarios que profieren el padre y su bando sobre la madre de Rosaura dejan ver un rechazo a las formas en que los nuevos sectores liberales que surgieron después de la independencia en el Ecuador intentaron emplear para combatir en parte esa condición alienante.

Dos percepciones sobre la alienación sirven para explicar lo que representa el relato de Riofrío. La primera de ellas: Marx propone dos puntos centrales como base: a) la fragmentación del ser humano, y b) la prohibición para ejecutar funciones típicamente humanas (Bartky 34). Cuando Rosaura pierde el control de sus acciones y de sus sentimientos, sufre una fragmentación íntima, un empobrecimiento interno, pues una parte de su ser comienza a ser controlado por el padre.

> Esta fragmentación es la consecuencia de una forma de organización social que le otorga a unas personas el poder de prohibirle a otras el completo ejercicio de sus capacidades; ejercicio que se considera indispensable para poseer una existencia humana completa. (Bartky 34)

La segunda propone que la percepción primera ha dejado de lado la dominación cultural que sufren las mujeres. Esta alienación se manifiesta cuando el padre le dice a su hija en tono autoritario, que quiere que ella "se eduque para señora", prohibiéndole lecturas, paseos, diversiones y encerrándola, mientras él sale a divertirse. Es decir, le prohibe muchas de las posibles maneras de expresión y formación culturales, e incluso la priva de declarar sus opiniones verbalmente; además de negarle el acceso a la educación formal. Con esas disposiciones le veda el derecho a desarrollarse en parte como ser humano y va en contra de lo que sectores de avanzada trataban de establecer en el Ecuador, como se puede observar en palabras de la "Alocución" para la apertura del Convictorio de San Fernando en 1837, del que fuera presidente de la república, Vicente Rocafuerte:

> la mejor fortuna que un joven pueda heredar de sus parientes, es una buena educación, que esté en armonía con las instituciones republicanas que hemos adoptado, y en perfecta consonancia con los sólidos principios de la religión, del patriotismo y de la utilidad pública ... Nuestras instituciones domésticas están fundadas en la virtud, así pues, el cultivo de la razón y el desarrollo de la virtud son los polos sobre los que debe girar el luminoso sistema de nuestra moderna educación. (Paladines Escudero 225)

Y éste parece haber sido el propósito de Riofrío con la escritura de *La emancipada*, censurar la carencia de resolución que tenía el sector hegemónico para implementar los cambios que habían propuesto varios líderes progresistas (Rocafuerte, Moncayo, etc.) durante los años que llevaba conformada la república. Fue una lucha ideológica, liberada entre los que defendían lo estamentalizado y los que reclamaban el cambio y la evolución de las instituciones para que se adaptaran a las exigencias de los tiempos. No en vano ya en 1849, catorce años antes de publicar *La emancipada*, Riofrío había declarado el valor de la escritura de ficción:

> las novelas filosóficas y de costumbres son un poderoso auxiliar para contener a los hombres en el deber, para estimularlos a la virtud y hacer temible y detestable el vicio; pero en el Ecuador no hemos visto todavía un sólo ensayo de este género ... porque todo lo absorbe y esteriliza la política y muy especialmente la hidra de los partidos. (*La emancipada* 79)

Como se ha observado, ya en siglo XIX ecuatoriano, la ficción se preocupó por representar aspectos de la domesticidad de la mujer que impedían el progreso nacional. Autores como Riofrío en el XIX y Alfredo Pareja Diezcanseco en el XX han mostrado a través de la novela que continuar con la vida de subordinación que se ha estamentalizado para las mujeres perpetúa el retraso del país.

Bibliografía

Armstrong, Nancy. *Desire and Domestic Fiction. A Political History of the Novel.* (1987). Nueva York: Oxford University Press, 1989.

Bartky, Sandra Lee. *Femininity and Domination. Studies in the Phenomenology of Oppression.* Nueva York y Londres: Routledge, 1990.

Neira, Raúl. "Estructura y contexto social en las novelas del primer ciclo narrativo de Alfredo Pareja Diezcanseco". Tesis doctoral. Austin: University of Texas, 1990.

Paladines Escudero, Carlos (compilador). *Pensamiento pedagógico ecuatoriano.* Quito: Banco Central del Ecuador - Corporación Editora Nacional, 1988.

Riofrío, Miguel. *La emancipada.* Loja: Consejo Provincial de Loja, 1973 y Cuenca: Universidad de Cuenca, 1983.

La marginación de la narrativa de escritoras decimonónicas colombianas: "El crimen" de Soledad Acosta de Samper (1869)

Flor María Rodríguez-Arenas

Flor María Rodríguez-Arenas, de nacionalidad colombiana, se doctoró en la Universidad de Texas, Austin. Actualmente trabaja en Columbia University, Nueva York. Es autora de: Hacia la novela: la conciencia literaria en Hispanoamérica (1792-1848) *(Bogotá, 1993) y de una* Guía bibliográfica de escritoras ecuatorianas *(Bogotá, 1993). Tiene proyectado un nuevo libro:* Escritura y novela en Hispanoamérica, *y en prensa:* Cuerpo pinto de indio y criollo: el ensayo ideológico hispanoamericano

Una somera revisión de los estudios efectuados sobre la escritura decimonónica colombiana continúa mostrando, a pesar de algunos esfuerzos recientes,[1] la notable ausencia de lecturas críticas de los textos literarios escritos por mujeres a lo largo de ese siglo. Como centro de esta anómala situación se destaca la ausencia de fundamentos en varias de las causas que se le atribuyen a la concepción y organización de los textos narrativos decimonónicos (desfase cronológico; no adaptación o desviación total de los movimientos literarios europeos; simplicidad estructural, etc.). Estas atribuciones malinterpretan esos textos, creando y perpetuando una gran brecha entre la narrativa del siglo XIX y la del XX, aun entre intelectuales y estudiosos. Este desprecio oficial hacia la escritura producida por mujeres, que llega a nivel institucional, es un rasgo recurrente de la historia de la recepción de la mayor parte de los textos que conforman los diversos géneros de la literatura colombiana del siglo XIX.

Este ensayo señalará algunos aspectos literarios que se adjudican a textos contemporáneos (véanse notas), creando una tradición cultural, que se piensa innovadora y original y, a la vez, mostrará temas, técnicas y tratamientos que se traicionan cuando un tipo discursivo pasa de una generación a la siguiente, pero que se celebran casi ciento cincuenta años después como novedosos en los relatos de escritoras contemporáneas.[2]

---

[1] Véanse Acosta de Samper (1988) y Rodríguez-Arenas (1991).
[2] Desde la primera aparición pública, la crítica recibió muy favorablemente la escritura de la barranquillera Marvel Moreno, quien después de más de un lustro de haber escrito en Francia su primera obra: *Algo tan feo en la vida de una señora de bien*, la publica en España en 1980. Los siguientes son algunos de los pensamientos que expresara el escritor español Juan Goytisolo en las palabras preliminares que abren ese volumen: "Ser escritora en una sociedad profundamente machista como la iberoamericana, plantea todavía una serie de problemas y desafíos que ponen a prueba su inteligencia y sensibilidad. La mirada de una mujer a la vasta comedia social que denunciara Balzac sigue siendo una mirada lateral y periférica ... visión lúcida y a menudo cruel de los excluidos de la

El caso de Soledad Acosta de Samper (1833-1913) ejemplifica la situación de la crítica de la literatura colombiana contemporánea con los escritos decimonónicos. Esta escritora, luego de haber adquirido un sólido reconocimiento tanto social como literario e histórico, fue excluida durante muchas décadas de las historias literarias y de los manuales pedagógicos, cuya influencia es un factor determinante para el conocimiento del pasado para las generaciones presentes y futuras.

Esta escritora publicó en 1869 la colección *Novelas y cuadros de la vida sur-americana*, en la que recopilaba novelas y relatos que había escrito y publicado entre 1864 y 1869. Con esta colección abrió paso a una fecunda producción, de la cual se han catalogado hasta ahora 38 novelas de larga extensión, 48 cuentos y relatos, cinco obras de teatro, 30 libros de historia, de biografía, de ensayo, de viaje, etc., más de 400 escritos de variada extensión entre artículos, ensayos y traducciones, además de cinco revistas y periódicos literarios dirigidos y redactados casi exclusivamente por ella; entre éstos se destaca *La Mujer*, escrito totalmente por mujeres entre 1878 y 1881 en Bogotá.

En la colección *Novelas y cuadros de la vida sur-americana*, Soledad Acosta incluyó el cuento "Un crimen", relato que había aparecido antes en el periódico *El Hogar*, publicado

---

fiesta. Con minuciosidad implacable, los relatos de Marvel Moreno ponen en la picota los pequeños vicios y vanidades, las grandes injusticias y defectos de una comunidad ... que ama y aborrece al mismo tiempo ... Su lectura de una sociedad regida por un sistema piramidal de violencia resulta mucho más elocuente que la de los consabidos panfletos y textos 'comprometidos'. Como en toda obra literaria auténtica, la toma de conciencia de la insoportable opresión no se realiza en el ámbito de unos personajes ejemplares y positivos sino, lo que es mucho más difícil, a nivel del lector" (Moreno 10-11). Con otra perspectiva, enfocada esta vez hacia la construcción de la narrativa en 1989, Montserrat Ordóñez escribe sobre otra obra de la misma autora: "La lectura de la novela de Marvel Moreno *En diciembre llegaban las brisas* (1987) nos enfrenta a las más importantes cuestiones de la literatura actual: la presencia de un mundo obsesivo, que se elabora a partir de la distancia geográfica y temporal; la presencia de voces que establecen entre sí relaciones polifónicas, que surgen de la oralidad, del recuerdo y de la memoria colectiva; la creación de textos simbólicos, opacos, antidenotativos, ... en donde la información se filtra y se transparenta en silencios y en grietas ... Los lectores de hoy nos dejamos encantar por procesos y por interrogantes, por intertextualidades, por ecos y por espejos" (Ordóñez 193). Los aspectos que la crítica observa como características de la ficción de Moreno, además de presentar a la barranquillera, según afirmó el crítico francés Gilard, como: "una escritora verdadera, que mucho se leerá en Colombia y más allá de las fronteras nacionales, y también en otros idiomas" (Gilard i), a su vez, la insertan dentro del grupo de escritores contemporáneos colombianos que conforman la tradición narrativa a la que pertenecen: Fuenmayor, Cepeda y García Márquez (Gilard ii-iii).

Estos aspectos que la crítica encuentra en la obra de Marvel Moreno han llevado a conformar la creencia general de que su escritura es ya no sólo un fenómeno literario en Colombia, producto tal vez de los movimientos que en los últimos tiempos han permitido que la mujer se haga presente en la esfera pública literaria, sino tal vez el primero o uno de los primeros que se ha producido en las letras colombianas. Esta creencia de la crítica contemporánea es desacertada. La falta de difusión y de estudios que revisen la historia literaria de Colombia ha marginado y continúa relegando al olvido —a pesar de algunos intentos recientes— la producción de un grupo numeroso de escritoras que, ya desde el siglo XIX, muestran muchos de los rasgos que los juicios de los críticos consideran en la actualidad novedosos en la obra de Moreno.

en Bogotá en 1869. Al nivel del discurso, el texto se divide en cuatro secciones,[3] en las que se relatan los acontecimientos que dan lugar al título.

Al nivel de la historia, se observa una dimensión de la violencia que permea ese mundo relatado; allí, ya no sólo se ve la habilidad para difundir el miedo sino que se observa la forma en que se abusa del poder para producir desorientación a través de la opresión. De esta manera, se convierte el mundo cotidiano en extraño e incierto, al hacer que Luz y Rafael tengan que abandonar su suelo natal y a sus respectivas familias para intentar escapar del gamonal, que desea manipularlos y aniquilarlos según su capricho. Desafortunadamente en esa sociedad estratificada que se muestra en "El crimen", la moralidad se invierte, los violentos actos que normalmente ubicarían al perpetrador, Bernardino, fuera de la ley, en este mundo viciado, (re)construido gracias a la lejanía geográfica del lugar donde suceden los acontecimientos y al lapso temporal que ha transcurrido entre el momento en que ocurren los hechos y el de su escritura, lo colocan por medio de la manipulación del poder por encima de las leyes, logrando con la violencia crear un imperio de desigualdad, terror e injusticia.

En otro nivel, las palabras de Luz sobre la identidad de Bernardino muestran la doble opresión y la victimización que como mujer ha tenido que soportar y sufrir. Los deseos y maquinaciones del gamonal la han estereotipado y la han convertido en una cosa; además, como integrante de su familia ha soportado sistemáticamente no sólo la opresión económica

---

[3] *Argumento*: En la *primera división*, se describe la alegre escena en un remoto campo donde en una rústica vivienda limpia y soleada sale Luz, con su sexto hijo de apenas ocho días de nacido en brazos, a recibir muy contenta a Rafael, su esposo, que regresa de viaje. Minutos después, Rafael le comenta a Luz que ha visto y hablado con un muy amable don Bernardino en el pueblo cercano, en donde lo estaban eligiendo como nuevo alcalde. Al oír esas noticias Luz se pone muy nerviosa y le aconseja a Rafael no volver a bajar al pueblo y hasta le dice que para protegerlo jamás lo dejará solo; al oír esto el hombre hace burla de ella. En la *segunda división*, un grupo de hombres armados de escopetas sacan pocas horas después a Rafael de su casa por orden del nuevo alcalde, don Bernardino, y poco después se oyen tres disparos. En la *tercera sección*, Luz le cuenta a su comadre Prudencia que ellos habían tenido que ir a ese remoto lugar para huir de Bernardino, hijo del gamonal donde habían vivido hacía once años, porque él había comenzado a perseguirla con fines sexuales antes de que se casara con Rafael. Al darse cuenta Rafael de las intenciones de Bernardino, lo enfrentó violentamente. El "gamonalito" esperó a que pasara el tiempo y regresó con mayor brío a acosar ya no sólo a Luz, sino a hostigar a Rafael, quien a pesar de todo luchó para que no se eligiera a Bernardino para un puesto político de importancia, saliendo éste derrotado. Esos hechos habían originado la desintegración de la paz y de la sociedad familiar de Luz y Rafael, porque el esposo había perdido su trabajo en las fincas del gamonal padre y habían tenido que abandonar el pueblo para evitar que Bernardino se vengara de ellos. Mientras Luz relata esto, su hijo mayor Pepito —de once años de edad— quien ha seguido al grupo de Rafael y sus captores, regresa para contarle cómo recién salidos de la casa, le habían atado las manos al padre y a pocas cuadras lo habían amarrado a un árbol donde lo habían fusilado. Escondido, había visto todo. Cuando se fueron los hombres "corrió hacia Rafael y lo encontró en las últimas agonías de la muerte. —Anda, le dijo el moribundo al verlo; tal vez tu madre llegue a tiempo" (Acosta de Samper 437). En la *cuarta sección*, se hace la indagatoria del caso y Luz acusa a Bernardino de ser el causante del asesinato de su esposo. El gamonal la califica de "loca" y desdeñosamente niega tener ninguna parte en el homicidio. La impunidad del crimen la relata en las cuatro líneas finales del cuento una voz narrativa que se identifica como oyente del suceso.

sino también la sicológica. Con esta última, Bernardino pretende quebrar la resistencia de la pareja y controlarlos a su antojo. Por medio del miedo y la persecución socio-económica, el gamonal mantiene incólume una piramidal estructura social y con ésta, la apariencia de legitimidad, con la que se entroniza como dueño y amo del lugar. Produciendo pobreza, acoso e impotencia para la familia, intenta tanto satisfacer sus intenciones al asediar y querer poseer al objeto en que Luz se convierte para él, como destruir la estimación propia de Rafael, quien se interpone en su camino, y que a pesar de la persecución, la intimidación y la ruina que le ocasiona, siempre se le muestra, incluso ya a las puertas de la muerte, arrojado, no temeroso de su poder, y protegiendo en la medida de sus exiguas posibilidades tanto su libertad política como la restringida independencia económica y la precaria autonomía para constituir voluntariamente una familia, a la que a duras penas ha logrado sostener al evadirse del gamonal durante los doce años que dura su matrimonio.

Luz, por el contrario, no teniendo la posibilidad material de enfrentarse, siendo una joven, al hijo del gamonal del pueblo debe esperar a que Rafael la defienda primero verbalmente y luego con su propia vida. Esta frustrante situación de impotencia, que como mujer debe soportar, deja ver presiones diferentes, que se distinguen de la políticoeconómica y de la personal que defendía Rafael. Los tipos de subyugación a que se ve sometida: la estereotipación, la dominación cultural y la eliminación de su identidad — que la convierte en un objeto sexual, que la cosifica sexualmente (Bartky 23)— son parte de una opresión sicológica general imperante en la sociedad. Es decir, la estereotipación unida a la cosificación sexual son armas que Bernardino emplea para atraparla, para controlarla y luego poseerla.

Aun más, a otro nivel dentro de esa sociedad a la que pertenece, Luz como mujer no puede tener albedrío para decidir defender a su familia como lo posee el hombre; ya que al mostrarse preocupada por la seguridad de su esposo y queriendo ampararlo con su presencia, la dominación y la subordinación que la cultura le ha impuesto se manifiestan. Cuando ella le dice a Rafael que para prevenir males futuros no lo dejará jamás solo, el esposo inmediatamente le recuerda su lugar subordinado: "¡ya tengo quien me proteja! [le] dijo... en tono de burla" (Acosta de Samper 428). De esta forma, le coarta las acciones como protectora y proveedora de su familia y la reafirma síquica y físicamente en el lugar subordinado que la sociedad le ha designado desde antes de que los sucesos que se relatan, comenzaran a desarrollarse.

Todas estas opresiones se aúnan y se manifiestan con violencia cuando ella, acosada por el dolor y la injusticia, denuncia abiertamente ante el pueblo y las autoridades a Bernardino como el culpable del asesinato de su esposo. Proferidas con desdeño las palabras: "Esta mujer está loca", el gamonal la estereotipa dentro de la categoría más baja que puede encontrar: la locura, la irracionalidad. Es decir, invierte los papeles y la señala a ella como culpable de lo que no es. La muestra ante todos como desquiciada, con un comportamiento anormal; ya que sólo un ser desequilibrado e irracional se podía oponer sin ambages a su autoridad y afrentarlo públicamente con la "mentida" acusación de que él, abusando del poder que como alcalde acababa de recibir, había mandado a cometer abiertamente un asesinato.

Al motejarla de loca, oprime a Luz culturalmente; la ubica socialmente en un puesto inferior más bajo que el de todos los presentes; le niega así su derecho a la justicia, ridiculiza su dolor y, por tanto, aumenta su sufrimiento, mostrando aun más el avasallamiento de su poder, que ha incrementado con el nuevo puesto; ya que su palabra como gamonal y alcalde destruye cualquier verdad, ante la gente del pueblo, que pueda decir una débil viuda, quien posiblemente acosada por el dolor, se ha convertido en una "demente" mujer, como afirma con desprecio Bernardino.

Como se observa, la prolija disposición de los sucesos al nivel de la historia de "El crimen" expone abiertamente las grandes injusticias que sufre Luz como mujer y toda la familia como inferior y desposeída en ese mundo jerárquico donde unos pocos controlan la vida de la gran mayoría; del mismo modo, muestra la fuerza de la violencia que conforma la vida diaria del lugar, al exhibir el sistema jerarquizado en que ésta se manifiesta y domina los actos cotidianos. Estas características que se encuentran en este texto decimonónico se señalan en el presente como particularidades propias de las obras del siglo XX, lo que permite que se las catalogue como contemporáneas (véase nota 2).

Ahora bien, la construcción discursiva de "El crimen" merece una rápida mirada, ya que aunque superficialmente pareciera que sólo una voz comunica los acontecimientos, en el relato existe una pluralidad de voces representadas: la voz extraficcional, responsable por el título, que enjuicia los actos como un crimen y los anticipa por medio del epígrafe de Juan Lorenzo: "Non vedes las yerbas verdes y floridas,/ que amanecen verdes y anochecen secas"; epígrafe que anuncia que la escena que comienza un mediodía soleado, brillante y alegre, cerrará pocas horas después con tragedia, oscuridad e intenso dolor.

Ya dentro de la historia, la voz pública que ofrece el relato deja oír las voces de la pareja, la de la vieja Prudencia, la de uno de los asesinos, la de Bernardino y la de algunos vecinos del lugar. Asimismo, a través de ella se aprecian también diversas perspectivas de algunos personajes, como la de Pepito sobre la forma como fue asesinado el padre y la de la voz popular que cree lo que dice Luz, pero que se muestra impotente para alcanzar justicia. Como se observa en este rapidísimo recorrido, en "El crimen" se encuentra un nutrido conjunto polifónico de voces, que sirven para crear un relato complejo, que exige que el lector tome conciencia de la violencia que se explicita en todos sus niveles, y no únicamente en el de los personajes. Éstas son otras de las características que los críticos actuales han destacado como privativas de la prosa de ficción de finales del siglo XX escrita por mujeres en Colombia. Características que les permite enfrentar "las más importantes cuestiones de la literatura actual" (véase nota 2).

En este recorrido se aprecia que la narrativa colombiana del siglo XIX posee generalmente las mismas características que la crítica señala como distintivas de la escritura producida por mujeres a finales del presente siglo. La literatura decimonónica colombiana requiere estudios que muestren que la marginación que se ha ejercido y se ejerce sobre ella no es más que otra clase de opresión; despotismo que destaca claramente que el abismo casi insalvable que se proclama que existe entre la narrativa decimonónica y la del presente en realidad es una pequeña brecha que se cerrará a medida que se investigue a fondo la historia de las letras colombianas.

Bibliografía

Acosta de Samper, Soledad. "Un crimen". *Novelas y cuadros de la vida sur-americana*. Gante: Imprenta de Eug. Vanderhaeghen, 1869, 423-38.
_____ *Una nueva lectura*. Bogotá: Fondo Cultural Cafetero, 1988.
Bartky, Sandra Lee. *Femininity and Domination. Studies in the Phenomenology of Oppression*. Nueva York y Londres: Routledge, 1990.
Gilard, Jacques. "Los relatos de Marvel Moreno". Marvel Moreno, *Algo tan feo en la vida de una señora de bien*. Bogotá: Pluma, 1980, i-viii.
Goytisolo, Juan. "Prólogo". Marvel Moreno, *Algo tan feo en la vida de una señora de bien*. Bogotá: Pluma, 1980, 9-11.
Lanser, Susan. *The Narrative Act: Point of View in Prose Fiction*. Princeton: Princeton University Press, 1981.
Marvel Moreno, *Algo tan feo en la vida de una señora de bien*. Bogotá: Pluma, 1980.
Ordóñez, Montserrat. "La ficción de Marvel Moreno: mujeres de ilusiones y elusiones". *De ficciones y realidades: perspectivas sobre literatura e historia colombianas*. Memorias del Quinto Congreso de Colombianistas. Alvaro Pineda Botero y Raymond L. Williams (compiladores). Bogotá: Tercer Mundo, Universidad de Cartagena, 1989, 193-98.
Rodríguez-Arenas, Flor María. "María Martínez de Nisser (1843): el Diario como (re)construcción de estrategias discursivas", "Josefa Acevedo de Gómez: modelos iniciales de la escritura femenina en el siglo XIX en Colombia. *El soldado, Angelina* (1861)", "Soledad Acosta de Samper, pionera de la profesionalización de la escritura femenina colombiana: *Dolores, Teresa la limeña y el corazón de la mujer* (1869)", en Flor María Rodríguez-Arenas et al. *¿Y las mujeres? Ensayos de literatura colombiana*. Medellín: Universidad de Antioquia, 1991, 89-178.

Silvina Ocampo: las escrituras peligrosas

Andrea Ostrov

Andrea Ostrov, de nacionalidad argentina, sacó su primer título en la Universidad de Buenos Aires y espera doctorarse en la misma dentro de muy poco. Ya ha publicado varos artículos y tiene por lo menos dos más en preparación: uno sobre escritoras latinoamericanas, el otro sobre Hijo de hombre, *de Augusto Roa Bastos. En particular le interesa la literatura de mujeres*

> Escribir y atravesar los nombres es el mismo gesto necesario ...
> Hélène Cixous

En un principio, la única respuesta parece ser el silencio. Existe la impresión de que todo está dicho en estos textos, de que nada cabe agregar a esa palabra excesiva, contundente. La superficie se presenta como hermética, sin fisuras, nos quiere mostrar una apariencia homogénea y coherente. Al punto de que parecería que se está siempre en presencia del mismo texto, un único e inacabable texto, donde hay algo que insiste, repitiéndose, de manera infinita.

En la tersura de esta letra, de pretendida transparencia, toma largo tiempo encontrar el resquicio por donde intentar el pasaje hacia esa *otra* zona, y así, reconstruir el palimpsesto. La dureza del cristal resiste una y otra vez los asedios, devuelve las preguntas, desalienta las hipótesis. Sin embargo, casi imperceptiblemente, el salto tiene lugar y nos encontramos del otro lado del espejo. Allí, se hace evidente que el pasaje tan arduo no era más que un engaño de la apariencia: puesto que no hay otra cosa, en los textos de Silvina Ocampo, que un incesante pasaje de un extremo a otro, una infinita deriva que desdibuja todo límite, todo anclaje sólido, un estrepitoso estallido de categorías, oposiciones y jerarquías.

En "Las vestiduras peligrosas"[1] asistimos a la proliferación de dos clases de elementos: por un lado, una profusión de nombres de mujeres, que inducen a pensar el texto como una puesta en escena de la feminidad: Régula, modista y narradora de *Artemia*, tiene además un sobrenombre: Piluca. En su discurso, alude a personajes femeninos (su tía Lucy, su ex-patrona), o bien recurre a expresiones cristalizadas constituidas por algún nombre de

---

[1] Silvina Ocampo, "Las vestiduras peligrosas", en *Las reglas del secreto*, Matilde Sánchez comp. (Buenos Aires: Fondo de Cultura Económica, 1991).

mujer: "Lloro como una Magdalena";[2] "Mamma mía";[3] "¡Virgen Santísima!"[4] Luego, una profusión de géneros —gasas, terciopelos— y de elementos de costura: una máquina de coser, un maniquí, tijeras, carreteles, agujas, alfileres, centímetros, etc. Ambas series son recurrentes y fundamentales en la narrativa de Silvina Ocampo ya que los textos están atravesados por un lado de una gran variedad de personajes femeninos que constituyen distintas clases de mujeres y ocupan posiciones y roles bien diferentes. Por otro lado, el tema de la ropa, la moda, la modista, los sombreros, las telas y la escena recurrente en que una mujer se prueba un vestido frente al espejo adquiere, en virtud de la repetición, una dimensión altamente simbólica. ¿Qué relación habría, entonces, entre esta proliferación de mujer y de géneros?

Los textos de Silvina Ocampo establecen una relación de implicancia mutua entre el género —tela— y el género sexual en la medida en que las vestiduras son las que determinan la categorización de la persona como masculina o femenina. En "El sombrero metamórfico"[5] se lleva esta relación al paroxismo, en tanto este elemento del vestido tiene la virtud de transformar a los hombres y mujeres que lo llevan en mujeres y hombres respectivamente.

A tal punto la tela es constitutiva de la identidad, que en "El vestido de terciopelo",[6] el vestido se amolda tanto al cuerpo de la mujer que se lo prueba, que cuerpo y vestido se con-funden. El vestido es in-corporado y la mujer muere sofocada por éste, sin poder sacárselo. En "La casa de los relojes",[7] otro personaje —esta vez masculino— también muere fusionado con su traje. La identidad, entonces, ligada a la tela, a la apariencia, se vincula necesariamente a la acción, al artificio, a la construcción.

Ahora bien, si el género —identitario— se confecciona en gran medida a partir de la tela, también se constituye como efecto de escritura. Como una vestidura, el texto constituirá en sí mismo otro tejido que escribirá sobre el cuerpo una definición. Las vestiduras/escrituras tendrán sobre el sujeto un efecto de adscripción. En "Las ondas",[8] dos amantes que son obligados a separarse por pertenecer a grupos de personas diferentes según su disposición molecular, falsifican sus documentos: "Tus ondas coincidían con las mías en el certificado que nos dieron en el Ministerio de Salud ... Aquel certificado nos impresionaba tanto que no nos disgustamos ni una sola vez en cinco días. Nos transformábamos de acuerdo con los papeles sellados ...".[9]

En "Epitafio romano"[10] Flavia es asesinada por su marido simplemente con la escritura de un epitafio. Claudio Emilio, en efecto, escribe sobre la piedra el epitafio de Flavia, y la encierra viva en una casa de campo. De este modo, todos la creen muerta, y ya no necesita matarla realmente. Resulta claro a partir de esto cómo la escritura crea un estatuto: en este

---

[2] "Las vestiduras peligrosas" 442.
[3] "Las vestiduras peligrosas" 444.
[4] "Las vestiduras peligrosas" 445.
[5] Silvina Ocampo, "El sombrero metamórfico", en *Y así sucesivamente* (Barcelona: Tusquets, 1977).
[6] Silvina Ocampo, "El vestido de terciopelo", en *La furia* (Buenos Aires: Sudamericana, 1959).
[7] Silvina Ocampo, "La casa de los relojes", en *La furia*.
[8] Silvina Ocampo, "Las ondas", en *La furia*.
[9] Silvina Ocampo, "Las ondas" 118-19.
[10] Silvina Ocampo, "Epitafio romano", en *Autobiografía de Irene* (Buenos Aires: Sudamericana, 1975).

caso, el de la vida o el de la muerte. La escritura es la instancia que establece los lugares, las categorías en las cuales inscribe a los sujetos obligándolos a actuar en consecuencia. Como el vestido, la escritura construye la identidad de los sujetos —como vivos, como muertos, como hombres o mujeres— y todo cuerpo aparece fundamentalmente como materia "escribible". En este sentido, toda escritura tendría la condición y el poder de un epitafio en tanto crearía esferas separadas, distinguibles, discernibles. Vestiduras y escrituras serían por definición epitáficas puesto que inscribirían sobre el cuerpo una identidad cristalizada, subsidiaria de los principos lógicos de identidad y no contradicción. La inscripción del vestido o de la pluma sobre el cuerpo cristaliza, congela la oscilación, el devenir, coagula en la letra el movimiento de las identificaciones.

Artífices del género, las modistas/escritoras serán, en consecuencia, las artesanas privilegiadas en la confección y escritura de la identidad. Sin embargo, mientras el centímetro y la tijera —la medida— es lo que define el hacer de la modista, la escritora trabaja en la zona de la desmesura. Toma el género *al bies* para transformar la misma instancia de cristalización —la escritura— en espacio de transgresión. La posibilidad de Flavia —en "Epitafio romano"— de estar muerta en vida, o viva en su propia muerte, constituye una suerte de travestismo que hace estallar los límites entre la vida y la muerte, asegurando un pasaje de ida y vuelta entre las dos categorías. Vida y muerte son instancias reversibles. La escritura funda el espacio de lo reversible. La narradora de "La continuación"[11] intenta escribir un relato cuyo protagonista es un hombre, Leonardo Moran, con el cual la narradora se identifica, a la vez que identifica a su amante real —masculino— con la amante —mujer— del protagonista de su ficción. Es decir que la escritura —el texto dentro del texto— se presenta como un lugar posible de inversión, de cruce genérico, de pasaje: el lugar del travestismo. Pero además de la inversión de géneros, hay otro límite, otra frontera que se diluye, desde el momento en que se postula una continuidad —una *continuación*— entre la escritura y la existencia de la narradora: "Al abandonar mi relato ... no volví al mundo que había dejado, sino a otro, que era la continuación de mi argumento (un argumento lleno de vacilaciones, que sigo corrigiendo dentro de mi vida)".[12] El título de este relato —"La continuación"— donde hace pregunta la escritura, puesto que la narradora se problematiza permanentemente acerca de "cómo había que escribir, en qué estilo",[13] etc., puede ser leído como respuesta a las cuestiones que este texto —en tanto puesta en abismo de la propia textualidad— plantea. "La continuación" vendría a proponer una escritura que pondría en escena relaciones de continuidad antes que de oposición.

Si el logocentrismo instaura una lógica de oposiciones binarias necesariamente jerárquica y ordenadora de valores, en estos textos —plagados de infinitas metamorfosis— toda frontera es derribada, todo límite es destruido, toda oposición binaria es desconstruida. "Las leyes del cielo y el infierno son versátiles".[14] Plinio es mono y príncipe alternativamente.[15] Lo interno y lo externo no aparecen como espacios excluyentes desde

---

[11] Silvina Ocampo, "La continuación", en *La Furia*.
[12] "La continuación" 18.
[13] "La continuación" 11.
[14] "Informe del cielo y el infierno", en *La furia* 173.
[15] Véase "Miren cómo se aman", en *Cornelia frente al espejo* (Buenos Aires: Tusquets, 1988).

el momento en que los objetos que sueñan algunos personajes tienen la posibilidad de materializarse[16] asegurando así un pasaje ininterrumpido entre interioridad y exterioridad. El perro Mimoso, embalsamado por su dueña, desdibuja en virtud de esto el límite entre presencia y ausencia.[17] Un hombre hereda los sueños de su hermano asesinado, del mismo modo que una persona es capaz de heredar el destino o la personalidad de otra.[18] Cae entonces la barra de separación entre el yo y el tú, entre lo propio y lo ajeno.

En otro relato,[19] la voz que narra se presenta primero con marcas de género masculinas, para aparecer luego claramente convertida en mujer. Se enamora de una persona de sexo femenino, pero el siguiente objeto de amor tiene marca masculina. Es decir que tanto sujeto como objeto —de la enunciación y del enunciado— encierran en sí la posibilidad de devenir *otra cosa* de lo que en principio aparentan ser. En una palabra, cada entidad encierra en sí misma la otredad. La otredad, lo otro, no es ajeno a la identidad, sino que le es constitutiva y esencial.

Asistimos entonces, en los textos, al desdibujamiento de toda oposición: masculino/femenino, propio/ajeno, yo/tú, humano/animal, interno/externo, palabra/cosa, pasado/futuro, concreto/abstracto. Un proceso de licuefacción de todo lo sólido tiene lugar en los textos, en tanto la escritura liquida lo sólido y cristalizado de toda oposición binaria, desvaneciendo las estructuras cristalinas y proponiendo en su lugar una economía del pasaje, del tránsito, de lo fluido.

En "Del color de los vidrios",[20] dos textos se proponen como problematización de la escritura. Uno de esos textos, llamado por la narradora "El cuento del vidrio" se ha perdido y aparece como absolutamente irrecuperable. El texto que se nos ofrece a la lectura se presenta entonces como re-escritura (imposible) del primer texto perdido. De éste, el/la narrador(a) sólo recuerda el principio: "En una casa bastante abandonada, así empieza el cuento, de noche o a distintas horas del día se oye entrechocar botellas. Son las botellas que llegan a la casa donde vive Inés ...".[21] Tras un elocuente espacio en blanco, comienza la re-escritura, la segunda versión del cuento. Sin embargo, en esta segunda versión una serie significativa de pasajes y borraduras ha tenido lugar: la narración que en el primer texto se desarrollaba en tercera persona, y cuya protagonista era una mujer —Inés— queda convertida en la re-escritura en una narración en primera persona, cuyo sujeto de enunciación y protagonista es un hombre. Resulta claro, a partir de esto, que lo borrado en el palimpsesto es el texto femenino. Sin embargo, si en la superficie el texto primero aparece como irremisiblemente perdido, subsiste e insiste en tanto fondo del palimpsesto. Como lo reprimido que inevitablemente retorna, lo borrado en la re-escritura —la femineidad, la mujer— reaparece con la fuerza de un principio constructivo de la textualidad, con la categoría programática de un arte poético que prescribirá una escritura que deje de reproducir el sistema, y ponga en escena una economía de la diferencia. Ya el pasaje mismo de un

---

[16] Véase por ejemplo "Los sueños de Leopoldina" en *La furia* y "Amada en el amado", en *Los días de la noche* (Buenos Aires: Sudamericana, 1970).
[17] Véase "Mimoso", en *La furia*.
[18] Véase como ejemplos "La última tarde", "Magush", "La casa de azúcar", en *La furia*.
[19] Silvina Ocampo, "Amé dieciocho veces pero sólo recuerdo tres", en *Cornelia frente al espejo*.
[20] Silvina Ocampo, "Del color de los vidrios", en *Cornelia frente al espejo*.
[21] "Del color de los vidrios" 66.

texto a otro, del texto borrado al fenotexto, de la escritura a la re-escritura, instaura/propone un espacio, un *juego* de diferencias. Pero además, en "Del color de los vidrios", el narrador/protagonista construye, a lo largo de muchos años, con infinita paciencia artesanal, una casa —un texto— de vidrio. Por su estructura material misma, fluida y transparente, la casa ignora la separación obligada entre lo íntimo y lo público, lo privado y lo social: "Toda la casa es de vidrio por dentro y por fuera ... A todas horas el público nos verá haciendo todo lo que se hace en la intimidad: arrodillarnos, lavarnos, peinarnos, bañarnos ...", etc.[22] Sin embargo, "las imágenes que veían eran raras. Las rajaduras de los vidrios deformaban los cuerpos, las posturas, los movimientos. Si besaba la boca de mi novia, para los observadores de afuera, besaba su zapato; si acariciaba su frente, acariciaba una botella ... Las rajaduras del vidrio inventaban posturas, las multiplicaban, pero nunca reflejaban la verdad".[23] Es decir entonces que la programática sustitución del cristal por el vidrio ("... mi cuento se titulaba *El cuento del vidrio* y no de *cristal* ..."[24] dice la narradora) propone una escritura que haga estallar, en su propia producción, la complicidad, la connivencia entre una economía de lo sólido, subsidiaria de los principios de identidad, propiedad y localización, y el privilegio de la mirada como instancia fundamental para la organización de una "verdad" demasiado estructurada en función de estos principios y de oposiciones binario-jerárquicas cristalizadas. Puesto que "mi cuento se refiere al *vidrio* de las botellas y no del cristalino",[25] la sustitución de este último por el primero generará una visión, una construcción de la realidad necesariamente diferente. Nada será de una sola manera, sino que el vidrio —sin estructura cristalina, es decir fluido, aunque con apariencia sólida— instaurará una estructura/lógica textual caleidoscópica, donde cada elemento cambia incesantemente de lugar y deviene constantemente en otra cosa. No parece casual que el ideal de escritura postulado en este cuento esté representado por el autor de "La metamorfosis" ("Los cuentos de Kafka nunca dejan de ser los mejores del mundo"[26]) ya que además Kafka es precisamente un nombre cuyas sílabas son evidentemente reversibles e intercambiables. Se propone entonces como ideal de escritura una palabra que encierra en sí misma el movimiento, la transmutación, y pone en cuestión la inmovilidad de la localización. A la escritura del epitafio, a la escritura del nombre, se opondría entonces una escritura otra, en la cual el atravesamiento de los nombres y categorías pondría en escena las diferencias y fundaría una ética y una estética de lo fluido. Existe un lugar, dice Hélène Cixous, que no está obligado a reproducir el sistema. Y es la escritura. Si hay un lugar que pueda escapar a la repetición infernal, es por allí, donde se escribe, donde se sueña, donde se inventan los nuevos mundos.[27]

---

[22] "Del color de los vidrios" 72.
[23] "Del color de los vidrios" 72.
[24] "Del color de los vidrios" 66.
[25] "Del color de los vidrios" 66.
[26] "Del color de los vidrios" 65.
[27] Hélène Cixous, "Sorties", en *La Jeune née* (París: Union Générale d'Éditions, 1975) 132.

Jurema: la mujer y sus símbolos en *La guerra del fin del mundo*

Julia Cuervo Hewitt

Julia Cuervo Hewitt nació en Cuba pero ahora está radicada en los EE.UU., donde también sacó sus títulos académicos (Scarrit College y Vanderbilt University). Es catedrática en Penn State University y autora de muchos artículos sobre literatura hispanoamericana y portuguesa en adición a un libro: Aché; presencia africana. Tradiciones yoruba-lucumí en la narrativa cubana *(Nueva York, 1988). Tiene proyectados dos nuevos libros:* Voices Out of Africa *y* Elogio a la locura: La guerra del fin del mundo

En *La guerra del fin del mundo* la destrucción de Canudos ocurre simultáneamente en un plano histórico y otro imaginario. La narración se aprovecha de las omisiones y contradicciones que ha dejado la historia de los hechos para intercalar personajes inventados que participan en los sucesos históricos y que, en general, son más complejos y mejor elaborados que los históricos. Ninguna de las pocas figuras femeninas que aparecen en esta novela es histórica pero, sin embargo, como ya ha observado Rosa Baldori, tampoco ninguna alcanza la "hondura y matiz psicológico" (35) de sus correspondientes masculinos. Todas son figuras planas que funcionan como estelas, o signos, de lo imaginario.

De entre las figuras femeninas, he escogido para este trabajo a Jurema como representante de "lo femenino" en *La guerra del fin del mundo*. Con ella, y en ella, se articula en la novela el espacio de lo imaginario: zona que, según Julia Kristeva, es un espacio femenino, materno y semiótico del lenguaje de indiferenciación psíquica y lingüística.[1] En la lectura que propongo de *La guerra del fin del mundo* Jurema, la joven criada por la baronesa, entregada en matrimonio al sertanero Rufino, violada por el extranjero Galileo Gall, deseada por el caboclo Pajeú y, finalmente, amante y guía del periodista miope, implícito escritor anónimo de la historia de Canudos, funciona como arquetipo de la tierra, como símbolo de la libido de la ficción y, muy especialmente, como signo alegórico de la experiencia íntima del escritor con su texto.

Para encontrar el germen de la relación arquetípica entre la mujer Jurema en la novela de Vargas Llosa y la tierra del sertón hay que recurrir a *Os Sertões* de Euclides da Cunha —texto publicado en 1903, cuya lectura sedujo al escritor peruano y le sirvió de pre-texto para su novela. En una singular descripción de la tierra sertaneja y bajo el título de *A jurema*[2] dice da Cunha:

---

[1] Este tema lo desarrolla Julia Kristeva en *Pouvoirs de l'horreur. Essai sur l'abjection*.
[2] Arbusto que crece en el sertón y que se conoce en español con el nombre de acacia.

> As juremas, prediletas dos caboclos —o seu *hachich* capitoso, fornecendo-lhes, grátis, inestimável beberagem, que os revigora depois das caminhadas longas, extinguindo-lhes as fadigas em momentos, feito um filtro mágico ... misteriosas árvores que pressagiam a volta das chuvas e das épocas aneladas do "verde" e o termo da "*magrém*"—... estrelando flores alvíssimas, abrolhando em folhas, que passam em fugitivos cambiantes de um verde-pálido ao rôseo-vivo dos rebentos novos, atraem melhor o olhar, são a nota mais feliz do cenário deslumbrante. (44-45)

El *performance* maravilloso de la naturaleza sertanera que presenta da Cunha en su *Os Sertões* reaparece humanizado en *La guerra del fin del mundo* en una figura femenina con propiedades hechiceras que encarna las dicotomías entre exuberancia paradisíaca y aridez infernal que caracterizan al sertón. De la *jurema* se hace un hachich, un filtro, palabra que viene del griego *philtron* o *filo*, con el que se denomina una "bebida embrujada que se supone tiene el poder de provocar en una persona amor hacia otra determinada" (Moliner 1308). El filtro aparece con frecuencia en leyendas medievales y, según el *Diccionario de símbolos* de Cirlot, en estas leyendas el filtro comúnmente "simboliza la fatalidad del amor. Quien bebe el filtro no puede ya mantener las reglas feudales ni los deberes de su situación, e incluso puede ser por esa fatalidad empujado a la muerte", como en el caso de Tristán (205), o como Rufino y Gall en la novela de Vargas Llosa. Es con ese sentido que el Barón de Cañabrava en *La guerra del fin del mundo*, al oír la historia de Canudos en boca del periodista, se figuró a Jurema, a quien hasta entonces sólo había concebido como un "animalito de campo" (471), como si de pronto fuese "la única mujer del sertón, una fatalidad femenina, bajo cuyo inconsciente dominio caían tarde o temprano todos los hombres vinculados a Canudos" (475).

En *La guerra del fin del mundo* el extranjero Galileo Gall se encuentra con Jurema en un momento simbólico que coincide metafóricamente con su intención frustrada de "penetrar" aquella tierra hasta llegar a Canudos y de "impregnarla" con sus filosofías anarquistas. Buscando a su guía Rufino, el marido de Jurema, Gall penetra el espacio doméstico sertanero que no le pertenece —o sea, el espacio de la joven Jurema— y allí, dentro de aquel espacio que ha traspasado, Gall observa a la mujer "haciendo hervir algo, inclinada sobre el fogón. Es joven, de rostro terso y bruñido, lleva los cabellos sueltos, viste una túnica sin mangas, va descalza y sus ojos aún están cuajados del sueño del que la ha arrancado la llegada de Gall" (95). En ese primer encuentro de Gall, y del lector, con Jurema, el narrador la coloca como si fuera un objeto más en el decorado del altar doméstico sertanero: "débil luz", "un mechero", "en un rincón, una hilera de gallinas durmiendo entre vasijas, trastos, altos de leña, cajones y una imagen de Nuestra Señora de Lapa". A su lado, a sus pies, "un perrito lanudo" (95). Actante de las propiedades de su nombre, Jurema toma la escudilla humeante que ha preparado, se la alcanza a Gall y el escocés bebe. "El acto de beber, de ofrecer bebida —señala también Cirlot— con frecuencia forma parte de ritos, y puede asociarse también a la idea de filtros, con carácter positivo o negativo" (99). Al sorber el líquido que le ofrece Jurema, Gall "se quema", "se tuerce en una mueca. Bebe otro sorbo" y, mientras interroga a la mujer, sigue "sorbiendo" (96).

En contraste con esta escena, en la lectura de *Madame Bovary* que hace Vargas Llosa en *La orgía perpetua*, y en la que la figura de Emma Bovary se vincula a la seducción de la ficción en figura de mujer, sugiere el escritor peruano que "ciertos objetos de la realidad ficticia sobreviven en la memoria.... Porque han sido arrancados al mundo de lo inerte y elevados a una dignidad superior; dotados de cualidades insospechadas, como, por ejemplo, una recóndita psicología, una capacidad de comunicar mensajes y despertar emociones, que hacen de ellos ... seres imbuidos de profunda animación, de secreta vida" (117). También Jurema ha sido arrancada de la naturaleza del sertón y elevada en *La guerra del fin del mundo* a una dignidad superior, humana, para comunicar mensajes, despertar emociones, e (in)corpor(iz)ar al texto secretas vidas en la historia de los hombres.

Mientras Gall bebe de la escudilla que le ha dado Jurema, el extranjero intenta inútilmente adivinar los pensamientos de la mujer en su rostro inescrutable. Pero "la cara de Jurema no dice nada, no se mueve en ella un músculo; sus ojos oscuros, levemente rasgados, lo miran sin curiosidad, sin simpatía, sin sorpresa" (97). Jurema es "un animalito doméstico, más bien" (108), piensa Gall, una página en blanco, o un texto inescrutable. El anarquista "apura hasta el final el líquido", todavía "escudriñando las reacciones de Jurema" y siente "fatiga" y "deseo de dormir". En ese momento, unos cangaceiros intentan asesinarlo y le roban los fusiles que Gall intentaba llevar hasta Canudos. Asustada, Jurema se abraza a Gall quien, de pronto, hechizado por "el olor a mujer", se transforma en otro diferente al de la imagen de su retórica socialista, rompe su voto de castidad de más de diez años y la viola, golpeándola e irónicamente diciéndole en palabras que ella no podía entender: "Don't be afraid" (100).

"El frenesí descriptivo —que Vargas Llosa observa en la novela de Flaubert y que también impera en *La guerra del fin del mundo*— no es un fin en sí mismo —dice el escritor peruano— sino un procedimiento del que se vale el narrador para deshacer la realidad y rehacerla distinta. La substancia verbal que se apodera de innumerables datos reales hace algo más insidioso que decir las propiedades de los hombres y las cosas; su designio consiste, más bien, en igualar, imponiéndoles propiedades que son suyas —de la propia palabra" (116). Esas propiedades que sugiere la palabra *jurema* son precisamente las que señalan las funciones simbólicas de la mujer Jurema en el texto de Vargas Llosa en posibilidades alegóricas múltiples —polisémicas. Etimológicamente del tupi *ye'rema*, *jurema* se define en *O Novo Dicionário da Língua Portuguesa* de Aurélio Buarque de Holanda como un arbusto espinoso de corteza dura y seca que produce flores verdosas o blancas. Según Buarque de Holanda, *jurema* es una "bebida hechizante", el nombre de la flor de la que se hace esa bebida, pero además es un vocablo con el que se denomina cualquier tarea ardua o difícil. Jurema es también un lugar geográfico del que son oriundos los jurumenses. Y vinculada en el vocabulario popular a *juro*, con el sentido de lucro o recompensa (808), *juremeiro* quiere decir mago (807). Coincide esta última propiedad semántica con el hecho de que Galileo Gall, reminiscente del padre de la frenología, Joseph Gall, después de violar a Jurema y deambular por el sertón huyendo con ella de Rufino, sorprendiera a los sertanejos con esa ciencia moderna que era la frenología a finales de siglo y que el pueblo sertanero sólo comprendía en términos de magia y de brujería. Gall no sólo era extranjero y extraño, sino también *juremeiro*.

En la novela de Vargas Llosa, Jurema es espacio, es fatalidad, recompensa, ilusión y filtro de una tierra que hechiza a quien por ella camine; una tierra primero en estado natural, casta e ingenua, después ultrajada por fuerzas externas. La flor humanizada del sertón es un espacio americano cuyo cuerpo penetran los hombres, sobre el cual se libran batallas y se inscriben y escriben nuevas filosofías. En Jurema, y a través de ella, en *La guerra del fin del mundo* se articula un discurso americano ambiguo, de complejos rasgos lascasianos.[3] Para beber del filtro mágico de la *jurema*, hay que desflorarla, y la desfloración de la mujer-tierra en *La guerra del fin del mundo* es un acto ritual alegórico. No es gratuito que sean solamente los extranjeros los que violen a Jurema: primero un escocés, portador de un socialismo anarquista ajeno a la dinámica de aquel mundo semi-feudal del interior de Bahía. Después, soldados cuyas tropas penetraban violentamente a aquella tierra, también portadores de una filosofía republicana, ajena a aquella zona. El falo invasor extranjero es desplazado por el símbolo fálico de la faca sertaneja con la que Rufino defiende sus códigos de honor y Pajeú utiliza para rescatar a la mujer y dar muerte a los soldados. La mujer es, como la tierra y la naturaleza, una actante sin voz propia; por eso, al morir Gall y Rufino, Jurema sólo puede repetirse a sí misma el discurso que en ella inscribiera Pajeú y toma el camino que le ha indicado el caboclo para, por malabarismo del texto, encontrarse con el periodista miope que ambulaba perdido sin sus gafas en medio del campo del batalla. El periodista sin nombre es también extranjero al sertón, forma parte de las tropas militares, y había ultrajado a aquella tierra con sus artículos periodísticos pero, a diferencia de los otros, y a pesar de que en un principio rechaza a la mujer Jurema que le tiende la mano y lo guía a Canudos, llega a amarla, a depender de ella y, a través de ella, a comprender las secretas vidas de aquella tierra. También como Pajeú, el periodista-hombre-pluma, a su modo, la rescata del olvido y la defiende, no con la faca sertaneja, sino con el "filo" (*philtron* o filtro) de su escritura.

    Una vez "desflorada" por soldados republicanos sobre la tierra a la que simbólicamente se vincula, Jurema es el filtro mágico del que también bebe el periodista para renacer como hombre y como narrador testigo de la historia de Canudos. Es simbólico que el periodista entre a las entrañas de Canudos con y por Jurema. Y que en ese centro hechizante de mitos e historia, la estéril Jurema sea madre y amante del escritor a quien "seguía cuidándolo, mimándolo, jugando mentalmente con él como una madre con su hijo" (486). El cuerpo de Jurema se (con)funde con los callejones uterinos de aquella tierra que violentamente penetran los soldados. Y es allí, en la oscuridad cavernosa arquetípica del interior de Canudos, que el periodista, desplazado momentáneamente de una mujer a otra, se confronta con su propia imagen, en los brazos maternales de la irónicamente filicida María Quadros, conocida en Canudos como Madre de los Hombres, "... que lo acunó, como las madres a sus hijos para que duerman ... el susurro, el aliento de mujer ... lo llenaban de paz, lo regresaban a una infancia borrosa" (450). Era como "una borrachera difusa":

> el olor de esa mujer ... ahora sacerdotisa de Canudos, se parecía al opio y al éter, ... Por su mente desfilaron las aulas y patios del Colegio de los Padres Salesianos donde, gracias a sus estornudos, había sido, como sin duda el Enano, como sin duda el monstruo lector que estaba allí hazmerreír y víctima, blanco de burlas .... Lloraba a gritos ... hablándole con una sinceridad que no había tenido antes ni consigo mismo ... (450-51)

---

[3] Para este tema en la obra de Vargas Llosa, véase, Joseph Feustle, Jr., "Mario Vargas Llosa: un laberinto de soledad", en *Mario Vargas Llosa. Estudios Críticos*.

La mujer es el espacio y espejo en el que el escritor se contempla a sí mismo, en cuyo cuerpo conoce el placer y se realiza como hombre y como escritor. Jurema se confunde ahora no sólo con ese espacio hechizante de Canudos, sino con su historia ya que es Jurema la que le detalla, traduce y describe los hechos al periodista. Jurema es la voz de un texto diferente a todo lo que el corresponsal de guerra había escrito sobre Canudos; es el cuerpo-texto que el periodista lee, imagina y comprende, y a través del cual vive, sin ver, la experiencia ontológica de aquella tierra. La decodificación de la historia vivida en el texto y en Jurema lo lleva a recontar, desde una nueva perspectiva, otra historia diferente a la ya escrita. No es gratuito que en la economía de la novela de Vargas Llosa el periodista-escritor sea el último hombre en poseer a Jurema y que ambos encuentren el amor y la felicidad en esa unión.

La obsesión por un ente femenino que es tierra y texto, naturaleza y mujer (con)funde a da Cunha y a Vargas Llosa en un personaje-pluma sin nombre, periodista como ambos, corresponsal de guerra a Canudos como da Cunha, estudiante en un colegio salesiano como Vargas Llosa. Seducido por el sertón y por el texto de da Cunha, Vargas Llosa re-escribe su historia de Canudos encarnando en forma de mujer el hechizo de una lectura. Como lector del texto de da Cunha, Vargas Llosa encuentra de nuevo el mismo entusiasmo que encontrara en la escritura de Flaubert, y especialmente en la figura de Emma Bovary, y después repite la experiencia del hechizo al viajar por aquella tierra que sedujera primero a Euclides. La lectura de *Os Sertões*, le confiesa Vargas Llosa a Ricardo Setti, "para mí fue una de las grandes experiencias de mi vida de lector. Yo tengo esa experiencia como lo que fue para mí leer ... ya de grande *La guerra y la paz* y *Madame Bovary* o *Moby Dick*. Fue realmente el encuentro con un libro muy importante, como una experiencia funda-mental. Quedé deslumbrado con el libro" (41). Y después añade sobre su visita a aquella tierra:

> ... quizá para mí el día más emocionante de mi vida, creo que nunca he sentido tanta emoción, ha sido aquel en que llegué con Renato no a Canudos, porque Canudos, usted sabe que está en el fondo de una laguna, pero sí al monte que fue escenario de la gran batalla de la guerra, donde está la cruz que estuvo en la iglesia de Canudos .... Usted no sabe la emoción que me causó llegar allí. (45)
> Y además el paisaje, para mí, fue muy importante, porque descubrir el paisaje del sertão fue también descubrir un poco una mentalidad y una idiosincrasia ... un paisaje donde ese tipo de ascetismo está inscrito en la naturaleza. (51)

En fin, y para concluir, en este contexto alegórico en el que el escritor-lector se apropia de otro texto que lo seduce y lo transforma en suyo, Jurema puede interpretarse como un conglomerado simbólico de tierra, naturaleza, ficción, mito, fantasía, sueño, texto y espejo, de connotaciones narcisistas, especialmente cuando se nota que la flor a la que específicamente se refiere el escritor brasileño es, de entre muchas variedades, la *jurema* blanca, como el narciso. Es significativamente alegórico que sea el escritor el único de los personajes en *La guerra del fin del mundo* que al tomar de esa fuente "*juremeira*" encuentre en ella su felicidad y su plenitud.

La flor ha sido tradicionalmente "imagen del centro y, por consiguiente, una imagen arquetípica del alma" (205). La flor-mujer-*jurema*, articulada según sus propiedades semánticas en bebida, fuente, agua y por lo tanto símbolo del inconsciente del alma, es, en *La guerra del fin del mundo*, el cuerpo libidinoso de una tierra y de un texto, hechiceros los dos, en los que se confunde la recóndita psicología de un subconsciente americano con los demonios del escritor. Irónicamente coincidiendo con el hecho de que el espacio en el que estuvo Canudos es hoy una laguna, en esa fuente hechizante, ambiguamente real e imaginada, se refleja la relación orgiástica entre el escritor y el filtro mágico de esa zona femenina de lo imaginario del que bebe el ficcionista.

Bibliografía

Baldori de Baldussi, Rosa. *Vargas Llosa: Un narrador y sus demonios*. Buenos Aires: Fernando García Gambeiro, 1974.

Buarque de Holanda Ferreira, Aurélio. *Novo Dicionário da Língua Portuguesa*. Río de Janeiro: Nova Fronteira S.A., s.d.

Cirlot, Juan-Eduardo. *Diccionario de símbolos*. Barcelona: Labor, 1988.

da Cunha, Euclides. *Os Sertões*. Río de Janeiro: Tecnoprint, s.d., reproducción de la quinta edición, 1914.

Kristeva, Julia. *Pouvoirs de l'horreur. Essai sur l'abjection*. París: Éditions du Seuil, 1980.

Moliner, María. *Diccionario del uso del español*. Madrid: Gredos, 1984.

Rossman, Charles y Alan Warren Friedman (eds.) *Mario Vargas Llosa. Estudios críticos*. Madrid: Alhambra, 1983.

Setti, Ricardo. *Sobre la vida y la política: diálogo con Vargas Llosa*. Buenos Aires: InterMundo, 1989.

Vargas Llosa, Mario. *La guerra del fin del mundo*. Barcelona: Seix Barral, 1981.

_____ *La orgía perpetua*. Barcelona: Bruguera, 1985.

"Transparencia de los enigmas": *Lilus Kikus* de Elena Poniatowska. Entre textos

Yvette Jiménez de Báez

Yvette Jiménez de Báez nació y sacó sus primeros títulos académicos en Puerto Rico, pero luego se mudó a México. Se doctoró en la Universidad Nacional Autónoma y emprendió estudios de posgrado en El Colegio de México, donde actualmente es catedrática. Su campo de investigación principal es la literatura contemporánea y se dedica también al estudio de las tradiciones populares. Entre sus publicaciones figuran: La décima popular en Puerto Rico *(1964),* Julia de Burgos. Vida y poesía *(1966) y* Juan Rulfo: del páramo a la esperanza *(México, 1990). Saldrá pronto la segunda edición de este último libro, y también en prensa tiene una edición anotada de* Los cuadernos de Juan Rulfo *y "Tradición e identidad. Décimas y glosas de ida y vuelta", en* U.S.-Mexico: New Cultural Encounters

> Todo lo exterior nos modifica,
> la gran mirada ajena
> impide nuestra dicha
> y nos rodea ...
> Poniatowska, Poema "IV", 1957[1]

    Dos años después del primer *Confabulario* (1952) de Juan José Arreola, entre *El llano en llamas* (1953) y *Pedro Páramo* (1955) de Juan Rulfo, el mismo año que *Los días enmascarados* (1954) de Carlos Fuentes, Elena Poniatowska publica, a los 21 años de edad, *Lilus Kikus*,[2] novela breve de carácter autobiográfico, prácticamente soslayada por la crítica.[3]

    Comparte con *Pedro Páramo* de Rulfo y *Confabulario* de Arreola, entre otros rasgos, la oralidad y la fragmentariedad. Hay cercanía también al manejo de la voz narrativa dominante —en tercera persona próxima al *yo* del personaje— de *Pedro Páramo* y al entreverado de diálogos que destacan la objetividad de algunas voces, justo con la presencia de lo popular en el lenguaje y muchos de los textos citados en el tejido de la escritura de *Pedro Páramo* y *Confabulario*.

---

[1] Elena Poniatowska, Poema "IV" de "Poemas", en *Estaciones. Revista Literaria de México* II, 6 (1957) 184.
[2] La primera edición apareció en la colección "Los Presentes", México, 1954. Utilizo la cuidada edición de la Editorial Era, hermosamente ilustrada por Elena Carrington, México, 1985.
[3] Salvo por trabajos como el de Sara Poot Herrera, "Del tornasol de *Lilus Kikus* al tornaviaje de *La Flor de Lis*", aún en prensa, que he podido consultar.

Al reproducir su nombre, el título focaliza la atención del lector en la protagonista: *Lilus Kikus*. Con acierto, Rocío Irene Mejía identifica el nombre como un sustantivo latino, masculino, de la segunda declinación.[4] La aliteración, con las variantes consonánticas, y la brevedad de las dos palabras —que a su vez tienen igual acentuación y distribución silábica— son rasgos que destacan el sonido agudo de la [*i*]. El nombre adquiere un aire lúdico de fórmula mágica (cf. *hocus pocus*). *Lilus* remite, además, al sustantivo neutro *lilium*: "lirio, lis, flor de lis". Tiene pues carácter emblemático (como la foto del tapiz antiguo bordado con hileras de flor de lis que se reproduce al comienzo y al final de la novela *La "Flor de Lis"* publicada por Elena Poniatowska en 1988, ampliación y variación de su primer libro, *Lilus Kikus*). Junto con el juego y la magia, el nombre de *Lilus* alude a la nobleza de la protagonista. Por otra parte, *Kikus* parece orientarse en una doble dirección. Al final de *La "Flor de Lis"*, cuando se alcanza la sal de la sabiduría (*accipe sal sapientiae*), dice Mariana (Lilus): "Me gusta sentarme al sol en medio de la gente ... en mi ciudad, en el centro de mi país, en el ombligo del mundo. Me calientan los muritos de truenos tras de los cuales los enamorados se esconden para darse de *kikos*" (261). La voz popular *kikos*, "besos", equilibra, da calor y afecto, al personaje deseante que es Lilus Kikus, y que será después Mariana.

En otro sentido, cabe asociar *Kikus* con el mundo de los perros, propio de la abuela materna en *La "Flor de Lis"*, y con el que se identifican plenamente las hermanas Sofía y Mariana. En *Lilus Kikus*, la asociación de Lilus con una perrita queda apuntada por la madre, con tono de ternura y a modo de consuelo, al concluir el Capítulo IX, "La enfermedad": "—Cuando te alivies, Lilus, cuando te alivies,/ *mi perrita* ... Mira, ya te bajó la fiebre, te voy a abrir la ventana" (43). Es inevitable pensar en la presencia de cierto matiz irónico que procede de la instancia narrativa implícita, y nos da acceso a percibir los síntomas deshumanizantes de la casa materna. En *La "Flor de Lis"* sabremos que las niñas aman los perros y tienen con ellos una relación familiar. Lilus se identifica con un cachorro que se tira de panza deseoso de que lo acaricien ("Que me quieran, soy su perra, muevo la cola, que me quieran", 26). Y a Sofía quien, según Lilus Kikus, "se yergue sobre sus dos patas ... y ladra" (26), "le entra una verdadera pasión por los perros, los carga como estén y a las dos semanas recoge uno por su cuenta y le pone *kiki*" (26): "kiki", "kikus", están pues relacionados a la necesidad de afecto y al beso.

La clave para identificar a Lilus con Mariana es la Pequeña Lulú (Lulú, Lilus, Luz, Lis), el conocido personaje de uno de los *comics* norteamericanos ya clásicos también en nuestras culturas de lengua española, hacia los cincuenta y hasta la fecha. El referente cultural del *comic* y de las tirillas cómicas que se publican en los periódicos, como lecturas de la infancia, se amplía en la novela ("Leemos *Archie, La Pequeña Lulú, Mutt y Jeff, El Príncipe Valiente, Blondie, El Pájaro Loco, El Conejo de la Suerte* ...", 19). Pero *La Pequeña Lulú* cobra una significación especial, por la analogía que cabe establecer entre el personaje del texto popular, y ciertos rasgos caracterológicos de la protagonista en *Lilus Kikus*. Prueba de ello es que precede el libro de *La "Flor de Lis"*, una rima infantil que

---

[4] Rocío Irene Mejía, "*Lilus Kikus* o la mirada que rompe la marginalidad", informe escrito, Curso de Narrativa Mexicana Contemporánea, Doctorado en Literatura Hispánica, El Colegio de México, Centro de Estudios Lingüísticos y Literarios, junio de 1994.

"Canta la Pequeña Lulú/ mientras se talla en la tina" (número extraordinario, enero de 1954). La fecha coincide con la publicación de *Lilus Kikus*. En esta primera rima se alude a la infancia de manera general: "De todo eso/ y más/ están hechos los *niños*", y se elude la segunda parte de la rima que corresponde a las niñas.[5] Al concluir la novela ya sí importa distinguir un sexo del otro (se ha operado el paso a la adolescencia):

>De Tobis y Teufels
>blasfemias y bendiciones
>de Franciscas y Luces
>monjitas y maromas
>de todo eso
>y más
>están llenos los cuentos
>de la pequeña Lulú.
>
>La pequeña Mariana
>al salir de la tina. (Número de otoño, 1955, 263)

Las fechas corresponderían al tiempo histórico cronológico que abarca la escritura de las novelas; la segunda, 1955, probablemente marca también la edad máxima de la protagonista, relacionada con el tiempo de la escritura. Ya ahora no se habla de canción, sino de cuentos, más acorde con el género literario que se trabaja.

Contar cuentos de la propia infancia es contar la propia historia. Mirarse otro y desde otros. Desde el presente de la enunciación, la voz narrativa convoca el tiempo de esos primeros años que se actualizan en la escritura. Entre uno y otro "presente" se precisa —gracias al uso dominante de la tercera persona— una distancia que permite seleccionar los rasgos infantiles privilegiados por la voz adulta. El efecto subraya la verosimilitud del retrato de la protagonista que se va conformando ante la mirada del lector, en su tránsito de la infancia a la adolescencia. Y, al mismo tiempo, favorece la presencia de una mirada lúdica (no exenta de malicia) de quien se observa a distancia, y recupera el asombro, el humor, el trazo irónico y la seriedad (infantil-adulta). La biografía de la ficción adquiere una fisonomía singular de testimonio. El sueño, la magia y la historia se manifiestan tanto en lo incisivo de la mirada adulta que narra, como en la mirada infantil en que ésta pareciera desdoblarse, sin que se rebasen los límites de la conciencia posible: juego espejeante

---

[5] "De ratas y culebras/ y sapos y ranas y arañas/ de todo eso/ y más/ están hechos los niños.// Canta la Pequeña Lulú/ mientras se talla en la tina" (Número extraordinario, enero 1954). No he podido constatar si en efecto la cita se extrajo de un número especial de *La Pequeña Lulú*. Sara Poot indica en su trabajo en prensa, "Del tornasol de *Lilus Kikus* al tornaviaje de *La 'Flor de Lis'*", que el texto corresponde al conocido y tradicional libro de rimas y canciones infantiles en inglés, *Mother Goose*. En la edición de las rimas que consulté, dice el texto: "What are little boys made of, made of?/ What are little/ boys made of?/ Frogs and snails/ and puppy dogs' tails/ That's what little boys are made of.// What are little girls made of, made of?/ What are little girls made of?/ Sugar and spice/ and all things nice,/ that's what little girls are made of" (Tomie de Paola's, *Mother Goose*, G.P. Putnam's Sons, Nueva York, 1985, 36). Pienso que la omisión de la rima dedicada a las niñas puede asociarse a una concepción de la infancia como un periodo en que la división genérica no es lo pertinente.

caracterizador de la personalidad de Lilus Kikus, la protagonista de la escritura que, a su vez, connota la de Elena Poniatowska.

Esta autobiografía de la infancia en transición, con una óptica que no quiere rebasar la conciencia posible de sus personajes (como la dominante de Juan Rulfo) puesta en boca de mujer y a ella referida, tiene su más claro antecedente en dos novelas de la Revolución, también cortas, escritas por una mujer, Nellie Campobello: *Cartucho* (1931) y *Las manos de mamá* (1937).[6]

Las dos novelas cortas de Nellie Campobello se centran en la figura de la madre y en el contexto de la Revolución desde el punto de vista de una niña quien, a su vez, mira por sí misma, y mira mirar y actuar a la madre. En *Cartucho*, sobre todo, la memoria adulta evoca varias historias, casi todas de revolucionarios que entran en contacto con el mundo materno que es el dominante. A diferencia de *Lilus Kikus*, sin embargo, hay varios momentos en los cuales la narradora adulta metaficcionaliza tanto la mirada materna, como la suya propia, como se verá después, e incluso se denuncia explícitamente como una voz autoral: "Allá, en la calle Segunda, Severo me relata, entre risas, su tragedia: —Pues verás, *Nellie*, cómo por causa ..." (957).

Entre el mirar y el contar el registro de la muerte, personaje a personaje, se enaltece la figura materna en toda su plenitud, omnipresente, para su ámbito, y casi omnipoderosa, pero sin asfixiar la perspectiva infantil, y colmándola afectivamente. El punto de vista de la madre, nivelador de las diferencias, en favor de la justicia ejercida por encima de los sistemas de opresión y de muerte, abre, desde la mujer, una alternativa liberadora dentro del contexto de la novela de la Revolución.[7] El núcleo familiar se mantiene fiel, sin embargo, al modelo privilegiado durante todo el ciclo: familia escindida por la ausencia del padre e incluso del hijo. A diferencia de la esposa de Demetrio en *Los de abajo*, o de la esposa del Pichón en el cuento "El llano en llamas" de Juan Rulfo, la mujer no se margina del espacio en pugna para proteger a los hijos. Abrazados a su corazón, salen juntos a la calle, viven en el escenario de los hechos y oyen las historias, las pequeñas o las grandes gestas de la cotidianidad y de los héroes medios.

En cambio, la madre en *Lilus Kikus* funciona como un ser idealizado, pero desconocido y en fuga permanente del mundo afectivo de la hija que sustituye la carencia con la imaginación y el deseo vuelto presencia encimada y ensimismada, siempre que puede llegar a hacerlo. A veces saca a la hija al mundo exterior, pero de manera limitada y nunca desde Lilus y su necesidad o su búsqueda. Cuando llega a orientar, Luz lo hará siempre desde su propia perspectiva y, aun así, sin involucrarse. El enunciado materno frecuentemente será imperativo y a contrapunto del mundo privado o público de Lilus (véase el comienzo del texto, paradigmático en ese sentido),[8] o la intervención de la madre

---

[6] Nellie Campobello, *Cartucho. Relatos de la lucha en el norte*, en *La novela de la revolución mexicana*, ed. Antonio Castro Leal, tomo I, 9ª. ed. (Aguilar, 1971) 927-68. *Las manos de mamá*, 969-89. Indico sólo cambio de página.
[7] Desde una perspectiva feminista, Rocío Irene Mejía, afirma: "En este contexto el quehacer materno diluye la autoridad del Estado (o los estados) y asume una actividad contraria" ("*Lilus Kikus* ...").
[8] *Lilus Kikus* se inicia con el llamado imperioso de la madre: "Lilus Kikus ... Lilus Kikus ... ¡Lilus Kikus, te estoy hablando!" En contraste, Lilus sigue absorta "operando a una mosca", y no oye el

al final de los dos episodios relacionados con los mundos del saber y la cultura (II. "El concierto" y X. "La tapia").

El padre de Lilus es otro gran ausente que, como el padre de los textos de Nellie Campobello, se ha ido a la guerra. Sólo que la ausencia de las figuras masculinas (también se ha ido el hijo mayor) en *Las manos de mamá*, es dolorosa pero no degradada.[9] En cambio, el padre de Lilus, soldado de la Segunda Guerra Mundial, de origen noble, como se nos revela en *La "Flor de Lis"*, es una figura débil que no puede enfrentar la vida, tal como lo percibe la mirada de Mariana ("A papá lo quiero cuando me rehuye, cuando sus ojos son ese verdor de inseguridad y de expectación que *después* sabré que jamás se cumple, porque mi padre no conoce el camino, no sabe por dónde entrarle a la vida", 87; véase también 91: "se esconde de sí mismo, de sus propósitos".) En la infancia, *antes*, Lilus lo percibe como la exigencia de un orden rígido, que inhibe la vitalidad en un activismo ¿sin sentido?

> Tiene demasiadas citas. Construye su vida como una casa, llena de actos y decisiones. Hace un programa para cada día, y pretende sujetar a Lilus dentro de un orden riguroso. A Lilus le da angustia. (26)

Dentro de ese orden, hay un vacío de autoridad que la madre asume. Es ella la que ordena, la que —sin aparente violencia— remite a la ley, al modelo deseable de conducta dentro de los parámetros familiares (véanse los comienzos del primer capítulo y del último: 9 y 57).

La relación con los abuelos es análoga. En *Las manos de mamá* de Nellie Campobello la figura del Papá grande proyecta un modelo claro de autoridad y ternura que educa en la libertad y establece relaciones amorosas. Al mismo tiempo, ocupa el lugar central que le corresponde en la sala familiar y en la vida de los suyos. Los "cantos de papá" emanaban

---

llamado materno. Esta escisión de mundos (con la que está de acuerdo la lectura de Rocío Irene Mejía, y en desacuerdo la de Sara Poot Herrera), se reforzará en *La "Flor de Lis"*. En esta novela, Lilus-Mariana tenderá un puente imaginario, amoroso y deseante, que ocupa el lugar de la esperanza, ya que la madre está aun más alejada. En *Las manos de mamá*, de Campobello, la madre también grita una y otra vez "asomada al postigo de la puerta gris" (971), mientras la hija juega en la tierra "como el panorama de los niños". Pero el tono no escinde. La voz narradora evoca desde el presente de la enunciación, desde la infancia, la mirada cambiante de la madre con el paso del tiempo. Para evocarla, la narradora recobra su mirada infantil: "Y estaba allí, la vieron mis ojos, mis ojos míos de niña ...". Pero la realidad de la ausencia (es la hija la que ha partido antes) se impone: "Me arrimé al postigo, *Ella* no está; ... y yo, hecha mujer, vestida de blanco y sin rimel en los ojos, grité sobre la puerta: '¡Mamá, mamá, mamá!'" (972). Sigue entonces su concreción en la escritura que la evoca y la actualiza gracias al recuerdo ("Lector, llena tu corazón del respeto mío; 'ella' está aquí").

[9] En *Las manos de mamá* la madre contesta al general que le ofrece ayuda después que ella ha recuperado a sus hijos: "El padre de mis hijos ..., mi compañero, andaba por gusto peleando. Defendía su partido, murió en eso. Lo hemos perdido, nadie nos lo repondrá. Mis hijos son míos y el gusto que pido es que me los deje. No necesitan que les dé nada por la muerte de su padre ... Yo no quiero nada por la muerte de mi compañero" (979). La actitud digna, sin duda, implica también mayor libertad.

de una profunda identificación con la naturaleza y la palabra bíblica. En cambio, los abuelos paternos de Lilus Kikus, sin estridencias violentas, proyectaban una vida metódica de "buenas maneras" y miedo a la vida que se reproduce en el hijo. De la abuela materna (el abuelo no aparece) se salva una curiosidad vital y cierto excentricismo que la aísla y la protege. Por eso podrá heredarle a Lilus un modo de mirar.

Las sustitutas afectivas de la madre de Lilus-Mariana (innecesarias en el mundo de ficción de Nellie Campobello), son las nanas. Entre todas, cumplen esta función, la Nounou de la primera infancia en Europa, y ya en México, las nanas indígenas que educan en el dominio amoroso del otro mundo (marginal, popular, mágico, afectivo, humano). En *Lilus Kikus* apenas se insinúa en la presencia de Ocotlana y, de manera simbólica, en la bolsita que sobre su ombligo (centro de unión materno-filial) lleva siempre consigo la pequeña Lilus. La pequeña bolsa conforma un mundo mágico, sincrético, vinculado a lo indígena. En ella lleva hierbas, romero, pastito (asociados a rituales de resurrección), un pelo de Napoleón, su primer diente (actividad, energía, defensa del mundo interior). Así también Magda, la gran iniciadora materna de origen indígena en *La "Flor de Lis"*, "conoce la propiedad de las frutas, la de las hierbas, la de los tés" (58).[10]

Ver y oír (y sus correlatos implícitos imaginar y hablar) son acciones que se reiteran en textos fundantes de la literatura mexicana contemporánea (*Los de abajo* de Mariano Azuela; *El resplandor* de Mauricio Magdaleno; *Al filo del agua* de Agustín Yáñez; *El luto humano* de José Revueltas; *Pedro Páramo* de Juan Rulfo; *La feria* de Juan José Arreola; *Oficio de tinieblas* de Rosario Castellanos ...). Ambas actividades, en sus modalidades de contar-oír cuentos y de mirar (o más bien el lenguaje de la mirada), ponen en marcha la narración, el diálogo y las descripciones de estos textos. Lo mismo ocurre en *Lilus Kikus*. Me limitaré a apuntar algunas simpatías y diferencias entre las novelas de Nellie Campobello y esta primera de Elena Poniatowska, sobre el contar cuentos como un modo privilegiado de conocer.

El epígrafe de *Cartucho* es un envío de la narradora a su madre. El discurso materno resulta transgresor y desenmascarador del orden enajenante: "A mamá, que me regaló cuentos *verdaderos* en un país donde se fabrican leyendas y donde la gente vive *adormecida* de dolor oyéndolas" (30). Las imágenes de muerte que madre e hija perciben de manera distinta son para la narradora infantil cuentos mediados por la mirada materna, con reminiscencias marianas:

> Los ojos de mamá detienen la imagen del hombre que al ir cayendo de rodillas se abraza su camisa y regala su vida.
> Cuentos para mí que no olvidé. Mamá los tenía en su corazón. (947)

La madre de Lilus, Luz, no logra establecer este puente de comunicación que fertiliza el saber de la hija y condiciona su escritura por la vía sensorial (oír, ver, contar). Por

---

[10] El mundo interior y exterior que Magda les abre a Sofía y a Mariana es la enseñanza más rica y en la que se detiene morosamente la escritura (54-55 y 58). Es uno de los temas que es necesario desarrollar al estudiar con mayor detenimiento el imaginario de Elena Poniatowska, sobre todo en obras como *Hasta no verte Jesús mío*. Pero es sobre todo importante trabajarlo más en *Lilus Kikus* y en *La "Flor de Lis"*, por la fuerza autobiográfica de la escritura.

iniciativa materna Lilus asiste a un concierto de música clásica en Bellas Artes. A Lilus se le expande el conocimiento del otro gracias a la observación fina (sin perder prácticamente su perspectiva infantil, aunque a veces la rebasa) y lúdica, educada en la obsesiva concentración que ya le conoce el lector desde el primer capítulo, "Los juegos de Lilus". Cuenta también con otras experiencias: tres álbumes de música (entre ellos *La Pasión según San Mateo*), una sensibilidad que cultiva con humor y espontaneidad (llora, ríe, un poco teatralmente), su ánimo explorador y lecturas marginales no censuradas que le han dado la clave: *oír* para *ver*, porque la música revela "los sentimientos del hombre", "el conflicto que tiene en su propio corazón". Guiada por la música, Lilus leerá en los gestos de los asistentes al concierto, en sus reacciones, el interior de ellos. El saber de la niña es un saber vital que contrasta con el saber intelectualizado de la madre. Ésta entiende la forma de la música, pero no la vida. Por eso al salir sus mundos no se encuentran. La madre, desde su perspectiva que no incluye a Lilus en su interioridad, parte de la necesaria ignorancia de Lilus y promete contarle un cuento, la vida de Mozart, para "ilustrarla". El cuento se frusta en la génesis misma de su anuncio. Será la nana indígena, Magda, en *La "Flor de Lis"*, la que cuenta cuentos de una amplia gama. Porque Magda es receptora también del mundo de Sofía y Lilus, y posee un rico acervo de rimas y cuentos tradicionales que transmite a las niñas.

El gran y único cuento que le narran a Lilus su tía Francisca y su madre Luz, será determinante para el salto contradictorio a la vida adulta de Mariana: el lado moridor del padre Teufel, su caída. Pero es mayor la caída definitiva del mundo familiar, más allá de esa evocación idealizada, comprensiva y amorosa de la madre, que es posible por la gratuidad y la fuerza del amor de Lilus-Mariana que se coloca por encima de su mundo, y se gana la ternura implícita en su nombre mágico y juguetón de niña: Lilus Kikus, que deviene Mariana ¿síntesis de su anhelo de pureza y la fortaleza de su saber vital, inquisitivo, abierto siempre al más?

En el convento, a Lilus Kikus también *le enseñaron, le anunciaron, le contaron.* De todos los cuentos, dejó una marca endeleble, en su memoria y en su voluntad, una "Historia de la Biblia, la del siervo Oza y el arca que Dios hizo construir de madera de acacia chapada en oro a los más hábiles artesanos".[11] En realidad el efecto es ambiguo en Lilus. El pasaje subraya el castigo de Yahvé para el que toca lo sagrado y prohibido. Recibe la lección el rey David, el creador de hermosísimos salmos (¿análogo a la función del escritor?). Entre el temor de lo sagrado y el mundo de los signos, Lilus opta por creer en los signos, con no poca malicia pensamos: "Tal vez *en esta vida*, eso es lo más importante: creer en los signos, como Lilus creyó desde ese día" (62).

Con estas palabras concluye *Lilus Kikus*. Los signos como la clave de la vida. La escritura que descifra la realidad sólo *por analogía*. De aquí partirá *La "Flor de Lis"*.

---

[11] El texto une, con algunas variantes, dos pasajes bíblicos del Antiguo Testamento: Éxodo XXV, 10 y *et seq.*, y el Libro Primero de las Crónicas XIII.

Erotismo y parodia al modo femenino: *Lo impenetrable* de Griselda Gámbaro

Estela Cédola

Estela Cédola, profesora y crítica argentina, fue discípula de Lucien Goldman en Sociología de la Literatura en la École Pratique des Hantes Études y luego se doctoró en la Sorbona. Actualmente trabaja para el Consejo Nacional de Investigaciones Científicas en la Universidad de Buenos Aires. Es autora de: Borges o la coincidencia de los opuestos *(Buenos Aires, 1987 y 1993),* Cortázar, el escritor y sus contextos *(Buenos Aires, 1994) y numerosos artículos sobre temas argentinos*

    En la literatura latinoamericana, la parodia desempeña un papel importante por su quehacer transgresor de modelos y cuestionador de jerarquías y poderes, respondiendo a los forzosos vínculos entre culturas centrales y periféricas. En este contexto se ha instalado un debate centrado en la manifestación de la sexualidad que tiende a distinguir lo pornográfico de aquello que refleja prioridades culturales de nuestra época, por cierto no privativas de Hispanoamérica. En la literatura erótica de buena calidad se ha querido mostrar que las relaciones de poder de la sociedad patriarcal son reproducidas por el comportamiento sexual real. Aquí cobra significación la "metapornografía burlesca" con dimensiones refrescantes en América Latina, el único tono en que la literatura femenina de calidad podría manifestarse en este terreno.[1] Cabe recordar que gran parte de la literatura femenina posmoderna ha recurrido a la parodia y la sátira —como lo demuestra Susan Suleiman[2]— pues son recursos aptos para subvertir el discurso "falogocéntrico" del patriarcado.
    Si bien *Lo impenetrable* puede parecer un texto atípico en el contexto de la producción dramática de Griselda Gámbaro, pronto se advierte que continúa en la misma línea desconstructiva, con la misma intención: la resignificación semántica de codificaciones culturales fijadas por la tradición. Valen como ejemplo *Nada que ver* (1972), paráfrasis del *Frankenstein* de Mary Shelley o *Real Envido* (1980), una parodia del género cuento de hadas. Hacia fines de la década del setenta las figuras femeninas se destacan en su producción como portadoras de la rebelión: *Antígona furiosa*, *La Malasangre*. Esta novela de 1979, editada en 1984, utiliza el paradigma de la literatura pornográfica para subvertir sus convenciones genéricas y los *topoi* de la literatura de intriga mediante las estrategias

---

[1] David W. Foster, "Pornography and feminine erotic: Griselda Gámbaro's *Lo impenetrable*", *Monographic Review* 7 (1991).
[2] Susan R. Suleiman, *Subversive Intent* (Cambridge MA, 1990), Cap. VI. Véase cita textual en nota 9.

de la "parodia satírica" (Linda Hutcheon), ejerciendo un humorismo de alta calidad. Elijo esta denominación pues no sólo apunta a las convenciones de un género sino también a otros blancos textuales y extratextuales: los comportamientos sexuales vinculados con la sexualidad falocéntrica; la ideología del poder del patriarcado, donde la mujer cumple un rol subalterno; la "pasión arrolladora", propia de la literatura erótica en un amplio espectro.[3]

En sus propuestas paródico-satíricas Griselda Gámbaro produce "un alegato contra la dilapidación irreverente de las modestas felicidades que el hombre podría gozar en el mundo".[4]

El tono de la novela, muy *commedia dell'arte*, sugiere una continuidad con la tradición del erotismo renacentista que inauguró Boccaccio y se continuó en el Aretino y Pallavicino.[5] Griselda Gámbaro se ha manifestado heredera de ese erotismo mediterráneo, báquico, cercano a la vida y a la alegría, despojado de posesividad y de toda carga de desesperación y de muerte. Con gracia, se burla de la relación entre el goce y la muerte que se anudan en el discurso del Caballero:

> Perdón, mi adorada. ¿Es que quiere matarme? Oh huracán tormenta, rayos y pararrayos sobre la fragilidad de mi barco ... el verdugo concede tiempo al condenado ... sea éste inmenso goce, ineludible muerte ... Mi mástil se confiesa, pero no teme a la muerte, erguido y potente la espera con la cabeza levantada para que usted, a su tiempo, se la corte. (64-65)

Se dibuja en *Lo impenetrable* la parodia de toda una cultura del erotismo proveedora de un mosaico heterogéneo de referencias. El fetiche amoroso produce buenos efectos

---

[3] Reina Roffé, "Sexualidad, erotismo y pornografía en la literatura", *Revista Crisis* 55 (noviembre, 1987). En el texto hay también una entrevista a Griselda Gámbaro. "La pornografía tiene la contundencia de los actos, de la muerte no diferida, del *estar viéndolo*. Es para el ojo que mira, para la mano que golpea, para el miembro que penetra, no para el ojo de la imaginación de la lectura .... La pornografía conjuga en un presente cuando el condicional y el subjuntivo es preferido por el erotismo, partidario de las cocciones lentas muy especiosas .... El best-sellerismo de la pornografía radica en esta mecánica de lo igual donde queda afuera la creatividad autoral y la del lector .... El eje vector al que se rinde tributo ... es un miembro viril de tamaño inexistente, casi un látigo —o para compensar impotencias cotidianas— el cetro de un emperador. A ese eje vector eternamente erecto se le dispensan recortes de diversas mujeres ... a las que paga con una violenta eyaculación. El extremo opuesto de estas publicaciones bastardas está representado por las novelitas de amor, las fotonovelas y los teleteatros —casi todos de carácter platónico— que satisfacen algún área de la sexualidad sometida femenina. Entre ambos extremos se ha de ubicar la literatura erótica femenina de calidad literaria".
[4] Nelly Schnaith, "La astucia del lenguaje", *Poder, deseo y marginación* (Buenos Aires: Puntosur, 1989) 128.
[5] Alexandrian, *Historia de la literatura erótica* (Buenos Aires: Planeta, 1990). Para ellos, aun si criticaban la lujuria, el único recurso para combatirla era la risa. Expresaron, de manera pintoresca, el aspecto animal del amor como la cosa más deseable del mundo. La tradición burlesca de los textos "priápicos" (en honor de los órganos sexuales femeninos) que fue retomada en el siglo XVII por François Maynard, tenía por moraleja la idea de aprovechar bien el cuerpo mientras tenga salud y buena disposición.

humorísticos. En primer lugar, la "totemización" del pene que se independiza de la voluntad de su dueño. También se fetichiza la carta de amor, infaltable en el ambiente libertino, evocador de Laclos. Asimismo los clásicos atributos femeninos: el pañuelo, el bucle, el perfume, las flores. Se pueden reconstruir dos ideologemas que la novela subvierte mediante la inversión de roles y una cadena de significantes hiperbólicos, con un estilo grotesco de genuino cuño dramático.

Tradicionalmente aparece la mujer como más fetichista que el varón, atada a la magia del galanteo y de los presentes amorosos, mientras que el hombre es realista y contundente, proponiéndose como único fin la consumación del coito mediante la penetración y la posesión de su objeto amoroso. Este ideologema, que se ha de invertir, podría resumirse así: "las mujeres practican el sexo con su imaginación fetichista y los hombres con su órgano sexual". También se considera al hombre como el agente del comportamiento amoroso, mientras que la mujer es pasiva receptora de sus iniciativas. El ideologema que será también invertido, podría enunciarse así: "el hombre desea, propone, actúa y la mujer espera y acepta".

La retórica se apoya en la ironía como recurso englobante cuya contradicción de base abarca tanto los aspectos lingüísticos como estructurales. Con la inversión de ambos ideologemas se constituyen dos ejes temáticos que definen el entramado novelesco y delimitan el desempeño de los actantes. El Caballero es un esperpéntico Casanova dieciochesco, poseedor de un miembro de dimensiones fabulosas que produce rimbombantes eyaculaciones para homenajear a su amada, pero siempre fuera del lugar adecuado. Como dice la doncella Marie, con el sentido común que caracteriza a los personajes populares ante las veleidades de sus amos nobles: "sólo sabe escribir cartas y regar donde no debe", o sea "mucho ruido y pocas nueces". Llegan a formarse enormes charcos y lluvias gelatinosas que, desde lejos, embadurnan el rostro y el cabello de la dama o se provocan desvastadores fenómenos naturales que cobran víctimas inocentes. Esta grandilocuente e inútil superpotencia lo llevará dos veces al hospital, también a la cárcel y ante la justicia, aunque será finalmente absuelto, transformándose en un héroe debido a sus atributos, mientras que la víctima será el condenado, como ha de ocurrir en toda parodia. Vale la pena, en especial, el capítulo dedicado al juicio que, mimetizando el lenguaje y el ritual jurídico, se burla de los procesos contra la moral y las buenas costumbres y termina en un *happening* donde ni el fiscal ni el juez se salvan de la erotización colectiva.[6]

La inversión de los roles activo/pasivo —sobre la que insiste David W. Foster, calificando a Madame X de erotómana— merece algunas precisiones. Por un lado, no

---

[6] Se producen graciosos contrastes entre el lenguaje jurídico y las expresiones populares, lo mismo que la conducta necesariamente formal y las "alteraciones del orden": "En este punto, el testigo fue interrumpido por el juez, quien con una señal de connivencia alentadora con Madame X, le encareció que no abriera juicio sobre la naturaleza de los hechos.
—¿Cuál era la práctica del acusado?
—Excitar su verga— respondió el testigo, e iba a continuar cuando se le interrumpió y se le pidió que usara un lenguaje más pulcro, a lo que respondió: Que si a Usía le parecía bien, el caballero estaba meneando, sin usar sus manos por lo que había visto, pero con entera libertad y eficacia, su pene, polla, picha, pija o ... Acá le faltaron las palabras al testigo .... Nueva interrupción, llamada al orden y antes de que el testigo continuara ocurrieron varios accidentes. Una dama elegantemente

hace más que responder con su conducta al deseo que el hombre ha despertado en ella con sus ardientes cartas y con la exhibición de sus dotes hiperbólicas; por el otro lado, trata de acatar la demanda de paciencia y tolerancia —que se traduce en años de espera— mientras el Caballero está en el hospital o en la cárcel. Por cierto que durante esa prolongada expectativa ella tiene relaciones con su doncella y con otros plebeyos que se le acercan —parodia del cliché del "rústico eficaz"— pero siempre lo hace como al pasar, sin darse cuenta:[7] uno de los epígrafes ironiza sobre la frecuencia, en la novela erótica, de los actos sexuales "cometidos por inadvertencia de las partes", que funcionan como *trompe l'oeil* en un cuadro careciendo de importancia para la estructura del relato.

Igual que en el teatro de Gámbaro, aquí también están aquéllos que tienen un discurso propio, como el Caballero, y quienes no lo tienen y responden a los designios ajenos, como Madame X, que ni siquiera tiene nombre propio.[8] Pero la autora les concede la posibilidad de identificarse mediante un discurso gestual y de conducta. De ahí que ella se preste con beneplácito a los embates eróticos de otros personajes "como para ir tirando", mientras espera a su excitante y excitado Caballero, satisfaciendo con quien puede el deseo que ha sido despertado en ella. Se deja llevar por lo que la vida le ofrece con una actitud realista, pero en su imaginario nunca deja de estar *pendiente del discurso* del Caballero, seducida por el prestigio de la carta-fetiche, por su retórica alambicada y por actitudes que no comprende y que siembran de equívocos proposiciones y promesas. La producción textual encuentra su razón de ser en esta estrategia del folletín, pródiga en clichés, que se apoya en un encuentro del "cuerpo a cuerpo" *siempre diferido* por el doble discurso del Caballero, es decir que él no hace lo que dice.

---

vestida, estimulada por la veracidad de la descripción y por los nombres soeces, se había sentado sobre su compañero y estaba copulando calladamente, pero el hecho había sido advertido y se había propagado por todas las últimas filas de bancos, cuyos ocupantes sólo habían alterado a capricho la posición ... el juez golpeó sobre el estrado ... hubo muchos coitus interruptus, sin embargo, la dama elegante, que llevaba unos minutos de ventaja, pudo alcanzar el clímax. Recompuso sus ropas y miró altiva y con desprecio a los imitadores frustrados" (100-01).

[7] Salvo una vez en que cree haber encontrado a su Caballero en el baile de disfraz donde él mismo le ha dado cita; allí se entrega a un enmascarado que confunde con el Caballero y lo pasa muy bien: "Todas las fatigas de la vida, su fractura de tobillo, sus frustraciones, las horas de melancolía en la ventana, mientras el Caballero yacía en el hospital, el café con leche frío y sus malentendidos con la servidumbre que Madame X descargaba en ese beso interminable .... ¿Y qué decir del resto? ¿qué palabras para describir el momento crucial y único cuando la carne propia toca la carne ajena? Sentirse penetrada por el Caballero después de tantas peripecias y penurias, por ese mástil tan fuera de lo común, fue para Madame X como si ella fuera una larga frase y alguien le pusiera punto. Punto" (128). Luego advertirá su error por una carta del elusivo pretendiente, que no ha concurrido al baile a causa de un resfrío. Cuando por fin llega a su dormitorio, exhausto, eyacula, cuando y donde no debe, antes de morir.

[8] Madame X no tiene nombre propio porque por pudor y discreción lo ha olvidado: "Con los hombres era distinto, para ellos corrían otras leyes de pudor y comportamiento, y el nombre servía para mostrarlos en un exhibicionismo nominativo paralelo a otros exhibicionismos que les correspondían por naturaleza ..." (40). También interesa destacar que en la literatura femenina, las heroínas frecuentemente son anónimas, en rebelión contra el nombre del padre. Un dato demográfico: en los censos de fines del siglo pasado, los jefes de familia no daban el nombre de sus hijas mujeres, sólo las enumeraban.

Lo impenetrable esconde desde el título una chispa polisémica en su género neutro, al despertar una connotación de algo abstracto e inmaterial. Por un lado, elude el sistema de oposiciones binarias propio del discurso falocéntrico tal como lo definieran Julia Kristeva y otras autoras.[9] Se esquiva la dupla penetrador-penetrada y se propone una sexualidad más libre, polisémica y abierta:

> No entiendo, se decía Madame X, que estaba harta de sufrir los imperativos de la moda, dictados por lo que desean los hombres ... Lamentó que su cuerpo no se desdoblara en mujer/hombre, en mujer/mujer, le hubiera gustado sentir su propio peso y no otro, penetrar y sentirse penetrada, ser el ying y el yang. (20)

No se propone pues la homosexualidad como única alternativa a la tradición falocéntrica aunque se observa que el afecto y la ternura sólo aparecen marcando momentos en la larga convivencia de dos mujeres que envejecen juntas, saltando por encima de las convenciones clasistas a pesar de que Madame X las recuerda a cada paso y se recrimina su debilidad. El modelo de sexualidad más gozosa y permisiva que se sugiere como alternativa no admite otra dualidad cerrada.[10] La visión erótica femenina está ligada a:

---

[9] Kirsten Nigro, "Discurso femenino y teatro de Griselda Gámbaro", en Diana Taylor, ed., *En busca de una imagen* (Ottawa: Girol Books, 1989). La autora ve coincidencia entre Kristeva y Michelene Wandor en el reconocimiento de una tercera etapa en el discurso femenino: "Kristeva señala una época que podría llamarse 'post-estructuralista' en que la mujer deconstruye el patriarcado y así se libera del binarismo falso entre lo masculino y femenino ... lo que postula Kristeva es que éstos son más bien conceptos, el resultado de la práctica sociolingüística del patriarcado que estructura el mundo en base a binarismos que permiten neutralizar y aislar segmentos de la sociedad. Si nacer mujer es un hecho biológico, el ser femenino es ser un signo cuyo significado es arbitrario, impuesto por un aparato sociocultural, que para tomar prestado de Derrida, es falocéntrico. El rechazo de ese signo tiende a destruir el falso aparato significativo que lo sostiene. Wandor hace hincapié más en la dimensión socio-económica de ese poder que Gámbaro expone y hace añicos reconociendo allí la dimensión femenina de sus escritos". Susan Suleiman (véase nota 1) termina su sexto capítulo con el subtítulo "Dreaming beyond the number two". Allí se refiere a la novela de Angela Carter, *The Passion of New Eve*, con conceptos que pueden perfectamente aplicarse a Griselda Gámbaro: "Carter's novel ... suggests a direction for postmodern feminist fiction, based on parody and the multiplication of narrative possibilities rather than on their outright refusal ... and it expands our notions of what it is possible to dream in the domain of sexuality, criticizing all dreams that are too narrow. Mother, who seeks to break all phallic towers, and Zero, who seeks only to erect them, are both caricatures, living by outmoded symbols. It is to the desire, or dream, of going beyond old dichotomies, of imagining 'unguessable modes of humanity' that Carter's book succeeds in giving textual embodiment".

[10] En este aspecto la lectura de Foster (véase nota 2) parece apegada a la literatura feminista. Si Gámbaro no presenta la alternativa de la homosexualidad "as a corrective for the fossilized schemata of the social text that pornographic narratives rely on for their meaning", ello no se debe ni a la inadecuación del tono burlesco para tal propósito, ni a la ineptitud de Griselda Gámbaro para aceptar el desafío del lesbianismo. "Rather it is simply that the reliance on a structure of simple inversions in *Lo impenetrable* cannot provide for the opportunity for Marie as an alternate sexual sign to play any significant role other than as antiphonic to her mistress's ridiculous erotomania. Another narrative structure will be required for that sign or any other alternative one to emerge with fully proposed and articulated social meaning".

la alegría de los comportamientos, a la ausencia de culpa, a la valoración de la hetero y de la homosexualidad ... también, a través de la parodia, a la facilidad con que el erotismo rompe con las jerarquías sociales.[11]

La saludable ambigüedad inicial, el buen ritmo del relato y el uso nada abusivo de la retórica pierden fuerza al final donde "lo impenetrable" se hace explícito: es la quimera, lo imposible. El *ethos* satírico obstruye la polisemia de la ironía en algunas páginas de tono didáctico, por cierto prescindibles. Lamentando los años perdidos, Madame X toma conciencia de la necesidad de *penetrar lo posible*, gozando con Marie y con cualquier otro pretendiente que le escriba una nueva carta y así poder recomenzar otra novela. Cuando el Caballero está agonizando, ella le pide explicaciones:

> Gracias, Dios mío .../ ¿De qué?/ ¡Cómo he gozado!/ Madame X, que no había gozado nada pensó que toda la existencia del Caballero había sido una sucesión de naufragios, ¿dónde estaba el goce? ... Jonathan, no me has penetrado/ No importa/ ¿cómo que no importa?/No importa, lo impenetrable es la fuente de todos los placeres, porque no hay placer sin incógnita. (148-49)

Se observa una dialéctica entre la desjerarquización satírica de los referentes —textuales y extratextuales— y una introspección autorreflexiva.[12] La intención autoparódica se arma con un ingenioso sistema de epígrafes que encabezan tanto el cuerpo textual como cada capítulo en particular para ir construyendo una preceptiva del género novela erótica. Esos ambiguos minitextos dialogan entre sí y también con el texto que les sigue en graciosos contrastes, desmentidos o afirmaciones de lo que cada capítulo relata. El epígrafe que preside el texto afirma que "el gran inconveniente de la novela erótica es su dificultad para alcanzar el clímax literario". Esto es literalmente cierto pues la parodia apunta a aquellos textos que olvidan sostener el interés del lector, más interesado en el clímax literario que en el erótico. El epígrafe transmite pues las intenciones satíricas de la autora y preludia el esquema constructivo de la novela: la búsqueda de un clímax amoroso que nunca ha de llegar a buen término. Del mismo modo, el primer capítulo funciona como una microestructura del texto global. El epígrafe, en contrapunto con el que encabeza la novela, dice así:

> Sin embargo, en la novela erótica como en el erotismo no caben afirmaciones a priori. La única certeza depende de la escritura que es un acto erótico entre el escritor y la palabra.

El texto que le sigue ridiculiza y socava la solemnidad autoral. Haciendo hincapié en el sentido literal de la frase preceptiva, se interna en el malabarismo del doble sentido —convención que caracteriza la literatura erótica humorística— mediante la descripción de los rasgos materiales de la escritura de la carta. Se inicia un juego de decir y desdecir, de desmentidos, de ser y aparentar, que caracteriza la escritura dramática de Griselda Gámbaro.

---

[11] Reina Roffé, Entrevista a Griselda Gámbaro.
[12] Francine Masiello, *Lenguaje e ideología* (Buenos Aires: Hachette, 1985) 196.

El capítulo condensa los elementos temáticos y estructurales que se desarrollarán después. Primero, la descripción del acto de lectura de una carta por Madame X, con la intervención de la narradora omnisciente que introduce la semilla de la intriga y ya prepara su alegato final (véase nota 4):

> su intuición permaneció muda, si hubiera hablado, la vida de Mme. X hubiera tomado un derrotero distinto, menos envuelto en la pasión arrolladora, tal vez, pero con más satisfacciones cotidianas.

Se gesta el conflicto con connotaciones éticas que opone "pasión arrolladora" y "satisfacciones cotidianas". Para ello, se invierte paródicamente una convención del drama clásico, según la cual el *pathos* pierde al sujeto y lo conduce a la muerte. Todo el arte de Gámbaro está en haber logrado, con estos ingredientes, una farsa con ribetes patéticos, provocando la risa mediante variados recursos teatrales, pues no sólo el lenguaje prueba su eficacia, sino también los códigos no verbales que apelan a la imaginación visual: situaciones, conductas, gestos, vestuario. Creo que la autora definió muy bien la calidad de su texto, impregnado de "un humor entre ingenuo, zafio y patético que puede extraerse de la sexualidad".[13]

Otra oposición, en la base del relato, está resumida en en el sintagma donde se describe la carta, "ese sobre de elegante papel y gran tamaño". Elegancia y desmesura en pugna: lenguaje y maneras elevadas como lo pide el género erótico cortesano del siglo XVIII y la desmesura propia de la sátira y del grotesco. Mediante un lenguaje rebuscado y eufemístico, se imita la sobrecargada retórica de la escritura pornográfica seria. Los rasgos de la escritura y la rúbrica de la firma mimetizan el sentido carnavalizado, falsamente oculto, que se insinuaba en el epígrafe. Una burlesca lección de grafología anticipa las claves del texto:

> letra aguda y temblorosa que se instalaba entre amplios espacios pero que no anclaba en ellos sino que los transgredía con una libertad soberbia aunque un poco confusa.

Anclar: metáfora marinera que va a marcar el lenguaje de las cartas. *Letra aguda y temblorosa*: evoca la pasión arrolladora. *Transgredir* pero crear *confusión*: si la pasión es transgresora, como la escritura, sólo genera confusión en la simplona lectora. De allí los innumerables equívocos que provocarán la risa del lector y el desconcierto de los personajes. La firma, por fin, ilegible y con una *rúbrica* ostensiblemente lúbrica:

> una rúbrica excesiva que se metía entre las letras como una violación alfabética, remontaba la página y descendía luego violentamente para acabar entre puntos y espasmódicos manchones de tinta.

---

[13] Reina Roffé, Entrevista ... Véase la teatralidad de la situación, lenguaje elegante y brusca ruptura al final: "A las cinco en punto, se detuvo un carruaje abierto frente al imponente palacio de Madame X. El Caballero estaba reclinado sobre el asiento de terciopelo rojo que con luz del sol se volvía carmesí y se incendiaba, rodeando al Caballero como un mártir en la hoguera. Madame X tomó su bolso y descendió corriendo, con tanta prisa que resbaló y el último tramo lo acortó deslizándose peligrosamente sobre el filo de los escalones. No se rompió el alma por un pelo ...".

He aquí, a nivel literal, el acto erótico entre el escritor y la palabra: parodia de la convención del "doble sentido". También vale para ridiculizar la vanilocuencia del Caballero que oculta un erotismo masturbatorio y fetichista.

El discurso de Griselda Gámbaro es revisionista pero no feminista a ultranza. Ella supo sortear los peligros que corre la escritora al encarar el tema erótico: "la exaltación gruesa de lo femenino por *parti pris*, caer en los modelos masculinos, perder el humor".[14] Al recuperar la memoria de los antecedentes del género, los desmitifica con una actitud deconstructiva que se ha querido propia de la posmodernidad, primicia de época que a muchos teóricos les parece discutible. En todo caso sí aparece como un gesto privilegiado por la escritura féminocéntrica de las últimas décadas.

---

[14] Reina Roffé, Entrevista ...

"Los de Abajo"

Respuesta a Hugo en la novela antiesclavista cubana: *Petrona y Rosalía* de Tanco y Bosmeniel

Sarah H. Beckjord

Sarah Beckjord nació en los Estados Unidos, sacó su primer título en la Universidad de Harvard y la maestría, más una M. Phil., en la de Columbia, Nueva York. Es una colaboradora en el número especial sobre literatura colonial de la Revista Iberoamericana *(170-171, enero-junio 1995)*

Bug Jargal (1826), de Victor Hugo, ha sido un punto de referencia importante para la narrativa antiesclavista en Cuba desde la novela corta *Petrona y Rosalía* (1838) de Félix Tanco y Bosmeniel, miembro activo del círculo literario de Domingo Del Monte.[1] La novela de Hugo, que trata de la rebelión de esclavos en Santo Domingo en 1791, fue comentada por Tanco en sus cartas a Del Monte, y en éstas el autor criollo sugiere que *Bug Jargal* fue uno de los catalizadores que impulsaron su cuestionamiento de las tradiciones tanto literarias como políticas en la Cuba de la época. En efecto, Tanco y Bosmeniel reinterpreta conscientemente y a fondo las ideas de Hugo[2] sobre la poesía negra y la esencia del drama moderno, e invierte en su propia obra el tratamiento de los esclavos y el concepto de lo grotesco.

Tanco admiraba la novela *Bug Jargal*[3] en parte por su representación de personajes negros, práctica que había llegado a ser popular en novelas francesas en la década de

---

[1] Véase Luis para una discusión de la historia, las actividades y la importancia de este círculo literario (28-30).
[2] Aunque la crítica ha notado la importancia de Hugo (entre otros autores) como inspiración en general para Tanco, todavía no se han establecido con precisión los puntos de contacto y de divergencia. Véase Luis: "For the most part, antislavery narrative is a phenomenon which developed in Cuba without external models, though Hugo's novel should be considered an inspiration. Tanco and other writers supported Hugo's project, but no-one dared to write about the actions of a rebel slave. Instead, writers extracted a working model for narrative discourse from Cuban colonial and slave society, based on the suffering of slaves on the island. Nevertheless, the anti-slavery narrative does incorporate a progressive spirit which the French and Haitian revolutions represented ..." (40-41). Véanse también Bueno (71-73) y Rodríguez-Arenas (151-52).
[3] La primera edición se publica en 1820; Hugo la "re-escribe" para una edición en 1826 y una segunda edición de ésta aparece en 1832. La novela se centra en la historia del capitán francés, Léopold D'Auverney, quien espera una importante batalla con los soldados de su compañía, su

1820,[4] pero que no era común en Cuba. En una carta a Del Monte de 1836, Tanco y Bosmeniel escribe:

> ¿Y que dice Ud. de *Bug-Jargal*? Por el estilo de esta novelita quisiera yo que se escribiese entre nosotros. Piénsalo bien. Los negros en La Isla de Cuba son nuestra Poesía, y no hay que pensar en otra cosa; pero no los negros solos, sino los negros con los blancos, todos revueltos, y formar los cuadros, las escenas, que a la fuerza han de ser infernales y diabólicas ¡pero ciertas, evidentes! Nazca pues nuestro Victor Hugo, y sepamos de una vez lo que somos, pintados con la verdad de la Poesía, ya que conocemos por los números y el análisis filosófico la triste miseria en que vivimos.[5] (Del Monte VII, 51)

Aquí Tanco destaca cuatro aspectos que iluminan su lectura de *Bug Jargal* a la vez que distinguen su propio proyecto literario: 1) el imperativo de retratar tanto a los negros como a los blancos en la literatura cubana; 2) la calidad necesariamente "infernal" o "diabólica" de una poesía que representara la mezcla de las razas en el contexto de la esclavitud; 3) la importancia de las escenas o de la presentación directa del diálogo; y 4) el papel potencialmente transformador de este tipo de literatura como una alternativa al análisis estadístico o filosófico de la realidad cubana. Al proclamar que "los negros en la Isla de Cuba son nuestra Poesía", Tanco pareciera referirse a la parte de *Bug Jargal* en que el protagonista d'Auverney, el joven capitán francés que había sobrevivido a la rebelión en Santo Domingo, relata sus impresiones de lo que vio durante su captura por parte de los esclavos rebeldes:

---

escudero Thadée y su perro Rask. Al pedido de sus soldados, d'Auverney narra sus recuerdos de los eventos trágicos de la rebelión de los esclavos en Santo Domingo en 1791. En ese entonces, el capitán era un joven soldado y estaba visitando a su tío, con cuya hija, Marie, se había comprometido, pero el estallido de la rebelión impide la boda. El destino de d'Auverney está ligado al de Pierrot, esclavo-rey, amigo de d'Auverney y secreto rival en los afectos de Marie. Durante la rebelión sangrienta, tanto Pierrot (cuyo nombre real es Bug Jargal) como d'Auverney caen presos, y el resto de la historia relata los intentos de Bug Jargal de rescatar al joven francés. Por fin Bug Jargal logra liberar a d'Auverney, pero muere heroicamente en el acto. El trato que recibe d'Auverney por parte de los rebeldes negros y mulatos crea un contrapunto con las prácticas jacobinas que después elude el joven capitán en ejército francés, y que están resumidas en la "Nota" final.

[4] La crítica ha notado la proliferación en Francia de obras literarias que trataban de esclavos en las décadas de 1820 y 1830. La abolición de la esclavitud era un asunto prominente, sirviendo, por ejemplo, de tema para el concurso de poesía de la Académie Française en 1823 (Hoffman 11). Fanough-Siefer apunta que entre las otras novelas escritas entre 1824 y 1829, *Ourika* de Mme. Claire de Duras tuvo nueve ediciones entre 1824 y 1878, incluyendo las traducciones al español (1824) y al italiano (1825). En un estudio más exhaustivo, Hoffman examina los temas recurrentes en un *corpus* más grande de obras que tratan de temas de negros. Ambos estudios sugieren que la novela "abolicionista" en Francia en esta época fue escrita en gran parte bajo la influencia del retrato que hace Aphra Behn del rey africano hecho esclavo en su novela *Oroonoko* (1688).

[5] Tanco también observa en una carta del 7 de junio 1838: "Yo sí creo que entre nosotros se pueden escribir algunos libros literarios por el estilo de Bugjargal [sic], libros terribles y de muy original poesía que harían la reputación de cualquiera que los escribiese teniendo el genio de Bayron [sic] o de V. Hugo: este genio es el que nos falta entre nosotros" (Del Monte VII, 105). La ortografía ha sido modernizada en todas las citas.

> Ignoran tal vez que existen entre las diversas regiones de Africa negros dotados de no sé qué talento grosero de poesía y de improvisación que se parece a la locura. Estos negros, errantes de reino en reino, son en esos países bárbaros lo que eran los rapsodas antiguos, y, en la Edad Media, los *minstrels* de Inglaterra, los Minnesinger de Alemania, y los trovadores de Francia. Se llaman *griots*. Sus mujeres, las *griotes*, poseídas como ellos de un demonio insensato, acompañan las canciones de sus maridos con danzas lúbricas, y presentan una parodia grotesca de las bayaderas del Indostán y de las almeas egipcias.[6] (107)

A la vez que d'Auverney compara las tradiciones poéticas africanas con otras tradiciones épicas, las califica de "grotescas", representativas de una especie de locura infernal y bárbara. Tanco modifica esta postura al reivindicar a los negros como centrales en la literatura cubana ("nuestra") y al fundar su proyecto poético y social sobre la mezcla "infernal" de las dos razas. La idea de la poesía "negra" como "grotesca" que aparece en *Bug Jargal* es crucial, aunque invertida, en *Petrona y Rosalía*, la primera narrativa antiesclavista escrita en Cuba.[7]

Se comprende bien que *Bug Jargal* haya interesado a Tanco y a otros criollos liberales en el círculo de Del Monte, ya que la obra de Hugo entra de lleno en la controversia sobre la importación de esclavos a las colonias caribeñas. Además, el tema de la rebelión de esclavos era candente desde el reconocimiento en 1825 por parte del gobierno francés de la independencia de su colonia rebelde (Brombert 25). Hugo se preocupa no sólo por los aspectos militares y políticos del conflicto, sino también por exponer el trato cruel de los esclavos, la vasta diferencia entre la suerte de los que servían en la casa y los que trabajaban en el campo, y las tensiones entre los criollos y los oficiales de la metrópolis, y entre los negros y los mulatos. Como resumió el propio Hugo en su prefacio a la edición de *Bug Jargal* de 1832, los levantamientos de Santo Domingo y Haití fueron una "lucha de gigantes, tres mundos interesados en la cuestión, Europa y el África por los combatientes, y América por el campo de batalla" (24).

La referencia que hace Hugo a una batalla de gigantes alude al género de su obra, a la que uno de los oyentes del capitán d'Auverney denomina "*romance en prose*" a la vez que critica la extensión del relato y la inverosimilitud de varios episodios (232). De hecho, Hugo alude constantemente a la región imaginaria del *romance*,[8] como se observa en las acciones heroicas de los protagonistas, su rivalidad caballeresca y su ejemplar (y nunca consumado) amor por Marie. Sin embargo, las acciones de los dos héroes no se despliegan en un mundo irreal, sino sobre un trasfondo realista donde la maldad, la corrupción y la hipocresía contaminan la vida y las organizaciones tanto de los negros como de los blancos. En este sentido, Hugo superpone al mundo literario de la novela histórica el del *romance*.[9]

---

[6] Todas las traducciones son nuestras.
[7] Terminada en 1938, esta obra circuló en ms. entre los miembros de la tertulia de Del Monte, y por lo visto se perdió al disolverse este grupo después de la Conspiración de la Escalera. El manuscrito fue recobrado en Buenos Aires y publicado en la revista *Cuba Contemporánea* en 1925 (Bueno 74).
[8] Para un tratamiento de la idea de los mundos ficticios, véase Martínez-Bonati.
[9] Véase Gewecke, quien cita un artículo de Hugo de 1823, titulado "Sir Walter Scott ..." en el que el autor propone una novela que fuera "à la fois drame et épopée, pittoresque mais poétique, réel mais idéal, vrai mais grand, qui enchâssera Walter Scott dans Homère" (58).

Tal vez sea innecesario recordar que la yuxtaposición de lo sublime y lo grotesco era un aspecto esencial de la estética temprana de Victor Hugo, tal como lo articuló en su largo prefacio a *Cromwell*, escrito poco después de la publicación de *Bug Jargal*, en 1827.[10] Hugo concibe lo grotesco como la antítesis de lo sublime y su complemento necesario, y sugiere que la característica definitiva del drama moderno, a diferencia del neoclásico, es la mezcla de estos dos elementos de manera que se acentúen ambos extremos sin perder el efecto "realista" (223). El principio de la combinación de lo sublime y lo grotesco se ve en *Bug Jargal*, donde las monstruosidades políticas del gobierno colonial y de los rebeldes contrastan con el comportamiento caballeresco de los protagonistas.

En el mismo prefacio, Hugo critica también las unidades de tiempo y de lugar del teatro neoclásico porque, según él, imponían la necesidad de recurrir a resúmenes largos que eliminaban del teatro lo más interesante y dramático:

> Resulta que todo lo que es demasiado característico, demasiado íntimo, demasiado local, para pasar en la antecámara o el cruce de vías, es decir, todo el drama, ocurre entre bastidores. No vemos sino los codos de la acción, sus manos están en otra parte. En vez de escenas, tenemos relatos, en vez de cuadros, descripciones. (233)

Al preservar el lugar auténtico de la escena y dejar que predomine la presentación sobre el resumen narrativo o la descripción, Hugo aboga por un drama moderno y cristiano en el que "el poeta logra plenamente el fin múltiple del arte ... de entretejer en un mismo cuadro el drama de la vida y el drama de la conciencia" (265). Tanco leyó el prefacio de *Cromwell*, y aunque lo comenta sólo brevemente en su correspondencia con Del Monte,[11] hay paralelos significativos entre sus ideas sobre la novela y las de Hugo sobre el teatro moderno cristiano. Tanco emplea términos que recuerdan a Hugo para afirmar el valor poético de la esclavitud en el contexto de la sociedad criolla: "al paso que se vaya civilizando la clase blanca todavía muy bozalona, la esclavitud de los negros se levantará en la misma proporción como una sombra deforme, mutilada, horrorosa; pero poética y bella ..." (Del Monte VII, 59). Así, para Tanco, el retratar a los negros en la literatura tenía no sólo una importancia documental y moral, sino también poética, innovadora (Bueno 74-75, Rodríguez-Arenas 119-26).

En su relato *Petrona y Rosalía*, Tanco pone de relieve no el contraste épico-demoníaco de *Bug Jargal*, sino la alquimia para él infernal que resultaba de la mezcla racial de los

---

[10] Aquí Hugo comenta lo grotesco en el contexto de la idea del dualismo del espíritu y de la materia en la modernidad cristiana. Para disputar la idea neoclásica de que sólo lo bello o sublime puede ser representado, rastrea los orígenes del uso de lo grotesco al estilo cómico clásico, incluyendo la farsa y la sátira.

[11] Con referencia a este prefacio, Tanco escribe: "... te mando a Cromwell .... Únicamente he saboreado dulcemente el discurso que antecede al Drama, lleno de sabiduría y gracia original que escribió V. Hugo sobre la nueva doctrina literaria respecto del teatro moderno. Advertirás, en su lectura, la propensión del autor a *poetizar* sus ideas, pero de un modo tan bello y tan exacto que vale una de estas ideas corporales por un completo raciocinio. A lo menos sucede para mí, pues no respondo de los demás lectores, que acaso verán en este modo de escribir un furor de poesía" (Del Monte VII, 52).

blancos y los negros en el contexto de la esclavitud. La obra cuenta la historia del sufrimiento de dos esclavas, madre e hija, a causa del mal trato recibido de sus amos. Petrona es violada por don Antonio y después castigada a trabajar en el ingenio, donde nace su hija Rosalía. Años después, ésta llega a padecer los mismos abusos de su madre al ser violada por Fernando, hijo único y malcriado de la familia. Finalmente las dos esclavas mueren en condiciones miserables en el ingenio. A diferencia de Hugo, Tanco no entra directamente en los conflictos políticos de la época (habría sido más que arriesgado dada la situación de Cuba en 1838); más bien encuadra sus resultados: la perversión, la indolencia, y la inmoralidad de las clases altas en la sociedad colonial cubana. Sus personajes blancos carecen de la idealización que Hugo consideraba un contrapunto esencial para lo grotesco, pues le mueve el propósito de poner al desnudo "la fisonomía entera" (Tanco 1925, 255) de la sociedad criolla y sus deficiencias. Esta técnica de retratar la degradación sin equilibrarla con valores positivos fue reconocida como "grotesca" por José Jacinto Milanés, otro miembro del círculo de Del Monte, en su defensa de *Petrona y Rosalía*.[12] Escribe Milanés: "la fiel pintura de nuestras costumbres no admite suavidad de medias tintas: todo es grotesco en ellas, como costumbres que son de tres razas (españoles, indios y negros) que amalgamados violentamente, reflejan una sobre otra los rasgos peculiares a cada uno" (Del Monte 111, 195).[13]

Si Tanco rechaza la receta de Hugo al representar exclusivamente lo moralmente grotesco, toma al pie de la letra el consejo en el prefacio de *Cromwell* sobre la esencia del drama moderno cristiano. De hecho, Tanco concibe su obra como esencialmente dramática; se refiere a sus narraciones como "novelas cubanas o dramas" (Del Monte VII, 113). La presentación dramática de escenas que habrían sido consideradas como demasiado vulgares según las normas neoclasicistas, fue uno de los aspectos que hizo que su obra fuera innovadora y controvertida en su época. Además, al dejar que sus personajes se auto-incriminaran por el habla y la conducta, limitaba el comentario condenatorio del narrador (Bueno 74-75, Rodríguez-Arenas 124-25).

Pero en cuanto al lenguaje hablado de sus personajes, Tanco toma un camino diferente a Hugo, cuyo retrato del conflicto en Santo Domingo recoge la gran complejidad lingüística del Caribe. En *Bug Jargal*, los personajes hablan un francés salpicado de voces del español, del *créole* y de lenguas africanas: el mestizaje lingüístico refleja para el autor francés el enorme proceso histórico y cultural que se está desarrollando en la zona. En cambio, Tanco, aunque reconoce en una de sus cartas la influencia de los negros en el habla de

---

[12] Acerca de las ideas de Tanco sobre la novela en general y sobre la recepción de *Petrona y Rosalía* por los miembros del círculo delmontino, consúltese Rodríguez-Arenas (119-26 y 151-60). Véase también los consejos de González del Valle a Anselmo Suárez y Romero referentes a la novela de éste, *Francisco*, escrita poco después de *Petrona y Rosalía*: "... le es imposible al novelista que retrata horrores, no acogerse a un personaje, hacerlo bueno e idealizarlo, para que sea una protesta contra los demás y eleve el sello de sus pensamientos ..." (González del Valle 147).

[13] Tanco escribe a Del Monte en 1838 que era ridículo separar a los negros de los blancos en la literatura, "como si no estuviésemos en la realidad, no ya juntos, sino injertados, amalgamados como cualquier confección farmacéutica" (Del Monte VII, 113). Las semejanzas en el lenguaje utilizado por Tanco y Milanés reflejan tal vez el espíritu colaborador con el que trabajaban éstos y otros del círculo de Del Monte.

Cuba,[14] decide no hacer uso de ella en su obra. Sus personajes negros hablan "el castellano clarito como realmente lo hablan los criollos", lo cual justifica con el propósito didáctico y reformador de llegar a un público más grande (Del Monte VII, 116).

La insistencia de Tanco en la "perversidad" de la mezcla de razas y en la calidad necesariamente "infernal", según él, de la poesía negra, ha llevado a varios estudiosos a inquirir sobre su propia valoración del tema. Algunos críticos han postulado que Tanco, como otros en el círculo de Del Monte, se oponía a la esclavitud en Cuba más por un proyecto de separatismo racial que por otros ideales (Paquette 101, Fivel-Démoret 7), y las connotaciones negativas que asocia con el mestizaje en sus cartas tal vez podrían apoyar esta hipótesis. Sin embargo, tanto las ideas del autor sobre la importancia de los negros en la poesía cubana, como la representación de éstos en *Petrona y Rosalía*, parecieran sugerir un cuadro más complejo.[15] En efecto, cuando Tanco promete en el prefacio a *Escenas de la vida privada en Cuba* "presentar el cuerpo llagado y monstruoso de nuestro estado moral político, desnudo de todo el pomposo ropage" (Tanco 1925, 258), se refiere no a los esclavos en su novela corta, sino a los amos, cuya conducta transgrede constantemente el código moral cristiano.

De hecho, en *Petrona y Rosalía* Tanco reserva lo grotesco para la actuación de los criollos blancos, al documentar sus degeneradas costumbres sociales (el juego, la promiscuidad, etc.) y la deficiente educación de Fernando. El autor se refiere constantemente al código moral cristiano para sancionar estas fallas: en efecto, los miembros de la familia Malpica violan libremente los mandamientos del Viejo Testamento, cometen adulterio e intentan provocar abortos en sus esclavos, y el narrador hace referencia irónica a otras transgresiones, al notar por ejemplo que los padres de Fernando "le adoraban como a un ídolo" (108), a pesar de la falta de respeto de éste por sus mayores. Doña Concepción alude a la sopa como "santa palabra" (118). En general, la conducta de los criollos contrasta con la resignación cristiana de las esclavas. Las referencias repetidas a la Alianza Cristiana no son casuales, ya que según el Viejo Testamento, este código trata tanto de la liberación de los israelitas de la esclavitud en Egipto como de las leyes con las que se fundó la nación de Israel (Éxodo XIX-XX; Deut. V-VI). Así, pues, el autor de *Petrona y Rosalía* apela a la doctrina cristiana para hacer una crítica a la vez social y política.

En este sentido, la centralidad del significado que adquiere la violación en esta novela alude tanto a la caída de la familia como a los impedimentos para la formación de la nación. Mientras que en *Bug Jargal*, la sugerencia de la violación (cuando Pierrot rescata a Marie durante la rebelión) crea una ironía dramática que realza el código caballeresco al que se adscriben los dos héroes, en *Petrona y Rosalía* el ciclo de atracción y violación, combinado con la resignación absoluta de las esclavas, es el principio y el fin del relato. Al censurar las costumbres y la institución de la esclavitud, Tanco toca oblicuamente la intensa polémica internacional sobre el futuro político de la isla.[16]

---

[14] "[S]e han introducido [en el idioma] ... una infinidad de palabras y locuciones inhumanas y bárbaras que son de uso corriente en nuestras sociedades ..." (Del Monte VII, 87).
[15] Véase Fivel-Démoret para una interpretación diferente.
[16] Paquette arguye que el tema de la esclavitud dominaba las complejas políticas de los gobiernos de España, Gran Bretaña y los Estados Unidos en torno al futuro de Cuba en la época. A pesar de su apoyo formal por los acuerdos antiesclavistas de 1817 y 1835, la Corona española protegía el tráfico

La incongruencia entre la esclavitud y los principios cristianos era un aspecto prominente en el programa abolicionista,[17] hecho que podría explicar el relieve que ofrece este tema así en *Petrona y Rosalía* como en el más tardío *Francisco* de Anselmo Suárez y Romero. De todas formas, Tanco no presenta el estereotipo del jacobino negro tan temido en las colonias del Caribe, ni el heroico rey-esclavo de la tradición de la novela abolicionista, ni siquiera las lascivas *griotes* que también se hallan en *Bug Jargal*, sino la sufrida e inocente víctima del pecado blanco. En este sentido, su táctica era afín a la corriente religiosa del movimiento abolicionista anglo-americano, a la vez que buscaba una forma y un fondo para una narrativa que fuese auténticamente cubana.

Al rastrear en la obra de Tanco su recepción de las ideas de Victor Hugo sobre la poesía negra, lo grotesco y el drama moderno, he tratado de mostrar que *Petrona y Rosalía* constituye una respuesta consciente y a fondo, y, de hecho, una inversión de los conceptos del autor francés. Además, los temas y problemas que definió como fundamentales para su época —el reconocer el papel del negro en la sociedad y en la literatura, la cuestión del lenguaje, y la sátira moral de la herencia social, cultural y política de la colonia— abrieron una fecunda tradición en Cuba. Dentro del contexto cubano a finales de la década de 1830, el relato de Tanco emerge como un examen cuidadoso de las convenciones literarias y sociales de su tiempo, y las soluciones que propone no dejan de ser sugerentes para los tratamientos que durante el siglo XX alcanzará la literatura negrista en Cuba.

Bibliografía

Textos primarios

Behn, Aphra. *Oroonoko and Other Stories* (1688). Londres: Methuen 1986.
Del Monte, Domingo. *Centón epistolario: Tomo III (1836-38)*. La Habana: El Siglo, 1926.
───── *Tomo VII (1823-43)*. La Habana: El Siglo, 1957.
González del Valle, José Z. *La crítica literaria en Cuba*. La Habana: Cuadernos de Cultura de Educación, 1939.
Hugo, Victor. *Bug Jargal* en *Le dernier jour d'un condamné, précédé de Bug Jargal* (1826). París: Gallimard, 1977.
───── *Préface de Cromwell*, ed. Maurice Sourian (1827). Ginebra: Slatkine Reprints, 1973.
Ruchames, Louis, ed. *The Abolitionists: A Collection of Their Writings*. Nueva York: G.P. Putnam's Sons, 1963.

---

de esclavos con el fin de retener las aspiraciones independentistas en la isla, a la vez que suministraba el poder militar necesario para evitar el tipo de rebelión que había destruido los intereses coloniales en Haití. En las negociaciones de los gobiernos de Gran Bretaña y los Estados Unidos con los criollos que apoyaban la independencia, también primaba el tema: los británicos abogaban por la causa abolicionista y los Estados Unidos prometían una anexación que protegiera la esclavitud (Paquette 131-82). Veáse también Luis (28-39 y 58-62).
[17] Véase, por ejemplo, los documentos recogidos por Ruchames en su obra.

Suárez y Romero, Anselmo. Francisco; *El ingenio, o Las delicias del campo* (1839). La Habana: Instituto del Libro, 197[5?]

Tanco y Bosmeniel, Félix. "Petrona y Rosalía", en *Cuentos cubanos del siglo XIX* (1838). La Habana: Arte y Literatura, 1975.

_____ "Prefacio" a las *Escenas de la vida privada en Cuba* (1838). Cuba Contemporánea: Revista Mensual XXXIX (sept.-dic. 1925) 255-60.

Textos secundarios

Brombert, Victor. *Victor Hugo and the Visionary Novel.* Cambridge MA y Londres: Harvard University Press, 1984.

Bueno, Salvador. *El negro en la novela hispanoamericana.* La Habana: Letras Cubanas, 1986.

Evans, David Owens. *Social Romanticism in France 1830-1848.* Nueva York: Octagon, 1969.

Fanough-Siefer, Léon. *Le Mythe du nègre et de l'Afrique noire dans la littérature française de 1800 à la 2e Guerre Mondiale* (1968). Abidjan: Les Nouvelles Éditions Africaines, 1980.

Fivel-Démoret, Sharon Romeo. "The Production and Consumption of Propaganda Literature: The Cuban Anti-Slavery Novel". *Bulletin of Hispanic Studies* LXVI, 1 (1984) 11-12.

Gewecke, Frauke. "Victor Hugo et la révolution Haïtienne: Jacobins et Jacobites, ou les ambiguïtés du discours négrophobe dans la perspective du roman historique", in *Lectures de Victor Hugo*, ed. Mireille Calle-Gruber & Arnold Rothe. París: Librairie A. G. Nizet, 1986.

Hoffman, Léon-François. *Le Nègre romantique. Personnage littéraire et obsession collective.* París: Payot, 1973.

Houston, John Porter. *Victor Hugo.* Nueva York: Twayne, 1974.

James, C. L. R. *The Black Jacobins: Toussaint L'Ouverture and the San Domingo Revolution.* Nueva York: Vintage, 1963.

Jauss, Hans Robert. *Toward an Aesthetic of Reception.* Minneapolis: University of Minnesota Press, 1982.

LaForgue, Pierre. "'Bug-Jargal', ou de la difficulté d'écrire en 'style blanc'", *Romantisme: Revue du Dix-neuvième Siècle* 69 (1990) 29-42.

Luis, William. *Literary Bondage: Slavery in Cuban Narrative.* Austin: University of Texas Press, 1990.

Martínez-Bonati, Félix. "Towards a Formal Ontology of Fictional Worlds" *Philosophy and Literature* 7,2 (1983) 182-95.

Paquette, Robert L. *Sugar is Made with Blood: The Conspiracy of La Escalera and the Conflict between Empires over Slavery in Cuba.* Middletown CT: Wesleyan University Press, 1988.

Rodríguez-Arenas, Flor-María. *Hacia la novela: la conciencia literaria en Hispanoamérica (1792-1848).* Bogotá: Códice, 1993.

Viva o Povo Brasileiro, de João Ubaldo Ribeiro: historia, ficción y metaficción

Petrona D. Rodríguez Pasqués

Petrona D. Rodríguez Pasqués, catedrática de la Universidad de Buenos Aires, sacó su maestría en Georgetown University y se doctoró en la Catholic University of America. Entre sus publicaciones se destacan: El discurso indirecto libre en la novela argentina *(Porto Alegre, 1975),* Estudios de narratología *(Buenos Aires, 1991) y* Cartas desconocidas de Julio Cortázar *(Buenos Aires, 1992). Actualmente es directora de un proyecto de investigación en la Universidad de Buenos Aires titulado "Nuevos códigos narrativos en la novela brasileña", y tiene dos libros en prensa:* Historia, ficción y metaficción en la nueva novela latinoamericana *y* Viejas cartas de Cortázar a un médico músico

Charles Newman, en "The Post Modern Aura" (1985), observa: "La historia no es primordialmente inteligible sin una esencia extra-histórica como en un motivo principal". La ficción presume una posición epistemológica privilegiada. Opera como una entera adición a la realidad. En este sentido la *ficción* siempre desafía a la realidad.

Muchas veces el novelista moderno es capaz de prestar a la historia la dimensión humana que el historiador es incapaz de transmitir.[1]

La obra *Viva o Povo Brasileiro*, de João Ubaldo Ribeiro ilustra plenamente estas afirmaciones y en ello no se aparta de la línea trazada por la nueva novela histórica latinoamericana.

Ya Roland Barthes había planteado en "Le discours de l'histoire" (1967) el problema de la oposición relato ficticio-relato histórico.[2]

Según Rodolfo Borello se ha producido "una interiorización, una subjetivación de lo histórico. Lo histórico se vuelve experiencia percibida y enunciada desde la subjetividad de una conciencia".[3]

Borges dijo hace mucho tiempo que el escritor crea sus precursores. Ribeiro no es una excepción a esta regla. En él confluyen Mário de Andrade con su *Macunaíma*, Guimarães Rosa con *Grande Sertão: Veredas* y cuentos diversos, Clarice Lispector y *A*

---

[1] Charles Newman, "The Post Modern Aura", en *The Art of Fiction in an Age of Inflation* (Evanston IL: Northwestern University Press, 1985) 63-64.
[2] Roland Barthes, "Le discours de l'histoire", *Poétique*, 49 (febrero 1982) 14-71.
[3] Rodolfo Borello, "Relato histórico, relato novelesco", en *Augusto Roa Bastos y la producción cultural americana* (Buenos Aires: Ed. de la Flor, 1986). Una profundización en torno a las relaciones entre historia y literatura ha sido realizada por Paul Ricoeur en *Temps et Récit* (París: Seuil, 1953-85). Parte del principio de que el carácter de ciencia conquistado por el conocimiento histórico no elimina la base narrativa que mantiene su vínculo con lo ficcional.

Hora da Estrela. En él asoman también viejas sombras del romanticismo brasileño (*Iracema*) de José de Alencar, Guimarães (con *Moreninha*), Aluísio Azevedo, Machado de Assis y Jorge Amado. No citamos, fuera de *Cien años de soledad*, otras obras hispanoamericanas cuya intertextualidad es manifiesta.

¿En qué elementos es original *Viva o Povo Brasileiro* como novela histórica?

1) La crítica ha señalado fundamentalmente la parodia y la diferenciación que realiza entre historia y ficción.[4]

No negamos la fuerza paródica de ciertos capítulos y pasajes de capítulos de esta voluminosa novela. Pero la obra trasciende a nuestro juicio la parodia y la sátira, según demostraremos.

2) En cuanto a la diferenciación entre historia y ficción, todo este alud de novelas históricas que invade la narrativa latinoamericana pregona en mayor o menor grado tal premisa.

Historia y ficción parecen ser igualmente intertextuales. Son ésas las enseñanzas implícitas de la "metaficción historiográfica". Consideramos que la parodia y la diferenciación entre historia y ficción son aportes valiosos en *Viva o Povo Brasileiro*, pero no representan su aporte más original ni su mayor valor.

Por lo demás ¿cuál es la diferencia entre ficción posmoderna y ficción histórica del siglo XIX? Linda Hutcheon acota que la premisa de la ficción posmoderna es la misma que señaló Hayden White para la historia: "every idea of history [is] attended by specifically determinable ideological implications".[5]

La originalidad de Ribeiro estriba en su mirada sobre el negro. Toda la obra está saturada de negritud. El negro habla, ríe, sufre y se mueve ante el lector. El negro logra que el lector se acerque a él, viva, piense y sienta con él. No obstante abarcar un amplio espectro histórico que va desde 1647 hasta 1977, todo el nervio de la novela pertenece al siglo XIX y cobra la apariencia de un folletín.

Los ingenios, las casas grandes y las *senzalas* llenan los espacios y en todos ellos la figura del negro, paradigma de un pueblo sufriente, se eleva con dimensiones inusitadas.

El tiempo y el espacio se conjugan en cada uno de los subtítulos que figuran en los capítulos. El primero cronológicamente se inicia en 1822, pero el Capítulo 2 retrocede a 1647. La obra se abre en el primer capítulo con la imagen del alférez José Francisco Brandão Galvão en pie junto a la Punta de las Ballenas, como se encuentra en el cuadro "O alférez Brandão Galvão perora às gaivotas" el 10 de junio de 1822, según presenta el discurso oficial.

Toda la fuerza de la sátira se despliega en la descripción en que el alférez José Francisco Brandão Galvão es asesinado por las tropas portuguesas en las luchas de la independencia brasileña. El contraste paródico-satírico se presenta con la versión oficial de la muerte de Brandão Galvão como un acto de heroísmo. El lector recibe a su vez la

---

[4] Véase Luis F. Valente, "*Viva o Povo Brasileiro*", Ficção e Anti-história", en *Letras de Hoje* 81 (Porto Alegre, setiembre de 1990) 61-74.
[5] Linda Hutcheon, *A Poetics of Postmodernism. History, Theory, Fiction* (Nueva York: Routledge, 1955) 105. Véase además Hayden White, *Metahistory: The Historical Imagination in Nineteenth-Century Europe* (Baltimore: The Johns Hopkins University Press, 1973) 24.

versión del escritor según la cual no es un héroe sino un muchacho ingenuo, pues su mentado heroísmo consistió en no escapar a tiempo de las fuerzas lusitanas, como lo hicieron sus compañeros. De modo que el hecho histórico se ve desvirtuado por medio de la parodia que pone en tela de juicio la verdad.

El episodio de apertura prepara al lector para uno de los aspectos fundamentales de la novela: la opción entre discurso oficial y discursos marginados.

Otro personaje clave es Perilo Ambrósio Góis, el falso héroe que va a convertirse en Barón de Pirapuama. Se vale del cuchillo sangrante de su esclavo muerto y se mancha con sangre para simular una acción heroica que no realizó. Con el propósito de que su conducta no pueda ser revelada le corta la lengua a otro esclavo (Feliciano), único testigo ocular. De ese modo adquiere fama heroica. Pero aun así la vil acción es conocida por la gente negra que decide vengar el bárbaro ultraje.

La palabra del negro se ve silenciada por la prepotencia y la injusticia. Ya no tiene el relato el aura humorística de los primeros pasos ni la parodia festiva que reduce al joven héroe Brandão a una figura sin relieve. Ya entramos en pleno corazón de la novela que nos muestra en carne viva al personaje colectivo, verdadero protagonista de la ficción: el pueblo brasileño.

La mentira se disfraza de verdad. La mentira va ascendiendo con el poder y no sólo Perilo Ambrósio y su mujer sino también el mulato Amleto Ferreira y sus descendientes. Amleto, un mulato vergonzante, se eleva socialmente estafando al barón. Falsifica documentos y se forja una ascendencia luso-británica.

Su pasión por no dejar vestigios de sus orígenes negros lo lleva a desconocer y humillar a la propia madre, Dona Jesuína. Pocos diálogos tan vívidos como aquél en que la humilde mujer le pide al hijo encumbrado que le permita asistir a la ceremonia del bautismo del nieto, aunque sea como una niñera o gobernanta.

Otros personajes envueltos en la inmoralidad: el yerno de Amleto, Vasco Miguel, un hombre mediocre, y su débil esposa.

En oposición a esta serie de personajes se levanta otra, la de capas más modestas que guardan fidelidad a los principios y valores humanos. Entre ellos Júlio Dandão, quien sostiene la "irmandade do povo brasileiro" y Maria da Fé, defensora de la justicia.

Así como los personajes aparecen en series opuestas, también las ceremonias se ofrecen en series de contrastes violentos.

El Capítulo 4 ilumina el Ingenio de Jaburú el 26 de febrero de 1809, el día del nacimiento de Vevé, hija de Roxinha y de Toríbio Cafubá, el pescador. Están los negros en la *senzala*, donde hay gran alegría. Llega Toríbio y al oír la noticia comienza a danzar antes de empujar la canoa que trae cargada de peces. Nombra gozoso a la hija "como si ella fuera las nubes que pasan por encima de la playa" (95). Al desembarcar piensa que es un hombre de suerte y enumera los episodios de su vida de esclavo que le fueron venturosos. El discurso indirecto libre acrecienta la fuerza de la ironía refugiada. Iba a ser castrado y permaneció entero, iba a ser vendido y terminó quedando en el ingenio de la familia cuya marca le herraron en el pecho, "gente bondadosa y de caridad que trataba bien al negro y lo castigaba levemente".

Con estos pensamientos Toríbio entra en la *senzala* en medio de risas, de idas y venidas y canciones. Ante la abuela Dadinha sentada sobre un taburete, Toríbio da dos saltos y cae con una rodilla en el suelo junto a la niña. "Nunca se vio tal danza como la de Toríbio Cafubá celebrando a su hija pues él quedó transparente luego muy negro y después se hallaba en todos lados, a veces parando y vibrando como un ala de cigarra, a veces disolviéndose en tantas formas que las personas no sabían qué creer y entonces todos los ritmos que brotaban de su figura eran ritmos de alguna cosa aconteciendo dentro de cada uno, sangre pulsando, dedos abriéndose, alientos detenidos, todo lo que puede ocurrir en el cuerpo, todo aquello a lo que el espíritu se entrega" (96).

La descripción de la danza es un alarde al representar por el lenguaje el estado de espíritu de Toribio, que entusiasmado cuenta una historia de cautivos, verdadera *mise en abyme* del capítulo. Dos rasgos estilísticos pueden señalarse en este fragmento. El de la pintura y la música entrelazada con la danza que el narrador ofrece con sólo la palabra, pues ni siquiera hay sones de tambor, como no sean los invisibles que Toríbio escucha. João Ubaldo Ribeiro maneja con maestría la enumeración que no llega a ser caótica pero se aproxima, como en otros fragmentos de la obra y además inserta a modo de recurso abismal un cuento que revela un arte de los negros no siempre estimado: el de narrar historias.[6] Gilberto Freire en *Casa-Grande e Senzala* ha documentado la importancia de los cuentistas orales, particularmente las negras viejas o amas de leche. "Fueron las negras que se tornaron entre nosotros grandes contadoras de cuentos".[7]

La ficcionalidad adquiere tonos muy variados en la psicología de los numerosos personajes presentados.

La muerte del Barón de Pirapuama da lugar a una reacción de alivio de los esclavos. El narrador se adentra en el habla de los personajes reunidos en la *senzala* grande de la Armação do Bom Jesus, para exclamar con metaficción irónica (9 de setiembre de 1827): "Mas, qué situación, Dios del cielo, ésta de los negros de No Barón Perilo Ambrósio de Pirapuama, todo el mundo queriendo dar risotadas pero teniendo que mostrar caras largas de quien perdió Padre, madre, hermano, cuñadas y el último cuarto de aguardiente" (204).

"Es como si fuese una fiesta al revés, una alegría avergonzada en posturas melancólicas, una música que toca sólo en la cabeza".

Las estrategias narrativas se conjugan en tiempo y espacio de modo muy original. El narrador parece seguir paso a paso el tiempo cronológico, pero esto es cierto a medias.

Uno de los pasajes más significativos en cuanto a la denominada "imaginación constructiva" acuñada por Robert Collingwood[8] es el fechado en Salvador de Bahía el 19 de diciembre de 1840 (Cap. 9). Maria da Fé, protagonista de esta extensa saga es en esa época una niña de doce años, con su vestido de puntilla y su cabello estirado, ha hincado los codos sobre el aparador para fijar los ojos en la reproducción del cuadro del alférez Brandão Galvão. La niña resuelve que esa figura no es idéntica al original —y aquí se concentra la ironía— porque en un ángulo se leen algunas palabras que la historia le atribuye "... de la voz que habla, gaviotas, nada podéis saber pero habéis siempre de reconocer, oh columbiformes prendas de la Madre Naturaleza la voz del pueblo brasileño para asombrar al orbe!" (284).

---

[6] Luis F. Valente, "*Viva o Povo Brasileiro*", Ficção e Anti-história".
[7] Gilberto Freire, *Casa-Grande e Senzala* (Río de Janeiro: J. Olympio, 1977).
[8] Robert Collingwood, *The Idea of History* (Oxford: The Clarendon Press, 1946).

Es la primera vez que encontramos la expresión "pueblo brasileño" en un contexto harto diferente del que aparece en el título, donde su significación se puede revestir de un carácter bisémico, por un lado el de la sátira al referirse a un pueblo injusto, soberbio y despreciativo de valores humanos esenciales, por otro ese pueblo sufriente que asoma en el título como un desafío altivo reclamando justicia.

Maria da Fé no presta tanta atención a las palabras como al significado de héroe entre los muchos héroes de la historia del Brasil. Allí interviene Dona Jesuína para enseñarle que esos hombres no eran gente como ellos, eran extraordinarios, Dona Jesuína piensa — en vísperas de la partida de la niña para Baiacú a reunirse con su abuelo, el negro Leleu. Suspira pensando en Amleto a quien formó como a Dafé. Otra vuelta de ironía como recurso de la moderna parodia. En ningún momento Dona Jesuína advierte la mezquindad de su hijo Amleto: hoy él era un hombre ilustre, un hombre de quien la ciudad había de hablar mucho, un hombre capaz del "terrible sacrificio" de no reconocer a la propia madre. O sea: tergiversa el desprecio de su hijo el mulato y lo transforma en un acto virtuoso.

Cuando la negra Rograciana le avisa que Seu Leovigildo está esperando en la sala, Dona Jesuína se molesta *"como si fuera una persona de bien"*. No lo era, era un negro que podía tener dinero y ser buena persona pero era bajo, se veía perfectamente en aquella cara que de tan retinta llegaba a parecer roja (288). El tema de la vida es recurrente en la novela. En el arrabal del Baiacú, el 12 de mayo de 1841, Maria da Fé recuerda que el abuelo tantas cosas le ha preguntado ¿qué es lo que piensas de la vida? Una vez había intentado responder honestamente a esa pregunta. Pero no sabía qué pensaba de la vida... "La vida es trabajo," dijo el abuelo Leleu. "La vida es trabajo, tribulación, trabajo, vigilancia, trabajo, ojo vivo". El diálogo de Leleu con Dafé, en su sencillez, encierra profundidad. El discurso directo aparece insertado en el indirecto y da como combinación un directo libre original en lengua coloquial de los negros bahianos.

Maria de Fé ha vuelto a su pueblecito donde la madre es pescadora. El abuelo le promete construir una escuela en que la niña enseñará. Esa tarde salen de paseo para mostrarle la pesca, con la madre y los mozos que la ayudan. "Dafé se admira de la ciencia de tanta gente común, se admira de no haber visto en los libros que esas personas pudiesen poseer conocimientos y habilidades tan hermosas, hasta halló a la misma madre una desconocida, misteriosa y distante en su saber, antes nunca testimoniado".

De tarde resuelven ir a pie con la madre desde la Isla dos Porcos hasta el Outeiro. Pueden cortar camino porque va anocheciendo y al pasar por unos caserones aparece la cabeza de un muchacho que las llama. Vevé apura el paso con su hija pero son cercadas por tres muchachos blancos. El diálogo en discurso directo, apenas una página y media, encierra en ajustadas palabras toda una tragedia, porque cuando quieren abusar de la niña la madre saca un palo y arremete contra ellos, que la tratan de "negra inmunda". La economía de lenguaje y la elipsis narrativa resumen su patetismo. Dafé nunca recordó bien lo sucedido. Miraba a su madre sangrando con más de veinte puñaladas.

El Capítulo 11 es uno de los más conmovedores. Se diría que Ribeiro va graduando alternativamente las dosis de ironía, parodia y carnavalización; que va elaborando las secuencias con imágenes a veces en contrapunto, otras veces en simultáneo juego. Lúcia Helena ha observado en la novela un agudo esquematismo.[9] Si se tienen en cuenta episodios,

---

[9] Lúcia Helena, "O romance de fundação, subsídios para a questão da dependência", ensayo inédito, *apud* Luis F. Valente 77.

peripecias, actitudes de personajes, si se observa con detalle el enfoque psicológico y el manejo hábil de un discurso matizado de expresiones coloquiales o llevado a recursos poéticos de elevado nivel, llegamos a la conclusión de un relativo esquematismo. Es verdad: los señores de la casa grande, las "devotas" señoras que sólo se preocupan por lo formal de las prácticas religiosas, funcionarios y hasta el administrador son los malos; los negros de la *senzala*, la enorme variedad de trabajadores en distintos oficios, ésos son los buenos. No obstante el trigo y la cizaña están mezclados en la trama sutilmente.

Ribeiro se vale de las más variadas estrategias narrativas, entre las que se cuentan la parodia satírica y la sátira parodiada. Su posmodernidad no abandona por otra parte la vieja modalidad de la novela romántica brasileña pero la trasciende ingeniosamente al hacer uso de un estilo pleno de matices. En cuanto al empleo de las figuras del discurso que la nueva estilística remoza, intensifica las combinaciones metafóricas y metonímicas y concede un valor nuevo a las elipsis narrativas y a las combinaciones cronotópicas.

Viva o Povo Brasileiro es, pues, un grito del silencio, del silencio impuesto a los negros a través de varios siglos, pero centrado fundamentalmente en el siglo XIX, antes de la abolición de la esclavitud en Brasil. Las antinomias citadas reflejan esa dualidad de palabra/antipalabra. El escritor hace vibrar el grito del pasado para alertar al presente.

Se ha utilizado la 12ª edición de *Viva o povo brasileiro* (Río de Janeiro: Nova Fronteira, 1984). Los fragmentos citados han sido traducidos del original portugués por la autora. Los números de las citas corresponden a la edición en portugués.

Pedro Blanco, el Negrero: ¿novela o biografía novelada? Valores históricos y literarios

Rosario Rexach de León

Teóricamente, Rosario Rexach de León, que nació en Cuba pero que ahora reside en Nueva York, está jubilada pero tiene tres libros en preparación, los cuales recolectan artículos y estudios ya publicados. Entre sus obras figuran: El pensamiento de Félix Vela *(La Habana, 1950),* Estudios sobre Martí *(Madrid, 1985) y* Dos figuras cubanas: Varela y Mañach *(Miami, 1991). Es socia del IILI desde hace más de veinte años. Rosario Rexach es miembro de número de la Academia Norteamericana de la Lengua Española y correspondiente de la Real Academia Española en la sección hispanoamericana*

El 22 de octubre de 1932 terminó este libro en Madrid Lino Novás Calvo, quien sólo tenía entonces veintisiete años. Y su experiencia como escritor de ficciones era breve. Había escrito unos pocos cuentos que, con el beneplácito de Ortega y Gasset y de su más cercano colaborador, Fernando Vela, se habían publicado en la *Revista de Occidente* y en *La Gaceta Literaria.* Y previamente, en 1929, había publicado un cuento en la *Revista de Avance* —donde se inició— titulado "Un hombre arruinado", en el que asoman ya las calidades que lo iban a distinguir como narrador.[1] Pero una obra de largo aliento como la que se comentará constituía realmente una sorpresa. No extrañe, sin embargo.

Lino Novás Calvo había tenido una vida no usual. Muy niño fue erradicado de su solar nativo, Grañas de Sor en la provincia de Lugo en Galicia, y enviado a Cuba. No tenía más que siete años. En la nueva tierra tuvo que confrontar experiencias fuera de lo común y se puso en contacto con diversas capas de la sociedad cubana de entonces. Corría el año 1912. Y la vida no se le presentaba fácil. Había que luchar arduamente para la subsistencia pues su familia era pobre. Esto lo obligó no sólo a un continuo quehacer sino también a radicarse en diversas comunidades y a ser, en gran medida, un autodidacta. Para muchos esto sería una desventaja. No para el hombre que fue Novás Calvo. En esas dificultades templó su carácter y enriqueció sorprendentemente su vida interior. Las experiencias que tuvo a distintos niveles le permitieron un conocimiento en profundidad del alma humana y de sus motivaciones. Y como su vida no era fácil es lógico que conviviese regularmente con las capas más depauperadas del país. Así se puso en contacto desde los inicios con la población negra y con los inmigrantes pobres. De ellos aprendió mucho. Y la cultura de los grupos africanos que la trata de esclavos había llevado a Cuba en el siglo anterior aún

---

[1] Lino Novás Calvo, "El hombre arruinado", *Revista de Avance* 40 (La Habana, noviembre 1929), 335-36-48.

pervivía en forma de ritos y costumbres. Para otros esto hubiera sido sólo "folklore". No para él que estaba dotado de una inteligencia nada frecuente y de una sensibilidad poco común, además de tener un alma poética y ser un romántico, como él alguna vez admitió. Añádase a ello una bondad que manaba de su ternura para los desheredados y que él siempre se cuidó de no hacer obvia. Porque en las dificultades por las que había pasado se percató de que el hombre no puede dejarse abatir por las circunstancias sino sobreponerse. Y quizás nunca expresó mejor dicha filosofía como cuando dijo, en una entrevista que le hizo Alberto Gutiérrez de la Solana refiriéndose a Ernest Hemingway: "El hombre vive entre fieras, pero no puede temblar, no tiene derecho a tener miedo".[2]

Estas múltiples experiencias de que he hablado se fueron sedimentando en el espíritu del escritor que, con una formación académica muy poco ortodoxa —ya lo he dicho— se había habituado a estudiar y a leer en profundidad, no por prescripción de nadie, sino por íntima devoción. Además, otro factor se añadió a la integración de su personalidad cuando ya se sentía cubano por entrañable decisión. Y fue el de pertenecer por su edad a la segunda generación republicana en Cuba. Una generación innovadora en todos los órdenes, desde lo cultural hasta lo político, desde la vida diaria hasta lo internacional, desde las ideas hasta las artes, desde el periódico hasta las costumbres. Y la que tuvo su más famoso órgano de expresión en la denominada *Revista de Avance*, en cuyas páginas el escritor se inició con poemas, artículos, reseñas de libros y el cuento ya mencionado. Hay muchos estudios sobre dicha generación y su revista.[3]

Novás Calvo supo vibrar al compás de su época sin adscribirse firmemente a sus ideologías aunque algunas lo tentaran por breve tiempo. Pero inmerso en sus problemas sintió imperativamente la necesidad de expresarse y se vinculó al periodismo al que dedicaría

---

[2] Alberto Gutiérrez de la Solana, "Testimonios: Lino Novás Calvo: Literatura y experiencia" (Entrevista), *Revista Caribe* II/1 (Honolulu, primavera 1977) 61-75. Debe añadirse que A. Gutiérrez de la Solana fue con Novás Calvo miembro del *staff* de la revista *Bohemia Libre* que se publicaba en Nueva York en los años sesenta. Allí se anudó una amistad que duraría hasta la muerte del escritor en 1983. Eso explica muchos estudios del crítico. Véanse: A.Gutiérrez de la Solana, *Maneras de narrar. Contraste de Lino Novás Calvo y Alfonso Hernández Catá*. (Nueva York, 1927.) "Novás Calvo: precursor y renovador", *Symposium* XXIX/3 (otoño 1975) 243-54. "In memoriam de Lino Novás Calvo", *Círculo* XIII (1984) 7-10. Además hay otros pequeños artículos y el autor tiene un copioso material aún no publicado con experiencias y anécdotas de Novás Calvo.

[3] Véase Rosario Rexach, "La Revista de Avance publicada en la Habana (1927-30)", *Caribbean Studies* 3/3 (Puerto Rico, octubre 1963). "Los ensayistas de la *Revista de Avance*: Francisco Ichaso", *Actas del Sexto Congreso Internacional de Hispanistas* (Toronto, 1980) 593-96. "El Lyceum de la Habana como institución cultural", *Actas del IX Congreso de la Asociación Internacional de Hispanistas* celebrado en Berlín, 1986. "La segunda generación republicana en Cuba", *Revista Iberoamericana* 56, 152-53 (julio-diciembre 1990) 1291-311. Estos cuatro trabajos aparecen en el libro: *Dos figuras cubanas y una sola actitud* (Miami, 1991). Ver además, Carlos Ripoll, *La generación del 23 en Cuba y otros apuntes sobre el vanguardismo* (Nueva York, 1968) y el excelente *Índice de la Revista de Avance. Cuba 1927-1930*. (Nueva York, 1969). César Leante, "La Revista de Avance", *Cuadernos Hispanoamericanos* 414 (diciembre 1984), 189-97. También para una más integral información sobre el tema consúltense: Emilio Roig de Leuchsenrig, "El Grupo Minorista de intelectuales y artistas", *Cuadernos de Historia Habanera* 73 (La Habana, 1961); Ana Cairo, *El Grupo Minorista y su tiempo* (La Habana, 1978).

gran parte de su vida, aunque otras tareas como el profesorado y la escritura reclamasen su atención. Y la más importante entre ellas —para él— era recrear el mundo de sus experiencias que tan ricas eran. Y fue el periodismo precisamente lo que le permitió radicarse en Madrid en 1931 como enviado especial de la revista *ORBE*, adscrita al *Diario de la Marina*. Mas pronto esta publicación tuvo que cesar. Entonces Lino —como familiarmente se le decía— a través de traducciones (por sí mismo había aprendido francés e inglés) y de algunas colaboraciones pudo subvenir a sus necesidades y permanecer en Madrid. Esto le permitió ampliar su cultura como lector e investigador asiduo en el Ateneo madrileño. Nunca he sabido que él lo confesase explícitamente, pero tengo para mí que, repeliendo moral y estéticamente lo que había significado la esclavitud y la trata de esclavos en Cuba, en esas lecturas en el Ateneo topó con la figura de Pedro Blanco, el famoso negrero. Y decidió entonces escribir la obra que se comenta. Y la conjetura parece confirmarse por los trabajos de este período que publicó en la *Revista de Occidente*. Sobre todo el titulado "Nantes en la trata de negros", que reseña muy liberalmente un libro publicado en París en 1932.[4]

Pero vamos al tema. A la pregunta contenida en el título de esta ponencia: ¿es esta obra una novela o una biografía novelada? todo depende del punto de vista que se adopte. Para los "positivistas a ultranza" —y todavía los hay— quienes hacen del dato a los datos la norma, el libro es una biografía. Porque sin duda alguna su protagonista, Pedro Blanco y Fernández de Trava, existió. Había nacido en 1795 en Málaga con augurios no muy felices. Y sus huellas pueden encontrarse en muchos documentos. Quizás uno de los menos conocidos sea una carta de 1842 dirigida desde Puerto Príncipe o Camagüey en Cuba al reconocido animador de la cultura cubana en el segundo tercio del siglo XIX, Domingo del Monte. Está firmada por el "Lugareño", Don Gabriel Betancourt Cisneros, Marqués de Santa Lucía. En ella puede leerse esto:

> He oído muchas necedades y fanfarronadas en estos días desde los cuentos de Turnbull ... y me he convencido de que los hombres de más talento, de más instrucción y hasta virtud, pierden aquí la chaveta en tocándose el punto de la esclavitud ... Estos hombres no quieren creer que el siglo tiene su obra que consumar, y ponen más fe y confianza en Dn. Pedro Blanco y Dn. Joaquín Gómez, que en la Europa entera y casi toda la América. ¡Pobres demonios![5]

---

[4] Lino Novás Calvo, "Nantes en la trata de negro", *Revista de Occidente* CXIII (noviembre 1932) 217-22.

[5] *Centón Epistolario de Domingo del Monte*. Prefacio, anotaciones y una tabla alfabética de Joaquín Llaverías Martínez, Tomo V (1841-43), La Habana, 1938 (MCMXXXVIII) 58-59. Se aclara que esta obra está compuesta de siete volúmenes publicados en distintas fechas por la Academia de la Historia de Cuba. Se informa igualmente que el nombre del que recibía las cartas ha sido escrito indistintamente como *del Monte* o *Delmonte*. En cuanto a Turnbull, era el cónsul inglés en la Habana vinculado al grupo de Delmonte que compartía las ideas abolicionistas. Posteriormente la historia del proceso hace que David Turnbull adopte una actitud que lo aleja del círculo de Delmonte. Se recomienda a los interesados ver Jorge e Isabel Castellanos (padre e hija). *Cultura Afro-cubana*, tres tomos (Miami, 1988-90-92). Consultar especialmente tomo I.

Es suficiente esta cita para probar la existencia y actividad del protagonista. Pero ¿basta este dato para garantizar que el texto responde realmente a lo que fue la vida de este sujeto? A poco de leer la novela se percata el lector avisado de que hay mucha imaginación, mucha invención, mucho talento, en suma, detrás de esta escritura. Y el mismo autor lo confirma en la entrevista citada al decir:

> Realmente no es una novela muy documentada ... En ella hay mucho de creación y de deducción ... es biografía porque los hechos principales, los puntos de apoyo son verdaderos ... Pero después hay lagunas llenadas por la suposición, con la imaginación, con hechos posibles, verosímiles, probables, pero que sería muy difícil comprobarlos ...[6]

Así es, pese a que el libro contenga una extensa y bien relacionada bibliografía sobre la esclavitud y la trata. Pero puede afirmarse que esto ofreció al escritor bases para el trabajo, mas en modo alguno guió la integración y desarrollo del texto. Lo que logró la estructura de la narración fue el talento para la ficción que tenía Novás Calvo y que tan lúcidamente ha destacado Enrique Anderson Imbert al decir:

> Desde los comienzos mismos de su carrera Lino Novás Calvo sin proponérselo, y aun sin saberlo, marchó a la vanguardia ... Yo seguía desde Buenos Aires la marcha de esa vanguardia y recuerdo el asombro que me causaron los primeros cuentos ... no se parecían a los de nadie ... Pero los cuentos ... traían un punto de vista perturbador.[7]

Y su novela también, añado yo. Es una novela, o pretendida biografía, cuyo texto es —en gran medida— para usar la frase del crítico citado, "perturbador". Y no precisamente porque sea ininteligible. No. Es que los hechos que se narran se presentan en tal forma, tan llenos de vida y experiencia no comunes que el lector se pregunta continuamente si lo que lee es posible. La imaginación del escritor vuela alto y nos presenta el desarrollo de la personalidad del protagonista a través de incidentes, aventuras y actitudes que invitan reiteradamente a la reflexión y a la visión del personaje no sólo desde los aspectos externos sino también desde su intimidad. Pero, cuidado, no se piense que esta obra intenta un análisis sociológico. En modo alguno. Es que campea en el texto un punto de vista múltiple donde lo íntimo y la experiencia exterior se funden de tal modo que, a veces, se pregunta uno quién lleva el discurso. Al respecto vuelvo a citar a Anderson Imbert:

> Y si las imágenes de Novás Calvo parecían "impresionistas o expresionstas" no era porque imitasen imágenes de escuelas, sino porque le salían así ... El escritor tan pronto capta, pasivamente, una realidad que le llega através de impresiones sensoriales (Impresionismo) como, al otro extremo del péndulo, crea una realidad que resulta ser una dinámica expresión de la conciencia (Expresionismo). Y las imágenes de Novás Calvo respondían a esta actividad interior del espíritu.[8]

---

[6] A. Gutiérrez de la Solana, Entrevista 71.
[7] Enrique Anderson Imbert, *El realismo mágico y otros ensayos* (Caracas-Buenos Aires, 1976) 149-50.
[8] Anderson Imbert 151.

Eso explica que toda la novela esté llena de párrafos que —estilísticamente hablando— pueden considerarse antológicos. Abundan las descripciones con acentuado matiz poético. Por lo mismo sin absoluta objetividad. Son visualizaciones de hechos geográficos o situaciones humanas en que nunca está ausente la emoción, la sensibilidad del que escribe. Múltiples podrían ser las citas. El libro está lleno de muestras. Aquí van éstas:

> Embarcados de noche, los negros no veían clara la distinción entre mar y tierra. Casi todas las rebeliones a bordo tenían lugar a la vista de alguna tierra. El alma de los negros de la selva estaba clavada en la tierra, y al verse separados de ella esa alma se desgajaba por dentro y les entraba una nostalgia romántica y suicida.[9]

O esta otra, después de un desembarco de esclavos en la costa norte de Cuba, cerca de Matanzas:

> Los negros marchaban con un paso musical al son de un tambor lento que ya no se oía, pero que ellos llevaban en la sangre. La sangre de los negros había aprendido el ritmo de los cueros, trasmitiéndolo a los nervios y a los pies.[10]

La novela transcurre muy lentamente. Y se asiste en ella al desarrollo de la personalidad del protagonista tanto desde el punto de vista de las peripecias externas como desde el lado de la intimidad. Pero sin entrar en mayores explicaciones. Así vemos los avatares por los que pasa Pedro hasta devenir en el consumado marino que fue primero para convertirse en importante colono en Africa y en el destacado negrero que fue. La precisión geográfica con que el autor se refiere a los lugares de las costas de América y de Africa que recorre Pedro en sus aventuras, los establecimiento y técnicas para la recolección de los negros, las luchas entre los colonos rivales, las tareas y negociaciones de los tratantes de esclavos, las dificultades del tráfico, las luchas, y hasta guerras, entre los imperios políticos europeos por el tal comercio; en fin, todo lo que tiene que ver con la trata está minuciosamente presentado. Y en el transfondo, nunca eludido, los hombres y sus funciones en la nefanda empresa. Y entre todo, por supuesto, el propio protagonista.

Se asiste así al espectáculo del inmenso negocio que significó la trata, a los recursos y a las técnicas que se empleaban, desde los más modestos hasta los más ambiciosos. Y se constata la infinita gama que puede recorrer la codicia humana y el incontrolabe afán de poder. Y también, cómo no, la bondad y ternura ocasionales aparecen igualmente en el texto. A mí siempre me han impresionado dos líneas de esta novela, por otro lado tan dura y tan despiadada. Dicen: "Pedro había cobrado a través de los años un miedo pánico a lo que en él pudiese haber de ternura".[11] Y es que el autor tuvo siempre —sin decirlo explícitamente— un sentido ético de la misión del escritor, como de alguna manera lo indicó en el preámbulo que precede a su cuento "Fernández, al paredón", donde dice:

---

[9] Lino Novás Calvo, *Pedro Blanco, el Negrero*, 4ª edición (Madrid, 1955) 122.
[10] Novás Calvo 96.
[11] Novás Calvo 242.

"Siempre ha habido ejecutores y ejecutados. Suyo es el espanto. Al escritor humanitario corresponde denunciarlo".[12]

Y se muestra en esta novela, muy parcamente, el modo cómo Pedro interiorizaba sus sentimientos, sobre todo el amor que sentía por su hermana quedada atrás en su Málaga nativa. las demás pasiones, las que nacen del instinto y de las aberraciones del espíritu, así como las creencias y supersticiones que afloran en todas las culturas están igualmente presentadas. Y, con similar cuidado, aparecen diversas formas de la magia, especialmente ritos y costumbres de algunas de las tribus llevadas a Cuba en que, de cierto modo, se hace patente lo sobrenatural. En este sentido es muy interesante el pasaje que narra cómo Pedro, en la colonia que regentea en África, va a visitar a un enfermo grave, quien le confiesa:

> ¿Usted es el jefe? —le dijo. Sí, usted es. Escuche. Yo me muero. Esto tenía que ser algún día, y no importa. Pero antes quiero que sepa usted algo, que no he dicho a nadie. Ayer vino a verme el diablo. Me ha contado todo lo que pasará en el mundo desde ahora y cómo se llevará al fin a todo el mundo.[13]

Este fragmento da para pensar. La anécdota es gratuita pues en todo el texto no se hace evidente una actitud o relación personal de Pedro que avale el incidente. Por ello, para mí, su única justificación es que con él pretendía el escritor alertar a los hombres que de seguir por la senda de la codicia, del afán inmoderado de poder y de la violencia y el crimen, la raza humana estaba destinada a desaparecer. Hoy —a más de diez años de distancia del fallecimiento de Novás Calvo— hay hartos motivos para meditar en lo dicho. Y que esta interpretación no parece ser gratuita se revela por un texto anterior en muchas páginas al citado, en que Pedro confiesa que le ha entrado el afán de poder. Allí se dice:

> Pedro era a la vez náufrago y bandido y en sí llevaba lo que no había llevado ningún otro factor de la región. En él se había manifestado de golpe una vivazón espiritual. Hasta entonces había sido soldado ... ahora quería ser rey.[14]

Es decir, hombre de poder. La obra que se analiza es, pues, una en que el tema real es la trata de esclavos, no una biografía. Ésta es sólo el pretexto. Por eso se fundamenta el asunto en datos y hechos históricos de fácil comprobación y en una extensa bibliografía —como ya se dijo— no habitual en una novela. Es todo el texto un documento debidamente informado donde se hace patente la participación de Inglaterra, Holanda, Francia, Portugal, y, lógicamente, de España, en el malhadado comercio. Y hay información sobre los distintos grupos o tribus de negros que se llevaron a América, especialmente a Cuba, como se acredita en múltiples partes del texto. Así, alguna vez se dice: "Los ñáñigos eran asociados ladinos. Tenían sociedades secretas y mágicas ...".[15] Y hay lujo de detalles en la descripción de danzas y ceremoniales como en lo que se cita a continuación:

---

[12] Lino Novás Calvo, *Maneras de contar*. Colección de cuentos seleccionados por el autor, cada uno de los cuales lleva un pequeño preámbulo (Nueva York, 1970) 151.
[13] Lino Novás Calvo, *Pedro Blanco* 241.
[14] Novás Calvo, *Pedro Blanco* 187-88.
[15] Novás Calvo, *Pedro Blanco* 108.

La fiesta comenzó por cantos y batir de palmas. A un lado de la hoguera un negro calentaba un tantán, y al otro, otro calentaba un bongó ... La pareja dió en perseguirse en síncopes, tratando de abrazarse con los cuerpos ... Todo el afán de los danzantes estaba en enlazar alguna parte de sus cuerpos menos los brazos.[16]

Pero no sólo se viven por la lectura los distintos aspectos de la trata sino que también se visualizan los centros geográficos en que se desarrollaba dicho comercio, en alguna medida semi-clandestino. Así, junto a descripciones plenas de detalles de varios lugares de África aparece en múltiples ocasiones la ciudad de la Habana de aquellos tiempos con su Plaza Vieja y las calles de la Muralla, Habana, Cuarteles, San Ignacio y el Paseo de la Cortina de Valdés, frente al mar, donde alguna vez había vivido el Negrero. Igualmente se mencionan las poblaciones cercanas que bordean el puerto habanero y tenían fácil comunicación con la ciudad, como Regla y Guanabacoa, dos villas donde se alojaban y traficaban muchos de los implicados en el comercio de esclavos. Y con similar prolijidad se aluden y comentan las rebeliones de negros en las llamadas "factorías", en los barcos que los transportaban y en las colonias adonde eran llevados, sobre todo en Cuba. Y no falta la mención de la rebelión ocurrida en South Hampton [sic], Virginia, en los Estados Unidos y liderada por Nat Turner. Y avalando lo que se dice, muchas veces al pie de página aparecen autores y libros de consulta.

Pero un incidente de la mayor importancia da al traste con la relevancia que Pedro Blanco había logrado. Tiene que ver con su historia íntima. Su hermana Rosa, el único y verdadero gran amor que había habido en su vida, se queda completamente sola en su Málaga natal. Por una carta que llega a las manos de Pedro, casi inesperadamente él se entera. Conmovido hasta lo más íntimo la envía a buscar de inmediato para que se quede con él en Gallinas, la colonia africana donder era casi rey como había soñado. La hermana no es remisa y viene. La instala en regia casa— lo más parecido a un palacio— lujosamente amueblada y él se va a vivir con ella sola, dejando aparte a su esposa Elvira y a sus hijos, lo que era su familia allí. Pero la hermana no se ajusta al nuevo sitio pese al bienestar de que disfruta y que nunca había tenido. En vista de la situación creada por la inadaptación de Rosa, Pedro planea trasladarse con ella a Cuba, a la Habana, para después irse retirado a Génova. Pero sus planes fracasan porque la hermana muere. La vida entonces pierde sentido para el protagonista. Y toma la decisión de ordenar que se momifique a Rosa. Y

---

[16] Novás Calvo, *Pedro Blanco* 104-05.

* Después de terminado este estudio ha llegado a mis manos el número 21 de la revista *Anales de Literatura Hispanoamericana* de Madrid, de 1992, con un extenso trabajo de Enriqueta Morillas Ventura, cuyo título reza así: "Lino Novás Calvo: 1) Mares, aventuras, civilizaciones. 2) 'La Revista de Avance", 401-14. Debe consultarse. También debo añadir que la especialista en la obra de Lino Novás Calvo, Lorraine E. Roses, ha publicado el resultado de sus investigaciones personales y directas sobre el lugar y fecha de nacimiento del escritor. De acuerdo con esa información Novás Calvo nació en 1903 y no en 1905 como él siempre dijo. Pueden consultarse estos datos y otros — como la partida de nacimiento del autor que ella transcribe— en *Linden Lane Magazine* V, 3, de julio-setiembre de 1986; así como el libro de la propia investigadora cuya ficha reza así: Lorraine Elena Roses: *Voices of the Storyteller: Cuba's Lino Novás Calvo* (Nueva York: Greenwood Press, 1986).

la lleva así con él, acompañado de una hija que también se llamaba Rosa a la Habana para después trasladarse de modo definitivo a Barcelona, ciudad que le era familiar por haber estado en ella durante su juventud en una de sus tantas aventuras. Y allí convive con la momia que es Rosa, pues la hija se ha instalado aparte, hasta su propia muerte en 1854, después de haber caído en la locura.

Nada es más extraño, más lleno de desolada nostalgia y angustia que este final en que "Pedro Blanco, el Negrero" deja de ser quien fue. Hay que leer el libro para percatarse de ello.

Así termina esta novela que —como he insistido— no es exactamente una biografía, sino una dramatización novelada de ese fenómeno que fue la trata de esclavos, aún tan mal conocida. Y ahí, así como en sus múltiples méritos literarios e históricos, está el valor de esta obra que honrará por siempre la memoria de su autor, Lino Novás Calvo, a quien con este comentario le rindo el homenaje que merece.

La Nación

La ambivalencia de ser criollo: género testimonial en *Los infortunios de Alonso Ramírez*

Kimberle S. López

Kimberle López, de nacionalidad estadounidense, acaba de ser nombrada Assistant Professor *en la Universidad de New Mexico, Albuquerque, habiendo sacado su primer título en la Portland State University, Oregon y el doctorado en Berkeley. Su campo de interés actual es la novela latinoamericana de los siglos XIX y XX. Ha publicado artículos sobre Rosario Castellanos, Marilene Felinto, José Gorostiza y Juan Rulfo y en prensa tiene un artículo sobre* Dreaming in Cuban, *de Cristina García*

La crítica reciente se ha aproximado a *Los infortunios de Alonso Ramírez* (1690) desde varias perspectivas: más que nada, la obra se ha asociado con los libros de viaje, las crónicas de la Conquista, la novela picaresca,[1] y con el "Barroco de Indias".[2] En términos ideológicos, uno de los aportes más importantes del texto es el que destaca Mabel Moraña, es decir, la contribución que *Los infortunios* hace a la formación de una conciencia y un discurso criollos. Un acercamiento al texto desde la perspectiva del testimonio[3] nos ayuda a entender la dificultad de establecer una identidad criolla durante la época virreinal,[4] ya que nos ofrece algunos conceptos para la investigación de la relación entre autor erudito y testimoniante marginal.[5] A causa de esta relación, que podemos llamar una de colonialismo

---

[1] Varios críticos se refieren a los elementos picarescos de *Los infortunios*, por ejemplo, Julie Greer Johnson, Aníbal González y Timothy Compton, mientras Raúl Castagnino considera la obra una "picaresca a la inversa", y Raquel Chang-Rodríguez la considera una "transgresión de la picaresca".
[2] Véase, por ejemplo, Mabel Moraña, Beatriz González y Kathleen Ross.
[3] Chang-Rodríguez se refiere implícitamente al vínculo con el testimonio cuando dice: "Los *Infortunios* se enlazan así con relaciones contemporáneas donde modernos escribas cuentan la vida de otros olvidados —*Biografía de un cimarrón* (1966) y *Canción de Rachel* (1969) de Miguel Barnet, *Hasta no verte Jesús mío* (1969) de Elena Poniatowska" (95).
[4] Me refiero a las teorías de la literatura testimonial tales como las que se presentan en el número especial de la *Revista de Crítica Literaria Latinoamericana* 18, 36 (1992) dedicado a este tema; los conceptos aplicados aquí vienen específicamente del artículo de Antonio Vera León. Sobre el testimonio literario también hay otra colección de ensayos en *Testimonio y literatura* editado por René Jara y Hernán Vidal (Minneapolis: Institute for the Study of Ideologies and Literature, 1986) y el libro de Elzbieta Sklodowska, *Testimonio hispanoamericano: historia teoría poética* (Nueva York: Peter Lang, 1992). En "Hacer hablar: la transcripción testimonial", Vera León subraya la relación de poder entre transcriptor y testimoniante que forma el enfoque del presente ensayo.
[5] En su artículo "Máscara autobiográfica", Mabel Moraña elabora los temas de la conciencia y el discurso criollos en *Los infortunios de Alonso Ramírez*.

interno,[6] el texto escrito que deriva del testimonio oral de Alonso Ramírez no puede menos que ser una expresión ambigua de la inherente ambivalencia de la situación colonial.[7]

En el testimonio literario, un escritor erudito se apropia de la historia de un individuo marginal, la elabora y la publica con su propio nombre en la portada en el lugar privilegiado del autor. Las teorías contemporáneas sobre el testimonio, las cuales por su parte emplean conceptos desarrollados en estudios recientes sobre la relación entre etnógrafo e informante,[8] ofrecen términos útiles para interrogar más a fondo el colonialismo interno implícito en la relación entre transcriptor y testimoniante. Más que nada, estas teorías ofrecen los medios para formular una serie de preguntas, por ejemplo, ¿qué es lo que motiva a los dos participantes en el proceso testimonial a cooperar en este "pacto autobiográfico"[9] y qué esperan conseguir de la transcripción y publicación de la historia personal de un ser marginado? Más allá, tenemos que preguntarnos, como lo hace Antonio Vera León, "¿en qué consiste la autoría de un testimonio?" (183), ya que el testimonio es el resultado de una compleja serie de negociaciones entre un "yo" erudito y un "otro" marginal.[10] En la relación entre "yo" y "otro" cuyo resultado final es el texto de *Los infortunios*, las negociaciones del pacto autobiográfico responden al doble impulso del deseo de identificarse con un otro marginal[11] y la necesidad de establecer una identidad propia distinguiéndose de este otro: esta vacilación ideológica del proceso testimonial es, a su vez, producto en parte de la inherente ambivalencia de la situación colonial.

La primera persona narrativa de un testimonio, entonces, es un *yo* que se fragmenta en dos: el narrador que experimenta la vida y que cuenta su historia personal en forma oral, y el transcriptor que se responsabiliza por la organización del texto escrito.[12] En *Los infortunios*, el propio censor llama la atención a la problemática cuestión del sujeto testimonial cuando señala esta división de trabajo en su aprobación:

> Puede el sujeto desta narración quedar muy desvanecido de que sus Infortunios son hoy dos veces dichosos: una, por ya gloriosamente padecidos ... y otra, porque le cupo en suerte la pluma de este Homero .... [q]ue al embrión de la funestidad confusa de tantos sucesos dio alma con lo aliñado de sus discursos, y al laberinto [sic] enmarañado de tales rodeos halló el hilo de oro para coronarse de aplausos. (*Infortunios* 27)

---

[6] Moraña se refiere implícitamente a esta problemática del colonialismo interno cuando investiga la desigualdad de poder entre Alonso Ramírez y Carlos de Sigüenza y Góngora; ella concluye que "también entre ellos se repite la relación de subalternidad que es el signo del sistema de dominación imperante" ("Máscara autobiográfica" 393).
[7] En "Of Mimicry and Man", Homi Bhabha desarrolla la idea que el discurso colonial refleja lo que él llama la inherente ambivalencia de la situación colonial.
[8] En cuanto al colonialismo implícito de la relación entre etnógrafo y informante, véase, por ejemplo, los ensayos de *Writing Culture: The Poetics and Politics of Ethnography* eds. James Clifford y George E. Marcus (Berkeley y Los Angeles: University of California Press, 1986).
[9] En su "Máscara autobiográfica" Mabel Moraña aplica este término a *Los infortunios de Alonso Ramírez* (383).
[10] Véase Vera León 183.
[11] Vera León introduce la expresión "deseo-de-ser-el-otro" en su artículo (188).
[12] Como dice Vera León, "El discurso testimonial sitúa la experiencia del lado del narrador informante y reserva la escritura para el transcriptor, conocedor de los modos autorizados de narrar" (189).

Esta división del trabajo literario está íntimamente ligada a las desigualdades de poder entre testimoniante marginado y transcriptor erudito, y da la impresión que los subalternos sólo existen para experimentar la vida, mientras los intelectuales sirven para meditar y escribir sobre vidas ajenas.

Para investigar el tema de *Los infortunios* como testimonio, entonces, primero tenemos que cuestionar la relación entre los dos individuos que colaboran para producir este texto criollo. La crítica sobre *Los infortunios* suele concentrarse exclusivamente en la contribución de uno u otro de los participantes en el convenio testimonial, refiriéndose a Carlos de Sigüenza y Góngora como el amanuense del cautivo puertorriqueño, o a Alonso Ramírez como creación literaria del sabio mexicano.[13] Ya que *Los infortunios* constituye un esfuerzo colaborativo entre dos criollos de diferente estamento social, no podemos atribuir su contenido ideológico exclusivamente al náufrago puertorriqueño que cuenta su historia, ni al erudito mexicano que la transcribe. Más que considerar a uno como portavoz de la ideología del otro entonces, el acercamiento al texto desde la perspectiva del testimonio indica que *Los infortunios* resulta de la intersección entre sus respectivos puntos de vista ideológicos.[14]

Para acercarnos a *Los infortunios* en cuanto a su carácter genérico testimonial, tenemos que examinar los fines que motivan a los dos criollos a participar en el pacto autobiográfico que da como resultado este texto escrito. A primera vista, la obra aparenta ser una hoja de servicios para Alonso Ramírez, con el fin de solicitar la justa compensación por lo que ha padecido en nombre de la Corona española. Si ponemos atención en los últimos párrafos de la obra, sin embargo, nos damos cuenta que el Virrey ya ha oído la historia del cautiverio del puertorriqueño y que Ramírez ya ha recibido la recompensa solicitada. La única recompensa que en el fondo pide *Los infortunios*, entonces, es la que merece Sigüenza por su escritura:

> Mandóme [el Virrey], o por el afecto con que lo mira, o quizá porque estando enfermo divirtiese sus males con la noticia que yo le daría de los muchos míos, fuese a visitar a don Carlos de Sigüenza y Góngora, cosmógrafo y catedrático de matemáticas del Rey Nuestro Señor en la Academia Mexicana, y capellán mayor del Hospital Real del Amor de Dios de la Ciudad de México —títulos son estos que suenan mucho y valen muy poco, y a cuyo ejercicio le empeña más la reputación que la conveniencia. (71)

Bajo este aspecto, más que "dejar hablar" al otro, el testimonio literario consiste en "hacer hablar" al otro para los propósitos del autor erudito, ya que es Sigüenza y Góngora, y no Alonso Ramírez, quien tiene algo que ganar de la transcripción de la historia de cautiverio y naufragio del puertorriqueño. Según Vera León, el "hacer hablar" al otro implica violentar la palabra de este otro; esta coerción implícita proviene, a su vez, del hecho de que la

---

[13] Un problema que no podemos resolver dentro de los parámetros del presente ensayo es la cuestión de la existencia real de Alonso Ramírez. Ha habido argumentos bastante convincentes sobre la probabilidad de la existencia del puertorriqueño, por ejemplo, el argumento estilístico de Irizarry y la aproximación histórica de Cummins; pero no se ha ofrecido ninguna prueba definitiva de que haya o no haya existido.

[14] Soons usa la expresión "collaborative authorship" y se refiere a *Los infortunios* como "the intersection between two conceptions of the world" (201).

relación entre transcriptor y testimoniante siempre implica una desigualdad de acceso a los medios de comunicación de la cultura dominante.

Para entender la cuestión de la marginación en *Los infortunios*, tenemos que ver en qué consiste la marginalidad de Alonso Ramírez, y por qué Sigüenza y Góngora escoge narrar desde esta perspectiva marginal. Como señala Beatriz González, el mundo colonial suele estudiarse como si fuera un ente homogéneo, sin referencia a las diferencias de momento histórico ni de lugar geográfico. El momento histórico en el cual salen a luz *Los infortunios de Alonso Ramírez* es el de la decadencia de la dinastía austríaca a fines del siglo XVII; en los otros escritos de Sigüenza y Góngora notamos su deseo de mantener la hegemonía del sistema imperial. En cuanto a las diferentes regiones de la Hispanoamérica colonial, Mabel Moraña nota en su ensayo "Máscara autobiográfica y conciencia criolla" que las podemos imaginar como una serie de círculos concéntricos que emanan de los centros de poder virreinales; según este criterio, el puertorriqueño Alonso Ramírez se encuentra más lejos del centro que el mexicano Sigüenza y Góngora.[15] Aparte de estas cuestiones geográficas, Ramírez está más marginado que Sigüenza en términos sociales también, ya que el padre del puertorriqueño era carpintero mientras Sigüenza es poeta, historiador, profesor de matemáticas y cosmógrafo real.

Ya que es Sigüenza y Góngora quien tiene más que ganar de la transcripción del testimonio de Alonso Ramírez, queda preguntarnos por qué un catedrático, capellán mayor y cosmógrafo real, elige narrar desde la perspectiva de un marginado. Una lectura de la obra en prosa de Sigüenza y Góngora muestra que en general, el sabio mexicano quería apoyar y mantener el régimen virreinal;[16] sin embargo, ya que describe la sociedad colonial desde las márgenes, la historia de Alonso Ramírez expone las grietas dentro de este mismo orden.[17] La ambivalencia ideológica se nota en el hecho de que Sigüenza quiera llamar la atención del rey sobre la debilidad del poder marítimo español dentro de un creciente mercado internacional, cuando a la vez los padecimientos de Alonso Ramírez apuntan a una crítica del imperio por su evidente incapacidad de proteger a sus súbditos; en *Los infortunios*, entonces, queda clara una tensión entre el discurso, que se conforma a la retórica de la legitimación,[18] y el contenido, que desarrolla el tema de la frustración y marginación de un súbdito imperial. Mientras que en sus otras obras en prosa Sigüenza apoya el imperio español, en *Los infortunios* se nota el descontento de los criollos con un

---

[15] "Puerto Rico, lugar de nacimiento de Alonso Ramírez ... es marginal no sólo en su calidad de territorio colonizado, sino además en su carácter de zona dependiente del centro virreinal de la Nueva España" (Moraña, "Máscara autobiográfica" 387).

[16] Por ejemplo, Sigüenza expresa un interés en que los territorios coloniales del norte se mantengan en manos de los españoles; en sus obras en prosa, Sigüenza "ve en las incursiones extranjeras en América, el debilitamiento de la corona española y previene al rey sobre la necesidad imperiosa de proteger estratégicamente las tierras mexicanas" (Benítez Grobet 26).

[17] "El relato de Alonso exhibe las lacras, peligros y contradicciones de la sociedad de la época, vista no desde la perspectiva de los sectores privilegiados ... sino mostrada desde los ojos de un súbdito desposeído del Imperio arrojado a los límites mismos de la degradación y la violencia" (Moraña, "Máscara autobiográfica" 391).

[18] En *Myth and Archive*, González Echevarría usa la expresión "rhetoric of legitimation" en su explicación de la importancia de los documentos escritos en el establecimiento del poder colonial.

sistema que no atiende a todas sus necesidades. Aunque al final Alonso Ramírez acepta su posición subordinada en la jerarquía virreinal, su desempleo y cautiverio llaman la atención sobre las insuficiencias del orden colonial: "Pero ya es pensión de las Indias el que así sea" (32). Y aunque Sigüenza quiera apoyar el sistema vigente, su transcripción de la historia de un súbdito marginado equivale a un cuestionamiento de este orden.

Si su intento es apoyar el orden virreinal, ¿por qué, entonces, se identifica el catedrático y cosmógrafo real con esta posición de marginalidad? Creo que la respuesta se encuentra precisamente en su situación de científico criollo. No me refiero tanto a su nivel económico que, vimos arriba, no corresponde con sus títulos altisonantes, sino más bien a la falta de prestigio asociado con los pensadores americanos de su tiempo. A estas alturas del siglo XVII, ya se había establecido una *élite* de terratenientes y comerciantes criollos en el virreinato de Nueva España, pero los españoles peninsulares seguían ocupando la mayoría de los puestos oficiales en la Iglesia y la administración colonial. Antes de transcribir el relato de las peripecias de Alonso Ramírez, Sigüenza y Góngora ya se había dado cuenta del *status* subordinado del criollo dentro del virreinato de la Nueva España. Lo que quisiera sugerir aquí es que Sigüenza participa en el pacto autobiográfico del testimonio porque necesita la historia de este otro doblemente marginalizado para subrayar la ambivalencia de ser criollo durante el período conocido como la estabilización colonial.[19]

Uno de los eventos más influyentes en la vida de Sigüenza como científico criollo fue su encuentro con el padre Kino, un misionero europeo que apoyaba la tesis del cometa como portento ominoso, y quien llamó a quienquiera que pensara distinto una persona "de trabajoso juyzio".[20] Sigüenza, que en sus avances científicos y pensamiento racional anticipaba las luces del siglo posterior, tomó este comentario personalmente como un insulto a sus propios estudios empíricos sobre los cometas y también como una referencia a la supuesta inferioridad intelectual de todos los que no nacieron y se educaron en Europa. Consciente de esta reputación negativa de los intelectuales hispanoamericanos, Sigüenza enfatiza la importancia de desarrollar un cuerpo de estudios sobre lo que llama "nuestra nación criolla";[21] su transcripción de *Los infortunios de Alonso Ramírez* forma parte de este projecto, ya que legitima la historia vivencial de un criollo de origen humilde, que en cierto sentido sirve de sinécdoque para la situación ambivalente del criollo en la América española colonial. Habiendo experimentado esta ambivalencia de primera mano en sus relaciones con el padre Kino, el erudito mexicano se identificaba con Alonso Ramírez en cuanto criollo y marginado.[22]

---

[19] Beatriz González y Mabel Moraña utilizan este término, que piden prestado Hernán Vidal.
[20] Citado en Leonard, *Mexican Savant* 65.
[21] En "Teatro de virtudes", el sabio mexicano lamenta el hecho de que casi toda la erudición sobre el nuevo mundo proviene de Europa: "El defecto es nuestro, pues cuando todos nos preciamos de tan amantes de nuestras patrias, lo que de ellas se sabe se debe a extranjeras plumas" (*Seis obras* 181).
[22] Su conciencia dolorosa de la percepción de los criollos como inferiores se demuestra en esta respuesta satírica a la referencia del padre Kino a los de "trabajoso juizio": "¡Viva mil años el muy religioso y reverendo padre [Kino] por el alto concepto que tuvo de nosotros los americanos al escribir estas cláusulas! Piensan en algunas partes de la Europa ... que no sólo los indios habitadores originarios de estos países, sino que los que de padres españoles casualmente nacimos en ellos, o andamos en dos pies por divina dispensación, o que aún valiéndose de microscopios ingleses apenas se descubre en nosotros lo racional" ("Libra astronómica", en *Seis obras* 312-13).

Ya que su propia situación no es una de obvia marginación, Sigüenza y Góngora depende de este otro, el puertorriqueño Alonso Ramírez, para personificar la paradójica situación del español americano en relación con el europeo. A través de *Los infortunios*, vemos cómo Alonso Ramírez se identifica primero como español y católico, en contraste con el indio ("de quien por indio jamás se podía prometer cosa que buena fuese" 40) y con el pirata inglés, que según su criterio es bárbaro y hereje;[23] y luego se define como criollo en contraste con un peninsular, el sevillano Miguel, quien es más cruel que los corsarios británicos.[24] Durante sus años de cautiverio, Ramírez trata de mantener su identidad cultural y al final se niega a quedarse voluntariamente con los piratas, aunque lo llaman "español cobarde y gallina" (46). Su fe en la cultura y religión hispanas se mantiene a través de todas sus peripecias; por eso Ramírez se disgusta cuando al volver a la sociedad hispánica, al final de sus aventuras, no encuentra el acogimiento que esperaba. De vuelta a Nueva España, el puertorriqueño encuentra que, en vez de ser recibido con los brazos abiertos después de sufrir tantas impiedades en nombre de la Corona española, los administradores coloniales le quieren quitar los pocos bienes materiales que le quedan. Mientras al principio de la obra, Ramírez creía que merecía ciertas ventajas sociales por su origen hispánico, al final de la obra, queda claro que como criollo, no goza de los mismos privilegios que los peninsulares.[25] A este punto, se identifica más con los indios que le brindan comida y alojamiento, en lugar de los oficiales virreinales, que lo desamparan aunque "por españoles y católicos estaban obligados a ampararme y socorrerme con sus propios bienes" (70). Esta desilusión de Alonso Ramírez paralela el encuentro desmoralizante de Sigüenza y Góngora con el padre Kino; en los dos casos, el desengaño sirve como punto de partida para una toma de conciencia del yo como criollo. Ya que su propia situación no basta para subrayar el tema de la marginalidad, el sabio mexicano participa en el pacto testimonial porque necesita a este otro, un criollo más alejado del centro de poder, para personificar la subalternidad del criollo hispanoamericano.

La ambigüedad ideológica de *Los infortunios* refleja la situación paradójica del criollo americano: por una parte, el hispanoamericano se identifica con la cultura europea y se aprovecha de sus prácticas discursivas y modos de representación; por otra parte, ya que no goza de los privilegios sociales del peninsular, el criollo se quiere definir como algo distinto, aunque todavía dentro de la retórica de la legitimación oficial. La ideología resultante, entonces, corresponde a la problemática más general de la inherente ambivalencia de la situación colonial: para el sabio mexicano, la ambigüedad consiste en querer apoyar

---

[23] En términos de identificación cultural, Ramírez supone que el único inglés que lo trató bien debía de haber sido un católico clandestino: "Persuádome a que era el condestable católico, sin duda alguna" (47).

[24] Este Miguel es más ofensivo que los ingleses porque niega la cultura española de su crianza: "haciendo [él] gala de mostrarse impío y abandonando lo católico en que nació, por vivir pirata y morir hereje" (52).

[25] Beatriz González se fija en esta transformación de la identidad social del puertorriqueño: "si en un comienzo la conciencia de Alonso Ramírez se asimila a los intereses de los españoles peninsulares, lentamente pasa a reconocerse con los sectores desposeídos (indígenas y otros), por el hecho de no poder acceder a las prebendas y beneficios que él supone como derechos legítimos" (44).

el orden imperial a la vez que legitimiza la historia personal de un subalterno criollo que señala las grietas en el sistema colonial; para Ramírez, la ambigüedad consiste en compartir los valores de ascenso e integración de la misma sociedad que, por su origen criollo, le niega acceso a medios legítimos de realizar estas metas sociales. La aproximación a *Los infortunios de Alonso Ramírez* desde la perspectiva del género testimonial llama la atención a otra cuestión problemática —la de la relación desigual entre los dos participantes en un pacto autobiográfico que permite que un autor erudito se apropie de la historia vivencial de un individuo marginal y que lo publique con su nombre en la portada. Así que en *Los infortunios* nos enfrentamos no sólo con la cuestión del colonialismo, sino también con la del colonialismo interno entre estos dos criollos de diferente origen social y geográfico. A causa de este colonialismo interno, la identidad americana que emerge de la alianza testimonial puede manifestarse únicamente como una expresión ambivalente de lo que significa ser criollo en el mundo virreinal novohispano a fines del siglo XVII.

Bibliografía

Arrom, José Juan. "Carlos de Sigüenza y Góngora: relectura criolla de los *Infortunios de Alonso Ramírez*". *Thesaurus* 42 (1987) 23-46.

Benítez Grobet, Laura. *La idea de historia en Carlos de Sigüenza y Góngora*. México: Universidad Nacional Autónoma de México, 1982.

Bhabha, Homi. "Of Mimicry and Man: The Ambivalence of Colonial Discourse". *October* 28 (1984) 125-33.

Castagnino, Raúl H. "Carlos de Sigüenza y Góngora o la picaresca a la inversa". *Escritores hispanoamericanos desde otros ángulos de simpatía*. Buenos Aires: Nova, 1971, 91-101.

Chang-Rodríguez, Raquel. "La transgresión de la picaresca en los *Infortunios de Alonso Rámirez*". *Violencia y subversión en la prosa colonial hispanoamericana*. Potomac MD: Studia Humanitatis; Madrid: Porrúa Turanzas, 1982, 85-109.

Compton, Timothy G. *Mexican Picaresque Narratives*. Tesis doctoral. Universidad de Kansas, 1989.

Cummins, J. S. "*Infortunios de Alonso Ramírez*: 'A Just History of Fact'?" *Bulletin of Hispanic Studies* 61, 3 (1984) 295-303.

González, Anibal. "*Los infortunios de Alonso Ramírez*: Picaresca e historia". *Hispanic Review* 51, 2 (1983) 189-204.

González Echevarría, Roberto. *Myth and Archive*. Cambridge y Nueva York: Cambridge University Press, 1990.

González S., Beatriz. "Narrativa de la 'estabilización' colonial: peregrinación de Bartolomé Lorenzo (1586) de José de Acosta, *Infortunios de Alonso Ramírez* (1690) de Carlos Sigüenza y Góngora". *Ideologies and Literature* 2, 1 (1987) 7-52.

Irizarry, Estelle. "One Writer, Two Authors: Resolving the Polemic of Latin America's First Published Novel". *Literary and Linguistic Computing* 6, 3 (1991), 175-79.

Johnson, Julie Greer. "Picaresque Elements in Carlos Sigüenza y Góngora's *Los infortunios de Alonso Ramírez*". *Hispania* 64, 1 (1981) 60-67.

Leonard, Irving. *Baroque Times in Old Mexico*. Ann Arbor: University of Michigan Press, 1959.

_____ *Don Carlos de Sigüenza y Góngora: A Mexican Savant of the Seventeenth Century*. Berkeley: University of California Press, 1929.

Moraña, Mabel. "Barroco y conciencia criolla en Hispanoamérica". *Revista de Crítica Literaria Latinoamericana* 28 (1992) 229-51.

_____ "Máscara autobiográfica y conciencia criolla en *Infortunios de Alonso Ramírez*". *Crítica y descolonización: El sujeto colonial en la cultura latinoamericana*. Eds. Beatriz González and Lúcia Costigan. Caracas: Academia de Historia, 1992, 383-96.

Ross, Kathleen. "Carlos de Sigüenza y Góngora y la cultura del barroco hispanoamericano". *Relecturas del Barroco de Indias*. Ed. Mabel Moraña. Hanover NH: Ediciones del Norte, 1994, 223-43.

Sigüenza y Góngora, Carlos de. *Los infortunios de Alonso Ramírez*. Ed. J. S. Cummins y Alan Soons. Londres: Tamesis, 1984.

_____ *Seis obras*. Caracas: Ayacucho, 1984.

Soons, Alan. "Alonso Ramírez in an Enchanted and a Disenchanted World". *Bulletin of Hispanic Studies* 53 (1976) 201-05.

Vera León, Antonio. "Hacer hablar: La transcripción testimonial". *Revista de Crítica Literaria Latinoamericana* 18, 36 (1992) 181-99.

Mariátegui y "la cuestión nacional": un ensayo de interpretación

Mabel Moraña

Anteriormente catedrática de la Universidad de Southern California, Mabel Moraña, que nació en el Uruguay, es ahora miembro del profesorado del Departamento de Lenguas y Literaturas Hispánicas de la Universidad de Pittsburgh, sede del IILI. Es especialista en las literaturas hispanoamericanas colonial y decimonónica y ha publicado muchos artículos y libros sobre estas áreas de investigación. Entre sus publicaciones se destacan: Literatura y cultura nacional en Hispanoamérica: 1910-1940 *(Minneapolis, 1984) y* Memorias de una generación fantasma *(Montevideo, 1988). Fue editora de* Relecturas del Barroco de Indias *(Hanover NH, 1994) y, con Lelia Area, de:* La imaginación histórica en el siglo XIX *(Rosario, 1994). Actualmente está preparando un estudio sobre el Barroco hispanoamericano*

Reivindicada sucesivamente por marxistas, populistas, senderistas, como una de las bases teóricas indiscutidas de la moderna nacionalidad peruana, la obra de Mariátegui se abre hoy nuevamente al debate que desde el horizonte de la posmodernidad, reclama una relegitimación de la vigencia de los discursos fundacionales.

La intención de estas páginas no es, sin embargo, superponer sin más a la obra de Mariátegui, y en particular a sus elaboraciones sobre la cuestión nacional, los términos del debate posmoderno, sino más bien releer aspectos de su obra en tanto antecedentes de las polémicas actuales.

Para esbozar, en lo que aquí nos interesa, el debate que tiene lugar, desde hace ya más de una década, en torno al tema de la nación, particularmente para el caso de América Latina, debemos empezar por indicar que, acorde con la dialéctica de nuestro fin de siglo entre *globalización* y *fragmentación* de las totalizaciones heredadas de la modernidad, la revisión de la cuestión nacional expone una tensión interpretativa que parece resolverse en la idea de que el problema de la nación es una preocupación premoderna ("a pre-modern concern"), hoy superada por la incidencia de factores de acción disgregadora que privilegian más bien lo que Said llamaría "afiliaciones" intra- y transnacionales de notable incidencia dentro de la dinámica social y política.

La tensión interpretativa antes mencionada queda expuesta en las posiciones que analizan la cuestión nacional en sus diversas manifestaciones culturales, sociales, políticas, tanto en el período que en el siglo XIX sucede a la destotalización colonial como en el siglo XX, donde la cuestión nacional está más estrechamente ligada a la crisis del imperialismo mundial.[1]

Por un lado, las teorizaciones sobre América Latina que podríamos llamar *pro-*

---

[1] Véase al respecto Jorge Abelardo Ramos, en su análisis de los antecedentes que llevaron a la formación de un "Marxismo de Indias".

nacionalistas (sin implicar por ello un criterio de valor) exploran en los orígenes post-independentistas las etapas que conducen a la consolidación del Estado moderno y a la implantación del modelo liberal que ha guiado, de entonces a hoy, el proceso continental. Desde esta perspectiva puede identificarse, dentro de los discursos hegemónicos, el proyecto de progresiva identificación de las categorías de Estado y Nación, proceso por el cual el concepto de *nación* asimila, entonces, un valor unificante supuestamente derivado de la solidez y unicidad institucional (legal y administrativa) del aparato estatal que preside la organización nacional.

Este transplante mágico-simbólico (de la cualidad unificadora del Estado a la homogeneización de la Nación) habría sido visualizado, en los proyectos decimonónicos dominantes —tanto liberales como conservadores— como el mecanismo clave para el control económico, político y social, y para la implantación de democracias de participación limitada que restringían la idea de consenso —que de Ernest Renan a Benedict Anderson se ha visto como esencial a la idea de nación— a los parámetros de los sectores cuya articulación a los mecanismos del poder era admitida y regulada por el aparato estatal. El *telos* de la homogeneización nacional se apoya así en la función disciplinadora del Estado, que se nutre y legitima a su vez en esta operación reductiva (que pretende diluir la heterogeneidad que se registra dentro de los parámetros territoriales a la imaginada comunidad de una unidad nacional sancionada desde arriba, en modelos del tipo de "One Nation Under God") a partir de los cuales se elaboran formas excluyentes y autoritarias de *identidad nacional*.[2]

Por otro lado, las teorizaciones de carácter *anti-nacionalista*, recogidas en el debate posmoderno a propósito de América Latina, ponen más bien el énfasis en el colapso del concepto de nación en tanto categoría niveladora y totalizante. La fragmentación étnica, religiosa, sexual, lingüística, la diferenciación regional de acuerdo a factores demográficos o productivos, etc., son percibidos como factores yuxtapuestos de acción horizontal que, en conflicto con el verticalismo estatal, atraviesan la categoría de nación, relativizando la importancia movilizante que adjudicara a este concepto el pensamiento liberal, y dejando más bien al descubierto su carácter *ideológico*, afín a los intereses representados en los proyectos dominantes desde la Independencia a nuestros días.[3]

Se habla así de sectores marginales, de proyectos sectoriales, de "nacionalismos sin nación", de "estados multinacionales" o "naciones transestatales". Estas fórmulas que preveen la no coincidencia de nación, Estado y territorio nacional, dan cuenta tanto de la imposibilidad de consolidación de una "identidad nacional" abarcadora, como de la no vigencia de la teleología eurocentrista (que también el marxismo elabora) que ve en la nación estatizada el estadio más avanzado de una secuencia evolutiva que parte de las etnias o formaciones pre-capitalistas (y en este sentido "pre-civilizadas") y evoluciona hasta las formaciones modernas que se corresponden con la consolidación de burguesías

---

[2] Como ejemplo de estudios de este tipo véanse Laclau y Anderson. Respecto al desarrollo literario en relación con la cuestión nacional en el siglo XIX, véase Sommer.

[3] Como ejemplo de estos análisis véase Nairn; Albó, con respecto al área andina, y los estudios sobre literatura del siglo XIX de Masiello, Area y Moraña, que iluminan sectores socioculturales no incorporados canónicamente al imaginario nacionalista.

nacionales, la consecuente formación de un mercado interno y las previsibles relaciones de intercambio inter- y transnacional.

Así esbozada, a grandes rasgos, la polémica en torno a la cuestión nacional, ¿dónde instalar el mérito de la elaboración mariateguiana en torno a la nación? ¿Cómo reevaluar con justicia sus esfuerzos en la consolidación de una categoría que el "gran relato" marxista pre-leninista no prevee articulable a la condición neo-colonial latinoamericana, categoría esta misma de dificultosa y polémica elaboración al menos si tomamos en cuenta el discurso —y también los silencios— desplegados en los Congresos de la Internacional Comunista y en las ominosas declaraciones del Congreso Internacional Socialista de Stuttgart, en 1907 (donde asistieron Lenin, Rosa Luxemburgo, Trotski, Plejanov, catalogado por el primero como "el mejor congreso internacional que se haya celebrado jamás") donde los delegados alemanes (Eduard David) y holandeses (Van Kol) justifican el colonialismo como una forma de civilización de territorios atrasados, y como un alivio para la superpoblación europea (Ramos)?

¿Es la definición de la cuestión nacional mariateguiana una "preocupación premoderna" en el sentido de un requisito para la articulación de tradición y progreso, liberalismo y socialismo, campesinado y proletariado, mito e historia, localismo y universalismo, colonialismo y modernidad? ¿O es, contrariamente, una elaboración "posmoderna" *avant la lettre* en el sentido de que el discurso mariateguiano es el primero en hacerse cargo de la posibilidad de coexistencia de diversos proyectos político-ideológicos "nacionales" dentro de una nación, de que el multiculturalismo, multilingüismo e incluso la superposición de diversos sistemas productivos eran fuerzas de efecto horizontal, primordialmente centrífugas, que atravesaban la lucha de clases sin cancelarla, y de que sólo un proyecto que alterara la narratividad del evolucionismo marxista podía asegurar su aplicación a América Latina?

En Mariátegui, la elaboración de la cuestión nacional, plasmada principalmente en los escritos producidos entre 1925 y 1928, es ya entonces demasiado avanzada como para no haber superado la "ingenuidad" ideológica de las definiciones liberales de nación y nacionalidad que influyeron en América hondamente durante la primera década del siglo XX, por ejemplo los conceptos de Renan tan ampulosamente reciclados en Rodó, Vasconcelos y en general en la generación del Ateneo mexicano, a partir de las cuales la nación es una "solidaridad en gran escala", un "plebiscito diario", una "comunión espiritual y psicológica" que se basa en las glorias pasadas y se instala con la fuerza de una "conciencia moral" sobre la totalidad nacional (fórmulas que el populismo de la entreguerra reactualizaría por sus propios motivos). Conceptos que, por otra parte, vemos reaparecer en Benedict Anderson, que hace énfasis en el nacionalismo no en tanto estrategia ideológica correlativa al disciplinamiento burgués sino en tanto forma de trascendentalismo profano y de fraternidad ciudadana, o sea estudiándolo como constructo cultural más que como categoría histórica e historificable, política y politizable.

De todos modos, Mariátegui reconoce claramente, por un lado, que la matriz liberal, en la que fermenta el cultivo de la nacionalidad burguesa, constituye una impronta político-ideológica inescapable. En sus propias palabras, que "el socialismo contemporáneo ... es la antítesis del liberalismo, pero nace de su entraña y se nutre de su experiencia" (*Siete ensayos*). Pero sabe también, por otro lado, que el fracaso del indigenismo oficial (Leguía) y de los proyectos integracionistas y educativistas (Villagrán, Deústua, Belaúnde) por incorporar sectorialmente a la población indígena dentro de los proyectos dominantes ha liberado "un objeto democrático-nacional que ya no podía seguir circulando fluidamente dentro del discurso burgués" (Terán 87) y que es este vacío el que su elaboración debe cubrir, a través de la constitución de un *sujeto nacional revolucionario* capaz de interpelar a la nación burguesa desde adentro.

Entiende asimismo que la tradición agrarista y comunitaria del modo de producción indígena no puede resolverse en la articulación sectorial del indio a la nación burguesa, porque la tradición que arranca del Inkario constituye en sí misma un proyecto nacional alternativo (y no meramente sectorial) derrotado por la conquista primero y luego por la constitución de la "nación criolla" que se crea a la sombra de la dominación colonial, se legitima a través de las fórmulas del discurso ilustrado y se consolida en los fuegos fatuos del librecambio y de la ideología del progreso.

Dentro de los parámetros del marxismo, la construcción de este sujeto revolucionario implicaba, en puridad, para comenzar, la articulación del proletariado con el sector agrario y, en un nivel mayor de abstracción teórica, la articulación de nacionalismo e internacionalismo, que el propio marxismo no tenía resueltas fuera del contexto europeo. Dicho de otra manera, implicaba afinar las estrategias interpretativas del gran relato marxista y entender, como nos explica algún teórico de la posmodernidad, que el marxismo no se limita a interpretar la sociedad burguesa sino que es sobre todo una crítica de la interpretación burguesa de la sociedad (en el mismo sentido en que el psicoanálisis no provee un análisis de los sueños sino del relato que el paciente hace de los mismos).[4] Significaba reinvindicar así el *status* de la interpretación como instancia que construye el pensamiento simbólico y que no ya solamente lo traduce o mediatiza. Significaba así promover el surgimiento de un sujeto interpretante, prerequisito para la existencia de un marxismo propiamente latinoamericano, que en Mariátegui se vincula a la definición de un *objeto nacional-popular* como centro desde el cual elaborar el problema de la identidad peruana como base del internacionalismo y de la inserción en la universalidad teórica de los grandes relatos ya que como el mismo Mariátegui indicara en un temprano texto de 1924, "La realidad nacional está menos desconectada, es menos independiente de Europa de lo que suponen nuestros nacionalistas (...) la mistificada realidad nacional no es sino un segmento, una parcela de la vasta realidad mundial".[5]

La elaboración del teórico peruano revela así, continuamente, esta tensión entre la pragmática de la interpretación discursiva y el *status* epistemológico del discurso teórico, fijado por los objetivos de la definición científica y la creación de amplios campos de conocimiento y referencia histórica. Y no hay duda de que en esta operación de creatividad interpretativa, el marxismo mariateguiano debe hacerse cargo de una serie de vacíos teóricos, desviaciones y preconceptos dentro de la misma corriente del pensamiento marxista, y de otros que se enquistan en la dominante liberal y populista de la entreguerra. La crítica ha elaborado bastante acerca de las infortunadas consideraciones de Marx acerca de la invasión norteamericana a territorio mexicano, acerca del enjuiciamiento y la incomprensión del

---

[4] Véase Eduardo Grüner sobre el tema de las políticas de la interpretación.
[5] Sobre el tema de la creación del sujeto revolucionario y de la articulación nacional-popular en Mariátegui véase Terán, Cap. IV.: "El discurso de la nación". La cita de Mariátegui corresponde al texto titulado "Lo nacional y lo exótico", citado por Terán, 92.

movimiento bolivariano, acerca de la reconocida ignorancia sobre el mundo americano y la inexistencia de una taxonomía que permitiera clasificar a América Latina en una categoría más honrosa que la de "pueblos sin historia" concebida por Hegel.

Los escritos de Marx sobre India, sobre el avance capitalista en China o sobre Irlanda o la comuna rural rusa, reconocen la problemática de la formación nacional, pero no llegan a plantearla con el suficiente alcance teórico como para permitir la aplicación conceptual al caso latinoamericano, dando pie a que teóricos actuales hablen de la cuestión nacional como de la gran "anomalía" del pensamiento marxista, cuyo énfasis en el inter-nacionalismo parece saltearse la etapa inmediatamente anterior, desplegando una narratividad "defectuosa" que en el caso de América Latina muchos leyeron más bien como ficción.[6]

Estos vacíos, derivados del relativamente limitado campo de observación del primer marxismo, considerablemente cubiertos por la elaboración leninista y trotskista de principios de siglo, tienen sin duda un efecto de arrastre y desafío en en el marxismo gramsciano de Mariátegui, y específicamente en su elaboración acerca de la cuestión nacional.

Debe mencionarse, asimismo, que la temprana formación de naciones en territorio americano tiene lugar cuando recién se estaban estableciendo en Europa formas de nacionalismo moderno, si se exceptúa la temprana formación de la nación inglesa, ya que es recién a partir de la consolidación de la unidad nacional alemana en 1870 que se acelera el proceso de formación de nacionalidades europeas. De modo que no quedaba duda de que, como nos indica Jorge Abelardo Ramos al estudiar el proceso que conduce a la formación de "Marxismo de Indias", América Latina, Asia y Africa "desenvolvían [su] historia bajo otras leyes", apareciendo como "sujetos pasivos de una marginalización tajante y con respecto a los cuales no podría hablarse siquiera de la formación de un tipo de sociedad capitalista a la manera europea" (Ramos 205).

Acéptese o no esta interpretación histórico-económica, es evidente que la carencia mayor a la que debe enfrentarse Mariátegui es la que tiene que ver con la falta de una teorización en torno a los procesos y requisitos que pautarían la entrada —y luego la salida— de la modernidad a partir de la condición neocolonial y dependiente.

Para Mariátegui, la historia que arranca de las civilizaciones prehispánicas crea en América y en particular en la región andina una variante fundamental al proceso que Marx y Engels preveen entre la democracia burguesa y la revolución socialista. En palabras de Engels: "Una vez lograda la reorganización de Europa y Norteamérica, constituirá un poder tan colosal y un ejemplo tal, que todos los países semicivilizados se despertarán por sí mismos. Las solas necesidades económicas provocarán este proceso".[7] Las sociedades latinoamericanas, que existirían aún para entonces como formaciones coloniales o "en estado de naturaleza" en la periferia de las naciones civilizadas, recibirían de éstas ese efecto de arrastre y entrarían recién entonces, casi vicariamente, en la historia universal. O sea que no se preveé para la periferia esa etapa burguesa ni el surgimiento de fuertes

---

[6] Podemos recordar en este sentido, por ejemplo, la polémica impugnación del nacionalismo expuesta por Tom Nairn en *The Break of Britain*, su crítica a la concepción marxista sobre la cuestión nacional, y la idea de que el nacionalismo es una ideología a través de la cual se consolida el liderazgo intelectual de la clase media.

[7] Federico Engels, *Correspondencia* (Buenos Aires: Problemas, 1947) 415; citado por Ramos, 207, n.3.

movimientos nacionales que reproducirían creativamente los procesos centrales acumulando un impensado potencial revolucionario.

Es en este sentido que resulta crucial para Mariátegui la definición de lo nacional y el tema de la heterogeneidad como articulación ideológica de una "modernidad" latinoamericana para la que la socialización no era solamente la meta futura vislumbrada teleológicamente a partir de un evolucionismo utópico, sino una instancia precisa del pasado, un lugar en la historia, un momento crucial en la aún no elaborada teoría del colonialismo, a pesar de que Lenin había esbozado ya la diferenciación entre "países coloniales y semicoloniales" y de que empezaba a circular la noción de "naciones dependientes" aplicada a América Latina.[8]

Pero más que las fórmulas que facilitarían una clasificación de América Latina dentro de la totalidad internacional, preocupaba a Mariátegui la problemática compleja de su especificidad, particularmente respecto a la que Rama llamaría "el área cultural andina", y que es en Mariátegui objeto de un diseño teórico que explica las razones por las cuales la cuestión nacional es central en su obra.

Como bien advierte Mariátegui, para el caso peruano es esencial elaborar la categoría de lo nacional, ya que la excepcionalidad económica y política de la formación social peruana no autoriza trasplantes teórico-políticos sin más. De ahí que gran parte del trabajo de Mariátegui y del espacio crítico abierto en la revista *Amauta* se dedique a la cuestión de la heterodoxia, esa imprescindible herejía sin la cual, según Mariátegui, no podría confirmarse el dogma, y que aparece por primera vez en los escritos del teórico peruano en su artículo de la *Revista Mundial* del 25 de noviembre de 1927 bajo el título "Heterodoxia de la tradición" en la sección titulada con la famosa fórmula de "Peruanicemos al Perú". Allí expresa, en un pensamiento sin duda recuperable desde nuestra coyuntura actual, que la tradición "es viva y móvil. La crean los que la niegan para renovarla y enriquecerla. La matan los que la quieren muerta y fija, prolongación de un pasado en un presente sin fuerzas".[9]

Ni inercia de la tradición ni concepción de la nación como unidad abstracta independiente de la materialidad histórica y de la base popular que la sustenta, al modo del fascismo, sino como principio articulador donde fuera la masa popular, la "portadora de la nación".[10] Por eso algunos críticos hablan más que del "problema nacional", del "problema de la nación" en Mariátegui, intentando enfatizar el hecho de que en el autor de los *Siete*

---

[8] Lenin establece estas categorías en "La revolución socialista y el derecho de las naciones a la autodeterminación" junto a otras dos categorías: la de naciones capitalistas avanzadas de Europa occidental y EE.UU., y la de países del este europeo con densas nacionalidades (Austria, países balcánicos, Rusia). (Terán 85). En cuanto a la clasificación de naciones "dependientes", corresponden, según la citada explicación de Terán, al ecuatoriano Paredes, en el contexto de la discusión sobre la cuestión taxonómica que tuvo lugar en el VI Congreso de la Internacional Comunista en 1928.
[9] Para el tema de la heterodoxia y el discurso antitético antioligárquico, véase Fernández Díaz. La cita de "Heterodoxia de la tradición" aparece en su artículo, 136. Como este autor indica, al año siguiente, en *Defensa del marxismo*, en que se reúnen los artículos que corresponden a la polémica con el belga Henri de Man, Mariátegui sigue elaborando sobre el tema de la heterodoxia y el revisionismo, incluyéndose asimismo una crítica al determinismo positivista.
[10] La expresión es de Otto Bauer, *La cuestión de las nacionalidades y la socialdemocracia*, y es citada por Terán, 96.

ensayos no es prioritario el problema de la autodeterminación popular, ni de la liberación colonial (ya al menos formalmente superada en América Latina pero aún candentes en el panorama europeo), sino más bien la cuestión de cómo incorporar a la masa popular marginada a la nacionalidad, de cómo vincular su tradición y su potencial revolucionario al proyecto socialista, en un país no homogeneizado ni étnica, ni económica, ni políticamente.[11] Es justamente en Mariátegui esta presencia de la heterogeneidad la que guía el proyecto de construcción teórica de lo nacional, que él percibe como principio pragmático movilizador, portador de la dialéctica que llevará a su propia superación en la instancia socialista. Así es que la elaboración de lo nacional se libera en Mariátegui de todo esencialismo, y de toda ortodoxia.

Por un lado, ante la yuxtaposición de diversos sistemas productivos dentro de la formación social peruana (economía neo-feudal, comunitaria-indígena y burguesa), Mariátegui, enriqueciendo con esto el pensamiento marxista, vuelca más bien el énfasis sobre el análisis de la incidencia del sector no-capitalista (o pre-capitalista) de la economía andina atendiendo en este movimiento no sólo a los requerimientos de su objeto de estudio, sino a la coyuntura teórica y política registrada en el debate de su tiempo.[12]

En un movimiento similar, pasando de lo económico a lo político, advierte la *"depuración* del contenido de clase del Estado, por el desplazamiento gradual [en la dirección del Estado] de los terratenientes señoriales y de las mismas fracciones burguesas asociadas a ellos" (Quijano 25).[13] Sumada a la yuxtaposición de modos de producción, esta "indefinición de clase" (a la que Quijano se refiere) anula la posibilidad de una revolución democrático-burguesa, quebrando el ciclo seguido por modelos europeos, y exigiendo una incorporación de los factores locales como variantes fundamentales dentro del aparato teórico marxista-leninista.

La reivindicación agrarista realizada por Mariátegui, su adhesión al "humanismo absoluto de la historia" elaborado a partir de las ideas de Gramsci, su ruptura de la secuencia historlográfica tradicional presente en la propuesta de periodización literaria para el Perú, que inaugura recién con Vallejo y Valdelomar la etapa "nacional" (posterior, en Mariátegui, a la "cosmopolita"), "desquician" (para decirlo con una expresión de Óscar Terán), el discurso liberal y efectúan un indudable *tour de force* al discurso marxista. Evidencian,

---

[11] Esta cuestión aparece bien planteada por Terán, 96-97.
[12] Quijano plantea la importancia del análisis de Mariátegui de la contradicción capital/pre-capital presente en el Perú, y su perspicaz anotación de la paradoja expresada en los *Siete ensayos* en los siguientes términos: "En el Perú, contra el sentido de la emancipación republicana, se ha encargado al espíritu del feudo —antítesis y negación del espíritu del burgo— la creación de una economía capitalista" (Quijano 83).
[13] Este mismo autor indica: "El Estado que se reconstituye en el proceso de implantación y de consolidación del dominio del capital monopolista imperialista, estará caracterizado, así, por dos rasgos definitorios: su indefinición nacional, debido al carácter semi-colonial que asume la burguesía interna que lo dirige; y su indefinición de clase, por constituirse como articulación de intereses entre burguesía y terratenientes, y de lo cual derivará su carácter oligárquico. A partir de entonces, el ciclo burgués de la historia peruana no podrá encauzarse por una revolución democrático-burguesa, en el sentido de una conquista burguesa del poder estatal, a la cabeza de las clases dominadas y aburguesando su conciencia, para destruir la base material del poder de la clase terrateniente señorial" (25).

sobre todo, una búsqueda original de la especificidad andina y peruana, un rechazo del reduccionismo de clase y del mesianismo del proletariado, una matización étnico-cultural que Mariátegui sabe traducir al terreno económico, como magistralmente expone en "El problema de la tierra", desembarazándose del modelo pedagógico propuesto por Sarmiento y de otras fórmulas fallidas de homogeneización nacional.

La recuperación del indio como sujeto histórico y político prepara en Mariátegui un real y viable internacionalismo de potencial revolucionario. Es la superación del arrastre liberal de la inmadura fórmula bolivariana del "mezclémonos para unirnos"; es más bien el profético "O inventamos o erramos", del también venezolano Simón Rodríguez. Se trata así de un rechazo, en definitiva, del "nacionalismo inducido" de un siglo atrás reciclado en el discurso populista, y su reemplazo por un nacionalismo interpelante articulado a la modernidad y con miras a su superación en el estadio socialista.[14]

En este sentido, quizá es uno de los principales méritos de la elaboración de Mariátegui el concebir la historia y el futuro de América Latina desde la perspectiva de los márgenes de la nación moderna y, para decirlo con palabras de Homi Bhabha, el percibir no ya tanto la nación como constructo burgués sino la disemi-nación, la pluralidad intrínseca y agónica de los múltiples actores sociales cuya praxis formaliza proyectos, "narrativas" histórico-políticas sin apoyo eurocéntrico, aunque la inscripción de América Latina en el capitalismo mundial le confiera, a su vez, otra forma de dolorosa "universalidad" al continente que Mariátegui tampoco desconoce. Esta dialéctica de globalización y destotalización, efectuada desde arriba pero también desde adentro del constructo nacional burgués, de armado y desmontaje de la nación en tanto núcleo ideológico del imaginario liberal de la modernidad es inédita para entonces en América Latina, casi un lujo teórico que atraviesa la historia hasta nuestros días, como un desafío aún a la praxis y la imaginación latinoamericanas

Tal vez sea, entonces, uno de los principales aportes de Mariátegui el haberse atrevido a impugnar la certeza histórica del concepto de nación, el atender a la existencia de diversos orígenes de "lo nacional", el actuar a partir de lo que Jameson llama "a situational consciousness" (una conciencia situacional) desde la cual construir el discurso histórico, el discurso historiográfico y el discurso político en América Latina.

Bibliografía

Albó, Xavier. "Our Identity Starting from Pluralism in the Base". *The Postmodernism Debate in Latin America*. John Beverley y José Oviedo, eds., *Boundary 2*, 1993.
Anderson, Benedict. *Imagined Communities*. Londres: Verso, 1991.
Aricó, José. *Marx y América Latina*. Lima: Centro de Estudios para el Desarrollo de la Participación, 1980.
Becker, Marc. *Mariátegui and Latin American Marxist Theory*. Athens OH: Ohio University Press, Monographs in International Studies, Latin American Series 20, 1993.
Bhabha, Homi (ed). *Nation and Narration*. "DissemiNation time, narrative, and the margins of modern nation". Londres y Nueva York: Routlegde, 1990, 291-322.

---

[14] Véase Collier.

Castro Arenas, Mario. *Reconstrucción de Mariátegui.* Lima: Okura, 1985.
Cornejo-Polar, Antonio. "César Vallejo: la universalización de una experiencia nacional". *La Torre.* Revista de la Universidad de Puerto Rico 3, 12 (octubre-diciembre 1989) 673-84.
Chang-Rodríguez, Eugenio. "Poética y marxismo en Mariátegui". *Hispamérica* 34/35 (abril-agosto 1983) 51-67.
Chavarría, Jesús. *José Carlos Mariátegui and the Rise of Modern Peru. 1890-1930.* Albuquerque: University of New Mexico Press, 1979.
Collier, Simon. "Nacionalismo, nacionalidad y supranacionalismo en los escritos de Simón Bolívar". *Readings in Latin American History. The Formative Centuries.* Peter Bakewell, John J. Johnson et al., eds. Durham, NC: Duke University Press, 1985.
Fernández Díaz, Osvaldo. "Gramsci y Mariátegui frente a la ortodoxia". *Nueva Sociedad* 115 (setiembre-octubre 1991) 135-44.
Gaete Avaria, Jorge. *Historia de un lenguaje infortunado. Mariátegui y el marxismo.* Caracas: Fundación CELARG, 1989.
Guibal, Francis y Alfonso Ibáñez. *Mariátegui hoy.* Lima: Tarea, 1987.
Grüner, Eduardo. "Política(s) de la interpretación. Imaginación histórica y narrativa trágica (Marx, Nietzsche, Freud)". *La imaginación histórica en el siglo XIX.* Lelia Area y Mabel Moraña, eds. Rosario: Universidad Nacional de Rosario, 1994, 18-38.
Laclau, Ernesto. *Politics and Ideology in Marxist Theory.* Londres: Verso, 1979.
Moraña, Mabel. *Literatura y cultura nacional en Hispanoamérica (1910-1940).* Minneapolis: Institute for the Study of Ideologies and Literatures, 1984.
Osorio T., Nelson. "Mariátegui y *Amauta* en el contexto de los años veinte". *Nuevo Texto Crítico* 1, 2 (1988) 315-27.
Quijano, Aníbal. *Introducción a Mariátegui.* México: Era, 1981.
_____ *Reencuentro y debate. Una introducción a Mariátegui.* Lima: Mosca Azul, 1981.
Ramos, Jorge Abelardo. *El marxismo de Indias.* Barcelona: Planeta, 1973.
Sánchez-Vázquez, Adolfo. "La situación de la filosofía en el mundo hispánico: el marxismo en América Latina". *Arbor* 128 (1987) 39-58.
Stoykov, Atanas. *Mariátegui y la cultura latinoamericana.* Lima: Amauta, 1983.
Terán, Óscar. *Discutir Mariátegui.* México: Universidad Autónoma de Puebla, 1985.
Unruh, Vicky. "Mariátegui's Aesthetic Thought: A Critical Reading of the Avant-Gardes". *Latin American Research Review* 24, 3 (1989) 45-69.
Vanden, Harry E. "The Making of a Latin Marxist: José Carlos Mariátegui's Intellectual Formation". *Revista Interamericana de Bibliografía/Interamerican Review of Bibliography* 36 (1986) 5-28.

Proceso de hibridación cultural

Rita De Grandis

Rita De Grandis nació en la Argentina pero se doctoró en la Universidad de Montreal, Canadá y actualmente forma parte del profesorado de Simon Fraser University, British Columbia, Canadá. Es autora de Polémica y estrategias narrativas en América *Latina (Rosario, 1993) y un artículo sobre Juan José Saer, entre otras publicaciones. Actualmente está preparando un libro:* Estéticas del híbrido en las Américas

En los centros urbanos de América Latina, tales como el Distrito Federal de México, abundan expresiones de una "modernidad incongruente". Junto a edificios de la época colonial, ferias de artesanías, mercados abiertos y vendedores ambulantes se yuxtaponen edificios modernos, restaurantes de comida rápida (como por ejemplo "Taco Bell"), discos de Michael Jackson y Def Leppard, y el pan Bimbo —el Wonderbread mexicano.

Durante los años ochenta, México experimentó una liberalización de la economía por la cual el gobierno sistemáticamente atacó los procesos tradicionales de producción, principalmente en el ámbito económico y cultural, favoreciendo de este modo un mayor influjo de inversiones extranjeras. El primero de enero de 1994 se firma el Tratado de Libre Comercio y se desalojan a los vendedores ambulantes de las calles de la República. El turismo y los medios masivos de comunicación fueron objeto de una fuerte re-conversión económica constituyéndose en uno de los principales mediadores de la hibridación cultural.[1]

Néstor García Canclini en *Culturas híbridas: estrategias para entrar y salir de la modernidad*[2] define hibridación cultural como un proceso con múltiples niveles y modalidades que la dinámica económica, social e institucional del poder engendra al entrar en juego con la producción y consumo de los bienes culturales. Prefiere la palabra hibridación a "sincretismo", "mestizaje" u otras, porque "abarca diversas mezclas

---

[1] Este trabajo examina la elaboración que Néstor García Canclini hace de hibridación cultural y se apoya en observaciones de campo propias realizadas en la región de Puebla y alrededores en el otoño de 1993. Quiero expresar mi agradecimiento a mi asistente de investigación, Liz Hunter, por haber participado en las observaciones y relevamiento del material local.
[2] Néstor García Canclini, *Culturas híbridas: estrategias para entrar y salir de la modernidad* (México: Grijalbo, 1989, y Buenos Aires: Sudamericana, 1992). En este trabajo las citas pertenecen a la edición mexicana.

interculturales ... y porque permite incluir las formas modernas de hibridación mejor que *sincretismo* fórmula referida casi siempre a fusiones religiosas o de movimientos simbólicos tradicionales" (15). Su metodología aboga por un marco interdisciplinario capaz de dar cuenta adecuadamente de "la heterogeneidad multi-temporal de cada nación" (15).

Volviendo a la definición preliminar de García Canclini, quien prefiere hibridación a mestizaje y sincretismo, sería útil recordar lo que se ha interpretado como mestizaje y sincretismo en la cultura latinoamericana en general. Mestizaje en la época colonial se entiende principalmente como mezcla de razas que según Rowe y Schelling supone una síntesis de culturas en las que todas cohabitan sin que ninguna sea erradicada.[3] Este concepto se distingue de aculturación que se refiere a "un proceso unilateral de conversión y sustitución de las culturas nativas por las europeas" (18). Otro concepto o noción que habría que considerar en relación a los dos mencionados, como señalan Rowe y Schelling, es el del término antropológico de transculturación, que se contrapone críticamente a aculturación, indicando "transformación mutua de culturas, en particular de la europea por la nativa" (18). En el campo de la crítica literaria de los años sesenta, Ángel Rama, utilizando este término y apoyándose en la teoría de la dependencia, denomina "transculturación narrativa" el procedimiento por el cual determinada literatura en Latinoamérica se apropia de formas estéticas extranjeras, distinguiéndose de otra producción literaria, indigenista, localista y criollista que busca sus modelos en tradiciones no-occidentales. Rowe y Schelling concluyen que ninguno de estos términos describe de modo abarcador y comprensivo el complejo proceso histórico-cultural de Latinoamérica, si bien son instrumentos de análisis útiles para indicar posibles maneras de acercarse a los mismos. La principal crítica que le hacen al concepto de mestizaje es que "sin un análisis de las estructuras de poder llega a ser una ideología de armonía racial" (18) que enmascara los verdaderos mecanismos del poder. Recordemos sin más a título de ejemplo, como comentan Rowe y Schelling, el caso de *La raza cósmica* soñada por Vasconcelos.

En cuanto a sincretismo, éste se refiere a la "fusión o combinación de creencias divergentes o incompatibles" (124). Se utiliza para describir el proceso de cristianización que sufrieron las religiones pre-colombinas y afro-cubanas. Serge Gruzinski en *La Colonisation de l'Imaginaire* hace notar que lejos de reducir a un binarismo oposicional o equivalente el contacto entre las religiones nativas del Nuevo Mundo y la cristiana traída por los conquistadores, en el proceso de intercambio de creencias —entre penetración colonial y apropiación nativa— las religiones que los cristianos encontraron en Latinoamérica favorecieron el cruce de creencias y sus modos de expresión, produciéndose en muchos casos una correspondencia muy productiva entre sus sistemas semióticos que fue aprovechada por cuanto se reflejaban las unas con las otras.[4]

Pues bien, dentro de esta constelación de términos, ¿qué viene a agregar el concepto de hibridación de García Canclini? ¿Qué es lo que aporta de nuevo o de diferente? Comparando hibridación cultural con mestizaje, sincretismo y transculturación, esta noción

---

[3] William Rowe & Vivian Schelling, *Memory and Modernity. Popular Culture in Latin America* (Londres-Nueva York: Verso, 1993). Las citas pertenecen a esta edición. Y las traducciones son nuestras.
[4] Serge Gruzinski, *La Colonisation de l'Imaginaire* (París: Gallimard, 1988).

se refiere más específicamente a los circuitos de producción y consumo a que están sujetos los bienes simbólicos dentro de la lógica del mercado capitalista, en el marco de la globalización económica de estas últimas décadas. Y en particular cómo esta lógica de producción y consumo afecta la producción de bienes culturales dentro de la llamada posmodernidad periférica, o modernidad incongruente de la que participa América Latina.

Según García Canclini, para poder comprender cómo operan los mecanismos de hibridación cultural, es preciso desmenuzar analíticamente el contexto socioeconómico que construye la modernidad, y comprenderlo como un conjunto de procesos y "fuerzas" que se materializan en cambios estructurales de ordenamiento; cambios económicos, sociales, culturales, filosóficos y políticos. Este conjunto de procesos y fuerzas propios de la expansión del capitalismo afecta las más diversas esferas de la existencia humana: desde la industrialización, urbanización, nuevas tecnologías comunicacionales, profesionalización de las funciones culturales (museos, educación, galerías) hasta el ordenamiento sociopolítico basado en la racionalidad formal y material. De este modo, modernización y modernidad constituyen una dupla que comprende cuatro procesos principales:[5]

> 1) proceso de emancipación que se refiere al individualismo, la secularización, y la racionalización de la interacción social;
> 2) proceso de expansión que incluye como meta el descubrimiento científico, el desarrollo industrial y capitalista cuyo objetivo principal es el incremento del lucro;
> 3) proceso de renovación que consiste en la necesidad de reformular signos de distinción que el consumo desgasta; y
> 4) proceso de democratización que se difunde a través de la educación, las artes y los saberes a fin de lograr la racionalidad y moralidad en el cuerpo social.

Este modelo "deficiente" para el caso latinoamericano y particularmente el mexicano, incluye "múltiples lógicas de desarrollo" que posibilitan la existencia simultánea de "un orden semi-oligárquico, una economía capitalista semi-industrializada y movimientos sociales semi-transformadores" (80).[6] Dentro de esta lógica económica, social y cultural

---

[5] García Canclini elabora este modelo a partir de lo que denomina "teorías de la modernidad ilustrada", refiriéndose a Jürgen Habermas y Marshall Berman, o a las definiciones sobre arte y la literatura modernos de Pierre Bourdieu, Howard S. Becker y Frederic Jameson. Aunque considera que hay notables diferencias entre estos autores, de los mismos es posible inferir cuatro movimientos fundamentales que articulan la modernidad. Véase, además de *Culturas híbridas*, "Una modernización que atrasa. La cultura bajo la regresión neoconservadora", *Casa de las Américas* 193 (octubre-diciembre 1993) 3-12.

[6] Esto es debido, según García Canclini, al hecho de que América Latina ha adoptado y adaptado el liberalismo europeo en un estado clientelista, mezclado con estructuras sociales latinoamericanas pre-capitalistas. Lo que se ha producido es una modernización económica sin una semejante, o correspondiente, modernización socio-cultural, produciendo innumerables conflictos entre los diferentes estratos de la sociedad mexicana. Estos desajustes, son muy sobresalientes en México. ¿Quién no se ha preguntado por qué se formulan megaproyectos como el de Puebla, cuando los barrios de las afueras de los centros urbanos no tienen ni agua potable ni sistema de desagüe? ¿por qué una ganadora de un premio por su cerámica de arcilla negra vive en condiciones deplorables de indigencia? ¿cómo es posible que el distrito federal tenga uno de los mejores sistemas de transporte subterráneo del mundo cuando hay vastos sectores de pobres marginalizados, que luchan día tras día para sobrevivir?

múltiple, la hibridación cultural afecta todos los órdenes de producción simbólica. A García Canclini le interesa fundamentalmente examinar cómo responden las culturas populares tradicionales frente a la expansión del mercado capitalista y los nuevos medios masivos de comunicación, cómo reconciliar dentro de esta lógica múltiple los aparentes conflictos o contradicciones que se manifiestan entre lo moderno y lo tradicional, y cómo evaluar la validez de tal distinción (moderno/tradicional) como criterio de análisis.

Anteriormente, se había presumido que lo tradicional sería marginado y finalmente borrado por completo por los procesos y efectos de la modernización. Sin embargo, García Canclini refuta este pensamiento demostrando que lo tradicional, en vez de desaparecer bajo la modernidad/modernización, se transforma, adaptándose a ella. Además, la modernidad/modernización no es una operación unilateral como la aculturación, sino más bien una operación de interacción entre ambos órdenes simbólicos y materiales, por lo cual lo moderno se apropia de lo tradicional y viceversa, y, a esa dinámica cultural denomina proceso de hibridación, esto es, una acción de imbricación íntima entre fuerzas y relaciones económicas con prácticas culturales pertenecientes a lógicas representacionales diversas. Las culturas populares se transforman, adaptándose y reacomodándose de manera más o menos involuntaria y fragmentaria, frente a la presión de las fuerzas económicas.

De esta manera la distinción entre lo culto y lo popular que había dominado el ámbito de estudio en las ciencias humanas se complejiza. Las artesanías anteriormente se mantenían completamente separadas de las "obras de arte"; estaban destinadas a las ferias y a los concursos populares, eran objetos de uso doméstico y tenían peso por su valor de uso, mientras que las "obras de arte" estaban destinadas a los museos y a las bienales, y valían por su poder simbólico y económico.[7] Esta separación legitimadora de la distinción social entre las clases —como lo demuestra Pierre Bourdieu— estaba regulada por los circuitos tradicionales de producción y consumo de la clase dominante. Dentro de esta nueva perspectiva, las fiestas y las artesanías tienen importancia para un estudio cultural porque:

> [t]hrough the production, circulation, and consumption of crafts and through changes undergone by fiestas, we can study the economic function of cultural facts (instruments for social reproduction), their political function (fighting for hegemony), and their psychosocial functions (to create consensus and identity and to neutralize or work out contradictions at the symbolic level.[8]

La validez metodológica de escoger ferias, celebraciones y artesanías como objetos de estudio reside en el hecho de que cada una de estas manifestaciones culturales es una puesta en escena de diferentes niveles o grados de hibridación, o de los procesos que la engendran.

Bajo la influencia de los cambios que trae aparejada la modernización, García Canclini opina que "los signos y espacios de las élites se masifican y se mezclan con los populares" y que la internacionalización del mercado artístico subordina los campos culturales a las

---

[7] García Canclini, *Culturas* 17.
[8] Néstor García Canclini, *Transforming Modernity: Popular Culture in Mexico*, traducido por Lidia Lozano (Austin: University of Texas Press, 1993) 64.

leyes globales del capitalismo. La industrialización, que se suele pensar que borra lo culto y lo popular, en realidad los transforma, y los redefine bajo las condiciones de la nueva "lógica del mercado".

Según Pierre Bourdieu, para poder comprender y gozar de las obras de arte es necesario estar munido de cierto capital económico, cultural y simbólico.[9] Los grupos dominantes necesariamente poseen el capital económico que les confiere a su vez poder simbólico y así, su distinción de clase a través de los bienes culturales. Este poder simbólico que permite la jerarquización social es uno de los medios por los que la hegemonía se expresa. De modo que los sectores dominantes económica y simbólicamente son también actores principales dentro de las fuerzas de la hegemonía cultural.

A partir de las nociones de diversos tipos de capital de Bourdieu y de hegemonía de Gramsci, García Canclini define qué es cultura, caracterizándola "como un tipo particular de producción, cuyo objetivo es entender, reproducir y transformar la estructura social y luchar por la hegemonia". De esta manera se propone modificar el objeto tradicional de estudios sobre el folklore, sobre todo aquéllos que buscan una pureza nostálgica de lo auténtico, y prefiere concentrarse en las desigualdades de niveles y en los conflictos entre diferentes sistemas de producción cultural, que resultan de las determinaciones económicas. Así, se distancia de los métodos de estudios culturales tradicionales, particularmente de los vinculados a la teoría de la dependencia, y sugiere que para poder entender cómo interactúa la modernidad/modernización con la cultura, hay que reconceptualizar y redefinir todos los elementos que componen las conceptualizaciones corrientes sobre cultura, y acercarse a las mismas dentro de un marco interdisciplinario que incorpore nuevas reconsideraciones metodológicas provenientes de la antropología y de la sociología, y en particular, de la sociología del arte. Las culturas populares tradicionales forman uno de los sistemas de producción cultural que, frente a las fuerzas de la cultura hegemónica, sufre presiones y compite por la apropiación de capital cultural y simbólico.

García Canclini advierte que con los procesos de modernización las culturas populares tradicionales ya no están tan aisladas como antes. El hecho de que el 60% - 70% de la población mexicana sea urbana, produce un alto nivel de integración e intercambio entre los centros urbanos nacionales e internacionales, y las regiones "donde proliferan las culturas populares tradicionales". Así lo popular "se instala en un sistema inter-urbano e internacional de circulación cultural" (203).

Dado que lo anterior es válido, y suponiendo que las relaciones entre lo culto y lo popular son redefinidas en términos de una acción de ir hacia adelante que acarrea residuos que se mezclan y se transforman mutuamente, las culturas populares tradicionales ya no existen en esferas tan aisladas como antes, o eran estudiadas.

Hemos podido constatar tales asunciones con las observaciones realizadas en Cuetzalan, Tlaxcala, Oaxaca, y en la celebración del Día de los Muertos.

En Cuetzalan a principios del mes de octubre se celebra la coronación de la reina del huipil y del café. Cuetzalan es considerada geográficamente una comunidad aislada, situada a 250 km al norte de la ciudad de Puebla y se encuentra enclavada en una región cafetalera venida a menos debido a la situación económica internacional en la producción y venta de

---

[9] Pierre Bourdieu, "Symbolic Power and Intellectual Field".

café. Es interesante destacar las interacciones sociales tanto a nivel socio-económico como cultural puestas de manifiesto en las relaciones y los usos de los espacios sociales y en las actividades y espectáculos que tienen lugar a lo largo del fin de semana festivo.

El mercado típico emplazado en la plaza central expone tanto medicinas tradicionales como objetos industriales; promueve tanto música regional como moderna —por ejemplo, la de Los Yonics y el grupo Bronco— bebidas típicas de la región y gaseosas importadas. Asimismo, determinados productos artesanales han sido adaptados a la producción seriada para el consumo tanto local como turístico. Los campesinos fabrican artesanalmente estuches para gafas, y cigarrillos, porta-servilletas y otros *souvenirs* que recogen temas, y colores tradicionales, pero cuyas antiguas plumas de quetzal han sido reemplazadas por hilos sintéticos. Una cooperativa de mujeres produce industrialmente huipiles —el traje típico de la región— que es consumido no sólo por los campesinos de la región, sino por visitantes nacionales y extranjeros, ajenos o desinteresados en la historia cultural que hay detrás de esta prenda. Aunque al mismo tiempo, muchos de los nuevos consumidores del huipil y de las artesanías adjudican a las mismas un valor simbólico importante, que les permite recuperar cierta autenticidad que los efectos de la modernización sobre todo en el "norte" industrializado y pos-industrializado ha hecho desaparecer.

El espacio de la feria y de la fiestas o celebraciones es compartido no sólo el mercado local sino por un parque de diversiones y, en medio de la plaza, se coloca para la celebración del mes de octubre, el palo por el que se lanzarán los voladores, al poner en escena un espectáculo tradicional. El domingo, día de la coronación de la reina del café, la celebración toma aspectos de una tradición antigua combinada con elementos que generalmente asociamos con los concursos de belleza modernos y de centros urbanos. A diferencia de la coronación de la reina del café, que parece contener características comerciales, la de la reina del huipil, que tiene lugar el lunes, sigue pautas más tradicionales y es filmada por cámaras televisivas nacionales y extranjeras, y por video-cámaras en manos de los turistas; presenciamos una auténtica "puesta en escena" de lo popular/tradicional, o sea, lo tradicional se convierte en espectáculo frente a los medios de comunicación de masas. Éstos y la industria turística median las distancias entre las comunidades aisladas y las urbanas. De ahí que sea necesario relativizar el estado de aisiamiento de las comunidades campesinas. Gilberto Giménez señala que se observa una adherencia creciente en los mercados nacionales por capitalizar las fiestas tradicionales y, como lo demuestran los estudios de García Canclini sobre los cerámica de Ocumicho, en Michoacán, las fuerzas del mercado nacional e internacional han incorporado a su repertorio símbolos tradicionales, enmascarando o resignificando los aspectos religiosos originales. Por parte de las comunidades rurales productoras de estos nuevos bienes culturales, es posible observar como lo hacen notar Rowe y Schelling, siguiendo a García Canclini, que la incorporación de motivos y personajes del mundo moderno y extranjero resulta ser una forma de controlar imaginariamente los efectos destructivos de la modernización. Tal es el caso de los diablos de Ocumicho; al adquirir éstos nuevas formas, se los incorpora a su repertorio simbólico preservando todavía la carga religiosa.

La feria anual de Tlaxcala ilustra claramente la casi total transformación de una feria tradicional en un centro urbano, cabeza de región, como es la ciudad de Tlaxcala. Aquí el proceso de comercialización y promoción industrial de la feria ha reducido lo tradicional a simples vestigios dispersos. Uno de ellos es el pan de Atocha de la región que es promovido como una costumbre tradicional que tiene sus orígenes en la época de la colonia; este pan se degusta en celebraciones especiales de la comunidad. Si bien "las fiestas son la ocasión para el encuentro, para la convivencia, en que toda la comunidad participa del trabajo, pero también de la comida, de la música y del baile, con el propósito de fortalecer los vínculos de identidad y cohesión de la comunidad" —como afirma Ramos Galicia[10]— la feria de Tlaxcala recontextualiza estas relaciones en un marco de consumo y promoción comercial. Cuenta con una campaña de difusión bien organizada y difundida por los medios periodísticos y televisivos locales y nacionales (folletos, carteles en instituciones educacionales, restaurantes, oficinas de turismo, diarios (*El Sol* y *Síntesis*), etc.

La lógica del uso del espacio no es la de una feria tradicional como la de Cuetzalan; el lugar está delimitado por muros con entradas fijas y controladas. Dentro del mismo, los kioscos están dispuestos en hileras que facilitan la circulación del visitante. Además ha sido sujeto a un proceso de embellecimiento (los kioscos habían sido recién pintados, y no hay indicios de basura en las vías públicas).

Al circular por los senderos establecidos, la feria no parece corresponder a "una de las mejores exposiciones agropecuarias", como había sido anunciada, pues sólo 14.3% de los locales estaban dedicados a este propósito y era difícil comprobar cuáles eran y dónde estaban, dado que se perdían entre los demás locales dedicados a la venta de miles de otros ramos. Más que una extravaganza agropecuaria o un "escaparate del progreso, de alegría y de la historia de los Tlaxcaltecas" —como prometía Fernández Cisneros— la feria era mucho más parecida a un *trade and convention show* con exposiciones de coches del año —Chevrolet, Nissan y Mercedes, navajas del Swiss Army, anuncios de cerveza Budweiser y Coca Cola, y hasta un kiosco de venta de aspiradoras: todo un sistema de producción socio-económico y cultural repleto de la iconografía del mundo moderno, industrializado y extranjero. Para satisfacer a los visitantes no había ninguna escasez de alimentos y bebidas. De hecho, la feria contaba con una alta concentración de restaurantes e innumerables lugares cuya actividad principal era la venta de bebidas alcohólicas. Además, había una multitud de kioscos dedicados a la venta de bienes de consumo dirigidos a los turistas y a la clase media: ropa extranjera y artesanal, llaveros importados, "artesanías" masificadas (como, por ejemplo, las de Guatemala y Perú), joyas de baja calidad y sombreros vaqueros. Los precios eran relativamente altos pese a que la meta del patronato organizador era "... mantener bajos sus costos buscando que todos tengan acceso sin lesionar su economía".

Los aspectos predominantes de su "puesta en escena" demuestran cómo los procesos socio-económicos han transformado las relaciones de la cultura tlaxcalteca tradicional. Quizás el propósito más evidente de los señalados en los diaros de "mostrar en estos momentos a los ojos nacionales e internacionales el potencial con que cuenta Tlaxcala ... y las áreas con mayores ventajas tanto a inversionistas, como a clientes interesados en lo que produce el estado", es lo que distingue a esta feria. Lo importante "es que se conozca a Tlaxcala no sólo en los estados vecinos sino inclusive en los países como Estados Unidos y Europa, como destino turístico importante" (*Síntesis*, 1 de noviembre de 1993, II Re-

---

[10] Introducción al *Calendario de Ferias y Fiestas tradicionales del Estado de Tlaxcala*.

gional). Bernardo Méndez Lugo señala que desde los años setenta, el turismo se ha vuelto "un factor importante en la balanza nacional del país" (TLC 339) y que el turismo ha apoyado al proceso de industrialización. En suma, pareciera que la razón por la cual se organiza la feria de Tlaxcala (pese a que el Estado enfatiza la importancia de la feria como evento agropecuario y cultural tlaxcalteca) es que "no es una feria tradicional ... sino es una feria organizada con fines turísticos, comerciales y recreativos", como comenta Ramos Galicia. Así, agrega Carlos Monsiváis, con un sistema de apoyo estatal comprensivo, se garantiza la prosperidad (TLC, Monsiváis).

La feria de Tlaxcala promueve los valores del mercado capitalista, industrializado, un despliegue de objetos gobernados por reglas comerciales más que culturales, en donde la racionalización económica prima: el Estado espera que la feria sea autofinanciable (*Síntesis*, 19 de octubre de 1993, V). Si en Cuetzalan la naturaleza híbrida de lo tradicional y lo moderno es simultánea, en Tlaxcala el control y la organización estatal parecen haber borrado los vestigios tradicionales. Como señala García Canclini, se produce una disolución de lo étnico, una simplificación comercial de las culturas tradicionales al removerse los productos de su contexto, reduciendo lo étnico a lo típico.[11] Además se produce una estandarización de los gustos al incorporárselos a un sistema homogéneo en el cual las artesanías se convierten en bienes seriados de mayor difusión y las fiestas indígenas tradicionales dan paso a las exposiciones comerciales (40). Si la feria tiene mucho éxito (y parece que lo tiene dado las expectativas del Estado en cuanto al número de visitantes esperados) y el hecho de que ya tiene 28 años de celebrarse), debe ser porque el desarrollo de la cuidad y su nivel de integración económica lo hacen posible. García Canclini agrega que ninguna clase hegemónica puede imponer su ideología de una manera arbitraria. Se necesita el avance de toda la sociedad (46). En este marco, las ferias se transforman en indicadores del proceso de avance "generalizado" del bienestar de toda una sociedad. La feria de Tlaxcala ha incorporado varios aspectos y grupos de la sociedad urbana/moderna dentro de la lógica capitalista. En una ciudad moderna con base industrial, lo económico está separado de lo cultural y lo político, facilitando así que diferentes estratos sociales (con diferentes tipos de capital de acuerdo a Pierre Bourdieu) se organicen y se mantengan separados en diferentes espacios.

Oaxaca es un centro cuya industria turística es muy próspera; la ciudad ha sido embellecida con sus renovaciones, servicios y con las diversiones que se les ofrecen a los turistas. Numerosos pueblos de los alrededores suplen el mercado artesanal de la ciudad. San Bartolo es uno de ellos y se destaca por la producción de cerámica de barro negro. La Casa de Doña Rosa es una casa/fábrica "tradicional" que ofrece demostraciones de su producción a la vez que expone y vende sus productos. Está patrocinada por instituciones estatales como FONART y ADIPO (que ya tiene una sucursal en California, EE.UU.) y ha incorporado a los objetos y métodos tradicionales, nuevos diseños, colores (bordes dorados) y formas.

A diferencia de San Bartolo, en Teotitlán del Valle predominan artesanos dedicados a los tejidos, destacándose por las alfombras que se hacen a veces de lana y otras con una mezcla de lana e hilados sintéticos. Otra "fabrica-casa", como la Casa de Doña Rosa,

---

[11] García Canclini, *Transforming Modernity* 65-66.

expone sus telares y demuestra los pasos de que se compone el tejido de una alfombra. A diferencia de la cerámica de barro negro, la producción de los tejidos no cuenta con vínculos institucionales del gobierno a fin de promocionar sus ventas. Los productores de alfombras se integran al mercado nacional e internacional sin que sea necesario una institución patrocinadora; estos artesanos ya operan dentro de la lógica del mercado de libre competencia sin mayores dificultades. La importancia y el significado de su producción han cambiado; se limitan al diálogo necesario para vender. Todo está reducido a una transacción comercial.

El Día de los Muertos es una celebración nacional en México, pese a que no es reconocida oficialmente por el Vaticano; tiene lugar el primero y el dos de noviembre de cada año. Los orígenes pre-hispánicos del culto a los muertos encontró terreno propicio para la hibridación con el culto católico a los muertos incorporado con la colonia. En esta nueva etapa de hibridación lo que se observa, sobre todo en centros urbanos, es la integración de importaciones extranjeras y modernas, particularmente, las de *Hallowe'en* de la tradición anglosajona en Norteamérica: calabazas de plástico, máscaras y disfraces. Las calaveras, que tradicionalmente se hacían exclusivamente de azúcar, hoy en día son de chocolate como las golosinas de *Hallowe'en*. La incorporación de nuevos productos comerciales se hace presente en lugares "aislados" geográficamente como Huaquechula, y en centros urbanos, aunque en las cuidades sean mucho más generalizados. No se trata de una simple "importación" de bienes de consumo extranjeros, sino de su incorporación al imaginario. En las ofrendas del pueblo de Huaquechula, observamos envases de Coca Cola y chocolates importados, y en la Casa de la Cultura de Puebla se exponían ofrendas a Jim Morrison y a Charlie Chaplin. Además, los niños que andan por las calles antes de la celebración, llevan *jack-o-lanterns* simulados pidiendo a cada quien que les dé para poder comprar su calaverita. Así, la hibridación ha incorporado de manera subrepticia elementos del sistema simbólico extranjero —sus artistas y productos. Para algunos, esta incorporación parece poner en peligro la sobrevivencia de la celebración "tradicional". En el XIII Concurso de Ofrendas, que se llevó a cabo en el estado de Tlaxcala, los organizadores advertían que "todos los elementos expuestos deber[í]an ser naturales para no perder la tradición ... [y que] se rechazar[í]a que se utilizara toda influencia extranjera".[12] En el Distrito Federal, se exponen y venden artesanías relacionadas con el Día de los Muertos porque "es necesario impulsar la artesanía mexicana ... reflejo de la riqueza cultural de nuestro pueblo y al llevarla a nuestros hogares se revalora el trabajo de los artesanos".[13] Aunque los gobiernos locales y estatales intentan rescatar la tradición, en la práctica se produce un alto nivel de comercialización de la tradición tanto por la participación de los turistas en estas celebraciones como por sus compras de artesanías creadas para la ocasión, como la incorporación al mercado nacional de la celebración del *Hallowe'en*.

Estas observaciones de campo realizadas en Cuetzalan, Tlaxcala y Oaxaca, y en la celebración del Día de los Muertos, aunque exhiben diferencias permiten bosquejar graduaciones en los modos en que determinados procesos socio-económicos afectan las

---

[12] *Síntesis*, "Para fortalecer y continuar esta tradición: Convocan al XIII Concurso de Ofrendas del Día de Muertos" (14 de octubre de 1993) X.
[13] *Síntesis*, "Muestra y venta de artesanía de Guerrero, Puebla, Michoacán y Morelos por el Día de Muertos" (27 de octubre de 1993) 16.

economías rurales y sus formas culturales. Al examinar la producción, circulación y el consumo de los productos y manifestaciones culturales de estos lugares, podemos comprobar, como sugiere García Canclini, que:

> these articles differ from each other in terms of labour processes, channels of circulation, market value, consumers, and uses and meanings attributed to them by different recipients.[14]

Los procesos de modernización masifican y entrecruzan las tradiciones "cultas" y "populares". Así, los tejedores de Oaxaca, han incorporado diseños de Escher y Picasso en sus alfombras y las venden junto con diseños tradicionales de figuras aztecas. Los ceramistas de barro negro han re-elaborado sus jarras, que antes eran para uso doméstico, convirtiéndolas en más "artísticas", más cercanas a un objeto de arte. Las obras de arte que estaban destinadas a las galerías y museos ahora desbordan estos límites y penetran con sus motivos las artesanías. Estamos frente a una democratización de las formas cultas del arte al ser éstas incorporadas al repertorio de las artesanías. Dentro de este circuito de "circulación" el estatuto estético de un objeto es fluctuante. El contexto de exposición y venta asigna valor, o sea, cuando se venden en el mercado central de Oaxaca, o en el Zócalo, parecen ser artesanías, pero cuando se exponen en una de las tiendas-galerías del "camino turístico" de la misma ciudad, se les adjudica otro valor "estético"; parecen convertirse en pequeñas "obras de arte".

En la fase de "circulación" de la manifestación cultural es posible observar también nuevos procesos de hibridación en las modalidades de venta tradicionales que se alternan con modos modernos de circulación. A Oaxaca llegan los productores de Amate de Guerrero y las campesinas que hacen trabajos de paja. Ambos grupos viven de manera tradicional en sus pueblos, pero se integran temporariamente a los centros urbanos con el propósito específico de venir a vender sus productos; luego los dos grupos de artesanos itinerantes vuelven a sus grupos familiares. Lo mismo ocurre con los tejedores de Teotitlán del Valle, aunque siguen viviendo en su pueblo con formas de vida menos afectadas por la modernización, aprenden efectivamente el código de interacción comercial del mercado capitalista. A estas formas de circulación e integración García Canclini denomina "reconversión" cultural.

Hay varias razones por las cuales existen nuevas lógicas (estructuras, apoyos, deseos) de circulación. Para García Canclini, los nuevos circuitos responden a los siguientes propósitos:

> 1) Económicos: la necesidad de mantener y crear empleos. Es imposible incorporar todos al sistema de producción industrial urbano. Dado los problemas de sobrevivencia basados en la producción agraria y la desocupación de tierras, producción artesanal por parte de la población rural tradicional provee una forma de balancear las ganancias inadecuadas; el objetivo de fomentar la producción de bienes para la exportación; el

---

[14] García Canclini, *Transforming Modernity* 30.

deseo de incorporar y organizar la producción artesanal para poder cobrar puestos — afirma Carlos Monsivásis.
2) Socio-culturales: la necesidad de incluir la producción artesanal en los circuitos masivos de comunicación por parte de los sectores hegemónicos para fortalecer su hegemonía y legimitidad.

Sin las manifestaciones de consumo, las nuevas formas de producción y circulación no funcionarían. Para poder mantener y promover la producción y venta de bienes culturales, se necesita un grupo de consumidores capaces de participar en el ciclo.

En fin, para concluir esta discusión, hemos presentado brevemente, el modelo de culturas híbridas tal como elaborado por Néstor García Canclini. Como indicáramos, este modelo ha sido retomado y expandido por William Rowe y Vivian Schelling en *Memory and Modenity. Popular Culture in Latin América*. El trabajo de García Canclini tiene sus alcances y limitaciones. Marca un punto de partida productivo en la constitución de nuevos objetos de estudio en el dominio de las ciencias humanas, y descompartamentaliza los límites del objeto cultural folklórico. De este modo, al cuestionarse los límites del objeto de estudio, y al abrirlo, éste adquiere un contorno prismático que echa luz en múltiples direcciones; se vuelve rizomático. Rowe y Schelling ya lo han pluralizado al extenderlo a producciones orales y escritas de la cultura popular y de masas. Y al conectarlo con las numerosas conceptualizaciones que desde la literatura se hicieron de la hibridación, como el caso del manifiesto antropofágico del modernismo brasileño, el realismo mágico a la Carpentier y García Márquez, el modelo de transculturación narrativa de Ángel Rama, por mencionar los más representativos. Por otro lado, la hibridación también implica una cuestión de pragmática lingüística. Las reflexiones de Gramsci sobre lengua y folklore, y la concepción de discurso de Bakhtin, necesariamente sitúan la hibridación en el ámbito de la articulación discursiva. Si, como afirma García Canclini, el objeto cultural requiere una metodología interdisciplinaria y comprende diversos niveles y modos de representación, su estudio se concentra sin embargo en las expresiones populares, fundamentalmente las artesanías, fiestas y celebraciones, valdría la pena abrirlo, desbordar estos objetos preguntándose por la literatura la que por su misma naturaleza ideológica siempre fue un signo de distinción de las clases hegemónicas. Dentro del circuito de producción y consumo de los bienes culturales, la literatura no puede escapar de él. Por el contrario, sufre un desplazamiento de la esfera del saber, desplazada por la predominancia de la cultura mediática, y está sujeta a un proceso de bestsellerización y consumo. Recordemos a título de ejemplo, la campaña publicitaria de *Doce cuentos peregrinos* de Gabriel García Márquéz en el aeropuerto de Miami, y el reciclaje de géneros populares, como el recetario de cocina y el melodrama, que hacen relatos tales como *Como agua para chocolate*. En el marco del nuevo paradigma de estudios culturales, el modelo de culturas híbridas implica una revisión y re-evaluación de las culturas populares tradicionales, del folklore frente a la expansión del mercado capitalista y los nuevos medios masivos de comunicación. El trabajo de García Canclini trae a luz los aspectos residuales y emergentes que resultan de la nueva articulación de procesos y estructuras. En tal sentido es una extensión del pensamiento dialéctico gramsciano. A García Canclini le interesa develar nuevas significaciones y actitudes que se van configurando simultáneamente con lo tradicional; concibe el cambio como un proceso en constante estado de devenir dominante, y a la vez como una acción en la que las prácticas tradicionales continúan ejerciendo su fuerza de resistencia y reacomodo. *Culturas híbridas* intenta desenhebrar las características sutiles de las operaciones del poder. Así, en una cultura, y sus discursos, que ha perdido la capacidad de imaginarse totalizante y homogénea, en donde toda posible manifestación cultural es simulación e hibridación, las nociones de cultura popular, de masas y la "gran cultura" devienen instrumentos evanescentes para aprehender lo "real".

Tradición y actualidad en la narrativa actual nicaragüense

Mary K. Addis

La crítica e investigadora estadounidense, Mary K. Addis, es profesora en The College of Wooster (Ohio), habiendo sacado su doctorado en la Universidad de California en San Diego. Ya ha publicado: "Synthetic Visions: The Spanish American Dictator Novel as Genre", en Critical Studies, *y "Language and Power in* Ardiente paciencia", *en* Crítica: A Journal of Critical Essays. *También ha contribuido a* Ramón del Valle-Inclán: Questions of Gender *(Lewisburg PA, 1994). Ahora tiene planeado un libro sobre la relación género/nación en la literatura nicaragüense*

La aguda crisis económica y política sigue siendo desde hace ya por lo menos 1990 la preocupación fundamental de la mayoría de los nicaragüenses. Han terminado los debates sobre la democratización de la cultura y sobre el papel de la cultura en el proceso revolucionario.[1] No hay promoción cultural de parte del gobierno actual, y la cultura en sí, según Fredes Meza, maestra de la Preparatoria de León, se ha convertido en "la Cenicienta" del presupuesto nacional y del proyecto neoliberal. Está claro que el período de una literatura nicaragüense de temática revolucionaria sandinista llegó a su término aun antes de la derrota electoral de 1990.[2] Lo que no se sabe todavía es cuáles serán las nuevas tendencias de la literatura nacional. Sin apoyo oficial, aunque sí muchas veces con un apoyo financiero extranjero, escritores nicaragüenses siguen escribiendo y publicando libros. Los que quiero comentar aquí son dos novelas de los noventa, una que intenta responder a la crisis actual valiéndose de un discurso del pasado y otra que ofrece un discurso innovador capaz de hacer visibles nuevos actores sociales. Las obras son *Tu fantasma, Julián* (1992), de Mónica Zalaquett, periodista de profesión y reportera que cubrió las vicisitudes de la guerra de los ochenta; y *Sábado de gloria* (1990), de Orlando Núñez Soto, sociólogo e intelectual mejor conocido dentro de Nicaragua por su estudio socio-político titulado *En busca de la revolución perdida* (1992). Son las primeras publicaciones en el campo de la ficción de dos escritores nuevos.

La meta obvia del libro de Zalaquett es hacer comprender la guerra de los ochenta y así contribuir a los esfuerzos actuales por llegar a una reconciliación nacional. Zalaquett procura sobre todo explicar el modo de pensar que hizo que una parte del campesinado

---

[1] Para un análisis de los debates y de la literatura de la década de los ochenta, véanse Beverley y Zimmerman (1990), Dawes (1993), y Beverley (1993).
[2] Sobre este punto, estoy de acuerdo con Dawes, viii.

nicaragüense decidiera rechazar el sandinismo y luchar con la "Resistencia".[3] Es en este sentido que se puede decir que la novela es posrevolucionaria. En otros aspectos, sin embargo, la novela no difiere en gran medida de los relatos de la guerra insurreccional de las décadas anteriores. Es decir, aunque la novela trata de insertarse dentro de los debates actuales acerca del futuro de Nicaragua, vemos a la vez un impulso contrario, un intento de recuperar un pasado de gloria revolucionaria. Lo que predomina temáticamente es el heroísmo, la celebración de los mártires que dieron su vida por una causa justa, y, por el otro lado, la traición y la denuncia de los que no supieron a tiempo dónde estaban los verdaderos intereses del país.

La novela retrata la relación conflictiva entre dos hermanos, Julián y José, el primero "compa" (sandinista) y el segundo "contra", y, por ende, el primero héroe (y mártir) y el segundo traidor. La novela se abre en el momento del retorno de José a su pueblo natal después de la guerra y unos diez años después de que abandonó el pueblo para ir a luchar en la montaña. A través de múltiples *flashbacks*, sabemos del compromiso de Julián con la Revolución y sus metas de justicia social. Asimismo sabemos de los actos crueles cometidos por José durante la guerra, actos que incluyen, por ejemplo, el asesinato de una madre cuyos dos hijos fueron reclutados a la fuerza por la Contra y que después desertaron. Sabemos también que Julián fue asesinado por la Contra en una batalla y que la mayoría de los habitantes del pueblo le echan la culpa a José. En el presente, en el momento del retorno de José al pueblo, el relato gira alrededor de la frustración del deseo masculino. José quiere que el pueblo lo vea como héroe y víctima de la guerra, pero el pueblo lo rechaza, acusándole de traidor. Todos sus esfuerzos por justificar su rol en la guerra y representarse como héroe fracasan. En *Tu fantasma, Julián*, la lucha se reduce a una simple guerra fratricida y la trama se reduce a una narración netamente masculina de la historia.

Podemos concluir que *Tu fantasma, Julián* sigue el modelo, en otra época hegemónica, de la llamada "novela nacional" tal como la han definido Doris Sommer, Jean Franco, y otros. Esta novela, según Jean Franco, relaciona la identidad nacional con la identidad masculina y constituye a la mujer tan sólo como "the terrritory over which the quest for (male) identity [passes] or, at best ... [as] the space of loss and of all that lies outside the male games of rivalry and revenge" (31). No nos sorprende entonces ver en *Tu fantasma Julián* que la rivalidad entre Julián y José no se centra únicamente en la lucha revolución/contrarrevolución. También gira alrededor de una mujer, una campesina llamada Nidia, amante de José antes de la guerra y esposa de Julián durante la misma. Julián y José se dan cuenta de la enemistad que existe entre ellos justo la misma noche en que Julián se casa con Nidia. Julián no se casa por amor sino porque su hermano había abandonado a la mujer cuando ya estaba encinta. De esta manera, "mujer" y "nación" se vuelven categorías análogas. Ambas representan el territorio sobre el cual pelean los hombres y ambas

---

[3] Un libro que ofrece un análisis completamente contrario al de Zalaquett es *Una tragedia campesina: testimonios de la Resistencia*, compilado por Alejandro Bendaña. Como sugiere el título, el libro de Bendaña reúne unos ocho relatos testimoniales de campesinos que lucharon en la llamada "Resistencia Nicaragüense". El análisis que ofrece Bendaña en la introducción al libro ha sido objeto de controversia en Nicaragua por la manera en que critica la política agraria sandinista.

representan también "el espacio de la pérdida" puesto que ni los "compas" ni los "contras" ganaron la guerra. En el presente, el personaje de Nidia funciona sólo como símbolo de la traición de José. Ella es sólo un elemento entre muchos que motivan a José a cumplir la promesa que le hizo a Julián una noche en que Julián apareció ante José en forma de fantasma en un hotel de Miami, pidiéndole que regresara al país para contar la verdad sobre su muerte y para confesar su propia complicidad. Zalaquett hace que el "compa" nombre el deseo del "contra", que es el de ser perdonado para que se pueda establecer de nuevo una armonía familiar y nacional. Al decir José la verdad a su familia, el relato puede concluir y el conflicto resolverse, como si se pudiera resolver así tan fácilmente la crisis que sufre actualmente Nicaragua.

No censuro el intento de Zalaquett de expresar un mensaje de reconciliación, aunque tal reconciliación no se ha conseguido a través de una amnistía general. El estado nicaragüense tiene que atender a las demandas de múltiples sectores sociales que reclaman actualmente el cambio. Lo que sí me parece problemática en la novela de Zalaquett es la recuperación dentro de la novela del discurso del nacionalismo revolucionario, entendido como una nueva variante de la vieja "novela nacional", que define la lucha revolucionaria y la historia nacional misma como esferas exclusivamente masculinas. Tal vez le resultara imposible a la autora imaginar a la mujer como sujeto revolucionario.[4] Pero el problema no trata únicamente de la expulsión de la mujer de la historia. Está también el problema de privilegiar la perspectiva narrativa masculina hasta tal punto que la violencia sexual, por ejemplo, pierde importancia como tal. El embarazo de Nidia fue producto de una violación. Que Nidia siga queriendo a José después de la violación sólo se comprende dentro del contexto de una subjetividad masculina, la única subjetividad que tiene voz en la novela. La violencia sexual en *Tu fantasma, Julián* no está representada como tal sino que funciona como un símbolo más de la traición masculina.

No es así la representación de la violencia sexual en *Sábado de gloria*, de Orlando Núñez, ya que esta novela intenta recuperar lo que muchas veces se esconde o se borra en las representaciones literarias de la violación: la perspectiva y la voz de la mujer violada.[5] Se representa la violación en *Sábado de gloria* como parte de una cultura patriarcal opresiva y como una de las formas en que esta cultura controla a la mujer. La novela de Núñez incorpora una subjetividad femenina no para introducirla en un discurso nacionalista sino para redefinir el significado mismo de la liberación y de la revolución, transformando de esta manera el discurso nacionalista revolucionario de las décadas anteriores.

Núñez redefine la revolución y transforma el discurso revolucionario al crear una novela con dos argumentos o historias. Una de las historias narra el triunfo de la insurrección popular contra la dictadura; la otra demuestra que aquel triunfo es insuficiente e incompleto.

---

[4] Dawes observa que Gioconda Belli tampoco pudo retratar a la mujer como sujeto revolucionario en la poesía que escribió durante y después de la insurrección popular. Dice que Belli tiende a identificar el patriotismo femenino con la maternidad y que el guerrillero sandinista en su poesía es siempre un hombre. No creo que el problema sea una falta de la imaginación. Al contrario, diría que es el discurso mismo del nacionalismo revolucionario lo que no permite la incorporación de la mujer como sujeto. Sobre las dificultades de insertar a la mujer en la "novela nacional", véase Jean Franco 129-46.

[5] Sobre el problema de la representación literaria de la violación, véase Higgins y Silver 1-11.

No hay una discontinuidad o contradicción entre los dos argumentos, como sí la hay en su segunda novela, *El vuelo de las abejas* (1992), obra en la cual Núñez intenta demostrar cómo la Revolución sandinista fracasó en cuanto a la liberación femenina. En *Sábado de gloria* la liberación nacional y la liberación "personal" son complementarias, como señala la protagonista Claudia al lograr ella y su amante, Marcos, romper con lo que denomina Núñez "la moral sexual burguesa y católica".[6] Claudia y Marcos son los protagonistas de las dos historias narradas en la novela. En la primera, la insurreccional, Claudia es la primera y Marcos el segundo al mando de un batallón que acaba de tomar una ciudad antes bajo el control de la Guardia Nacional. Al empezar la novela, ellos esperan la orden para iniciar la ofensiva final. En la segunda historia, paralela a la primera, Claudia y Marcos llegan a ser amantes después de saber que ellos dos también pueden ser —y éste es el enigma que ningún personaje podrá aclarar— madre e hijo.

El tabú contra el incesto constituye el verdadero enemigo en la segunda historia de la novela. Este tabú trata no sólo de una prohibición contra el deseo sino también de la ley patriarcal que exige que el hijo se identifique con el padre y por consiguiente con el orden cultural dominante.[7] El tabú contra el incesto resume y simboliza en este texto todas las prohibiciones y las normas de pensar, sentir y actuar de una sociedad patriarcal. Claudia y Marcos saben que el triunfo militar es inminente, pero intuyen también que así no termina la lucha. Poco antes de iniciar su relación con Marcos, Claudia se da cuenta de que está luchando no sólo contra el dictador sino también contra "una civilización del sacrificio y de la culpa" (81) que hipócritamente sanciona el abuso de la mujer (la prostitución y la violación) al mismo tiempo que exhorta a la mujer conservar su virginidad y que se vanagloria de una moral vista en la novela como caduca y aberrada. Claudia sabe que esta segunda lucha va a ser más ardua que la primera: "pensó que aunque pudieran echar al dictador un día, cambiar aquel ambiente y aquella filosofía [que permitía a su padre golpear a su madre] no iba a ser tan fácil" (171). Es obvio que a Núñez le interesa más esta "segunda" batalla que, según lo que expone en su libro *En busca de la revolución perdida*, representa para él una "tercera ola revolucionaria" que tiene que seguir, tarde o temprano, a las revoluciones burguesas y socialistas. Esta tercera revolución, protagonizada por organizaciones pluriclasistas y pluripartidistas, va a amenazar, según Núñez, "con hacer saltar en pedazos todas las estructuras de mediación represiva sobre las que se ha edificado la vida durante siglos" (143). Se trata de una más amplia democratización: una democratización de la propiedad, de la economía y de la vida cotidiana (143).

Aunque en *En busca de la revolución perdida* Núñez habla de las nuevas maneras en que los trabajadores, los municipios y los grupos étnicos están presionando el estado nicaragüense, es claro que lo que más le interesa es el feminismo, sugiriendo que el feminismo es la fuerza que podrá efectuar el cambio más radical en la vida diaria: "la liberación de las mujeres amenaza con devenir la más radical de las revoluciones, no siendo extraño que si aprendimos de niño el amor amamantando sus consejos, aprendamos junto a ellas a superar la simple eyaculación macho democratizando el orgasmo, democratizando así la gratificación perdida" (195). Proponer una democratización del

---

[6] Según Claudia, "nunca coincidieron tanto dos proyectos en un mismo momento ..." (226).
[7] Esta es la interpretación que ofrece Ragland-Sullivan, 61.

orgasmo escandalizaría a muchos, entre ellos seguramente a doña Violeta. De todos modos, Núñez está convencido que esta tercera ola revolucionaria no la pueden parar: "Ya la lucha de clases que quisieron evitar con la contrarrevolución se les ha convertido en una lucha que no pueden sofocar ni en la fábrica ni en el hogar, ni en la escuela ni en el barrio. No se dieron cuenta que si las clases sociales son subversivas, como lo fueron cuando expropiaron a la iglesia y los terratenientes, los individuos son más subversivos aún" (195). Con estas palabras, Núñez afirma que en Nicaragua una praxis revolucionaria es todavía tanto viable como capaz de engendrar el cambio.

En *Sábado de gloria*, Claudia y Marcos triunfan sobre la interdicción que exige que se separen. La violación que sufrió Claudia a la edad de trece años y que, según ella, "la despojó del instinto y del destino" (229) se supera en su relación con Marcos, en quien ve su primer ensayo de liberación. Aunque Marcos pudo haber sido el hijo producto de aquella violación —y nadie podrá esclarecer el asunto porque hubo tantos enredos y mentiras a través de los años— los intentos de otros personajes, sobre todo un sacerdote y la madre de Claudia, de evitar una relación posiblemente incestuosa no logran apagar el deseo. Cuando Marcos rechaza como absurda la idea de que Claudia puede ser su madre, los dos triunfan sobre la ley cultural. Este triunfo, según el narrador, va mucho más allá del triunfo militar.

Sería fácil alegar que esta novela es utópica, pero no se debe subestimar ni desvalorar la audacia del autor.[8] En la última página de la novela hay una curiosa referencia intertextual. Después de cometer el "crimen" de desafiar la autoridad dictatorial y la autoridad patriarcal, empieza una lluvia que se torna "aguacero torrencial" y que al parecer va a destruir a todos. Sin embargo, y a diferencia de la tormenta al final de *Cien años de soledad*, donde el incesto lleva a la destrucción de toda una civilización, en *Sábado de gloria* hay un "después". Deja de llover y la lluvia resulta en este caso simple anuncio de una nueva era en la historia humana: "... paró de llover y de nuevo los pobladores se apropiaban de su mundo" (238).

Si es cierto que la producción literaria en Nicaragua ha perdido el *status* privilegiado que tenía en la década de los ochenta, no es menos cierto que la nueva coyuntura política ha permitido a la literatura una mayor libertad en cuanto a la experimentación formal y temática. La novela de Zalaquett, como hemos visto, se adhiere al pasado y a un discurso del nacionalismo revolucionario que privilegiaba la subjetividad masculina. En *Sábado de gloria*, y en *El vuelo de las abejas*, novela que no he podido comentar aquí, Núñez busca una forma narrativa capaz de articular otras subjetividades y de entrever nuevos actores sociales. No es una casualidad que las dos novelas de Núñez carezcan de un "desenlace". Son "obras abiertas" que no pretenden fijar una verdad, sino que buscan nuevas modalidades de resistencia más en consonancia con la situación política actual.

---

[8] La poeta nicaragüense Vidaluz Meneses ha reconocido el feminismo en la obra literaria de Núñez.

Bibliografía

Bendaña Rodríguez, Alejandro. *Una tragedia campesina: testimonios de la Resistencia*. Managua: Edit-Arte; CEI, 1991.
Beverley, John. *Against Literature*. Minneapolis: University of Minnesota Press, 1993.
Beverley, John y Marc Zimmerman. *Literature and Politics of the Central American Revolutions*. Austin: University of Texas Press, 1990.
Dawes, Gregory. *Aesthetics and Revolution: Nicaraguan Poetry, 1979-1990*. Minneapolis: University of Minnesota Press, 1993.
Franco, Jean. *Plotting Women: Gender and Representation in Mexico*. Nueva York: Columbia University Press, 1989.
Higgins, Lynn A. y Brenda R. Silver, eds. "Introduction: Rereading Rape". *Rape and Representation*. Nueva York: Columbia University Press, 1991, 1-11.
Meneses, Vidaluz. Entrevista personal. Managua, Nicaragua. 26 noviembre 1993.
Meza, Fredes. Entrevista personal. León, Nicaragua. 25 noviembre 1993.
Núñez Soto, Orlando. *En busca de la revolución perdida*. Managua: CIPRES, 1992.
_____ *Sábado de gloria*. Managua: Centro de Documentación y Ediciones Latinoamericanas, 1990.
_____ *El vuelo de las abejas*. Managua: CIPRES, 1992.
Ragland-Sullivan, Ellie. "Seeking the Third Term: Desire, the Phallus, and the Mate of Language". *Feminism and Psychoanalysis*. Richard Feldstein y Judith Roof, eds. Ithaca NY: Cornell University Press, 1989, 40-64.
Zalaquett, Mónica. *Tu fantasma, Julián*. Managua: Vanguardia, 1992.

III. Figuras

Jorge Luis Borges

"La casa de Asterión": experiencia de la lectura vs. interpretación

Robin Lefere

Robin Lefere, de nacionalidad belga, se doctoró en la Universidad de Bruselas y actualmente trabaja en la Universidad Libre de Bruselas. Es autor de artículos sobre literatura francesa (Claude Simon y Marcel Proust) y española (Cervantes) y tiene un libro acerca de las novelas de Claude Simon en prensa, pero su campo de interés principal lo constituye la obra de Jorge Luis Borges

En su estudio clásico sobre "La casa de Asterión" —por cierto publicado en la *Revista Iberoamericana*[1]— Enrique Anderson Imbert demuestra y desmonta —escrupulosa y brillantemente— la estructura del cuento, como "charada", "adivinanza", "acertijo". También recuerda que, en otro cuento del mismo *Aleph*, "El zahir", el autor había aludido él mismo al principio que estructura "La casa ...":[2] el narrador llamado "Borges" nos informa que hace poco se distrajo componiendo un "relato fantástico" en el que un narrador en primera persona escribe su vida de manera tal que el lector descubra progresivamente que quien habla es una serpiente, cuyo relato es bruscamente cortado por la espada de Sigurd. Ese "Borges" calificaba el relato de "fruslería", y Anderson Imbert transfiere esta calificación a "La casa de Asterión" para luego preguntarse: "Pero ¿es su propósito lúdico, y nada más?". La pregunta propicia un giro del análisis, que pone en evidencia un "tema del laberinto" en su dimensión gnoseológica/metafísica —el laberinto es símbolo del mundo— así como sus correlaciones existencial (el hombre está perdido en el mundo como en un laberinto) e incluso psicológica (Borges es un angustiado Asterión).

Casi todos los estudios ulteriores dieron por sentado que el análisis textual estaba cumplido, y propugnaron principalmente perspectivas interpretativas.[3] Quisiera proponer aquí una crítica del excelente estudio de E. Anderson Imbert, al mismo tiempo que esgrimir

---

[1] *Revista Iberoamericana* XXV, 49 (enero-junio 1960).
[2] Edición de referencia: *Obras completas* (Barcelona: Emecé, 1989).
[3] He aquí los que me parecen más sugerentes: Jaime Alazraki, "Tlön y Asterión: metáforas epistemológicas", *Nueva Narrativa Hispanoamericana* I, 2 (1971); Emir Rodríguez Monegal: "Symbols in the Work of Borges", *Modern Fiction Studies* 19 (1973) 325-40; Milton Fragoso, "The House of Asterión, a God's Fall into Ignorance", *Estudios de historia, literatura y arte hispánicos ofrecidos a Rodrigo A. Molina* (Madrid: Ínsula, 1977) 165-72; Carter Wheelock, *The Mythmaker* (Austin: University of Texas Press, 1969) 27-29, 147-49; Donald McGrady, "El redentor del Asterión

la necesidad de que, de manera general, la crítica se detenga más en la experiencia de la lectura.

Me parece que hay, en el planteamiento de Anderson Imbert, un doble error: *una infravaloración del acertijo borgeano y, sobre todo, una sobrevaloración de la importancia textual de su presente realización*, lo que explicaría que hable de la "pobreza" del cuento (142).

Un acertijo no es una "fruslería" (por cierto, el autor Borges no coincidiría con el narrador "Borges" del "zahir", y todavía menos en el caso de "La casa de Asterión", cuya estructura es mucho más compleja, como veremos): es una forma de *ingenio*, el cual constituye un valor literario en general y, en el mundo escéptico de Borges, un valor básico, al mismo tiempo estético (tiene gracia), existencial (distrae) y ético (es antidogmático). Además, el acertijo es una forma ingeniosa que juega con el misterio (tanto más en cuanto que, en los casos considerados, se presenta como misterio y no revela su naturaleza de acertijo hasta el final), y como tal participa, aunque modestamente, del misterio del universo. En "Abenjacán el Bojarí, muerto en su laberinto" (también en *El Aleph*), se dice incluso que "el misterio participa de lo sobrenatural y aun de lo divino" (I, 605). Correlativamente, el acertijo tiene el efecto y el valor de estimular en el lector el interés por el misterio en sí.

Ahora bien; es verdad que este valor profundo del acertijo no es inmediatamente percibido, que se trata de una reflexión *a posteriori*, y que es muy probable que el lector, terminada la lectura, se pregunte: pues, ¿no había nada más que un juego? Hace falta precisar el sentimiento en cuestión, y recrear la experiencia total de la lectura.

Lo que experimenta el lector al llegar al final del relato, donde se descubre la identidad del protagonista, es un sentimiento ambiguo: una decepción en la medida en que percibía el cuento como misterioso (mientras que ahora parece que el misterio no era más que un espejismo), y casi simultáneamente, una admiración por lo ingenioso del cuento, la sutileza de la trampa. De hecho, el final proporciona una verdadera clave de lectura, con un efecto retroactivo muy poderoso: produce una metamorfosis súbita del relato, estimulando una segunda lectura. Ésta resulta muy diferente de la primera: se concentra en la descodificación, y sin duda provoca asombro dada la duplicidad del texto ... Según la naturaleza misma del lector, dominará el placer lúdico-intelectual o la decepción (en el primer caso, es en la segunda lectura cuando más se disfruta). Diría que si hay tan sólo admiración es porque el lector no ha sido suficientemente sensible al misterio del texto. Pero de la decepción puede surgir el sentimiento de ser defraudado, y una denuncia del texto como mero juego; el lector llegaría a lamentar el último párrafo, para luego, sosegado ya, considerarlo como un error ("el cierre" empobrecedor de "una obra abierta").

Contemplemos esta última valoración: ¿sería el texto más o menos rico si suprimiéramos "el párrafo-clave"? Es decir, en este momento de la lectura, el relato ofrece una excelente base para reflexionar sobre la relación entre riqueza y ambigüedad estéticas.

---

de Borges", *Revista Iberoamericana*, 135-56 (abril-setiembre 1986) 532-35; E. Cédola, *Borges o la coincidencia de los opuestos* (Buenos Aires: Eudeba, 1987) 221-29; Julio Woscoboinik, *El secreto de Borges. Indagación psicoanalítica de su obra* (Buenos Aires: Trieb, 1988); N. Adrián Huici, "Tras la huella del Minotauro", *Anthropos* 142/3 (1993) 77-86.

¿Es acaso la riqueza sémantica ilusión de riqueza? (Podría ser ésta la conclusión de un lector decepcionado hasta el enfado). Más concretamente: ¿sería dicha riqueza un mero efecto de sentido inherente a la ambigüedad de una estructura textual, en cuanto que ésta es percibida por un lector y estimula la propia riqueza de éste último? Podría ser una enseñanza hermenéutica del texto, complementaria de una enseñanza sobre los riesgos de la lectura.[4]

Sin embargo, hace falta llegar a un tercer momento de la lectura (que probablemente no coincida con la tercera lectura),[5] en el que el texto ya no sea leído en la perspectiva del acertijo. Primero porque si es cierto que el cuento "La casa de Asterión" está estructurado como un acertijo, y que la solución final del acertijo ilumina globalmente el relato, también es cierto que el relato, a diferencia del contado en "El zahir", no queda explicado, en su misma literalidad: el protagonista no se deja identificar con el Minotauro mitológico, ni su espacio con el laberinto mitológico, y la seudo-solución es el comienzo de una interrogación. De manera que "la clave" no representa sino un enriquecimiento de la ambigüedad y del potencial semántico, en vez de un empobrecimiento. Segundo, porque leer el texto como acertijo es olvidarse del misterio de la primera lectura, y no llegar, pues, a reconocer el verdadero valor del cuento, *lo extraordinario es menos la ingeniosa forma que el hecho de que el texto consiga ser tan impresionante "a pesar de" su estricta estructura de acertijo.* Opinaría que ésta no es, semánticamente, más que una estructura secundaria con respecto a la lógica del texto, que es esencialmente un monólogo tenso: secundaria aunque esencial en la medida en que constituye una estructura de distanciamiento (véanse también los paréntesis eruditos, también aludidos en "El zahir"), esencial en el arte de Borges.

Ahora bien, ¿en qué estriba dicha fuerza?

Si nos atenemos a la experiencia de la lectura, la fuerza del cuento se origina, creo, en la combinación de cuatro aspectos esenciales que determinan algo singular en el relato, su poder de fascinación por así decirlo, y que constituyen la razón de que el lector vuelva una y otra vez a leerlo:

1) *principalmente, en el protagonista.* Asterión, antes de ser un significante fecundo para cualquier interpretación de tipo simbólico, y antes de emparentarse con el Minotauro, es un personaje de singular consistencia.[6] Es, mediante la narración en primera persona, una voz y un punto de vista íntimos, cuya intimidad es reforzada por el hecho de que el personaje-narrador se opone a los demás (de entrada: "Sé ... me acusan"; y después: la relación de poder, la soledad, la extrañeza de la casa). Igualmente, se caracteriza por esa distancia —más psicológica que filosófica— que es una de las seducciones de todos los cuentos de Borges; patéticamente, raya en lo esquizofrénico (Asterión experimenta el personaje, desdoblamientos, mientras que los otros aparecen lejanos y amenazantes; el

---

[4] Véase Laurent Thirouin, "Astérion, ou l'impatience de lire", *Poétique* 55 (setiembre 1983), 282-92.
[5] Podemos imaginar una fase de lecturas nostálgicas, en la que el lector intenta recuperar el sabor del misterio experimentado, olvidándose del antipático final.
[6] Me extraña el sentimiento de E. Rodríguez Monegal cuando en, "Symbols in the Work of Borges" dice que "the impression [is given] that he is a very vain and ignorant young man"; también se refiere a "the deceptively light tone in which the protagonist talks".

texto mismo sugiere indirectamente la "misantropía", la "locura") y llega a crear cierto malestar (piénsese en lo que llama sus "distracciones" o "juegos").

No quiero demorarme en estos dos rasgos, pero sí destacar que, mediante ellos y una caracterización compleja (el contraste entre la soberbia y la autoridad exteriores; y la modestia, la vulnerabilidad interiores), Borges —quien, con lucidez, se siente más capaz de imaginar fábulas que personajes— ha logrado constituir un personaje, o por lo menos una *figura concreta*, en dos páginas: "Asterión", con una "casa". En relación a este propósito, hay que ver que el acertijo no es tan sólo un procedimiento ingenioso y una estructura de distanciamiento, sino una condición *sine qua non* de la constitución del personaje: ésta sería imposible con los entes míticos "Minotauro" y "laberinto".

Otros dos aspectos de la fascinación que produce el protagonista son: su relación con el espacio y el tiempo (especialmente con el sol, que es dimensión cosmológica y temporal, o los días y noches); el misterio de la identidad, alentado por el hecho de que las informaciones textuales apuntan hacia distintos valores (un hombre, un Dios, el autor, todo hombre; el Minotauro) y redoblado por el misterio de la casa.

2) *en el misterio de la casa*. No digo el "símbolo" del "laberinto", ya que el motivo del laberinto y su valor simbólico no son identificados inmediatamente por la lectura, sino retrospectivamente por la interpretación; a este propósito, es de notar que el conocimiento de la obra total es al mismo tiempo empobrecedor (proyección casi inmediata del "laberinto") y enriquecedor (se multiplican las connotaciones). (Y no el "símbolo" del "laberinto").

3) *en lo sagrado (atmósfera sagrada, mítica)*, suscitado por palabras o referentes que constituyen campos semánticos tales como:

religión: orar, prosternarse, "horror sagrado"; templo de las Hachas, ceremonia (rito de sacrificio); Dios, redentor, profetizar;

símbolos naturales: sangre, sol;

mitología: Teseo, Ariadna, Minotauro;

un sagrado social: reina;

"Alguno, creo, se ocultó bajo el mar" suena a relato mítico.

4) *en los valores simbólicos sugeridos (o señales para una lectura simbólica)*:

casa-mundo ("La casa es del tamaño del mundo; mejor dicho, es el mundo");

Asterión-Dios ("Quizá yo he creado las estrellas y el sol y la enorme casa, pero ya no me acuerdo."); reforzado por el tema de la liberación-redención ("uno de ellos profetizó ... que alguna vez llegaría mi redentor").

A otro nivel (y para quien conoce la obra):

el número de puertas de la casa "es infinito";

"Ahora verás una cisterna que se llenó de arena".

Los cuatro aspectos mencionados constituyen en su combinación la materia fascinante del relato. Pero ésta logra todo su poder sólo en la medida en que se articula con principios semánticos: en concreto, la simbolización (que, al sugerir que el relato apunta hacia otra cosa, hacia un sentido, estimula la actividad interpretativa) y, sobre todo, la indeterminación (el texto prevé una identificación —del personaje, del espacio— y correlativamente una lectura incierta y oscilante).

Después de esta reconsideración de "La casa de Asterión" basada en una fenomenología de la lectura, se podría plantear una interpretación. Sin embargo, si es verdad, como lo creo, que la indeterminación es esencial y no sólo aparente, está claro que lo más importante es la experiencia de la lectura (especialmente como respuesta personal en profundidad); luego viene la interpretación, en la que el mismo movimiento interpretativo tiene más sentido y valor que el hecho de llegar a un sentido, simple o articulado pero que de todas maneras tendería a sustituir al texto, matándolo. Es verdad que Borges suele escribir sus textos de tal manera que el lector se persuada de que hay un sentido secreto, "imagen en el tapiz" o verdad cabalística. Suele ser un espejismo, pero el autor, al mismo tiempo que se complace en dicho espejismo, sabe que es necesario —para que el lector se implique íntimamente en el relato, y para que las tensiones semánticas funcionen plenamente.

"Tlön, Uqbar Orbis Tertius": los "mundos posibles" de una metafísica de la ficción

Raúl Marrero-Fente

Raúl Marrero-Fente nació en Cuba y sacó su primer título académico en la Universidad de Camagüey. Actualmente está a punto de terminar sus estudios doctorales en la Universidad de Massachusetts, Amherst. Le interesan principalmente la literatura colonial, la retórica y la filosofía y su work in progress *consiste en el estudio de cartas, prólogos y otros documentos para llegar a una conclusión sobre "los límites difusos del discurso colonial" en América Latina*

Borges presenta en "Tlön, Uqbar, Orbis Tertius"[1] una metafísica de la ficción, en la que el autor no es considerado un demiurgo, creador absoluto de los personajes de las narraciones, sino un descubridor de las posibilidades de otra realidad, que como las cosas abstractas de Platón, existen junto a nosotros. En la filosofía contemporánea esta doctrina recibe el nombre de realismo modal.[2]

---

[1] Entre los estudios sobre este cuento figuran los de Jaen, quien encuentra en la tradición esotérica claves de lecturas importantes; mientras que para Hayes, el mundo de Borges puede verse como una representación alegórica del descubrimiento del Nuevo Mundo. Otro grupo de críticos analiza aspectos más ligados a la textualidad: Cordero argumenta que la característica dual del texto como inscripción entre la realidad y la fantasía hace que este ensayo literario también adquiera la condición de acto de ficción. En la lectura de Pérez el cuento de Borges es una re-escritura de una historia relatada por Macedonio Fernández. Para Echavarría la narración es un desarrollo de la teoría borgeana de la creación literaria, a partir de la crítica del lenguaje. Más recientemente, Alazraki y Toro se detienen en los aspectos posmodernos de la narrativa borgeana. Toro hizo un análisis de los rasgos posmodernos de este relato, recurriendo a los modelos rizomórficos de Deleuze/Guattari, y palimpsésticos de Genette. Toro también postula la tesis sobre la doble ficcionalidad de esta narración (mecanismo que denomina ficción interna y ficción externa) y del doble juego entre el "objeto-discurso" y el "meta-discurso".

[2] Los presupuestos filosóficos de la teoría del realismo modal que sigo se remontan a Meinong, quien propuso la diferenciación entre objetos subsistentes y objetos existentes (76-117). Los trabajos de Lewis en 1973 (84-91) y 1986 (1-69) son las actualizaciones más completas de esta teoría. Lewis defiende la existencia de los "mundos posibles" con un *status* ontológico independiente. El libro de Bradley y Swartz, aunque contiene análisis de lógica matemática, es una introducción básica a la teoría de los "mundos posibles"; resulta especialmente útil la diferenciación que ellos hacen entre mundos físicamente posibles y mundos físicamente imposibles dentro de los mundos no actuales

Este estudio propone una lectura basada en el realismo modal como metafísica de la ficción borgeana. En especial, se siguen las interpretaciones de las teorías de los "mundos posibles" de Lewis, y de los objetos inexistentes de Parsons, que consideran las ficciones literarias narrativas como mundos ficticios integrados por complejos de propiedades posibles, los cuales tienen una existencia ontológica independiente.

En "Tlön, Uqbar, Orbis Tertius", Borges nos presenta un texto que se crea a sí mismo, como una realidad propia, que a su vez contiene objetos ficticios (*hrönir*). La doble ficcionalidad de Tlön, que es una invención del imaginario Uqbar, también producto de una enciclopedia ficticia, funciona como elemento de disolución de los límites entre realidad y fantasía.

La historia de Tlön comienza con una conversación entre dos personajes: Borges y Bioy Casares en torno al proceso creativo: "y nos demoró una vasta polémica sobre la ejecución de una novela en primera persona, cuyo narrador omitiera o desfigurara los hechos e incurriera en diversas contradicciones, que permitieran a unos pocos lectores — a muy pocos lectores— la adivinación de una realidad atroz o banal" (13).

Estas reflexiones se convierten en autoconciencia narrativa: lo que se menciona en este pasaje es una síntesis de todo el relato. Esta condición metaficticia[3] del texto borgeano está dirigida a la dilucidación teórica del hecho literario, centrado en el problema del autor del texto y su relación con otros textos.

La ambigüedad de la ficción borgeana, que se desplaza entre el mundo de la realidad y el de la fantasía, encuentra su explicación formal en las teorías de los "mundos posibles", que postulan la existencia de objetos independientes, en el sentido que señala Lewis (1986): "Are there other worlds that are other ways? I say there are. I advocate a thesis of plurality of worlds, or Modal realism, which holds that our world is but one among many. There are countless other worlds, other very inclusive things" (2).

(1-25). El estudio de Eco es una de las primeras aplicaciones literarias de la teoría de los "mundos posibles" (217-24), y fue continuado por los análisis semióticos de Mignolo, que tienen un alto grado de formalización matemática (357-79). Otros trabajos que desarrollan las tesis de los "mundos posibles" en la literatura son los de Plantinga (153-63), Parsons (17-60), y Wolterstorff (106-80). El artículo de Glannon es una excelente meditación sobre la metafísica de la ficción en la obra de Unamuno (95-108). El libro de McHale tiene una sección (33-36) destinada a analizar la relación de la escritura posmoderna con los "mundos posibles", sus conclusiones son afines con las ideas de Pavel (11-42), y Dolezel (475-96), que se han concentrado más en las consecuencias del realismo modal para la teoría de la ficción literaria. El libro de Ryan es el estudio más reciente sobre la relación entre la tesis de los "mundos posibles" y la narrativa. Tiene también extensas formalizaciones matemáticas, especialmente cuando analiza la relación con los lenguajes lógicos y la inteligencia artificial, y es el resumen más completo y sistematizado de la teoría aplicada a la narrativa. Ryan ha logrado construir un aparato categorial, unificando términos de diferentes campos. Véanse la Introducción, Capítulos I y II, y las Conclusiones.

[3] Sobre la condición metaficticia del texto posmoderno véase el libro de Hutcheon (37-56). Sobre el relato de Borges y su carácter de escritura metaficticia son novedosas las conclusiones de Toro. El estudio más lúcido sobre este aspecto de la obra de Borges es el libro de Molloy.

La narrativa borgeana cuestiona las representaciones miméticas, porque para Borges todas las representaciones del mundo son histórica y lingüísticamente mediatizadas.[4] Al romper el efecto de la referencialidad, el texto deja de tener un sentido unívoco. El resultado de este proceso para la narrativa es la transición de la epistemología a la ontología. En la concepción borgeana los "mundos posibles" tienen un *status* ontológico propio, similar a la propuesta de Lewis.

Al presentarse Borges a sí mismo como un ente de ficción, junto a Alfonso Reyes, Néstor Ibarra, y Ezequiel Martínez Estrada, entre otros provenientes de nuestra realidad, "el mundo actual" —según Bradley y Swartz (5)— aumenta el carácter de alteridad de lo narrado porque se borran los límites entre el mundo real y los "mundos posibles".

Por otra parte, la difusa línea entre la ficción (los "mundos posibles") y la realidad convencional aparece representada en un personaje ficticio llamado Herbert Ashe, quien es el que consigue la Enciclopedia de Tlön para Borges. El carácter intermediario de Ashe (cenizas) se manifiesta en el simbolismo de su nombre, que viene de una larga tradición alquímica en Occidente, y que se asocia a la nigredo, la muerte y la disolución de los cuerpos. Como también señala Cirlot (123), simboliza el paso de un mundo a otro.

El efecto especular, tan grato para Borges, funciona aquí a partir de varios recursos: el primero de ellos es el espejo, y el segundo es la enciclopedia, que como señala Jaen, funciona "as a reflection of true reality" porque las "Encyclopedias (books, language, ideas) also tend to be reflections (and therefore multiplication) of that which we call reality" (37).

Lo que diferencia a este relato de otros es que el argumento de la narración, la historia de Uqbar, nace de la unión de dos objetos especulares. Como dice Borges: "Debo a la conjunción de un espejo y de una enciclopedia el descubrimiento de Uqbar" (13). Este encuentro, reflejo multiplicado, puede verse como una aporía infinita. Es decir, un juego en el que el original se confunde con la copia. La alusión a la teoría platónica de la realidad como copia del mundo de las ideas se constituye en la base metafísica del relato, a partir de la cual Borges construye la historia de "Tlön, Uqbar, Orbis Tertius".[5]

La refracción constante entre un espejo y una enciclopedia modifica nuestra noción de realidad porque también disuelve los contornos entre el mundo actual y los "mundos posibles".

El mismo efecto se produce con la reflexión del espejo. Éste no sólo es un objeto refractario, sino que de acuerdo a una de las tradiciones literarias predilectas de Borges, es también umbral y puerta de paso entre la realidad y la ficción. Como en *Through the Looking-Glass* de Lewis Carroll, las superficies de los espejos reflejan, pero en determinados momentos también comunican los mundos actuales y los "mundos posibles".

También la enciclopedia a la que se refiere Borges tiene una función especular porque es un texto que repite otros textos, sumario de otros libros, que intenta contener en sus

---

[4] El proceso a través del cual las representaciones del mundo son analizadas como fenómenos mediatizados histórica y lingüísticamente, aparecen en el conocido "Preámbulo" de Foucault (1-10).

[5] Respecto a la relación entre la copia y el original son importantes las interpretaciones de Baudrillard sobre la condición esencialmente artificial de la sociedad contemporánea (23-26); para el contexto de la literatura hispanoamericana puede consultarse Sarduy (53-61).

páginas todo un mundo explicado y detallado. Pero como distingue Jaen: "This encyclopedia is not a reflection of reality in the sense in which the Britannica is. Instead it is pure invention because reality is pure invention. In this sense it is also (like the Britannica) a reflection of reality, but an invented reality" (37).

Lo que Borges presenta es una meditación sobre el quehacer literario que se materializa a través de la escritura de las ficciones existentes en otra realidad que es paralela a la del autor (los "mundos posibles"). Es decir, la dilucidación del hecho literario, centrado en el problema del autor del texto y su relación con otros textos, en este caso, el infinito referencial de las enciclopedias.

En el ejemplo de la enciclopedia puede verse una alegoría del proceso mental de la creación literaria, porque a través de las descripciones se forma un lenguaje, como cuando pensamos. Este acto de pensar genera otra realidad que carece de materialidad.[6] Dice el narrador en el relato de Tlön: "La sección *idioma y literatura* era breve. Un solo rasgo memorable: anotaba que la literatura de Uqbar era de carácter fantástico y que sus epopeyas y sus leyendas no se referían jamás a la realidad, sino a las dos regiones imaginarias de Mlejnas y Tlön ..." (16).

Por otra parte, la autorreferencialidad de la enciclopedia borgeana sugiere que la literatura de Uqbar no es referencial, sino fantástica e imaginativa. El cuento se autopercibe como un artefacto que cuestiona la relación con una realidad determinada.[7] El texto es una parodia de la enciclopedia: del saber no dubitativo que pretende conocer todas las respuestas a las interrogantes humanas. En la narración aparecen estos intertextos simulados —la literatura fantástica de Uqbar, que en realidad es de Tlön— como emblema de la metaficción encubierta, descrita por Borges en *Otras inquisiciones*: "Si el lenguaje fuera expresivo no necesitaría de los diccionarios" (132).

En el centro mismo del relato se define la literatura de Tlön. Para ello se usa el símil de la teoría de Meinong. Dice Borges: "En la literatura de este hemisferio (como en el mundo subsistente de Meinong) abundan los objetos ideales, convocados y disueltos en un momento, según las necesidades poéticas" (22).

Por lo general, los críticos han prestado poca atención a los vínculos entre Borges y Meinong; así por ejemplo en la lectura que de "Tlön, Uqbar, Orbis Tertius" hace Juan Nuño considera que "Borges aplica la noción de 'objetos ideales', en la región septentrional de Tlön, de manera más bien lata, a las simples y fugaces impresiones" (30). A pesar de que el análisis de Nuño es filosófico, no toma en cuenta la alusión a Meinong. Considero que esta "referencia filosófica" —como la denomina Nuño— es esencial para entender el mecanismo de la ficción en este relato.

Borges destaca que la literatura de Uqbar es fantástica porque no tiene como referente su realidad, "sino a las dos regiones imaginarias de Mlejnas y de Tlön" (16). El primer paso es romper la dependencia realista de la literatura, lo que Borges propone como

---

[6] Otro importante punto de contacto es la comparación que hace Plantinga entre los "mundos posibles" y los libros (46).
[7] A este respecto resulta necesario recordar la distinción que hace de Man sobre la no fiabilidad de la representación entre la obra literaria y la realidad; me refiero especialmente a las cualidades de sujeto gnoseológico del elemento retórico del texto (3-20).

mecanismo para explicar el constituyente básico de la ficción es una ontologia de los objetos no-reales similar a la de Meinong, que estableció las bases filosóficas para el análisis de la teoría del realismo modal, al distinguir: "How little truth there is in such a view is most easily shown by ideal Objects which do indeed subsist (*bestehen*), but which do not by any means exist (*existieren*), and consequently cannot in any sense be real (*wirlich*)" (79).

Los objetos ideales de la literatura tlöniana son similares a los objetos "subsistentes" de la teoría de Meinong. El lenguaje metafórico, según Borges, es aquel lenguaje gue tiene la capacidad de hacer presente una cosa ausente, por su capacidad gráfica ("necesidades poéticas"). Esta facultad metafórica de la poesía expulsa del lenguaje la negatividad: la imagen poética no puede ser desmentida, por eso el lenguaje de la poesía (y de la creación literaria) es un lenguaje de plenitud.

No hay ninguna respuesta mimética para la literatura, sino que ésta encuentra su esencia en sí misma, "según las necesidades poéticas". Por eso, son "objetos ideales" en el doble sentido de la palabra: porque provienen de una realidad diferente a la nuestra, o si se prefiere, porque están en otro mundo (los "mundos posibles").

Borges combina los juegos puramente lingüísticos con los "mundos posibles" del realismo modal. De esta forma su poética no sólo es afín a las teorías postestructuralistas de la escritura sino que contiene en sí misma la posibilidad de explicar los constituyentes básicos de la ficción, desvelando la "objetividad" de los personajes con estatus ontológico propio ("mundos posibles").

Por medio de la historia de "Tlön, Ubar, Orbis Tertius", Borges nos muestra una representación del mecanismo de la creación literaria, a partir de la propia explicación de este proceso (la literatura fantástica de Tlön). Así, también nos habla de objetos poéticos con propiedades sinestésicas: "compuestos de dos términos, uno de carácter visual y otro auditivo" (22), que en sus posibilidades combinatorias infinitas llegan a un grado de existencia esencial (único). Borges insiste en que "[h]ay poemas famosos compuestos de una sola enorme palabra. Esta palabra integra un objeto poético creado por el autor" (22). El pasaje es una reflexión sobre el valor del acto poético, como posibilidad infinita del creador, pero ese *potens* no tiene límites porque rebasa el mundo de las coordenadas físicas convencionales: es el mundo actual y los "mundos posibles". Volvamos al cuento de Borges, para entender su concepto de autoría: "En los hábitos literarios también es todopoderosa la idea de un sujeto único. Es raro que los libros estén firmados. No existe el concepto del plagio: se ha establecido que todas las obras son obra de un solo autor, que es intemporal y es anónimo" (28).

Para Borges el creador no es un demiurgo que inventa a partir de su fantasía el objeto poético. Es decir, el autor individual no existe porque se considera que la autoría es una manifestación temporal de un existencia eterna (un autor único). Esta existencia al ser eterna es también ilimitada, va más allá del mundo actual. La materia de las narraciones puede provenir del mundo actual y de los "mundos posibles", y el autor tiene también una existencia entre estas dos "realidades". Borges explica la aparición de los *hrönir* en Tlön, y sus consecuencias; de esta forma introduce una sutil diferencia dentro de los "mundos posibles" de Tlön: la distinción entre mundo físicamente posible (donde existen las mismas leyes naturales del mundo actual) y el mundo físicamente imposible. Dentro de los "mundos posibles" está el mundo actual ("nuestra realidad") y los mundos no actuales, que pueden ser físicamente posibles y físicamente imposibles según el modelo de Bradley y Swartz (5).

De acuerdo al más reciente estudio sobre los "mundos posibles" y la teoría narrativa (Ryan), el "fictional world can now be paraphrased as the actual world of the textual universe projected by the fictional text" (23). Ryan define el mundo actual como el centro de nuestro sistema de realidad, donde estamos localizados, y el universo textual como la imagen del sistema de realidad proyectado por el texto. Aunque Ryan considera que su análisis es semiótico, no deja de reconocer que "[o]nce we become immersed in a fiction, the characters become real for us, and the world they live in momentarily takes the place of the actual world" (21). Esta tesis unida a su preferencia por las ideas de Lewis (que niegan cualquier diferencia ontológica entre los "mundos posibles" y el mundo actual) ratifica la importancia de los postulados del realismo modal para la teoría literaria.

Borges construye esta narración como un sistema de realidades, compuesto de distintos mundos: Uqbar, Tlön, Mlejnas y el mundo "real" del narrador. La imagen de estos mundos proyectada por el texto integra el universo textual del relato. El mundo de referencia textual es el mundo para el cual el cuento alega unos hechos; el mundo en el cual las proposiciones defendidas por el texto deben ser evaluadas. Las propuestas del texto abarcan desde las aventuras del personaje Borges hasta las descripciones del mundo de Tlön. El mundo textual actual es la imagen del mundo de referencia textual propuesta por el relato; dentro de ese mundo está el personaje del narrador Borges, quien nos presenta un "mundo posible" textual alternativo, formado por las descripciones de una enciclopedia apócrifa y de un país fantástico.[8] McHale resume este complejo proceso:

> Borges' doubly fictional world of Tlön neatly exemplifies accessibility in this sense. Tlön is accessible to our world because the encyclopedists who invented it obviously generated their ideal world by manipulating structures of the real, "projecting a world which would not be too incompatible with the real world". But Tlön is also a *conceivable* world —self-evidently, since its fictive inventor, the encyclopedist, and its real author Borges, as well as we the readers, have all been able to conceive it. (35)

En "Tlön, Uqbar, Orbis Tertius" Borges sugiere un posible modelo literario que desborda los géneros tradicionales de la ficción y del ensayo. La escritura borgeana aparece en todo su esplendor moviéndose como uno de los *hrönir*, a medio camino entre nuestra realidad y la de los "mundos posibles".

Bibliografía

Alazraki, Jaime. "Borges: entre la modernidad y la postmodernidad". *Revista Hispánica Moderna* 41 (1988) 175-79.
Borges, Jorge Luis. *Ficciones*. Madrid: Alianza Emecé, 1986.

---

[8] En la descripciones de las categorías universo textual, mundo de referencia textual, mundo textual actual y mundo posible textual alternativo, sigo el modelo teórico más reciente que analiza los vínculos entre los "mundos posibles" y la teoría narrativa. Véase Ryan, Introducción y Glosario.

_____ *Otras inquisiciones*. Buenos Aires: Emecé, 1986.
Bradley, Raymond y Norman Swartz. *Possible Worlds: An Introducción to Logic and its Philosophy*. Indianapolis: Hackett Publishing Company, 1979.
Baudrillard, Jean. *Simulations*. Nueva York: Semiotex(e), 1983.
Cirlot, Juan-Eduardo. *Diccionario de símbolos*. Barcelona: Labor, 1991.
Cordero, Sergio. "Filosofía y lingüística en los cuentos fantásticos de Jorge Luis Borges". *La palabra y el hombre* 74 (1990) 189-94.
Chisholm, Roderick. *Realism and the Background of Phenomenology*. Glencoe IL: Free Press, 1961.
Dolezel, Lubomir. "Mimesis and Possible Worlds". *Poetics Today* 9, 3 (1988) 475-96.
Eco, Umberto. *The Role of the Reader*. Bloomington: Indiana University Press, 1984.
Echavarría, Arturo. "Tlön, Uqbar, Orbis Tertius": creación de un lenguaje y crítica del lenguaje". *Revista Iberoamericana* 100-01 (1977) 399-412.
Foucault, Michel. *Las palabras y las cosas*. México: Siglo XXI, 1991.
Glannon, Walter. "Unamuno y la metafísica de la ficción", en Loureiro, *Estelas, laberintos* ... 95-108.
Hayes, Aden. "Orbis Tertius and Orbis Novus: The Creation and Discovery of New Worlds". *Revista Canadiense de Estudios Hispánicos* 2 (1984) 275-80.
Hutcheon, Linda. *A Poetics of Postmodernism*. NuevaYork y Londres: Routledge, 1988.
Jaen, Didier. "The Esoteric Tradition in Borges' "Tlön, Uqbar, Orbis Tertius". *Studies in Short Fiction* (Winter, 1984) 25-39.
Lewis, David. *Counterfactuals*. Cambridge MA: Harvard University Press, 1973.
_____ *On the Plurality of Worlds*. Oxford: Blackwell, 1986.
Loureiro, Angel (coord.). *Estelas, laberintos, nuevas sendas: Unamuno, Valle-Inclán, García Lorca, la Guerra Civil*. Barcelona: Anthropos, 1988.
Man, Paul de. *The Resistance to Theory*. Minnneapolis: University of Minnesota Press, 1986.
Meinong, Alexius. "The Theory of Objects", en Chisholm, *Realism* ... 76-117.
Molloy, Silvia. *Las letras de Borges*. Buenos Aires: Sudamericana, 1979.
Mignolo, Walter. "Emergencia, espacio, "mundos posibles": las propuestas epistemológicas de Jorge L. Borges". *Revista Iberoamericana* 100-01 (1977) 357-79.
McHale, Brian. *Postmodernist Fiction*. Londres y Nueva York: Routledge, 1991.
Nuño, Juan. *La filosofía de Borges*. México: Fondo de Cultura Económica, 1986.
Parsons, Terence. *Nonexistent Objects*. New Haven: Yale University Press, 1980.
Pavel, Thomas. *Fictional Worlds*. Cambridge: Cambridge University Press, 1987.
Pérez, Carlos A. "Tlön, el mundo en otro mundo". *Explicación de textos literarios* 6 (1977) 45-51.
Plantinga, Alvin. *The Nature of Necessity*. Oxford: Clarendon, 1974.
Ryan, Marie-Laure. *Possible Worlds, Artificial Intelligence and Narrative Theory*. Bloomington: Indiana University Press, 1991.
Sarduy, Severo. *Ensayos generales sobre el Barroco* (1974). Buenos Aires: Fondo de Cultura Económica, 1987.
Toro, Alfonso de. "Postmodernidad y Latinoamerica (Con un modelo para la Narrativa Postmoderna)". *Revista Iberoamericana* 155-56 (1991) 441-68.
Wolterstorff, Nicolas. *Works and Worlds of Arts*. Oxford: Clarendon, 1980.

Tras la pista: Borges y Michael Innes

Mireya Camurati

Mireya Camurati, que nació en Argentina, se licenció en la Universidad de Buenos Aires e hizo sus estudios doctorales en la de Pittsburgh, donde fue tesista de Alfredo Roggiano. Actualmente enseña en la State University of New York (Buffalo) y su campo de investigación principal es la narrativa hispanoamericana contemporánea. Es autora de La fábula en Hispanoamérica *(México, 1978)*, Poesía y poética de Vicente Huidobro *(Buenos Aires, 1980)* y Bioy Casares y el alegre trabajo de la inteligencia *(Buenos Aires, 1990)*. Es socia del IILI desde hace 25 años

  Las reseñas y artículos críticos que Borges publicó en la revista *El Hogar*, de Buenos Aires, entre octubre de 1936 y julio de 1939 indican cuáles eran sus lecturas por esos años y, frente a ellas, su posición intelectual, sus preferencias y rechazos. En cierta medida, sería válido aplicar a estos textos la definición que Borges asignaba a los escritos de Pierre Menard cuando hablaba de ellos como "un diagrama de su historia mental" (Prólogo: *El jardín de senderos que se bifurcan. 1941, Ficciones* 11).
  En cuanto a la producción literaria de Borges hasta estas fechas, sabemos que ésta incluye los tres primeros volúmenes de poesía (*Fervor de Buenos Aires*, 1923; *Luna de enfrente*, 1925; y *Cuaderno San Martín*, 1929), y varias colecciones de ensayos. De prosa narrativa sólo han aparecido las páginas de *Historia universal de la infamia* (1935) a las que Borges va a calificar más adelante como "el irresponsable juego de un tímido que no se animó a escribir cuentos y que se distrajo en falsear y tergiversar ... ajenas historias" (Prólogo a la edición de 1954. *Historia universal de la infamia* 243). Es decir que el Borges cronista de *El Hogar* va a preceder inmediatamente al cuentista de *Ficciones*.
  La sección a cargo de Borges se titulaba "Libros y Autores Extranjeros" y sus artículos pueden hoy consultarse en *Textos cautivos: ensayos y reseñas en "El Hogar"*, el volumen compilado por Enrique Sacerio-Garí y Emir Rodríguez Monegal. Una ojeada al índice basta para advertir en estos escritos algunas de las características típicamente borgeanas. Por empezar, el predominio de comentarios sobre obras y autores de lengua inglesa. También, la presencia de los que rubendarianamente podríamos llamar "los raros" de Borges. Así está John Wilkins, el del idioma analítico ("John Wilkins, previsor", *Textos cautivos* 333-34), y E. Sylvia Pankhurst con las referencias al *Volapük* y a la *Interlingua* ("*Delphos, or the Future of International Language* de E. S. Pankhurst", *Textos cautivos* 306-07). Y

está Richard Francis Burton, el traductor de *Las mil y una noches*, o mejor dicho está la "Historia de los dos reyes y los dos laberintos",[1] que Borges indica tradujo de las notas que Burton agregó a su famosa traducción ("Una leyenda arábiga", *Textos cautivos* 329-30).

Finalmente, la característica que nos encamina al tema central de nuestro estudio es el interés de Borges por el relato policial, lo que se manifiesta en los textos de *El Hogar* en más de veinte artículos sobre obras del género. La lista de autores con nombres como G. K. Chesterton, Nicholas Blake, Anthony Berkeley, o Eden Phillpotts demuestra la preferencia por la narrativa policial de la escuela inglesa o "clásica" en la que, como Borges destacaba en una conferencia en 1978, el misterio es "descubierto por obra de la inteligencia, por una operación intelectual" ("El cuento policial", *Borges oral* 72) y en la que, a diferencia de la llamada policial "dura", predomina la acción mental sobre la física. En otra de las reseñas en *El Hogar*, Borges insiste sobre este tema con la siguiente explicación: "En Inglaterra el género policial es como un ajedrez gobernado por leyes inevitables" (*Textos cautivos* 237). Cuando en la década del cuarenta Borges y Bioy Casares preparen para la editorial Emecé el volumen de la Primera serie de *Los mejores cuentos policiales* y organicen la colección de relatos policiales de "El Séptimo Círculo", empresa que van a dirigir por más de diez años, las obras y autores seleccionados son en su mayoría representativos de la modalidad de la novela-enigma. Entre ese grupo de autores predilectos figura Michael Innes, seudónimo del escritor escocés recientemente fallecido, John Innes Mackintosh Stewart.

En el número del 22 de enero de 1937 de *El Hogar* Borges comenta *Death at the President's Lodging*, la primera novela de Michael Innes editada el año anterior (*Textos cautivos* 77-78), y en el número del 3 de diciembre reseña *Hamlet, Revenge!*, la segunda novela de Innes de ese mismo año de 1937 (*Textos cautivos* 192). No aparece en las páginas de *El Hogar* ninguna referencia a *Lament for a Maker*, que Innes publicó en 1938, pero cuando, junto con Bioy, Borges elija los textos para "El Séptimo Círculo", esta novela, con el título de *La torre y la muerte*, será la tercera en el orden de edición.[2] *Death at the President's Lodging*, traducida como *Los otros y el rector*, aparecerá como la número 26 de la colección, y *¡Hamlet, venganza!* será la número 34. Todo esto demuestra el aprecio de Borges por la obra de Michael Innes, valoración evidente aun dentro de los límites de las breves reseñas de *El Hogar*. Al referirse a *Death at the President's Lodging*, Borges alaba el acierto del autor en el estudio de los caracteres lo que hace de "la novela policial

---

[1] Este es el texto que Borges incluye en *El Aleph* como "Los dos reyes y los dos laberintos" (135-36), con la indicación al pie de página de que se trata de la historia referida desde el púlpito por el rector Allaby, personaje de "Abenjacán el Bojarí, muerto en su laberinto" (123-34), el cuento anterior en *El Aleph*.

[2] En una entrevista con Bioy y Borges incluida en su libro *Genio y figura de Adolfo Bioy Casares*, Oscar Hermes Villordo anota los comentarios de los dos escritores acerca de la empresa de "El Séptimo Círculo", de la cantidad de obras que leyeron para efectuar la selección —setecientas u ochocientas novelas— y de la dificultad de encontrar los libros durante la época de la Segunda Guerra Mundial. Bioy explica que iban a buscarlos a librerías de segunda mano, y dice: "Allí encontramos *La torre y la muerte* de Michael Innes" (67).

una variedad de la psicológica"³ (*Textos cautivos* 77), en la línea que deriva de Poe y Wilkie Collins, que son para el escritor argentino los maestros indiscutidos del género. A *Hamlet, Revenge!* la califica como una novela admirable, y destaca "la interpretación del drama de Hamlet en el prólogo de la obra —interpretación que no es desdeñable y que prefigura secretamente la historia que leeremos después" (*Textos cautivos* 192). Pero más que en estos juicios laudatorios sobre la obra de Innes en general, nos interesa ahora centrarnos en una característica específica de este autor que es la de su erudición, y la manera en que ésta se refleja en su narrativa.

John Innes Mackintosh Stewart nació en 1906 en Edimburgo, ciudad en donde cumple sus estudios hasta que se traslada a Oxford para obtener el bachillerato universitario. Va a ser miembro de la facultad en la Universidad de Leeds, por diez años en la de Adelaida, en Australia y, finalmente, en la de Oxford. Su campo de estudio fue la literatura inglesa, especialmente la del período isabelino, lo que conjugaba con un buen conocimiento de las literaturas clásicas. Además de una producción realmente asombrosa de relatos policiales, la que se extiende por más de medio siglo con 45 novelas y tres colecciones de cuentos, Stewart publicó libros y monografías de investigación académica, y una larga lista de ficciones fuera del género detectivesco.

Ya en sus primeras novelas de la década del treinta que, como vimos, son las que Borges va a comentar en *El Hogar* y luego seleccionar para las colecciones de Emecé, la crítica comienza a destacar como característica notable el hecho de que estas obras están minadas con alusiones y citas literarias.[4] Al personaje de John Appleby, el detective en las primeras y en muchas otras novelas de Innes, se lo califica como producto de la educación universitaria y ciertamente el más entusiasta investigador de citas y alusiones literarias entre los policías profesionales.[5] Por fin, los críticos advierten que para gozar de un típico relato de Michael Innes el lector debe ser capaz de reconocer citas de las más variadas fuentes y descubrir la ironía en la mención de lugares, nombres y títulos.[6]

Si por un momento nos olvidáramos de que estos comentarios son acerca de la obra de Michael Innes y pensáramos en la de Borges, veríamos que no sería muy forzado aplicárselos a esta última.

---

[3] Repetidamente, Borges va a insistir en que la novela policial debe apoyarse en el estudio psicológico de los personajes. En la reseña sobre *The Beast Must Die*, de Nicholas Blake, comenta: "El cuento policial puede ser meramente policial. En cambio, la novela policial tiene que ser también psicológica. Es irrisorio que una adivinanza dure trescientas páginas, y ya es mucho que dure treinta ... No en vano la primera novela policial que registra la historia —la primera en el tiempo y tal vez no sólo en el tiempo: *The Moonstone* (1868) de Wilkie Collins es, asimismo, una buena novela psicológica" (*Textos cautivos* 247). Muchos años después, en su conferencia sobre "El cuento policial" en 1978, dice: "En Inglaterra, donde este género es tomado desde el punto de vista psicológico, tenemos las mejores novelas policiales que se han escrito: las de Wilkie Collins, *La dama de blanco* y *La piedra lunar*" (*Borges oral* 77-78).
[4] "... landmined with literary allusions and quotations" (Michele Slung 591).
[5] "... Inspector John Appleby —university bred and surely the most avid spotter of literary quotations and allusions among professional sleuths" (Haycraft 188).
[6] "To enjoy a typical Michael Innes mystery, a reader must be able to recognize quotations from a variety of literary sources, discover irony in the use of place names, surnames, and titles" (Rosenbaum 924).

Un análisis atento de los textos de Innes revela detalles curiosos y significativos en relación con la técnica narrativa de Borges. Aquí, y para ceñirnos a los límites impuestos a este estudio, nos centraremos en la primera novela de Michael Innes y en algunos ejemplos de los procedimientos literarios que ahora nos ocupan.

La víctima en *Death at the President's Lodging* es el presidente o rector de St. Anthony's College, un colegio que Innes organiza con todas las reminiscencias de sus días de subgraduado en Oxford.[7] Sobre esta base, y como ha observado un crítico, la novela presenta una magnífica caricatura del ambiente universitario.[8] Los "otros", a los que se refiere la traducción castellana del título, son los miembros de la facultad más relacionados con el rector y, por lo tanto, incluidos en la lista de sospechosos que el detective Appleby deberá investigar para descubrir al asesino. Así, aparecen entre otros el Decano, el Reverendo y Honorable Tracy Deighton-Clerk, junto con el profesor Empson, psicólogo, y el profesor Titlow, arqueólogo. También, el Dr. Giles Gott que en sus ratos libres, y bajo seudónimo, escribe relatos policiales y quien resulta bien dispuesto a ayudar al inspector. La condición de profesores universitarios de estos personajes deja paso a la caracterización de algunos de ellos con los rasgos de una erudición ostentosa y justifica o, al menos, pone en su contexto el despliegue de citas y referencias que, como dijimos, es sello sobresaliente del estilo de Innes. La simple enumeración de obras y autores mencionados llevaría un tiempo considerable. Baste indicar que los nombres van desde los de figuras famosas como Shakespeare, Montaigne, el Dr. Johnson, Poe, Freud, o Henry James hasta los de aquellos más ignotos y casi esotéricos para el lector moderno. Un ejemplo de esto último se da en la escena en que Appleby va a consultar a Sir Theodore Peek acerca de las actividades del profesor Campbell, uno de los sospechosos en su lista. Sir Theodore es un viejo erudito en las literaturas clásicas, ya retirado de la actividad docente. Appleby lo encuentra cabeceando entre libros y manuscritos, y completamente inmerso en sus recónditas meditaciones. A las preguntas de Appleby sobre Campbell Sir Theodore contesta refiriéndose a Harpocration quien trabajó para preservar textos de Androtion, Phanodemus, Philochorus, Istrus, Hecataeus, Ephoros, Theopompus, Anaximenes, Marsyas, y Craterus (*Death at the President's Lodging* 200). Si el lector se preocupa por investigar estas citas comprobará que, efectivamente, Harpocration fue un maestro de retórica en Alejandría en los primeros siglos de nuestra era quien compiló textos de los autores enumerados por Sir Theodore.[9] Ciertamente, ninguno de los lectores de la novela de Innes se va a dedicar a poner en claro esta andanada de erudición que extenúa aun al muy libresco Inspector Appleby. Y por supuesto, el autor no espera que lo hagan. El propósito de esta y otras citas eruditas es integrarlas en el texto de modo que complementen la caracterización de los personajes, ofrezcan pistas —verdaderas o falsas— y, sobre todo, distraigan al lector o aumenten su ansiedad en cuanto a su propia reflexión detectivesca.

---

[7] En "Death as a Game" Innes reflexiona acerca de algunas de las técnicas y reglas del relato policial y recuerda su "invención" de St. Anthony's: "Well, I knew it mustn't be a *real* college. So I invented one, and called it St. Anthony's. (There *is* now a real St. Anthony's in Oxford, but they must have got it from my book.)" (56).
[8] George L. Scheper, *Michael Innes* (Nueva York: Ungar, 1986) 25.
[9] Ver Harpocration, *Lexeis of the Ten Orators*, ed. John J. Keaney (Amsterdam: Adolf M. Hakkert, 1991).

Un ejemplo aun más ilustrativo de este procedimiento aparece en el segundo capítulo. Appleby está revisando la oficina del rector y se enfrenta con los catorce grandes volúmenes de la Argentorati Athenaeus. Appleby murmura: "Los *Deipnosofistas*, edición de Schweighäuser ... ocupa mucho espacio ... aquí está la edición abreviada de Dindorf".[10] De nuevo, todos estos nombres extraños se corresponden con referencias precisas. Athenaeus, conocido como Athenaeus de Naucratis por ser nativo de esa ciudad en Egipto, es el autor de los *Deipnosofistas*, texto escrito a principios del siglo III, y publicado entre 1801 y 1807 por Argentorati en edición al cuidado de Johann Schweighäuser. Una versión abreviada fue editada posteriormente por Wilhelm Dindorf. El título, que podría traducirse como *El banquete (o la cena) de los sofistas*, indica el tema de la obra que presenta la escena de un banquete, en Roma, al que asisten filósofos, gramáticos, médicos, juristas y músicos, quienes van a dialogar sobre temas heterogéneos pero relacionados con el central de la fiesta gastronómica. En efecto, esta *Cena de los sofistas* ha sido calificada como el más antiguo libro de cocina. Los personajes, que citan a los autores más diversos, aparecen como ejemplo de pedantería. En esto se asemejan a los personajes de *Death at the President's Lodging* el grupo de profesores del colegio de St. Anthony que, como los sofistas de esta cena, aprovechan el convite universitario para hacer alarde de conocimientos y vanidades. Esto sería un guiño de complicidad que Innes dirige a aquellos pocos de sus lectores suficientemente versados en literaturas clásicas como para advertir la asociación por semejanza. Obviamente, Innes no supone contar con tal tipo de lector y, de nuevo, su propósito es agregar en la escena elementos que van a distraer la atención de éste y, junto con él, del detective. En la página de la novela que describe esta escena, Innes presenta un plano del cuarto con la ubicación en los estantes de la biblioteca de la obra de Athenaeus junto con otras algo más familiares como *The Dictionary of National Biography*, o *The New English Dictionary*. En la pared detrás del *Deipnosofistas* hay una caja de caudales que, cuando es violada, va a introducir la sospecha de un robo. Otra pista, quizás más significativa, es que los volúmenes abreviados del *Deipnosofistas* están invertidos en su ubicación en los estantes.

Sería posible detenernos en muchos otros ejemploa de la técnica de Innes en el uso de las citas eruditas. Por ahora, valga mencionar que la solución del misterio del asesinato del rector va a encontrarse en una reflexión de Kant citada por Thomas de Quincey en su obra *On Murder considered as one of the Fine Arts* (1827). Kant sostenía que no hay ninguna circunstancia que justifique mentir, ni siquiera para confundir a un asesino acerca de la situación de su víctima. Lo que hacen varios de los profesores de St. Anthony's es lo contrario: mentir y sembrar pistas falsas porque cada uno sospecha del otro, y trata de confundirlo. Como último comentario a este texto y a sus personajes en cuanto a posibles relaciones con los textos y personajes de Borges, notemos que cuando algunos estudiantes hablan del profesor Gott en su calidad de autor de ficciones policiales se refieren al método de Gott de organizar fragmentos de textos imaginarios y ubicarlos al comienzo de cada capítulo.[11]

---

[10] "'The *Deipnosophists*,' Appleby was murmuring; 'Schweighäuser's edition ... takes up a lot of room ... Dindorf's compacter —and there he is'" (*Death at the President's Lodging* 46).
[11] "You see he makes up excerpts from imaginary learned text-books and sticks them at the beginnings of his chapters" (*Death at the President's Lodging* 177).

En sus novelas de los años siguientes, *¡Hamlet, venganza!* de 1937, y *La torre y la muerte* de 1938, Innes va a continuar la eficaz utilización de las referencias literarias y eruditas en la trama del relato.

Como dijimos al principio, el Borges que lee y reseña estas ficciones está ya lucubrando las suyas más importantes. Si observamos la manera en que, hasta estas fechas, ha venido incluyendo en sus narraciones citas y menciones librescas puede notarse que en los relatos de *Historia universal de la infamia* la tendencia es a mantener desvinculada a la cita de su contexto, con la anotación de las obras utilizadas en una lista al final del relato. Será con "Pierre Menard, autor del Quijote", de 1939, que Borges presente las citas como parte integral de la ficción. Es bien sabido que el uso de citas eruditas es uno de los elementos esenciales de la narrativa borgesiana y como tal ha sido bien estudiado por la crítica. Desde esta perspectiva, creemos que las obras de Michael Innes, con técnicas similares, merecen un examen más detallado.

Bibliografía

Athenaeus of Naucratis. *Athenaei Naucratitae Deipnosophistarum*. Argentorati, ex Typographia Societatis Bipontinae, 1801-07.
_____ *The Deipnosophists*. Londres: William Heinemann, 1927.
Borges, Jorge Luis. *Borges oral*. Buenos Aires: Emecé-Editorial Belgrano, 1979.
_____ *El Aleph*. 5ª ed., Buenos Aires: Emecé, 1965.
_____ *Ficciones*. Buenos Aires: Emecé, 1956.
_____ *Historia universal de la infamia*. 2ª ed., Barcelona: Bruguera, 1980. Vol. I de *Prosa completa*.
_____ *Textos cautivos: Ensayos y reseñas en "El Hogar" (1936-1939)*. Eds. Enrique Sacerio-Garí y Emir Rodríguez Monegal. Barcelona: Tusquets, 1986.
Borges, Jorge Luis y Adolfo Bioy Casares. *Selección de Los mejores cuentos policiales*. 4ª ed., Buenos Aires: Emecé, 1962.
Innes, Michael. "Death as a Game". *Esquire*, enero de 1965, 55-56.
_____ *Death at the President's Lodging*. Londres: Victor Gollancz, 1936.
_____ *Hamlet, Revenge!* Nueva York: Collier, 1962.
_____ *Lament for a Maker* (1938), Londres: Victor Gollancz, 1971.
Harpocration. *Lexeis of the Ten Orators*. Ed. John J. Keaney. Amsterdam: Adolf M. Hakkert, 1991.
Haycraft, Howard. *Murder for Pleasure: The Life and Times of the Detective Story*. Nueva York: D. Appleton-Century, 1941.
Rosenbaum, Jane. "Michael Innes: John Innes Mackintosh Stewart". *Critical Survey of Mystery and Detective Fiction*. Ed. Frank N. Magill. Vol. 3. Pasadena CA: Salem Press, 1988, 4 vols.
Scheper, George L. *Michael Innes*. Nueva York: Ungar, 1986.
Slung, Michele. "Innes, Michael", *Twentieth-Century Crime and Mystery Writers*. Ed. Lesley Henderson. 3rd. ed., Chicago y Londres: St. James Press, 1991.
Villordo, Oscar Hermes. *Genio y figura de Adolfo Bioy Casares*. Buenos Aires: Editorial Universitaria de Buenos Aires, 1983.

El ensayismo de Jorge Luis Borges

Silvia G. Dapía

Silvia Dapía, de nacionalidad argentina, sacó su primer título en la Universidad de La Plata pero se doctoró por la de Colonia, Alemania. Actualmente da cursos en Purdue University North Central, EE.UU. Es autora de: Die Rezeption der Sprachkritik Fritz Mauthner im Werk von Jorge Luis Borges *(Colonia, 1993) y diversos artículos sobre la narrativa de Borges y de Cortázar. Está preparando un libro titulado:* Crossing Borders Between Cultures: J. L. Borges and the German Experience

La obra de Borges ha sido leída en el contexto de diversas corrientes filosóficas. Distintos críticos han prestado especial atención a las conexiones entre el pensamiento de Borges y la filosofía del siglo XX, particularmente en lo que se refiere a la problemática del lenguaje y su relación con la ficción. Así, Jaime Rest (1976), por ejemplo, define el pensamiento de Borges como fundamentalmente nominalista y señala coincidencias entre la concepción del lenguaje de Borges y la de la filosofía del análisis lógico. De acuerdo con Rest, Borges acompañaría a la filosofía del análisis lógico en su crítica a las limitaciones del lenguaje, especialmente el poder del lenguaje de conjurar la existencia de entidades que en verdad no existen fuera del lenguaje mismo. Sin embargo, más allá del reconocimiento de estas limitaciones, Borges se separaría de la filosofía del análisis lógico. En la visión de Rest, mientras los filósofos del análisis lógico intentan perfeccionar el lenguaje como instrumento de conocimiento y, consecuentemente, facilitar así el acceso discursivo a la realidad, Borges, en cambio, enfatizaría las limitaciones del lenguaje en la búsqueda de conocimiento, destacando especialmente la inevitable presencia de la ficción en todo desarrollo discursivo (54-63).

Carter Wheelock (1969), por su lado, señala semejanzas entre la concepción borgeana de la relación lenguaje-ficción y la nueva valoración de la ficción llevada a cabo por el nominalista Hans Vaihinger (25-26). Antes de Vaihinger y de su *Philosophie des Als-Ob* (*Filosofía del como-si* 1911), la ficción era sólo considerada ejemplo de lo irreal; a partir de Vaihinger, en cambio, no es relevante si la ficción remite a algo que existe en la realidad o no; lo importante es la posibilidad que brinda la ficción de ser usada como "artimaña" a fin de llevar a cabo algo que no podría llevarse a cabo sin ella (Marquard 34-38).[1]

---

[1] Si bien Borges menciona a Hans Vaihinger en el cuento "Tlön, Uqbar, Orbis Tertius", Borges ha admitido, sin embargo, no haber leído su obra (Milleret 157).

Floyd Merrell (1991), en su excelente estudio sobre las relaciones de la obra de Borges con la filosofía, matemáticas, lógica y física del siglo XX, propone leer la concepción del lenguaje y la ficción presente en los textos de Borges en el contexto de la obra de Nelson Goodman, "uno de los filósofos más francamente nominalista" (3). Merrell explora especialmente *Ways of Worldmaking* (1978), donde Goodman explica la actual existencia de sistemas alternativos que describen la realidad desde distintos puntos de vista como el resultado de un proceso iniciado por Kant al reemplazar la estructura del mundo por la estructura de la mente. Merrell ilustra la idea de Goodman de que no hay *un* sólo mundo sino una pluralidad de mundos que compiten entre sí, utilizando un ejemplo del físico Arthur Eddington, quien se refirió una vez a su escritorio como un objeto sólido y en otra oportunidad como un conjunto de moléculas. De acuerdo con Merrell, los dos escritorios de Eddington no son sino un ejemplo de la pluralidad de mundos alternativos de Goodman, que surgen de considerar el mismo objeto en distintos marcos de referencia dando como resultado distintas descripciones de la misma realidad. Merrell sostiene que Borges, a la manera de Goodman, entiende la diversidad de doctrinas metafísicas o de teorías científicas como distintas versiones de la realidad: "cada una [de ellas] es *un* mundo, ninguna es *el* Mundo" (9).

Las relaciones que los críticos arriba mencionados encuentran entre la obra de Borges y distintas versiones del pensamiento nominalista (la filosofía del análisis lógico (Rest), Hans Vaihinger (Wheelock) y Nelson Goodman (Merrell)) podrían tal vez explicarse a través de la recepción borgeana de la obra de otro filósofo nominalista, Fritz Mauthner.[2]

---

[2] Poeta, novelista, crítico literario y filósofo, Mauthner nació en Horitz, Bohemia, en 1849, de padres judíos. Recibió su educación secundaria en el Kleinseitner Gymnasium en Praga. De 1869 a 1873 estudió derecho en la universidad, abandonándola sin obtener ningún título. En 1876 se estableció en Berlín, donde vivió hasta 1905, trabajando como crítico teatral para el periódico *Berliner Tageblatt*. En este período, Mauthner alcanzó cierta fama literaria a través de sus novelas y, especialmente, a través de sus parodias de los poemas clásicos alemanes, siendo su volumen *Nach Berühmten Mustern* (*Según los modelos famosos*) quizá su obra más conocida de este período. Sin embargo, su preocupación más importante era la crítica del lenguaje (*Sprachkritik*), interés despertado tempranamente por los *Shakespeare-Studien* (*Estudios sobre Shakespeare*) de Otto Ludwig, por *Vom Nutzen und Nachteil der Historie für das Leben* (*Sobre provecho y ventaja de la historia para la vida*) de Nietzsche, por las clases de Ernst Mach y, finalmente, por la figura de Bismarck, quien, según la visión de Mauthner, combinaba exitosamente su desdén por la palabra, teorías e ideologías, con su gran éxito en el campo de los hechos. En 1902, Mauthner completa la primera de sus obras importantes en filosofía, *Beiträge zu einer Kritik der Sprache* (*Contribuciones para una crítica del lenguaje*). De 1905 a 1907, Mauthner vivió en Freiburg. En 1907 se estableció en Meersburg, en la casa que perteneció a la poetisa del siglo XIX Annette von Droste-Hülshoff. Desde este momento hasta su muerte, en 1923, Mauthner se dedicó totalmente a la filosofía. A este período pertenecen su *Wörterbuch der Philosophie* (*Diccionario de Filosofía*), un intento de enfocar conceptos centrales de la filosofía desde el punto de vista de la crítica del lenguaje y, en este sentido, una continuación de las *Beiträge*; y los cuatro volúmenes de *Der Atheismus und seine Geschichte im Abendlande* (*El ateísmo y su historia en Occidente*), una historia del rechazo del Dios del cristianismo, uno de los primeros intentos de usar el análisis lingüístico como una herramienta intelectual para la historiografía. Mauthner permaneció siempre fuera del ambiente académico. Si bien Ernst Mach y Hans Vaihinger apreciaron su obra, no tiene seguidores. Sus amigos eran los intelectuales más radicales de la época, como por ejemplo Gustav Landauer (Weiler 221).

Ciertamente, Borges nunca ha ocultado su interés por la obra de Mauthner, creador y propulsor de la crítica del lenguaje (*Sprachkritik*). En 1944, en el prólogo a *Artificios*, se encuentra el nombre de Mauthner entre los siete autores que, según confiesa Borges, continuamente relee (*Obras completas* 483).[3] Además, Borges declara haber interrogado el diccionario de Mauthner para la elaboración de ensayos como "La doctrina de los ciclos" (1936) y "El idioma analítico de John Wilkins" (1952). La fructífera recepción del pensamiento de Mauthner en la obra de Borges puede ser atestiguada tanto por sus cuentos como por sus ensayos. Me propongo mostrar aquí algunas de las modalidades que adopta esta recepción en la obra ensayística de Borges, concentrándome en sus primeros volúmenes de ensayos publicados en la década del veinte: *Inquisiciones* (1925), *El tamaño de mi esperanza* (1926) y *El idioma de los argentinos* (1928); y en los volúmenes *Otras inquisiciones* (1952) y *Siete noches* (1980).

Mauthner sostiene que el hombre no tiene acceso a objetos físicos, reales, exteriores e independientes de él, sino sólo a sus sensaciones. Decir que un objeto existe no significa entonces sino decir que poseemos determinadas sensaciones. Consecuentemente, está el adjetivo más cerca de nuestra experiencia que el sustantivo; sensaciones y adjetivos nos hablan de cualidades, sin pretender afirmar la existencia de un objeto más allá de éstas.

La creencia generalizada de que el hombre tiene acceso no sólo a las sensaciones producidas por un objeto, sino también al objeto mismo, asemeja al hombre, según Mauthner, a un niño al que se le ha prometido un viaje y, lejos de su patria y luego de haber visto nuevas montañas, lagos y bosques, pregunta, acaso con decepción: "*Bien. ¿Y dónde está el viaje?*" (*Wörterbuch der Philosophie* 1, 297). El hombre es para Mauthner igualmente infantil cuando pretende tener acceso al objeto mismo fuera de sus sensaciones. Afirma Mauthner en el artículo "*Ding*" (Cosa) de su diccionario de filosofía: "Una manzana no es otra cosa que la causa de sensaciones: redonda, roja, dulce, etc. No está ahí, por segunda vez, junto a las sensaciones de las cuales ella es su causa; no está ahí una vez más. En este sentido, todas las cosas son sólo "cosas-del-pensamiento" (*Gedankendinge*), sólo imágenes mentales (*Vorstellungen*)"[4] (*Wörterbuch der Philosophie* 1, 296. Traducción mía).

---

[3] En 1940 Borges afirma que revisando su biblioteca ha descubierto que el *Diccionario de Filosofía* (*Wörterbuch der Philosophie*) de Mauthner figura entre los cinco libros más "abrumados de notas" que posee (*Obras completas* 276). Un año más tarde, en una reseña dedicada a *Pain, Sex and Time* de Gerald Head, menciona nuevamente el diccionario de Mauthner y lo califica de "admirable" (*Obras completas* 278). En 1944, en una reseña dedicada a *A Short History of German Literature* de Gilbert Waterhouse, expresa Borges su indignación por la ausencia de los nombres de Schopenhauer y Mauthner en la obra reseñada (*Obras completas* 279).

[4] "*Vorstellung*" es la palabra que corrientemente usan los filósofos alemanes para denotar la imagen mental de un dato sensorial. Por este motivo, Schopenhauer usa la palabra "*Vorstellung*" en el título de su obra principal, *Die Welt als Wille und Vorstellung*. Sin embargo, la traducción española "representación", tradicionalmente usada para traducir "*Vorstellung*" en el título de la obra de Schopenhauer, no me parece la mejor elección en el contexto de la obra de Mauthner. Dado que Mauthner se opone enfáticamente a la concepción del lenguaje como *representación* de la realidad, prefiero usar las palabras "imagen mental" para traducir el uso que hace Mauthner de la palabra "*Vorstellung*" a fin de evitar malentendidos.

Es significativo que Borges se exprese de manera similar en varios de sus primeros ensayos. Así, en el ensayo "Palabrería para versos", contenido en *El tamaño de mi esperanza* (1926), dice Borges: "los sustantivos se los inventamos a la realidad. Palpamos un redondel, vemos un montoncito de luz color de madrugada, un cosquilleo nos alegra la boca, y mentimos que esas tres cosas heterogéneas son una sola y que se llama naranja" (45).[5]

En el ensayo "La metáfora" (1921), Borges cuestiona la creencia generalizada de que la explicación científica de un hecho u objeto real nos ofrece una visión más ajustada de la realidad que la que nos ofrece el lenguaje común. Sostiene Borges: "Explicar, por ejemplo, el dolor en términos de histología, de sacudimiento nervioso, de caries ... equivale a escamotear lo explicado. Claro que esta nomenclatura puede ofrecer una utilidad practicista, semejante al alivio intelectual que proporciona en una operación algebraica el hecho de rotular las cantidades x, y o z. Pero es absurdo creer que estas claves puedan cambiar o esclarecer en modo alguno las cosas que rotulan" (275). De acuerdo con Borges, una explicación científica —por ejemplo, la explicación del dolor que nos puede ofrecer la neurología— no nos puede proporcionar un mejor entendimiento del dolor que el que nos proporciona el lenguaje natural, por la sencilla razón de que la actividad científica conlleva la aplicación de conceptos y todo concepto no es sino producto del lenguaje natural.

Significativamente, Mauthner se refiere de manera similar con respecto al valor del conocimiento científico. De acuerdo con Mauthner, la ciencia —así como cualquier otra actividad intelectual practicada por el hombre— está irremediablemente condicionada por las convenciones del lenguaje natural. Consecuentemente, Mauthner afirma que cuando la ciencia explica un fenómeno natural —por ejemplo, los rayos y truenos por medio de la electricidad— no nos está explicando nada que no esté de algún modo determinado por las convenciones de un lenguaje público (*Beiträge* 1, 680).

Sin embargo, Borges da un paso más que Mauthner en su crítica del lenguaje, en tanto se atreve a postular la posibilidad de articular otros objetos distintos que también se hubieran adecuado igualmente bien a nuestras sensaciones. En "Palabrería para versos" sostiene Borges:

> El mundo aparencial es complicadísimo y el idioma sólo ha efectuado una parte muy chica de las combinaciones infatigables que podrían llevarse a cabo con él. ¿Por qué no crear una palabra, una sola, para la percepción conjunta de los cencerros insistiendo en la tarde y de la puesta de sol en la lejanía? ¿Por qué no inventar otra para el ruinoso y amenazador ademán que muestran en la madrugada las calles?" (*El tamaño de mi esperanza* 48-49)[6]

---

[5] Las primeras tres oraciones que constituyen esta cita ya habían aparecido, con ligeras variaciones, en el ensayo "Examen de metáforas", contenido en *Inquisiciones* (1925).

[6] También en "Examen de metáforas" (1925) sostiene Borges: "Para una consideración pensativa, nuestro lenguaje —quiero incluir en esta palabra todos los idiomas hablados— no es más que la realización de uno de tantos arreglamientos posibles" (*Inquisiciones* 66). En cuanto a otros posibles ordenamientos de las sensaciones, ver "Tlön, Uqbar, Orbis Tertius": "En la literatura de este hemisferio (como en el mundo subsistente de Meinong) abundan los objetos ideales, convocados y disueltos en un momento, según las necesidades poéticas. Los determina, a veces, la mera simultaneidad. Hay objetos compuestos de dos términos, uno de carácter visual y otro auditivo: el

Es conocida la predilección de Borges por la filosofía inglesa; Hume, Locke, y especialmente Berkeley, constituyen una referencia casi constante en la obra de Borges. Junto a ellos, Schopenhauer, sin duda el más anglófilo de los pensadores alemanes, también goza de su predilección. No puede sorprender entonces que Borges se sienta atraído por el pensamiento de Mauthner; Mauthner hace aquello que Borges hubiera querido hacer: aplicar los principios del empirismo inglés a la problemática del lenguaje.[7]

En una de las conferencias que Borges dio en Buenos Aires entre junio y agosto de 1977 titulada "La Poesía", encontramos nuevamente la presencia de Mauthner. En el texto mencionado, Borges se opone a la posición generalizada de que la prosa se halla más cerca de la realidad que la poesía:

> Se supone que la prosa está más cerca de la realidad que la poesía. Entiendo que es un error. Hay un concepto que se atribuye al cuentista Horacio Quiroga, en el que dice que si un viento frío sopla del lado del río, hay que escribir simplemente: un viento frío sopla del lado del río. Quiroga, si es que dijo esto, parece haber olvidado que esa construcción es algo tan lejano de la realidad como el viento frío que sopla del lado del río. ¿Qué percepción tenemos? Sentimos el aire que se mueve, lo llamamos viento; sentimos que ese viento viene de cierto rumbo, del lado del río. Y con todo esto formamos algo tan complejo como un poema de Góngora o como una sentencia de Joyce. (104)

Borges sostiene que es tan ficticia la prosa como la poesía y en la fundamentación de esta afirmación resuenan innegables ecos de Mauthner. Si aceptamos que el lenguaje no registra o representa la realidad, si todo ordenamiento verbal no constituye sino una de las posibles articulaciones de nuestras sensaciones, entonces debemos concluir que tanto el ordenamiento verbal propuesto por la prosa como el de la poesía son sólo modos posibles de articular nuestras sensaciones.

Si, de acuerdo con Mauthner, el lenguaje ordena las sensaciones y las articula en determinados objetos, entonces es el lenguaje el que provee al hombre un "inventario" del universo.

También para Borges es el lenguaje, en tanto modo de clasificación, el que redacta el catálogo humano de lo que es. Así, en el cuento "La biblioteca de Babel" (1941), los hombres que habitan las intrincadas galerías hexagonales sostienen la creencia en un libro que revelase el orden del universo, "el catálogo fiel de la Biblioteca" (*Obras completas* 467); incluso el narrador de esta historia confiesa haber peregrinado en su juventud en busca del "catálogo de catálogos" (*Obras completas* 465).

---

color del naciente y el remoto grito de un pájaro. Los hay de muchos: el sol y el agua contra el pecho del nadador, el vago rosa trémulo que se ve con los ojos cerrados, la sensación de quien se deja llevar por un río y también por el sueño" (*Obras completas* 435-436).

[7] Ya en el ensayo "Encrucijada de Berkeley" (1925), confiesa Borges haber intentado aplicar en otro ensayo ("La Nadería de la personalidad") los principios del "idealismo empírico", según la denominación que dio Kant a la filosofía de Berkeley.

Intentar llegar al *catálogo* del mundo es también para Mauthner una empresa condenada al fracaso y es el lenguaje el primer impedimento. Si bien el lenguaje nos provee un modo de clasificación a partir del cual ordenamos nuestras sensaciones, este particular modo de clasificar la experiencia va a determinar nuestra lectura del mundo, impidiéndonos así ver otro ordenamiento en la realidad que el provisto por su propio modo de catalogar. Análogamente, todo sistema, una vez aplicado a la realidad, no nos devuelve sino el ordenamiento del sistema mismo: "Todavía no tenemos ni siquiera en los restringidos campos de la zoología, de la botánica y de la cristalografía un catálogo natural; menos aún podríamos tener un catálogo universal (*Weltkatalog*). Sólo tenemos colecciones de conocimientos humanos, organizados de acuerdo con asociaciones e intereses humanos" (*Wörterbuch der Philosophie* 1, 400. Traducción mía).

La presencia del motivo mauthneriano del catálogo en la obra de Borges no sólo se puede atestiguar en "La biblioteca de Babel" (1941) y en otros cuentos,[8] sino también en sus ensayos. En su artículo sobre la estructura de los ensayos en Borges, Jaime Alazraki observa ciertas afinidades con respecto al contenido entre los ensayos de Borges y los de Martínez Estrada. Según su interpretación, Borges y Martínez Estrada coinciden en la búsqueda de imágenes del mundo alternativas a la ofrecida "por la lógica deductiva de Aristóteles y de Descartes" (140). Sin embargo, ambos autores difieren, según Alazraki, en el aspecto formal de sus ensayos: mientras Martínez Estrada obedecería, en lo formal, a las pautas de una racionalidad que por otro lado intenta refutar; Borges, en cambio, llevaría a cabo una verdadera innovación en el contexto hispanoamericano al aplicar a sus ensayos una técnica similar a la de sus ficciones (141). Tomando como punto de partida la interpretación de Alazraki, me propongo mostrar cómo el ensayo "El idioma analítico de John Wilkins" (1952) despliega una técnica similar a la del cuento "La biblioteca de Babel" en su aplicación del motivo mauthneriano del catálogo.

Como ya señalé, en su ensayo "El idioma analítico de John Wilkins", Borges nos remite explícitamente al diccionario de filosofía de Mauthner. Efectivamente, en su diccionario de filosofía Mauthner nos describe el intento del obispo John Wilkins (1614-72) de crear un sistema de caracteres y un lenguaje filosófico o universal en el siglo XVII (3, 321-26). El objetivo fundamental del obispo Wilkins era inventar un modo internacional de comunicación para los sabios y eruditos de todas las naciones, en un momento en que el latín dejaba de funcionar como lengua internacional de la ciencia y la investigación.

El obispo Wilkins consideraba que su sistemático catálogo universal, en el cual se basaba su idioma, no iba a sufrir ninguna alteración en el transcurso del tiempo. Evidentemente, el obispo no pensaba ni en una posible expansión del conocimiento, ni menos aun en una posible rectificación. Para él, el conocimiento que servía de base a su catálogo no era de naturaleza histórica, producto de una determinada época y, consecuentemente de una determinada concepción del mundo, sino que consideraba su clasificación atemporal y absoluta.

---

[8] Sobre el tema de la búsqueda del catálogo véase S. Dapía, *Die Rezeption der Sprachkritik Fritz Mauthners im Werk von Jorge Luis Borges* 140-47.

El obispo Wilkins no fue el único que pensó en un idioma universal. Descartes (1596-1650) y Leibniz (1646-1716) soñaron también con una lengua universal que hiciese el pensar tan cómodo como el sistema de numeración permite, cómodamente, nombrar y escribir todas las cantidades.[9] Tanto el idioma universal de Wilkins como los propuestos por Descartes y Leibniz presuponen la redacción de un *catálogo universal* que serviría de base a los respectivos idiomas; a su vez, la concepción de un catálogo universal presupone la creencia en la razón (o lenguaje) como instrumento para acceder al *orden* universal que dicho catálogo reflejaría.

Tres siglos antes de los proyectos de Descartes, Wilkins y Leibniz, ya Ramón Llull (1232-1316), con su *Ars magna*,[10] alimentaba la misma ilusión de los pensadores mencionados de acceder y sistemáticamente representar el orden del universo. Ni Llull, ni Descartes, ni Leibniz, ni Wilkins podía llegar a sospechar que las relaciones lógicas y las relaciones de la naturaleza no son congruentes. En la visión de Mauthner, la lógica no es sino una derivación del estudio de las relaciones entre las distintas partes del lenguaje. Consecuentemente, la lógica aristotélica no es para Mauthner sino una derivación de la gramática griega: "Si Aristóteles hubiera hablado chino o dakota, hubiera llegado a una lógica totalmente diferente" (*Beiträge* 3, 4). Con respecto a la confianza en la lógica de los pensadores arriba mencionados, sostiene Mauthner: "Un catálogo universal, un catálogo lógico, no es posible, porque la naturaleza no es lógica. Sólo el hombre ha inventado la lógica para la economía de su pensamiento y, por mucho tiempo, la ha encontrado útil. Si el universo y la naturaleza fueran lógicos y tuviéramos un catálogo universal confiable, entonces tal vez pudiéramos hablar sobre la posibilidad y utilidad de las máquinas de pensar (*Denkmaschinen*)". (*Wörterbuch der Philosophie* 1, 286. La traducción es mía).[11]

---

[9] También Borges menciona la famosa epístola de Descartes donde esta idea está expresada (*Obra completa* 706-07).

[10] Nueve consonantes (*B, C, D, E, F, G, H, I, K*) representan nueve categorías en un círculo auxiliar y nueve características en un segundo círculo. Como resultado de la rotación de los círculos, se obtiene, por el encuentro de dos consonantes pertenecientes a cada uno de ellos, una especie de palabra simbólica que, traducida a uno de los idiomas conocidos, resulta, según Mauthner, en una proposición sumamente banal. El empleo que hace Lullus de los signos *B, C, D, E, F, G, H, I, K* aproxima su *ars magna*, en opinión de Mauthner, tanto a una lógica mecánica como a una lengua universal (*Wörterbuch der Philosophie* 1, 399).

[11] En otro contexto, Mauthner compara el proyecto de crear una lengua universal de Leibniz con el *Ars magna* de Llull, condenando a ambos por su creencia en la congruencia entre relaciones lógicas y relaciones naturales: "Ciertamente, Llull y Leibniz habían abrigado la esperanza de ver surgir mecánicamente nuevos pensamientos de sus máquinas lógicas. Una máquina lógica, sin embargo, no hubiera podido producir, en el mejor de los casos, nada distinto de lo que produce el pensamiento lógico —y ya hemos aprendido que las conclusiones lógicas tampoco conducen a nuevas proposiciones" (*Wörterbuch der Philosophie* 1, 398. Traducción mía). Véase también: "El fantástico Llull vislumbró la construcción de una máquina lógica (*Denkmaschine*); Leibniz, el matemático, introdujo el análisis combinatorio y abrigó por mucho tiempo la esperanza de inventar una máquina lógica. Ninguno de los dos se dio cuenta de que una máquina cuyo repertorio de signos era alimentado sólo con recuerdos pasados no podía producir nunca nuevas ideas futuras. Una vez más: si hubiese una correspondencia entre disposición humana y orden natural, entonces podríamos crear un catálogo universal en una lengua universal artificial, entonces algo así como una máquina lógica sería también posible" (*Wörterbuch der Philosophie* 1, 400).

Descartes, Leibniz y Llull están también presentes junto al obispo Wilkins tanto en la obra narrativa[12] como en la ensayística de Borges. En cuanto a los ensayos, el proyecto de Descartes es mencionado junto a la descripción del de Wilkins en "El idioma analítico de John Wilkins", mientras que Llull se halla mencionado en el ensayo "Indagación de la palabra". En este último ensayo, contenido en *El idioma de los argentinos* (1928), afirma Borges: "Dos intentonas —ambas condenadas a muerte— fueron hechas para salvarnos. Una fue la desesperada de Lulio, que buscó refugio paradójico en el mismo corazón de la contingencia; la otra, la de Spinoza.[13] Lulio —dicen que a instigación de Jesús— inventó la sedicente máquina de pensar, que era una suerte de bolillero glorificado, aunque de mecanismo distinto; Spinoza no postuló arriba de ocho definiciones y siete axiomas para allanarnos, ordine geometrico, el universo. Como se ve, ni éste con su metafísica geometrizada, ni aquél con su alfabeto traducible en palabras y éstas en oraciones, consiguió eludir el lenguaje. Ambos alimentaron de él sus sistemas" (26).

Borges condena el *ars magna* de Llull por las mismas razones que Mauthner: Llull, al igual que Descartes, Wilkins y Leibniz, creyeron encontrar un sistema que reflejase el orden del mundo, sin darse cuenta que todo sistema, clasificación o especulación conlleva inevitablemente la aplicación de conceptos que tienen su origen en el lenguaje. Y ya sabemos que el lenguaje no nos puede ofrecer un conocimiento confiable sobre la realidad, porque él mismo no es un *espejo* de la realidad, sino sólo uno de los posibles ordenamientos de las sensaciones causadas por la realidad.

En "El idioma analítico de John Wilkins", Borges, luego de describir brevemente el idioma universal propuesto por el obispo, se interroga sobre la validez del mismo. Por medio de la muchas veces citada clasificación de una imaginaria enciclopedia china, en la que coexisten categorías tan dispares como *"embalsamados"*, *"que acaban de romper el jarrón"* y *"lechones"*,[14] Borges cuestiona no sólo el idioma universal del obispo Wilkins, sino toda posible clasificación. Llega a la conclusión de que "notoriamente no hay clasificación del universo que no sea arbitraria y conjetural. La razón es muy simple: no sabemos qué cosa es el mundo" (*Obras completas* 708).

Efectivamente, para obtener una clasificación del universo que no sea "arbitraria" o "conjetural" (*Obras completas* 708) sino que fielmente *represente* el universo es necesario penetrar el "secreto diccionario de Dios" (*Obras completas* 708) o el "catálogo fiel de la Biblioteca" (*Obras completas* 467) que vanamente buscaban los hombres de "La biblioteca

---

[12] Sobre la presencia de Descartes, Leibniz, Llull y Wilkins en la narrativa de Borges véase S. Dapía, *Die Rezeption der Sprachkritik Fritz Mauthners im Werk von Jorge Luis Borges* 54-56.

[13] También Mauthner menciona a Spinoza quien, según Mauthner, se olvida "que las palabras del lenguaje humano no expresan cosas atemporales; que nuestras palabras son signos, signos para recordar nuestras sensaciones, sólo signos para recordar aquello que se nos aparece; que, por lo tanto, ningún lenguaje humano se puede desprender del anzuelo de la sucesión temporal y de las causas, con el cual el mundo real arrastra detrás de sí a nuestro cerebro" (*Wörterbuch der Philosophie* 3, 231-32. Traducción mía).

[14] "En sus remotas páginas está escrito que los animales se dividen en (a) pertenecientes al Emperador, (b) embalsamados, (c) amaestrados, (d) lechones, (e) sirenas, (f) fabulosos, (g) perros sueltos, (h) incluidos en esta clasificación, (i) que se agitan como locos, (j) innumerables, (k) dibujados con un

de Babel". Reproducir el "secreto diccionario de Dios" (*Obras completas* 708) o el *catálogo universal* es impensable por la sencilla razón de que ni el lenguaje ni ninguna otra clasificación o sistema, una vez aplicados a la realidad, pueden *representar* lo que es. Por la misma razón, ya Mauthner había afirmado que un "catálogo universal" es tan impensable hoy como lo era en la época del obispo Wilkins "porque tal catálogo universal no puede ser construido nunca, ya que el Creador no fue un archivista[15] que registrara los objetos de la realidad" (*Wörterbuch der Philosophie* 3, 317. Traducción mía).[16]

Borges y Mauthner parecen coincidir en la misma conclusión: no sólo el lenguaje natural, sino también la ciencia con sus clasificaciones y sistemas son meras construcciones humanas incapaces de proporcionarnos un conocimiento adecuado de la realidad. Curiosamente, Borges y Mauthner coinciden en advertir la existencia de una palabra (o concepto) que amenaza con destruir esta posición epistemológica.

En su *Diccionario de filosofía* —que, como ya hemos mencionado, Borges declara explícitamente haber utilizado para la redacción de su ensayo "La doctrina de los ciclos"— Mauthner dedica sesenta páginas al concepto de tiempo. Y si bien al comienzo de su artículo, Mauthner sostiene que no tenemos una verdadera experiencia del tiempo porque carecemos de órganos para su percepción (*Wörterbuch* 3, 483), de ninguna manera da al concepto de tiempo el mismo tratamiento que ha dado a otros conceptos en su diccionario, y no se atreve a reducirlo a una mera construcción humana, resultado de una convención social. La segunda ley de la termodinámica, con su afirmación de que la entropía del mundo tiende a su máximo valor, implicando un orden irreversible en la naturaleza —orden no introducido por ningún agente humano— parece poner a prueba la concepción del lenguaje de Mauthner y probar que al menos la palabra "tiempo" no es una mera construcción humana. Borges, por su parte, afirma que nuestro destino "no es espantoso por irreal; es espantoso porque es irreversible y de hierro. El tiempo es la sustancia de que estoy hecho. El tiempo es un río que me arrebata, pero yo soy el río; es un tigre que me destroza, pero yo soy el tigre; es un fuego que me consume, pero yo soy el fuego. El mundo, desgraciadamente, es real; yo, desgraciadamente, soy Borges" (*Obras completas* 771).

---

pincel finísimo de pelo de camello, (l) etcétera, (m) que acaban de romper el jarrón, (n) que de lejos parecen moscas" (708).
[15] En el original: "kein Registrator gewesen ist". Preferí usar la perífrasis "(no fue) *un archivista que registrara los objetos de la realidad*" para poder así preservar la idea de "*registrar*" contenida en el alemán "*Registrator*", especialmente relevante en Mauthner, para quien el lenguaje no *representa* o *registra* la realidad exterior.
[16] Es interesante observar que las posiciones de Mauthner y Borges muestran afinidades notorias con cierto sector de la filosofía actual. Filósofos norteamericanos como Donald Davidson y Richard Rorty, en tanto comparten una comprensión holística del lenguaje (y del pensamiento), rechazan —al igual que Mauthner y Borges— la concepción según la cual el lenguaje sería un intento de *registrar* o *representar* la realidad. Así como para Mauthner la manzana no está por segunda vez junto a nuestras sensaciones, así como para Borges sólo tenemos acceso a un complicadísimo mundo de percepciones, del mismo modo Davidson y Rorty niegan la posibilidad de establecer otro tipo de relación con el mundo que no sea la meramente *causal* (Rorty 187).

"Hay un concepto que es el corruptor y el desatinador de los otros" (*Obras completas* 254), escribe Borges en el ensayo "Avatares de la tortuga". Y en "La perpetua carrera de Aquiles y la tortuga", ensayo dedicado al igual que el anteriormente mencionado a la famosa segunda paradoja de Zenón sobre la imposibilidad del movimiento, dice Borges refiriéndose al concepto (o palabra) arriba aludido: "palabra (y después concepto) de zozobra que hemos engendrado con temeridad y que una vez consentida en un pensamiento, estalla y lo mata" (*Obras completas* 248). En ambos contextos Borges se refiere a la palabra "infinito".

En el caso de la posición epistemológica compartida por Borges y Mauthner, objeto de exploración de este trabajo, es la palabra "entropía" la que constituye una amenaza. Mauthner ha "soñado" un mundo de construcciones humanas a cuyo impacto muchos de los cuentos y ensayos de Borges parecen responder. Sin embargo, en la arquitectura de su pensamiento Mauthner parece haber consentido "tenues y eternos intersticios de sinrazón" (*Obras completas* 258), acusados y elaborados también por Borges.

Bibliografía

Alazraki, Jaime. "Oxymoronic Structure in Borges' essays". *Borges and the Kabbalah.* Cambridge: Cambridge University Press, 1988, 139-147.
Borges, Jorge Luis. *El idioma de los argentinos.* Buenos Aires: Gleizer, 1928.
_____ *El tamaño de mi esperanza.* Buenos Aires: Proa, 1926.
_____ *Inquisiciones.* Buenos Aires: Proa, 1925.
_____ "La metáfora", *Las vanguardias literarias en Hispanoamérica. Manifiestos, proclamas y otros escritos.* Ed. Hugo J. Verani. Roma: Bulzoni, 1986, 275-81.
_____ *Obras completas.* Buenos Aires: Emecé, 1974.
_____ *Siete noches.* Madrid: Fondo de Cultura Económica, 1980.
Dapía, Silvia. *Die Rezeption der Sprachkritik Fritz Mauthners im Werk von Jorge Luis Borges.* Forum Ibero-Americanum 8. Colonia: Böhlau, 1993.
_____ "Superstición de la palabra en Borges: tema del traidor y del héroe". *RLA* 4 (1992) 423-26.
Marquard, Odo. "Kunst als Antifiktion. Versuch über den Weg der Wirklichkeit ins Fiktive". Ed. Dieter Henrich y Wolfang Iser. *Funktionen des Fiktiven.* Munich: Wilhelm Fink, 1983, 35-54.
Mauthner, Fritz. *Beiträge zu einer Kritik der Sprache.* 3ª ed., 3 vols. Leipzig: Felix Meiner, 1923.
_____ *Wörterbuch der Philosophie.* 2ª ed., 3 vols. Leipzig: Felix Meiner, 1923-24.
Merrell, Floyd. *Unthinking Thinking.* West Lafayette IN: Purdue Research Foundation, 1991.
Milleret, Jean de. *Entretiens avec Jorge Luis Borges.* París: Pierre Belfond, 1967.
Rest, Jaime. *El laberinto del universo. Borges y el pensamiento nominalista.* Buenos Aires: Librerías Fausto, 1976.
Rorty, Richard. "A Comment on Robert Scholes's Tlön and Truth". *Realism and Representation. Essays on the Problem of Realism in Relation to Science, Literature, and Culture.* Ed. George Levine. Madison: University of Wisconsin Press, 1993, 186-89.

Weiler, Gershon. "Mauthner, Fritz". Artículo en *Encyclopedia of Philosophy*. Ed. Paul Edwards. Nueva York: Macmillan, 1967. Vol. 5, 221-23.
Wheelock, Carter. *The Mythmaker*. Austin: University of Texas Press, 1969.

Borges y los clásicos españoles

Rafael Olea Franco

Rafael Olea Franco, de nacionalidad mexicana, obtuvo su primer título en la UNAM y el doctorado en la Universidad de Princeton, EE.UU. Enseña ahora en el Colegio de México y es autor de: El otro Borges. El primer Borges *(Buenos Aires, 1993) y, editó,* Los contemporáneos en el laberinto de la crítica *(México, 1994). Su campo de interés principal es la literatura mexicana e hispanoamericana de los Siglos XIX y XX y tiene en preparación un libro titulado:* Literatura colonialista mexicana, siglo XIX

Durante las múltiples y muy variadas entrevistas que con inusual generosidad siempre concedió, y en las que respondía con habilidad y hasta cierto buen humor a cualquier pregunta, Jorge Luis Borges fomentó la idea de que era un escritor desinteresado por forjar las líneas de una particular persona (en su sentido etimológico de máscara). Nada más falso: bajo el velo de la inocencia, a veces cubriendo sus intenciones en supuestos fines literarios, Borges se consagró a construir una específica figuración literaria de sí mismo. En el inacabable proceso de corrección, supresión y reacomodo de sus textos, en los prólogos o epílogos originales de éstos o en los añadidos *a posteriori*, en sus "ingenuas" declaraciones, en sus comentarios sobre otros escritores, etc., se percibe el objetivo último de formar una imagen literaria no sujeta a los vaivenes del tiempo ni a las inclemencias de los lectores.

Las relaciones del autor con la literatura española, y en particular con los clásicos de los Siglos de Oro, también pueden leerse como un apasionante capítulo de esa historia. Al margen de la ya famosa y casi obsesiva reiteración del autor sobre la influencia de la cultura inglesa en su formación, sus primeros y cada vez menos desconocidos textos prueban que desde sus orígenes su escritura tuvo como referente ineludible la tradición cultural hispánica. Rastrear brevemente algunas de esas huellas es el propósito de este trabajo.

Inquisiciones, su primera colección de ensayos, abre con una valoración de la obra de Torres Villarroel, a quien Borges identifica como un hermano de aventuras espirituales: "Quiero puntualizar la vida y la pluma de Torres Villarroel, hermano de nosotros en Quevedo y en el amor de la metáfora".[1] Cabe destacar aquí esa voz plural con la que Borges habla y mediante la cual no sólo se autodefine sino que se suma a una aventura colectiva que se diluirá poco tiempo después, así como la confluencia con Torres Villarroel en la veneración a Quevedo y en el amor a la metáfora, tan cara a los poetas ultraístas.

---

[1] J. L. Borges, "Torres Villarroel", en *Inquisiciones* (Buenos Aires: Proa, 1925) 7.

Pese a opiniones suyas sobre otros autores peninsulares semejantes a la citada, las relaciones de Borges con los clásicos españoles, en especial durante la década de 1920, no dejan traslucir un permanente sentimiento reverencial. A modo de emblema, transcribo una de las no tan escasas reflexiones con que Borges desacredita a la literatura española en su conjunto: "Confieso —no de mala voluntad y hasta con presteza y dicha en el ánimo— que algún ejemplo de genialidad española vale por literaturas enteras: don Francisco de Quevedo, Miguel de Cervantes. ¿Quién más? Dicen que don Luis de Góngora, dicen que Gracián, dicen que el Arcipreste. No los escondo, pero tampoco quiero acortarle voz a la observación de que el común de la literatura española fue siempre fastidioso".[2] Ese presunto carácter "fastidioso" puede interpretarse de dos maneras: primero, como una crítica al sermonioso tono español que Borges describe en varios de sus ensayos del período; segundo, como un distanciamiento de la falta de imaginación de los escritores españoles, a quienes él juzga inferiores a los ingleses en cuanto a la invención de tramas (por ello alabará más tarde la trama "perfecta" de *La invención de Morel*, de Bioy Casares).

Adelantemos que en su relación con España, Borges asume una postura vacilante propia del ambivalente sistema que caracterizó toda su obra. Esto se refleja incluso en el hecho de que si bien enjuicia de manera despiadada a los escritores españoles, a la vez éstos son su modelo de escritura, sobre todo los prosistas del barroco español, como lo testimonian varios ensayos de *Inquisiciones* y *El tamaño de mi esperanza*, donde al lado de su tendencia criollista, aparece una vertiente casticista y barroca. Por ello una buena parte de esa cada vez menos desconocida primera producción literaria de Borges merece el calificativo de "barroca".

El peligro de las clasificaciones globales es que si bien sirven para delimitar aspectos generales, a veces borran los matices. Por ejemplo, Jaime Alazraki, quien por un lado demuestra muy convincentemente cómo funciona la herencia barroca en los textos maduros del autor, por otro generaliza así: "Borges recorre ávido y deslumbrado la obra de Quevedo, Góngora, Jorge Manrique, Cervantes, Torres Villarroel, Gracián y la de los demás maestros del barroco".[3] Pero si revisamos los ensayos borgeanos, comprobaremos que en el linaje barroco hay un escritor cuya figura se asocia continuamente con elementos negativos: Góngora (y de la mano de él, Gracián). Un rápido ejemplo: su detallado análisis del soneto gongorino "Raya, dorado sol, orna y colora", concluye con un juicio sumario que se justifica como exigencia artística: "Se nos gastó el soneto ... He dicho mi verdad: la de la medianía de estos versos, la de sus aciertos posibles y sus equivocaciones seguras".[4] Al definir al poeta, Borges incluso invierte la secuencia temporal, pues dice que es un "rubenista" más, o sea, un seguidor de ese excesivo lujo verbal encarnado en la poesía modernista de Rubén Darío. En 1927, año de la conmemoración del tercer centenario de la muerte de Góngora —circunstancia que en otras latitudes significó su revaloración

---

[2] J. L. Borges, "El idioma de los argentinos", en *El idioma de los argentinos* (Buenos Aires: M. Gleizer, 1928) 174.
[3] Jaime Alazraki, "Borges o la ambivalencia como sistema", en *España en Borges*, coordinado por Fernando R. Lafuente (Madrid: El Arquero, 1990) 12.
[4] "Examen de un soneto de Góngora", en *El tamaño de mi esperanza* (Buenos Aires: Proa, 1926) 130.

extrema, Borges, quien era "especialmente versado en los comentarios irónicos y en el arte de injuriar",⁵ escribió un brevísimo articulo titulado "Para el centenario de Góngora", el cual principia burlonamente: "Yo siempre estaré listo a pensar en don Luis de Góngora *cada cien años*" (cursivas mías), y concluye: "Góngora —ojalá injustamente— es símbolo de la cuidadosa tecniquería, de la simulación del misterio, de las meras aventuras de la sintaxis ... Es decir, de la melodiosa y perfecta no literatura que he repudiado siempre".⁶

Esta severidad es parte de una profunda postura iconoclasta cuyo propósito final es subvertir los valores de la cultura letrada, no reconocer preeminencia literaria alguna dentro de la tradición hispánica. Pero aunque la iconoclasia es una de las pocas enfermedades que el tiempo cura, el paso de éste no implicó ningún cambio sustancial en la apreciación borgeana de Góngora (en realidad, en su madurez Borges nada más atenúa su encono). Y es que no sólo se trataba de un exacerbado sentimiento juvenil, sino de atreverse a formular otro sistema literario.

En efecto, en el joven Borges asoma una nueva concepción de la literatura, por ejemplo, cuando afirma enfática y provocadoramente: "Yo tampoco sé lo que es la poesía, aunque soy diestro en descubrirla en cualquier lugar: en la conversación, en la letra de un tango, en libros de metafísica, en dichos y hasta en algunos versos";⁷ quizá resulte innecesario resaltar la modernidad de esta aseveración de que la poesía (o función poética) puede encontrarse en cualquier texto, incluso en lo que por costumbre llamamos literatura. A esta tesis se aúna su revolucionario método de lectura, el cual posee dos perspectivas novedosas y complementarias: la primera es su intención de socavar los valores de la cultura prestigiada, ya que coloca en un mismo nivel producciones culturales cuyos orígenes son opuestos (como el tango y la poesía "culta"); la segunda es su lectura parcial y fragmentaria de los textos: rara vez analiza Borges una obra en su totalidad, pues por lo general trabaja con fragmentos de ella. Varios rasgos de esta concepción global de la literatura inciden en su lectura de los clásicos españoles.

Sin duda, Quevedo es quien ejerce una fascinación mayor en el primer Borges, como se deduce del número de ensayos que le dedica. Dos virtudes le atribuye: su manejo de "todas las voces del castellano" y lo innumerable de sus formas literarias. Sin embargo, en este inicial fervor germinaba ya la semilla que minaría esa imagen. En el significativo ensayo "Menoscabo y grandeza de Quevedo", Borges alaba "los verbalismos de hechura" del autor, quien "[f]ue perfecto en las metáforas, en las antítesis, en la adjetivación; es decir, en aquellas disciplinas de la literatura cuya felicidad o malandanza es discernible por la inteligencia".⁸ Pero él cree que, más allá de lo alcanzable por medio de la inteligencia y de los artificios verbales, hay en la literatura una amplia zona que puede escapar a la habilidad artística de un escritor del tipo de Quevedo: "La vialidad de una metáfora es tan averiguable por la lógica como la de cualquier otra idea, cosa que no les acontece a los versos que un anchuroso error llama sencillos y en cuya eficacia hay como un fiel y cristalino misterio. Un preceptista merecedor de su nombre puede dilucidar, sin miedo a hurañas

---

⁵ Teodosio Fernández, "Borges frente a la literatura española", en *España en Borges*, 28.
⁶ J. L. Borges, "Para el centenario de Góngora", en *El idioma de los argentinos*, 123-24.
⁷ J. L. Borges, "Ejercicio de análisis", en *El tamaño de mi esperanza*, 107.
⁸ J. L. Borges, "Menoscabo y grandeza de Quevedo", en *Inquisiciones*, 42.

trabazones, toda la obra de Quevedo, de Milton, de Baltasar Gracián, pero no los hexámetros de Goethe o las coplas del Romancero".[9]

A diferencia de su casi uniforme visión de Góngora, Borges alternaba sus juicios sobre Quevedo. En un prólogo de 1948, después de aventurar la difundida hipótesis de que la "extraña gloria parcial" de Quevedo se debe a que no creó ningún símbolo con el cual se identifiquen sus lectores, Borges concluye con su obsesiva idea de confundir a un escritor individual con toda una literatura: "Trescientos años ha cumplido la muerte corporal de Quevedo, pero éste sigue siendo el primer artífice de las letras hispánicas. Como Joyce, como Goethe, como Shakespeare, como Dante, como ningún otro escritor, *Francisco de Quevedo es menos un hombre que una dilatada y compleja literatura*".[10] No obstante esta ditirámbica genealogía, en 1974, Borges, fiel a su costumbre de corregir o complementar sus opiniones, añadió una lapidaria posdata al prólogo citado: "Quevedo inicia la declinación de la literatura española, que tuvo tan generoso principio. Luego vendría la caricatura: Gracián".

Llegamos ahora al centro de este recorrido. Desde sus primeros ensayos hasta su hipótesis de la relación entre "realidad" y literatura, presente en "Magias parciales del *Quijote*", pasando por la teoría de la recepción estética *avant la lettre* que entreteje en "Pierre Menard, autor del *Quijote*", la literatura cervantina fue para Borges el gran intertexto, al que se nombra, alude, explica e incluso plagia".[11] ¿Qué hay en el universo cervantino que provoca tanto su permanente lectura como su ilimitado uso textual?

En primer lugar, Cervantes ejerce en él la mágica fascinación de una literatura cuyos efectos felices no pueden explicarse en su totalidad por medio del intelecto. Según Borges, la estirpe de los escritores se divide en tres categorías: la de quienes, como Quevedo, Chesterton y Virgilio, son susceptibles de un concienzudo análisis integral que explique todos sus procedimientos literarios; la de aquéllos que poseen ciertas zonas insumisas a cualquier examen lógico, como De Quincey y Shakespeare; y, por último, la especie más misteriosa y cautivadora: los escritores que no puede explicar la sola razón, quienes, sorprendentemente, se caracterizan porque "[n]o hay una de sus frases, revisadas, que no sea corregible; cualquier hombre de letras puede señalar los errores; las observaciones son lógicas, el texto original acaso no lo es; sin embargo, así incriminado, el texto es eficacísimo, aunque no sepamos por qué".[12]

El ejemplo máximo del último tipo de arte lo encuentra Borges en Cervantes. De hecho, su reflexión se había iniciado en 1930 con "La supersticiosa ética del lector", aguda crítica al peculiar concepto de estilo que para entonces se había impuesto y a la importancia que se le asignaba al valorar a un autor. Ahí, el ensayista fustiga a quienes entienden por estilo las "habilidades aparentes del escritor: sus comparaciones, su acústica, los episodios

---

[9] "Menoscabo ..." 43.
[10] J. L. Borges, "Prólogo" a Francisco de Quevedo, *Prosa y verso* (Buenos Aires: Emecé, 1948) 14 (cursivas mías).
[11] Sobre este punto, véase el artículo de Sylvia Molloy, "Figuración de España en el museo textual de Borges", en *España en Borges*, 39-49.
[12] J. L. Borges, "Nota preliminar" a Miguel de Cervantes, *Novelas ejemplares* (Buenos Aires: Emecé, 1946) 10.

de su puntuación y de su sintaxis", pues "sólo buscan tecniquerías que les comunicarán si lo escrito tiene el derecho o no de agradarles".[13] Dice que debido a esta creencia, nadie se atrevería a admitir la ausencia de "estilo" en los libros que le gustan, sobre todo si éstos son antiguos.

Con el objeto de derruir esa "supersticiosa ética del lector", Borges acude a la obra canónica por excelencia de nuestra literatura: el *Quijote*. Él señala que para explicar la permanencia de la novela de Cervantes entre sus lectores, la critica española le "imputa" —el verbo es suyo— misteriosos valores de estilo, y afirma que basta con revisar algunos de sus párrafos para experimentar que Cervantes no era un estilista, al menos en la acepción moderna del término, puesto que "le interesaban demasiado los destinos de Sancho y de Don Quijote para dejarse distraer por su propia voz".[14] Este criterio se afinará en 1946, cuando al presentar una obra cervantina, desliza lo que en principio podría entenderse como una censura, pero cuyo sentido está claramente modificado por la oración final: "Juzgado por los preceptos de la retórica, no hay estilo más deficiente que el de Cervantes. Abunda en repeticiones, en languideces, en hiatos, en errores de construcción, en ociosos o perjudiciales epítetos, en cambio de propósito. A todos ellos los anula o los atempera cierto encanto esencial".[15]

Para probar las "deficiencias" estilísticas del *Quijote*, en su artículo de 1930, Borges había recurrido —olvidándose de su agresiva iconoclasia— a dos voces autorizadas dentro de la cultura argentina: Leopoldo Lugones y Paul Groussac. De acuerdo con el segundo de ellos: "... una buena mitad [del *Quijote*] es de forma por demás floja y desaliñada, la cual harto justifica lo del humilde idioma que los rivales de Cervantes le achacaban. Y con esto no me refiero única ni principalmente a las impropiedades verbales, a las intolerables repeticiones o retruécanos ni a los retazos de pesada grandilocuencia que nos abruman, sino a la contextura generalmente desmayada de esa prosa de sobremesa".[16]

Borges demuestra haber aprendido los recursos retóricos de sus maestros del barroco, pues haciendo gala de una gran destreza discursiva, saca ventaja del reproche que Groussac dirige contra Cervantes: "Prosa de sobremesa, prosa conversada y no declamada, es la de Cervantes y otra no le hace falta. Imagino que esa misma observación será justiciera en el caso de Dostoievski o de Montaigne o de Samuel Butler".[17] Notemos que ni siquiera se molesta en defender el estilo del autor del *Quijote* contra sus numerosos detractores; simplemente enumera una serie de escritores de lenguas distintas que aunque comparten las supuestas deficiencias estilísticas de Cervantes, son autores con prestigio universal. Además, vale la pena mencionar que, como apunta Julio Rodríguez-Luis, con el concepto de "prosa conversada", Borges identifica la modernidad del estilo de Cervantes, quien mediante ese modelo de escritura en apariencia deficiente se acerca más que Quevedo a la sensibilidad contemporánea.[18]

---

[13] J. L. Borges, "La supersticiosa ética del lector" (1930), en *Discusión* (Buenos Aires: M. Gleizer, 1932) 43.
[14] "La supersticiosa ética ..." 45.
[15] J. L. Borges, "Nota preliminar" a M. de Cervantes, *Novelas ejemplares*, 10.
[16] P. Groussac, *Crítica literaria* (Buenos Aires: J. Menéndez e Hijo, 1924) 41.
[17] J. L. Borges, "La supersticiosa ética ..." 46.
[18] Julio Rodríguez-Luis, "El *Quijote* según Borges", *NRFH* 36 (1988) 477-500.

Pero Borges va todavía más lejos. Dice que en literatura la pretendida página perfecta, que simula ser invulnerable e indestructible, resulta la más precaria de todas, puesto que ninguna de sus palabras puede ser alterada sin causarle un daño irremediable. En cambio, "... la página que tiene vocación de inmortalidad, puede atravesar el fuego inquisitorial de las enemistades, de las erratas, de las versiones aproximativas, de las distraídas lecturas, de las incomprensiones, sin dejar el alma en la prueba".[19] ¡Qué mayor testimonio de esto que el inmortal texto de Cervantes!, concluye exultante Borges, quien asegura que mientras no se puede variar ninguna línea de las "perpetradas" por Góngora, "el *Quijote* gana póstumas batallas contra sus traductores y sobrevive a toda versión. Heine, que nunca lo escuchó en español, lo pudo celebrar para siempre. Más vivo es el fantasma alemán o tropical o escítico de Don Quijote que las premeditadas *ipsissima verba* del postulante".[20]

Por último, para anticipar cualquier probable confusión, Borges aclara que no fomenta el descuido en la escritura, ni "la frase torpe" o "el epíteto chabacano". Su postura es pragmática: la irrefutable permanencia de la inmortal obra de Cervantes dentro de la tradición literaria hispánica sólo le sirve para comprobar que "[l]a rugosidad de una frase le es tan indiferente a la genuina literatura como su suavidad. La economía prosódica no es menos forastera del arte que la caligrafía o la ortografía o la puntuación".[21]

No deja de ser paradójico y contradictorio que a partir de su visión del Quijote, Borges, uno de los escritores hispanoamericanos más elogiados por las excelencias de su estilo, por la perfección verbal de su obra, defienda una tesis romántica de la escritura: la forma de escribir, es decir, el estilo, no importa demasiado si en realidad el escritor tiene algo esencial que comunicar. En sus propios términos: "la pasión del tema tratado manda en el escritor". Curiosamente, con estas palabras se aproxima a la vigorosa concepción de la escritura expresada por Roberto Arlt, su engañoso antagonista, en el prólogo a la novela *Los lanzallamas* (1931), segunda parte del díptico iniciado con *Los siete locos* (1929).

En síntesis, Borges no propone una estética global ni una teoría de la literatura; únicamente muestra con nitidez un hecho de la tradición literaria universal: las obras clásicas no son siempre aquéllas que poseen el mayor lujo verbal, o sea, las de estilo más esmerado. No es raro pues que en su etapa de plena madurez literaria, cuando había superado ya su inicial fervor por las sorpresas verbales, rechazara los experimentos lingüísticos individuales, pues consideraba que como en el caso del *Finnegan's Wake* de Joyce o de las *Soledades* de Góngora— el futuro de éstos era convertirse en juegos destinados a la discusión de los historiadores de la literatura o en meras piezas de museo (con lo cual aludía a su escasez de lectores).

Las ideas de Borges esbozadas aquí deben complementarse con la noción de "naturalidad literaria", la cual consideró desde sus primeros ensayos como virtud de un buen escritor. Puesto que toda expresión estética se basa en un "artificio" aceptado por el receptor, se trata, obviamente, de una naturalidad "artificial": para él, la naturalidad literaria es resultado de la habilidad que el autor tiene para esconder u ocultar el laborioso cuidado con que el texto fue compuesto, o sea, para no transmitir al lector el esfuerzo y la molestia con que fue trabajado.

---

[19] J. L. Borges, "La supersticiosa ética del lector" 47-48.
[20] "La supersticiosa ética ..." 48.
[21] "La supersticiosa ética ..." 49.

De hecho, en sus convicciones finales sobre la escritura, Borges demuestra haber asimilado la experiencia de sus parcialmente fallidas innovaciones lingüísticas presentes en sus primeras creaciones, así como la crítica de sus contemporáneos; por ejemplo, en un comentario de 1926 a *Inquisiciones*, Pedro Henríquez Ureña había dicho: "Tiene Borges la inquietud de los problemas del estilo; el suyo propio lo revela: a cada línea se ve la *inquisición*, la busca o la invención de la palabra o el giro mejores, o siquiera de los menos gastados. No siempre acierta. Estilo perfecto es el que, como plenitud expresiva, oculta las inquisiciones previas; es de esperar que Borges aprenda a quitar sus andamios y alcance el equilibrio y la soltura".[22]

De este modo, en sus numerosos prólogos de madurez Borges pugna por un estilo literario que evite deliberadamente los destellos verbales, que eluda los sinónimos innecesarios, que opte por las palabras habituales y deseche las asombrosas, pues estas últimas pueden distraer al lector; en suma, se trata de un estilo que no busca sorprender o deslumbrar. Así pues, al final de su vida Borges había alcanzado una concepción de la escritura diametralmente opuesta a aquélla con la que se inició en la década de 1920, cuando su excesivo celo por encontrar la originalidad literaria, el rasgo estilístico que lo singularizara, propició en ocasiones una prosa trabajada pero "trabajosa" para el lector. Al intentar definir su particular evolución literaria, Borges hace extensivo a todos los escritores un proceso que más bien fue individual: "Es curiosa la suerte del escritor. Al principio es barroco, vanidosamente barroco, y al cabo de los años puede lograr, si son favorables los astros, no la sencillez, que no es nada, sino la modesta y secreta complejidad".[23] Esta "modesta y secreta complejidad" que él anhela es similar al "fiel y cristalino misterio" del que hablaba al referirse a los denominados "versos sencillos".

Lo que me interesa enfatizar aquí es que el autor llega a una concepción general de la literatura y del estilo que sin duda se nutre de sus comentarios sobre los clásicos españoles. Así, por ejemplo, al igual que Quevedo, el primer Borges también quiso manejar todas las voces del castellano. Además, buscó ese "encanto esencial" que atempera las supuestas páginas deficientes de Cervantes, y en varias de sus narraciones, sobre todo las de cuchilleros, usó un estilo que tiende hacia esa "prosa conversada" que, según él, es característica del *Quijote*.

En fin, a semejanza del hombre que se propone dibujar el mundo y que poco antes de morir se da cuenta de que ha trazado las líneas de su rostro, al comentar a otros escritores, Borges acaba por dibujar su propia imagen literaria.

---

[22] Pedro Henríquez Ureña, "Sobre *Inquisiciones*", *Revista de Filología Española* XIII (1926).
[23] Prólogo a *El otro, el mismo*, en *Obras completas* (Buenos Aires: Emecé, 1974) 838.

Carlos Monsiváis

Carlos Monsiváis, un intelectual post-68

María Eugenia Mudrovcic

María Eugenia Mudrovcic, que enseña en la Universidad de Nevada, Reno (EE.UU.), nació en la Argentina. Sacó su primer título universitario en la Universidad de Buenos Aires pero se doctoró por la de Southern California. Es autora de varios artículos y un libro: Espejo en el camino. De la novela y la crítica hispanoamericana *(México, 1988). Actualmente está escribiendo un libro titulado:* "Mundo Nuevo": discurso crítico y modelo cultural en la década del 60, *y en prensa tiene un artículo sobre* La tía Julia y el escribidor *de Mario Vargas Llosa*

En un artículo casi olvidado de 1965, Carlos Monsiváis afirmaba: "Salvador Novo y Octavio Paz, son ... los maestros definitivos ... en Novo he estudiado la ironía y la sabiduría literaria y la sátira y si no he aprendido nada, *it's not his fault* .... [Pero] para mí, y entiendo que para mi generación, Octavio Paz es hoy el más importante escritor y pensador mexicano. *El laberinto de la soledad* es ... lo único vigente. [Sus] tesis han corrido el destino de las ideas revolucionarias, se han vuelto lugar común, es decir, se han incorporado en un brevísimo lapso de tiempo a la más entrañable sabiduría del pueblo. De allí, su ascendencia en las nuevas generaciones: Paz se ha vuelto puente, vínculo, contacto con el mundo contemporáneo" (Monsiváis 1965, V).

Probablemente hoy a Monsiváis le costaría suscribir un enunciado como éste (tal vez se lo impediría el tono, el contenido, o ambos). No lo sabemos y, además, tampoco es esto lo que importa: la cita no interesa tanto por su vigencia actual, sino porque aún conserva un innegable valor arqueológico. Como es sabido, la parábola que describieron los "maestros definitivos" de Monsiváis burló cualquier pronóstico apresurado: contra toda lógica, la figura de Novo creció, se institucionalizó y llegó a representar una zona importante en el *corpus*-Monsiváis,[1] al tiempo que Octavio Paz perdió peso y se fue desintegrando ideológicamente ante la mirada crítica del discípulo. Modelo en los sesenta, Paz se convirtió poco después en *el* expulsado célebre del olimpo monsivaíta. El origen de estos desacuerdos se remonta a los años setenta y, a pesar de que la ruptura se caracterizó por ser un proceso bastante pudoroso, no logró sin embargo pasar inadvertida para el grueso del público

---

[1] Salvador Novo fue una de las primeras "incitaciones al plagio" que confesó haber sentido Monsiváis (1966, 49). Antecesor natural en el difícil oficio de escribir crónicas urbanas, la crítica ha explotado sistemáticamente el paralelo Novo-Monsiváis, un cruce que —por lo demás— ha sido fomentado con fervor por el mismo Monsiváis (Blanco 1981; Sefchovich 1988; Monsiváis 1977).

mexicano: a nadie se le escapó que en su afán de "olvidar a Paz", Monsiváis había moderado sensiblemente sus viejas alabanzas al "maestro".[2] Con el tiempo, las diferencias ideológicas se acentuaron, los ataques inundaron (algunos ya sin el menor rubor) los textos de ambos y los acontecimientos que se desencadenaron en 1977 terminaron por sacar el debate del *closet*. Hoy, no parece exagerado afirmar que la relación Monsiváis-Paz es una autopista cultural que, con baches y remansos, aún sigue escribiendo los capítulos más sabrosos de la historia intelectual mexicana. Revisar este debate, recontarlo, mirarlo desde afuera, es —en resumidas cuentas— el objetivo central de esta ponencia.

Los años sesenta

Para Monsiváis, la época del "epatamiento adolescente" fue un período rabiosamente antisolemne, antinacionalista y contraculturizante. Corrían vertiginosos los años previos al '68 y "la Mafia" era la dueña virtual de la cultura activa de México. Esta *élite* — formada por Carlos Fuentes, José Luis Cuevas, Carlos Monsiváis y Fernando Benítez, puntas de lanza del suplemento *La Cultura en México*— funcionó como agente de aceleración y consolidación de los procesos de modernización cultural que por entonces inundaron la escena. "El grupo —recuerda Agustín— era un verdadero *bulldozer*" (I, 207); "ruidosamente cosmopolita y vanguardista, izó como banderas a Alfonso Reyes, los Contemporáneos, Octavio Paz y Rufino Tamayo" (I, 221); y "para 1964 controlaba directa o indirectamente el suplemento de *Siempre!*, la *Revista Mexicana de Literatura*, la *Revista de la Universidad*, la *Revista de Bellas Artes*, *Cuadernos del Viento*, *Diálogos*, Radio UNAM, la Casa del Lago y varias oficinas de difusión cultural con todo y sus nóminas" (I, 219). Se puede aducir que la receta del éxito fue relativamente sencilla. División del trabajo mediante, cada miembro encaró un proyecto de modernidad propio y a un tiempo complementario: Fuentes actuó en el ámbito de la novela, Benítez se encargó del mercado, Monsiváis de la cultura popular y Cuevas de la vanguardia pictórica (Sefchovich 150). Sin embargo, cuando tuvieron que suscribir un modelo global, todos hicieron gala del más prolijo corporativismo intelectual: sistemáticamente salieron a defender la internacionalización de la cultura (el cosmopolitismo era lo *in*) y atacar el "chovinismo" mexicano (que por entonces atraía todos los desprecios de lo *out*).[3]

---

[2] Confróntese, por ejemplo, los juicios apologéticos a *El laberinto de la soledad* de 1965, con esta cita extraída de "Notas sobre la cultura mexicana del Siglo XX", de 1976: "*El laberinto de la soledad* fija un criterio cultural en su instante de mayor brillantez, y su lenguaje fluido y clásico transmite la decisión de aclarar y de aclararse una sociedad a partir del examen (controvertible) de sus impulsos y mitos primordiales. Por otra parte muchas de sus muy controvertibles hipótesis se han convertido en lugares comunes populares" (Monsiváis 1976, 1473). Es obvio que este texto fue re-escrito sobre el original de 1965, sin embargo, Monsiváis relativiza aquí su entusiasmo y trasluce sus reservas ante la obra de Paz al repetir la palabra "controvertible" dos veces en menos de dos líneas.
[3] Mítico como pocos, el grupo fue objeto asiduo de defensas y de ataques: *La mafia* (1967), libro-collage de Luis Guillermo Piazza, se inscribe decididamente en el primer grupo, mientras que *Los juegos* (1967), sátira cultural de René Avilés Fabila, bien podría formar parte del segundo.

A lo largo de estos años, Monsiváis escribió artículos periodísticos, viajó, hizo radio, se codeó con famosos, se volvió él mismo famoso, antologó la poesía mexicana del siglo XX y, en 1966, publicó una suerte de neopicaresca intelectual para la serie de autobiografías jóvenes que dirigió Emmanuel Carballo. ¿Cuáles fueron las características más sobresalientes de esta producción temprana? El *yo* autobiográfico aparece como registro favorito de esta época. Matizada (o inhibida) en los textos posteriores, la primera persona desborda, sin falsos pudores, los artículos de los años sesenta y alcanza sus mejores momentos cuando Monsiváis incursiona en los terrenos de lo autoparódico: "acepté esta suerte de autobiografía —escribe en 1966— con el mezquino fin de hacerme ver como una mezcla de Albert Camus y Ringo Starr" (Monsiváis 1966, 56).

Otra característica que merece destacarse es la devoción (llamémosla provisoriamente "pre-freudiana") que Monsiváis manifiesta hacia Octavio Paz. Los ejemplos están a la vista: el texto apologético de 1965 que citamos al comienzo aparece reformulado en el prólogo de la *Antología* (Monsiváis 1966a, 56-57) y vuelve a aparecer otra vez en la *Autobiografía* (Monsiváis 1966b, 50-51). Contraria al gusto de la época, tanta apología debió sin duda poner a la defensiva al mismo Monsiváis: el sentimiento de culpa se trasluce en la *Autobiografía* cuando el narrador, antes de iniciar sus alabanzas a Paz, necesita aclarar que él "no es parricida, si bien querría ser iconoclasta" (Monsiváis 1966, 48). El parentesco intelectual con Paz, suficientemente cultivado en el cuerpo autobiográfico, también aparece convenientemente resaltado en el prólogo: "Monsiváis es a Paz —escribe Emmanuel Carballo en los preliminares— lo que éste a los Contemporáneos ... una consecuencia libremente elegida y, por supuesto, la única digna de considerarse en estos días" (Monsiváis 1966, 8). Pero ni bien irrumpe Paz en la escena, la intención de la presentación se desvirtúa: Carballo se distrae, descuida a su personaje central y en una maniobra incomprensible termina el prólogo a Monsiváis idolatrando a Octavio Paz:

> Junto a sus propios hallazgos ..., Monsiváis toma en cuenta, y a veces sigue mansamente, los puntos de vista de Octavio Paz, en este momento el ensayista más sólido, inquietante y personal de la literatura mexicana. (Monsiváis 1966b, 10)

Paz desaloja a Monsiváis y se roba los aplausos finales: el gesto, cruel en sí, resulta aun más cruel si se piensa que éste es el primer prólogo que alguien escribe para Monsiváis.

La *détente*

El '68 encontró a Monsiváis y a Paz del mismo lado de la vereda. En gesto de repudio a la masacre, Paz —ya se sabe— renunció a su cargo de embajador en la India, provocando el aplauso en las filas de toda la intelectualidad mexicana. En el número 351 de *La Cultura en México*, Monsiváis, junto al Consejo Editorial del suplemento, hizo llegar su apoyo público al poeta. (En rigor, ningún desacuerdo posterior hizo olvidar a Monsiváis los dos "actos de dignidad" que siempre le reconoció a Paz: el primero es éste, "el gesto extraordinario de su renuncia diplomática después de Tlatelolco" [Monsiváis 1977, 40]; y el segundo es la renuncia a la dirección de *Plural* después del golpe asestado a Julio Scherer García en *Excélsior*.)

Juntos en el '68, las consecuencias del movimiento terminaron sin embargo precipitando la ruptura. Entre las derivaciones más significativas, Monsiváis recuerda el efecto negativo que tuvo en 1970 la publicación de *Posdata*. El liberalismo anticomunista con que Octavio Paz interpretó la revuelta estudiantil "desencantó" profundamente a Monsiváis y la lectura del libro preparó el terreno para el desenlace de 1972.

Ese año, Carlos Fuentes y Fernando Benítez aprovecharon las mieles que ofrecía la llamada "apertura democrática" y aceptaron incorporarse a la administración de Luis Echeverría. Benítez afirmó que México se encontraba ante la encrucijada "Echeverría o el fascismo", y Fuentes avaló estas palabras y consideró un "crimen histórico" dejar aislado al presidente en semejante coyuntura. El *aggiornamento* de dos figuras de esta talla causó verdadero malestar en el resto de la *intelligentsia* mexicana, sobre todo, porque estos anuncios se hicieron en medio de la desconfianza generalizada que habían provocado los asesinatos de Jueves de *Corpus*.

Bajo el título "México 1972: los escritores y la política", *Plural* —la flamante revista literaria que dirigía Octavio Paz desde 1971— invitó a un puñado de intelectuales a discutir el tema de la convocatoria. Esta polémica constituye un punto de obturación importante en la historia intelectual mexicana porque diferenció públicos y diversificó ofertas culturales. Al calor del debate surgieron claramente dos frentes discursivos: por un lado, Octavio Paz y Gabriel Zaid (con su ideal de letrado independiente); por otro, Monsiváis, José Emilio Pacheco y aquéllos que defendieron la figura del intelectual comprometido. A los ojos de estos últimos, la idea del intelectual independiente defendida por Paz no podía sino parecer como "una banalidad liberal, engañosa e impracticable" (Sánchez Susarrey 33). Producto de la radicalización política que siguió al '68, el cambio resulta ilegible en otro marco histórico: si antes del movimiento todos los intelectuales podían convivir en un campo más o menos indiferenciado (un espacio simbólico que los unía y que permitía, por ejemplo, que Monsiváis se identificara con Octavio Paz y lo alabase), después del '68 esto ya no pudo ser posible. Básicamente el '68 sirvió para dividir aguas y discriminar discursos: al desenajenar los sentidos sociales, al diversificar las ofertas simbólicas, al reorganizar los agentes de cambio, el '68 aceleró, entre tantas otras cosas, la deshomogeneización del campo intelectual mexicano.

Después que el debate de *Plural* puso al descubierto la existencia de estas redes discursivas, Monsiváis dedicó un número de *La cultura en México* a analizar la actitud del "liberalismo ideológico" mexicano. En la nota introductoria, titulada alusivamente "La posibilidad de la polémica", el entonces director del suplemento cultural de *Siempre!* instaba a "deslindar" posiciones, denunciaba algunas formas de "confusión profesionalizada" y llamaba la atención sobre los intelectuales liberales que "desde su perspectiva integradora, también confunde[n] y también, al apoyar finalmente al Sistema, participa[n] de su acción enajenadora" (Monsiváis 1972, II).

El nombre de Octavio Paz había sido cuidadosamente omitido del número. Sin embargo, a nadie podía escapársele que cada uno de los artículos "refutaba" o, mejor, trataba de poner en perspectiva, los mitos que idolatraban la democracia formal, la independencia del escritor o la libertad de la cultura: tres ideologemas que después de *Posdata* habían quedado automáticamente asociados al discurso político de Paz. Como modelo alternativo, *La Cultura en México* defendió al intelectual orgánico de filiación gramsciana. Aval teórico indiscutible para la nueva izquierda sesentista, Gramsci resultaba eficaz para hacer lo que se proponía hacer el suplemento, i.e., "desenmascarar" los componentes "idealistas" y "sustancialistas" que articulaban el modelo intelectual propuesto por Paz.

¿Qué significa este número entonces? ¿Para qué le sirve a Monsiváis y al grupo de *La Cultura en México*? ¿Qué importancia tiene en el proceso de diferenciación que estamos evaluando? Dedicado al "liberalismo mexicano de los setentas", el número funcionó como espacio de reconocimiento, sirvió para definir al "otro-ideológico" y poder así oponerlo al "nosotros". Después de los resultados algo confusos a los que se había llegado en el debate *Plural*, Monsiváis y su grupo aspiraron a des-ambiguar los espacios ideológicos del campo intelectual, tratando de identificar al "aliado" y re-significar al "enemigo" (éste es, al fin de cuentas, el lugar de enunciación ideal que debe ocupar todo opositor ya que —si bien se mira— ningún enunciado político siente obligación de ser autorreflexivo). Años más tarde, Monsiváis confirmó estas intenciones cuando dijo en *Nexos* que en el agitado período post-68 "de pronto, *liberal* reemplaz[ó] a *pendejo* en la lista de insultos predilectos de muchos activistas" (Monsiváis 1980, 41).

1972 aclaró, por lo tanto, el perfil ideológico del campo. Y la desambiguación fue igualmente resentida por Paz quien insistió en señalar que este número de *La Cultura en México* había decidido su virtual "expulsión del discurso político" (Monsiváis 1977, 39). Definidas de esta forma las diferencias, hay que esperar aún algunos años más para que Monsiváis referencie sus reclamos y públicamente dirija sus ataques a Paz.

LA RUPTURA

En noviembre de 1977 se produce la primera deserción en *La Cultura en México*, y Paz —como no podía ser de otra manera— juega un rol central en el relato. Por esa época, Monsiváis rechazó un artículo "duro" que Jorge Aguilar Mora había escrito sobre Paz: "No estamos preparados", justificó. La negativa ofendió a Aguilar Mora que, secundado por Héctor Manjárrez, David Huerta y Paloma Villegas ("todos —cuenta José Agustín— estaban molestos porque Rolando Cordera, miembro de la aguerrida redacción, no había dudado en irse a chambear a Programación y Presupuesto" [Agustín II, 212]), renunció públicamente, acusando al suplemento de incurrir en doble discursos: "*La Cultura en México* —escribió luego Aguilar Mora en *La Mesa Llena*— practica la censura, proclamadora de la disensión, no admite discusiones que ataquen los intereses de ciertos miembros. Había que hablar mal de Octavio Paz en privado, pero no publicar una crítica contra su obra".[4]

Días después de esta ruidosa escisión, Julio Scherer entrevistó a Octavio Paz con motivo de haber recibido el Premio Nacional. En esta extensa charla publicada en *Proceso*, Paz repitió conceptos que había desarrollado en *Corriente alterna* y *Posdata*. Entre otras cosas, dijo que la derecha mexicana carecía de proyecto, y que la izquierda sufría de "parálisis intelectual", era "murmuradora y retobona", "pensa[ba] poco y discut[ía] mucho", y que, para colmo de males, tampoco "t[enía] imaginación". Oportunamente, Paz mencionó a

---

[4] Con el tiempo, el artículo rechazado por Monsiváis en 1972 se convirtió en el libro *La divina pareja* (Agustín II, 213).

los "jóvenes radicales del suplemento de *Siempre!*" y recordó que habían sido ellos los que (cinco años antes!!) habían criticado a los "intelectuales liberales". Sintiéndose directamente aludido, Carlos Monsiváis contestó con un texto titulado "Respuesta a Octavio Paz" e inició así una polémica que se extendió a lo largo de varios números. Con esta "lucha entre cultos" (así la llamó *Siempre!*), Paz y Monsiváis ventilaron un desacuerdo ideológico que los dos habían sabido mantener en silencio durante varios años.

En *Tragicomedia mexicana*, José Agustín atribuye al alejamiento de Aguilar Mora el hecho de que "el jefe Carlos se sintiera compelido a decir algo acerca de las declaraciones que, de lo más quitado de la pena, Octavio Paz había hecho a Julio Scherer García" (Agustín II, 213). Nuestra hipótesis difiere de la de Agustín. Creemos que Monsiváis, interesado sólo en polemizar políticamente con Paz, se negó a publicar el texto de Aguilar Mora porque no quería atacar el flanco literario del poeta (no era éste su costado más débil). Inmediatamente, con una diferencia mínima de días, la entrevista de Schrerer le dió la oportunidad que estaba buscando. Con esta excusa entre manos, Monsiváis no dudó en contestar a Paz, sacó a ventilar las diferencias ideológicas que había acumulado desde 1972 y se lanzó a criticar el pensamiento político del "maestro" con líneas descarnadas como éstas:

> Si su punto de partida es la crítica a los regímenes llamados socialistas, su solución de continuidad para México asume la negación de LA Izquierda, la minimización de LA Derecha, los mandamientos obligatorios para EL Escritor, la recuperación de EL salutífero tradicionalismo, la sustitución de la lucha de clases por la lucha del México crecidito contra el México subdesarrollado. Como siempre le sucede, a Paz le urge desechar el valor social de las ideologías y, a partir de allí, le subyuga la redondez de la frase: lo que allí no quepa, deséchese. (Monsiváis 1977, 40)

En la polémica de 1977 se llega a un límite verbal: con el fin de acallar al otro, Monsiváis y Paz inundan sus enunciados de todo tipo de diferenciales jerárquicos. Para Monsiváis, Paz es un esteta de las ideas; para Paz, Monsiváis es un escritor oral. En todo caso, y atendiendo a los contravalores que circularon en ambas direcciones, es posible considerar esta polémica —y, por extensión, toda la relación Monsiváis-Paz— como una versión más de la historia de la bella y la bestia: un relato que, conscientemente o no, se inscribe en el marco de la lucha que disputan la cultura alta y la cultura popular en la vida intelectual mexicana.[5]

Sin embargo éste sólo es el comienzo de la historia. Todavía quedan por recorrer casi 15 años de duelo verbal, una tarea que habrá que emprender, no sólo porque algunas de estas páginas opacarían muchas citas de "El arte de injuriar" de Jorge Luis Borges, sino

---

[5] En 1990, Adolfo Castañón publica en *Vuelta* "Un hombre llamado ciudad", uno de los ataques más virulentos a Monsiváis que se haya escrito jamás. Curiosamente, la impugnación de Castañón descansa en los mismos contravalores que Paz había transitado en 1977: por un lado, la condición de "bárbaro" de Monsiváis ("su medio natural —escribe Castañón— es la barbarie, la intemperie cultural, la excepción crítica", 19); por otro lado, su condición de periodista circunstancial, de "seudocostumbrista" ("corre el riesgo de no acceder verdaderamente a la literatura", 20).

porque toda polémica es un acontecer histórico y, como tal, resignifica permanentemente sus contenidos. Digo esto por la cuota de tedio que es necesario vencer de vez en cuando, sobre todo, cuando los actores no cambian, cuando los ideologemas que circulan son pocos y cuando, además, ya los conocemos. Pero no vale trivializar, Octavio Paz es uno de nuestros intelectuales "más contemporáneos", es uno de los intelectuales que mayor capacidad de respuesta discursiva ha demostrado: su discurso siempre pulsea con el presente histórico, por eso —a pesar de las apariencias nunca dice lo mismo. Un ejemplo: Fuentes acepta un puesto diplomático y Paz inmediatamente convoca a un debate para enaltecer la figura del intelectual independiente. Otro ejemplo: cae el muro de Berlín y Paz invita al *Jet Set* internacional para cantar loas al capitalismo. Un último ejemplo: el estado neoliberal de Salinas subvenciona el Coloquio de Invierno y Paz sale en defensa de un programa cultural antiestatalista. No hay que engañarse, los mitos políticos de Paz son pocos, pero no se les puede negar oportunidad histórica.

Y para evitar repetir el error de Carballo —que empezó alabando a Monsiváis y terminó hablando de Paz— corregimos nuestro desvío a tiempo, citando —a modo de cierre provisorio— una de las cápsulas literarias donde Octavio Paz "evalúa" a Carlos Monsiváis. Este juicio aparece en "Aviso", un texto de 1986, y en él Octavio Paz escribe: "Otro centro de atracción y repulsión ha sido Carlos Monsiváis. Ejerce la crítica como una higiene moral y también como un combate; por fortuna, a veces él mismo se convierte en un campo de batalla; entonces pelean en su interior sus ideas y sus prejuicios, la fidelidad a su partido y su amor a la literatura" (Paz 1987). Dejando las malas intenciones de lado, ¿no compendia este texto algunos de los aciertos más obvios de Carlos Monsiváis? ¿No habla —sin querer— de ese punto de vista crítico, ocurrente, tan festejado, que permite a Monsiváis incursionar en las zonas menos presentables, más bárbaras, más riesgosas y atractivas que tiene la cultura mexicana?

Bibliografía

Agustín, José. *Tragicomedia mexicana I. La vida en México de 1940 a 1970*. México: Planeta, 1993.
_____. *Tragicomedia mexicana II. La vida en México de 1970 a 1988*. México: Planeta, 1992.
Blanco, José Joaquín. "Días de guardar diez años después". *Nexos* 45 (1981) 43-50.
Castañón, Adolfo. "Un hombre llamado ciudad". *Vuelta* 163 (1990) 19-22.
Monsiváis, Carlos. "Con un nuevo fracaso". *La Cultura en México* 202 (29 diciembre 1965) I-VII.
_____. Notas, selección y resumen cronológico a *La Poesía Mexicana del Siglo XX. Antología*. México: Empresas Editoriales, 1966a.
_____. *Carlos Monsiváis*. Prólogo de Emmanuel Carballo. México: Empresas Editoriales, 1966b.
_____. "Nuestra solidaridad con Octavio Paz". *La Cultura en México* 351 (6 noviembre 1968) II.
_____. "La posibilidad de la polémica". *La Cultura en México* 998 (9 agosto 1972) II.

_____ "Notas sobre la cultura mexicana en el siglo XX". *Historia General de México* 2. Daniel Cosío Villegas (coord.). México: El Colegio de México, 1976.

_____ "Salvador Novo: Los que tenemos unas manos que no nos pertenecen", *Amor perdido*. México: Era, 1977.

_____ "Respuesta a Octavio Paz". *Proceso* 59 (19 diciembre 1977) 39-41.

_____ "Los de atrás se quedarán. [I] (Notas sobre cultura y sociedad de masas en los setentas)", *Nexos* 26 (1980) 35-43.

Paz, Octavio. "Julio Scherer García entrevista a Octavio Paz". *Proceso* 57 y 58 (5 y 12 diciembre 1977).

_____ *México en la obra de Octavio Paz II. Generacdiones y semblanzas. Escritores y letras de México*. México: Fondo de Cultura Económica, 1987.

Sánchez Susarrey, Jaime. *El debate político e intelectual en México*. México: Grijalbo, 1993.

Sefchovich, Sara. "La crónica al día", *Nexos* 131 (1988) 63-67.

_____ *México: País de ideas, país de novelas. Una sociología de la literatura mexicana*. México: Grijalbo, 1987.

Crónica y periodismo: el "género Carlos Monsiváis"

Linda Egan

Linda Egan, quien enseña en la Universidad de California, Davis, sacó su primer título en la Sacramento State University, la maestría en la Universidad de California, Berkeley, y el doctorado en Santa Barbara. Es autora de varios artículos sobre literatura mexicana, especialmente en torno a Sor Juana Inés de la Cruz y otras escritoras mexicanas. Sobre Sor Juana tiene dos artículos en prensa también, más un estudio de Ignacio Trejo Fuentes, y en preparación tiene una monografía sobre Carlos Monsiváis

En 1971, un año después de publicarse su primera colección de crónicas, *Días de guardar*, Carlos Monsiváis le escribió a su amiga Elena Poniatowska desde la universidad inglesa donde daba un curso de literatura. En la carta le confió:

> Yo me sigo preparando para un acaso imposible trabajo periodístico. Todo lo que leo, veo, escucho, lo refiero de inmediato a una especie de archivo de experiencias utilizables. Me gustaría enormemente dedicarme a la crónica, al reportaje.[1]

En 1984, cuando había consignado a la permanencia del libro tres pruebas más de su insigne vocación periodística —*Amor perdido* (1977), *A ustedes les consta: antología de la crónica en México* (1980) y *Escenas de pudor y liviandad* (1981)— recibió, durante una entrevista en la Universidad Autónoma Metropolitana, una pregunta impertinente: ¿por qué nunca escribió usted la novela que en su autobiografía de 1966 dijo que preparaba? La interrogación ocasionó un titubeo poco característico del cronista:

> Pues porque es ... uno ... no sé ... El caso es que yo he fracasado; cada vez que intento retirarme y no hacer periodismo para sólo escribir, no hago nada, me dedico a buscar desesperadamente la cartelera. Entonces hay una resignación al respecto, que tiene mucho que ver con formas de vida que uno escoge, que le gustan y que acaban a veces siendo tan absorbentes que le impiden otra .... El destino no me llevó por ese glorioso camino [de la novela] ...[2]

---

[1] Citado por Elena Poniatowska, "Carlos Monsiváis: las décadas en el espejo", *Nexos* 9/106 (1986) 7-10.
[2] Carlos Monsiváis, *Confrontaciones: el creador frente al público* (Azcapotzalco: UAM, 1984) 40-41. La aludida autobiografía es Carlos Monsiváis, *Nuevos escritores mexicanos del siglo XX presentados por sí mismos* (México: Empresas Editoriales, 1966).

En 1987, Monsiváis reconfiguró aquella respuesta. Publicó *Entrada libre: crónica de la sociedad que se organiza*, colección de madurez plena cronística. Y lanzó un reto a los torremarfilistas que privilegian la novela y la poesía. En una metacrónica que salió en la prestigiosa *Nueva Revista de Filología Hispánica*, el periodista tergiversa la pregunta impertinente de tres años antes y demanda saber por qué "el personaje togado"[3] no ha querido reconocer que el arte "plebeyo" de la crónica (Poniatowska 9)[4] es, en realidad, la matriz y el modelo que incansablemente nutren y guían el arte elitista. Conviene citar la pregunta que Monsiváis plantea en "De la Santa Doctrina al Espíritu Público (Sobre las funciones de la crónica en México)":

> ¿Por qué el sitio tan marginal de la crónica en nuestra historia literaria? Ni el enorme prestigio de la poesía, ni la seducción omnipresente de la novela, son explicaciones suficientes del desdén casi absoluto por un género tan importante en las relaciones entre literatura y sociedad, entre historia y vida cotidiana, entre lector y formación del gusto literario, entre información y amenidad, entre testimonio y materia prima de la ficción, entre periodismo y proyecto de nación.[5]

La crónica actual disfruta una gran popularidad entre los lectores laicos de México; Carlos Monsiváis ha ganado un *status* casi monumental como escritor, *savant* y teórico de la cultura. Y sin embargo el silencio crítico casi absoluto respecto a su género —y su obra— sólo ahora comienza a romperse y, para mí, existe poca justificación crítica por la demora.

La "gran división" que se abrió en el siglo diecinueve entre literaturas ficticias y "objetivas" explica, sin legitimar, el desconocimiento de la crónica. La novela latinoamericana vincula persistentemente su afán imaginativo con el impulso cronístico de registrar y criticar una realidad social que reclama el cambio.[6] El lenguaje y la técnica de

---

[3] La frase es de Antonio Alatorre, reseña de *A ustedes les consta: antología de la crónica en México*, de Carlos Monsiváis, *Vuelta* 5/53 (1981) 37.

[4] En frase de Elena Poniatowska, Carlos Monsiváis "escoge los temas de la cultura de barrio, la popular, y en lugar de consagrarse a 'La Literatura', se inclina por géneros plebeyos desde el punto de vista de 'La Cultura'."

[5] Este reclamo a la comunidad académica se encuentra en *Nueva Revista de la Filología Hispánica* 35 (1987) 753. La tesis doctoral que hice es, en principio, una respuesta a esta "Queja de Monsiváis". Consúltese Linda Egan, "'Lo marginal en el centro': las crónicas de Carlos Monsiváis" (Santa Barbara: Universidad de California, 1993).

[6] En la era de la posmodernidad inclusionista, es cada vez más generalizado el reconocimiento de la índole esencialmente cronístico-histórica de la literatura latinoamericana en conjunto. Véase, por ejemplo, Alejo Carpentier, "La novela latinoamericana en vísperas de un nuevo siglo", *Historia y ficción en la narrativa hispanoamericana: coloquio de Yale*, ed. Roberto González Echevarría (Caracas: Monte Ávila, 1984) 19-48; David William Foster, *Alternate Voices in the Contemporary Latin American Narrative* (Columbia MO: University of Missouri Press, 1985); Jean Franco, "The Nation as Imagined Community", *The New Historicism*, ed. H. Aram Veeser (Nueva York y Londres: Routledge, 1989) 204-12, y "Cultura y crisis", *Nueva Revista de Filología Hispánica* 35 (México, 1987) 411-27; Carlos Fuentes, "Una literatura urgente", *Latin American Fiction Today*, ed. Rose S. Minc (Takoma Park MD y Upper Montclair NJ: Hispamérica y Montclair State College, 1979) 9-

ambos géneros se desprendieron por igual de la historiografía de Indias para conducirlos a sendas cumbres artísticas en el mismo instante de la plenitud del boom.[7] La feliz ocasión de una mesa redonda como ésta anima, por lo tanto, porque confirma que una "definición" de la literatura puede y debe abarcar cualquier empleo del lenguaje "extraordinario" para crear o recrear una realidad humana, sea aquélla inventada o recogida del noticiero del jueves pasado.

En defensa caritativa de los comentaristas en México que se han acercado a la crónica, sugiero que lo han hecho precisamente porque reconocen instintivamente el mérito literario de este género verdad. Si luego han retrocedido, será por la falta de una teoría que los permita percibir la especificidad de una forma intrínseca que no es ni ensayo ni cuento ni novela ni sólo periodismo sino lo que es: crónica.[8] En 1965, un enemigo del nuevo periodismo estadounidense encabezado por Tom Wolfe, el cronista norteamericano a quien Monsiváis más admira,[9] expresaba una actitud generalizada cuando condenó el gemelo fraternal de la crónica mexicana por ser "una forma bastarda que al mismo tiempo explota la autoridad objetiva del periodismo y la licencia creativa de la ficción".[10]

Hoy en México sigue dándose la percepción de que la forma híbrida que mezcla periodismo y "ficción" no tiene especificidad. Es una percepción que puede desanimar el estudio del género. En efecto, comentarios sobre la crónica a menudo "se legitiman" a base de meterla de contrabando en el campo de la ficción.[11] La incertidumbre o desfamiliarización que "descronica" a la crónica plantea la necesidad de una poética.

17; Roberto González Echevarría, *Myth and Archive: A Theory of Latin American Narrative* (Cambridge y Nueva York: Cambridge University Press, 1990); y Mario Vargas Llosa, "La verdad de las mentiras", *La verdad de las mentiras* (Barcelona: Seix Barral, 1990) 5-20.

[7] Ann Duncan menciona el "periodismo inspirado e inteligente" de Monsiváis como un género siempre en vías de extinción, al margen de la corriente renovadora. Véase *Voices, Visions, and a New Reality: Mexican Fiction Since 1970* (Pittsburgh: University of Pittsburgh Press, 1986) 31-33.

[8] Para observar la confusión crítica ante lo híbrido de la crónica, véase Christopher Domínguez Michael, ed., *Antología de la narrativa mexicana del siglo XX*, 2 (México: Fondo de Cultura Económica, 1991) 68-69, 375; José Olivio Jiménez, "El ensayo y la crónica del modernismo", *Historia de la literatura hispanoamericana* 2, coord. Íñigo Madrigal (Madrid: Cátedra, 1982) 537-48; y Martin S. Stabb, "The New Essay of Mexico: Text and Context", *Hispania* 70 (1987) 47-61.

[9] Monsiváis me dijo en 1991 que su interés por los cronistas estadounidenses permanece fuerte, aunque opina que "no hay ninguno que esté trabajando ahora que me guste tanto" como el Tom Wolfe de los años sesenta. El comentario quedó fuera de Egan, "Entrevista con Carlos Monsiváis", *La Jornada Semanal* (26 de enero de 1992) 16-22.

[10] Dwight MacDonald, "Parajournalism, or Tom Wolfe and His Magic Writing Machine", *The Reporter as Artist: A Look at the New Journalism Controversy*, ed. Ronald Weber (Nueva York: Hastings House, 1974) 223. MacDonald resume la crítica que típicamente juzgaba que el llamado nuevo periodismo norteamericano deshonraba por igual el periodismo y la ficción. (Traducción mía).

[11] Jean Franco, en su *Historia de la literatura hispanoamericana, a partir de la Independencia*, trad. Carlos Pujol, 7ª ed., 1973 (Barcelona: Seix Barral, 1987), explícitamente hace a un lado el ensayo (12) pero luego, y no sin titubeos, incluye *El águila y la serpiente* de Martín Luis Guzmán como ejemplo de la "nueva novela" mexicana y la "narración picaresca" (190-91). Respecto a una crónica del mismo texto, "La fiesta de balas", Seymour Menton dice que es indudablemente cuento porque

Monsiváis empezó a formular una teoría de su género alrededor de 1978; la retocó en 1980 y 1987. Estos tres enunciados toman un primer paso firme hacia una poética que establezca los parámetros de la crónica. Monsiváis plantea ésta como un tipo de periodismo con dos metas simultáneas: ser un reportaje interpretativo que pide la democratización social y ser un arte que privilegia la recreación de escenas sobre la denuncia o la función informativa. Este arte usará a discreción la primera persona o una postura omnisciente que entra cuando quiere en la "interioridad ajena".[12]

La definición surge metatextualmente del discurso cronístico actual y de la tradición literaria que éstos continúan. Si uno ha leído, como Monsiváis, las crónicas de Indias desde la invención del género durante la Conquista, verá que se dan los mismos elementos, elaborados con cada vez más destreza, dramatismo y consistencia, a través de la trayectoria evolutiva.[13]

Tal como lo ha reinventado Monsiváis y otros periodistas literarios, sin embargo, el género y la poética planteada arriba solicitan mayores pruebas de su especificidad. De la definición de trabajo de Monsiváis, el único elemento que no podría aplicarse igualmente a los géneros de ficción es su advertencia de que la crónica es periodismo. Éste es el elemento que tiende a desconocerse entre los estudiosos que marginan la crónica por "indefinible" cuando no escamotean la cuestión, descartando cualquier distinción entre ficción y no-ficción. De ahí la pregunta primordial: ¿cómo hacer que destaque el elemento periodístico?

---

demuestra un alto dominio de la técnica narrativa: *El cuento hispanoamericano: antología crítico-histórica*, 4ª ed. (México: Fondo de Cultura Económica, 1991) 242. Por su parte, Monsiváis describe la gran obra de Guzmán como la "suma de crónicas revolucionarias". Véase su *A ustedes les consta: antología de la crónica en México* (México: Era, 1980) 352.

[12] Su primera aproximación a una poética parece privilegiar la función crítica y reformista sobre la forma estética; consúltese la "Nota preliminar" de su *Antología de la crónica en México* (México: UNAM, 1978) 7-8. En esta "definición de trabajo" varios practicantes del *New Journalism* estadounidense figuran notablemente, y en un apéndice que no aparece en la edición revisada de la antología, Monsiváis incluye una reseña de la crónica norteamericana que la alaba por su arte y la regaña, cordialmente, por lo que él percibe ser un alejamiento del propósito primordial, la crítica social; véase "Alabemos ahora a los hombres famosos (Sobre el Nuevo Periodismo norteamericano)" 195-216. En la edición revisada, *A ustedes les consta* (1980), la "Nota preliminar" (13-14) parece privilegiar, mínimamente, el lado estético de la dualidad periodismo-arte, pero el prólogo que sigue (15-76) termina por hacer hincapié sobre la función moral y periodística. En "Santa Doctrina" (1987), Monsiváis sigue destacando la función crítica del arte cronístico.

[13] Las mismas contradicciones respecto al género de la crónica actual caracterizan estudios publicados sobre las crónicas de Indias, así como los textos historiográficos y periodísticos de los siglos XVII y XIX y de la primera mitad del XX. Para mi análisis de la trayectoria histórica de este género problemático, partí de la poética provisional que saqué de enunciados teóricos de Monsiváis y otros críticos, así como de mi propio examen del periodismo literario actual. Apliqué este precepto a sucesivas lecturas de Colón, Anglería, Cortés, Cabeza de Vaca, López de Gómara, Bernal, Las Casas, Sahagún, Suárez Peralta, Acosta, Tezozómoc, Balbuena, Boturini, Clavijero, Sigüenza y Góngora, Servando de Mier, Prieto, Cuéllar, Justo Sierra, Gutiérrez Nájera, Valle Arizpe, Guzmán, y Novo. También me acerqué a Garcilaso el Inca, teóricamente como punto de comparación con sus contemporáneos mexicanos, pero en realidad porque no pude resistir la tentación de conocer a fondo su discurso.

A fin de contestar esta interrogación planteo que el cronista tiene un encargo inaplazable: no puede permitir que su "juego literario" desaparezca a su referente real.[14] Si presenta su materia prima —los hechos públicos— de manera demasiado mimética, el lector puede tomar su discurso por ficción y descontar su valor crítico. La autoridad del hecho es lo que más ha asegurado la inmortalidad de la crónica en la literatura occidental.
   Cuando se busca el elemento que tiene la mayor responsabilidad de mantener el equilibrio entre hecho y ficción, hay que considerar dos funciones tributarias: 1) el contrato extratextual (los títulos, las portadas, las fechas y los prólogos que prometen que los textos están hechos de hechos), y 2) la credibilidad de la voz del autor, radicada igualmente en la actitud autocrítica y en eso nebuloso pero determinante que se llama "talento" o eficacia narrativa. Pero creo que lo que más ayuda a definir la "cronicidad" de la crónica es su manipulación del punto de vista, desplegado éste de manera que el referente público se transparente.[15]
   Se halla que el cronista prefiere la flexibilidad de un punto de vista sustituidor, postura de primera y tercera que permite al cronista aprovechar la autoridad tradicional del testigo ocular y la sugestividad de la omnisciencia: es la antigua óptica del *histor* o del editorialista moderno. Este yo privilegiado muchas veces se vuelve metaficticio para recrear la imagen de una verdad en vías de construcción. Un narrador que visiblemente desempeña su doble papel de recolector e intérprete de datos periodísticos ofrece mayores pruebas de la integridad de su voz y de su referente, precisamente porque ostenta los límites de su punto de vista. Incluso si afecta ser no digno de confianza, figurándose, por ejemplo, como el Tonto Sabio de la sátira menipea, es para desmentir cualquier noción de que exista una Sola Verdad Universal y modelar, en cambio, la libertad de la conciencia.
   Para Monsiváis, la democracia es más que nada un estado de ánimo: libre, autocrítico y abierto al cambio. Su empleo frecuente del narrador autorreferencial señala dramáticamente las "verdades" provisionales que su lector debe percibir y juzgar para rechazar o aplicar a la vivencia propia. Debemos terminar por condenar la vacuidad de la alta burguesía, por ejemplo, cuando "el reportero —o sea, quien esto escribe y que así se suena"— aparece como un etnógrafo posmod que no puede compartir los valores del *Jet Set* que el cronista describe con el ánimo del hombre civilizado ante una tribu de primitivos.[16]

---

[14] Monsiváis, *A ustedes* 13, emplea la frase "juego literario" en la "definición de trabajo" que él ensaya para vencer "el inútil y bizantino temor al abismo genérico entre crónica y reportaje".
[15] Para esta aproximación provisional a una poética de la crónica, enfoqué mi análisis en las cuatro colecciones de Monsiváis y el prólogo de la segunda edición de su antología de crónicas; así como en Hermann Bellinghausen, *Crónica de multitudes* (México: Océano, 1987); José Joaquín Blanco, *Un chavo bien helado: crónicas de los años ochenta* (México: Era, 1990) y *Función de medianoche: ensayos de literatura cotidiana* (México: Era, 1981); Ricardo Garibay, *De lujo y hambre* (México: Nueva Imagen, 1981) y *Diálogos mexicanos* (México: Joaquín Mortiz, 1975); Cristina Pacheco, *Para vivir aquí* (México: Grijalbo, 1982) y *Zona de desastre* (México: Océano, 1986); Elena Poniatowska, *Fuerte es el silencio* (México: Era, 1980) y *La noche de Tlatelolco* (México: Era, 1971); e Ignacio Trejo Fuentes, *Crónicas romanas* (México: Diana, 1990).
[16] *Días de guardar* 20-27. En adelante, citaré los libros de Monsiváis entre paréntesis, por sus siglas respectivas: *DG*: *Días de guardar*; *AP*: *Amor perdido*; *EPL*: *Escenas de pudor y liviandad*; *EL*: *Entrada libre: crónica de la sociedad que se organiza*.

Del cronista que "registra la perdurabilidad de la Gran Familia Nacional" mientras presencia un eclipse solar, debemos aprender a imitar el proceso profundamente autocrítico por el que el reportero atiende "la voz de ... [su] conciencia" mientras redacta "su reiterada, circular, implacable crónica" (*DG* 91-114); el informante que abre y cierra un reportaje sobre la campaña presidencial de Luis Echeverría declarando: "Me llamo Carlos Monsiváis. No pertenezco a ningún partido político" (*DG* 307-20) nos modela una manera de juzgar el sistema político mexicano desde un miradero independiente y crítico. El reportero que redacta un "diluvio discursivo" en medio de la hipérbole lúdica de un congreso de trabajadores (*AP* 197-211) demuestra la didáctica del humor que puede distanciarnos de las garras propagandísticas de la era mediomasificada.

Donde más abiertamente alecciona al educando democrático, Monsiváis incluye en su recreación del proceso democratizante la evidencia de sus propios actos de heroísmo civil. Tenemos que respetar al reportero que emplea su "escuálida identificación de prensa" para sacar de la cárcel a unos jóvenes "mariguanados" (*DG* 101) y, en otro momento, admiramos sobremanera al cronista que hace a un lado la llamada "objetividad" periodística para confrontar a los autores de un acto de violencia contra un representante del gobierno-enemigo. Ante los maestros y campesinos frustrados que tusan al funcionario en plena calle, un Monsiváis vuelto personaje-ciudadano insiste que "nada justifica este atropello" y nos confía que, durante la discusión acalorada que sigue:

> hago uso de la distinción entre *entender* y *justificar* un hecho. Por más que comprenda las causas, repito, las "pelonadas" me parecen de una violencia indefendible. (*EL* 194)

El narrador que participa agresivamente en la noticia que hace crónica ocupa un extremo de la escala de sus posibles posturas. Al otro extremo está el narrador que permanece casi invisible tras una voz omnisciente de tercera. Éste debe esforzarse particularmente por dejar huellas de su presencia como constructor del texto. Si no deja al menos que se oiga respirar a Dios, como diría Scholes,[17] arriesga invisibilizar "los grandes acontecimientos en el feudo de la primera plana", de los que la interpretación y la recreación conforman las "misiones inaplazables" del cronista.[18] En el caso del narrador-Dios, el sello distintivo de su voz es lo que más nos ayuda a percibir la distancia discursiva que distingue al cronista como recogedor y reconstructor de la realidad.[19]

---

[17] Robert Scholes y Robert Kellogg, *The Nature of Narrative* (Londres, Oxford y Nueva York: Oxford University Press, 1966) 270.
[18] Monsiváis, *Antología de la crónica* (1979) 201-06.
[19] En la obra caudalosa de Monsiváis, se destacan por su rareza los textos que dificultan la tarea de identificar la calidad pública y verificable de su referente. Entre los pocos que problematizan la percepción de una voz claramente cronística, examínese, por ejemplo, "Yo y mis amigos", *DG* 65-77; "México a través de McLuhan", *DG* 364-79; "El Self-Made Man: sin ayuda de nadie, se hizo a sí mismo", *AP* 163-68; "Dancing: el secreto está en la mano izquierda", *EPL* 137-40, y "Crónica de sociales: es muy molesto / tener que llegar a esto / tener que menear el tiesto / para poder mal vivir" *EPL* 205-10. En el caso de los textos más altamente ficcionalizados, su "cronicidad" pende de signos extratextuales tales como su ubicación en el libro y el "contrato" que el autor ofrece al lector en las notas preliminares. Un análisis atento del discurso no siempre descubre el referente real que

Los datos que el cronista pesquisa mediante investigaciones exhaustivas que Tom Wolfe describe como *immersion reporting*[20] ayudan a señalar esta voz. En cualquier momento de su obra, por ejemplo, Monsiváis puede concretar el referente que ha tomado de la primera plana al informar que en 1966 la Fundidora de Monterrey "aceptó entregarle a Durango cuatro pesos cincuenta centavos por tonelada de mineral extraído" (*DG* 36) o que, durante un renacimiento del Movimiento Estudiantil en 1986:

> el porcentaje de mujeres es alto, quizás 20 ó 25 por ciento. Recuerdo la huelga de 1958, donde la presencia de las mujeres era casi simbólica, y la de 1968, donde las compañeras, nunca muchas, se quejaban del machismo prevalente. (*EL* 284)

Tales datos objetivos cobran mayor importancia cuanto más se alejen del momento histórico en el cual ganaron uso corriente entre el público. Un texto que aparece en los diarios inmediatamente después del acontecimiento que comenta, arriesga perder su "cronicidad" si no aporta consigo un referente suficientemente concretado cuando su autor lo traslada a la permanencia del libro.

Total, en la construcción de un discurso cronístico, deben funcionar en concierto: 1) un doble propósito democratizante/crítico y literario/entretenedor; 2) un estilo y tono distintivos y emotivos; 3) un referente documentable, y 4) un punto de vista que transparente al referente y al autor implícito y real. A final de cuentas, lo que puede distinguir crónica de cuento, novela, ensayo o periodismo noticiero es la *percepción* de que su discurso es el habla "asertiva" de un texto autorizado por el hecho.[21]

El habla heteroglótica y el tono satírico de su voz subversiva y polifónica conforman las huellas digitales más reconocibles de lo periodístico del discurso monsivaisiano. Con una prosa densa, laminada, metafórica y tan llena de contradicciones como su sociedad, Monsiváis imprime una voz encima de otra para enunciar en el nivel de la semiótica lo que dice en el nivel del discurso, y el mensaje es: hay que poner a dialogar las voces que se discuten en el pueblo y eliminar las divisiones en la psique nacional.

El dinamismo explosivo de su lenguaje neobarroco desdice la paciencia de su labor periodística. Mientras el exegeta se detiene, por enésima vez, para explicar por qué la élite es al mismo tiempo repugnada y fascinada por la cultura popular;[22] mientras busca destacar otra apertura en la conciencia nacional, y mientras vuelve a dramatizar el clasismo, racismo, sexismo y autoritarismo que quisiera desaparecer del escenario mexicano, el lenguaje de Monsiváis se alborota, se impacienta, se apasiona por "llegar" a la meta que el escritor persigue sin vacilación o fatiga. El gran reloj que Monsiváis coloca en el teatro de su obra

---

lo orienta. A final de cuentas, el lector se refugia en el elemento que más tranquiliza: la enorme credibilidad y prestigio de la voz que Carlos Monsiváis ha ido concretando durante las tres décadas de su presencia entre los medios masivos.
[20] Tom Wolfe, Prólogo, *The New Journalism* (Londres: Pan Books, 1975) 34-35.
[21] Para una discusión sensata de lo real dentro de un texto narrado con técnicas de la ficción, véase Barbara Foley, *Telling the Truth: The Theory and Practice of Documentary Fiction* (Ithaca NY y Londres: Cornell University Press, 1986) 18, y John Hellman, *Fables of Fact: The New Journalism as New Fiction* (Urbana: University of Illinois Press, 1981) 27.
[22] "Dancing: el Salón Los Angeles", *Escenas de pudor y liviandad* 97-102.

marca insistentemente los incrementos históricos que empujan a su pueblo hacia y a través del cambio. Su discurso frecuentemente traza círculos que remedan la inmutabilidad del tiempo en un México de muchas formas todavía prehispánico, pero siempre, antes de cerrar el texto, este cronista le da un tirón al hilo temporal para enderezarlo hacia un futuro que no sea otro retorno más al pasado.

El género que Carlos Monsiváis aceptó llevar adelante es inmensamente duradero e importante. Siempre ha sido el héroe de la tradición literaria, mientras el hilo tranquilizador de la realidad que refleja está siempre disponible como piedra de toque cuando la sociedad de repente se cae de cabeza en un vacío epistemológico. Su empleo libre de la palabra vuelve ejemplar el habla de una gente que discute lo que en cada momento está haciendo en la calle.

El tema primordial de Monsiváis es la falta de alternativas que inspira todos los otros males en una sociedad autoritaria. El metatema que ofrece es su obra y su *persona* pública, que juntas constituyen en sí una gran alternativa. Su escrutinio autocrítico de los hechos, su capacidad para el trabajo, su discurso disidente, su tolerancia, paciencia, compasión y sincero amor a México, todos instauran la imagen viviente de una democracia en acción. Carlos Monsiváis sigue creando este gran enunciado literario como "un acto continuo de fe en el potencial libertario de un país" (*AP* 42).

ÁNGELES MASTRETTA & LAURA ESQUIVEL

Las mujeres mexicanas hablan: la narrativa de Ángeles Mastretta y Laura Esquivel

Gabriella de Beer

Gabriella de Beer, socia del Instituto Internacional de Literatura Iberoamericana desde hace más de veinte años, es catedrática del City College of New York. Su interés principal en este momento es la literatura mexicana femenina, pero ha publicado libros sobre varios otros temas: éstos incluyen La historia en la literatura hispanoamericana, *con Raquel Chang-Rodríguez (Hanover/Nueva York, 1989),* Luis Cabrera, un intelectual en la Revolución mexicana *(México, 1985) y* José Vasconcelos and His World *(Nueva York, 1966)*

La narrative mexicana contemporánea es tan rica y variada que es difícil mantenerse al día. Las generaciones reconocidas siguen produciendo; las promociones nuevas estrenan sus obras. Entre tan numerosa producción llama la atención la eclosión de escritoras. Vale notar, sin embargo, que en el siglo XX de la literatura mexicana no ha habido escasez de mujeres dedicadas a las letras (Nellie Campobello, Elena Garro, Rosario Castellanos, Inés Arredondo, Josefina Vicens, Elena Poniatowska, entre muchas que se podrían mencionar). Mas, a pesar de la alta calidad de su producción, la obra de las escritoras quedaba al margen, o como lo expresa Brianda Domecq (n. 1942), se consideraba "un apéndice" o "un pegoste" de la literatura escrita por los hombres (entrevista inédita). Pero es cada vez más evidente que las escritoras están estableciéndose como parte integrante de la literatura mexicana actual y de las muchas manifestaciones culturales relacionadas a ella. Se las ve en las listas de libros de mayor venta, en los encuentros de autores, en las secciones culturales de periódicos y revistas, en las aulas universitarias, en las pantallas de la televisión, en los talleres literarios y en las casas editoriales. Como ha sucedido en otros campos y latitudes, las mujeres se han liberado de las limitaciones domésticas y culturales para asumir un papel profesional.

Actualmente en la narrativa mexicana presenciamos un fenómeno inusitado e impresionante. Dos escritoras, Ángeles Mastretta (n. 1949) y Laura Esquivel (n. 1950), cada una con su primera y hasta la fecha única novela, han alcanzado un nivel de popularidad sin precedentes junto con un éxito comercial que ni ellas se atrevieron a soñar. Como críticos literarios nos preguntamos inmediatamente si la popularidad o el número de ventas tiene que ver con la calidad de la obra o si se atribuye más bien a una combinación de mercadotecnia, suerte, publicidad, un tema algo erótico o cualquier otro factor menos el valor literario. La crítica se ha mantenido ambivalente ante este fenómeno. Hay quienes descartan las novelas declarando simplemente que las escritoras se han propuesto escribir *best-sellers*. Hoy dejaré atrás estos juicios para ocuparme de la narrativa de Mastretta y Esquivel desde otro punto de mira. Tomaré en cuenta qué opinan estas autoras sobre su obra y cómo han respondido a la crítica.

Ángeles Mastretta y su *Arráncame la vida* (1985) tienen una trayectoria muy diversa de la de Laura Esquivel y *Como agua para chocolate* (1989). Mastretta empezó su carrera como periodista: como ella misma ha comentado, heredó de su padre la afición a la escritura y a narrar cuentos. Sus veinte primeros años en Puebla fueron muy significativos; quizá por ello la acción de *Arráncame la vida* y de *Mujeres de ojos grandes* (1990) ocurre en Puebla; la protagonista de la obra que tiene en proyecto también vive en esa ciudad. Mastretta explica: "No sé por qué pero siempre regreso a mis personajes a vivir primero en Puebla" (entrevista inédita).

El cambio de profesiones de Mastretta fue un proceso evolutivo. Cuenta que conoció a un editor que le ofreció pagarle el sueldo que ganaba como directora de un museo para que escribiera una novela; en ese año escribió *Arráncame la vida*. Pero el argumento de la novela donde recrea la carrera política del cruel y corrompido general Andrés Ascencio desde la perspectiva de su esposa Catalina ya se había ido formando en su imaginación hacía tiempo. Aunque la acción tiene lugar en los años treinta y cuarenta, la voz narrativa de Catalina está muy cerca a la de una mujer actual porque Mastretta quería que una mujer de su generación se enfrentara con un hombre como el general Ascencio.

Mucho se ha cuestionado si los personajes tienen un fundamento histórico; ha sido muy difícil para la autora convencer al público que la obra es una mezcla de realidad y ficción. De niña la autora escuchó horrores acerca de un general, pero después nadie quería hablar de él. De manera que reconstruyó sus recuerdos pero imaginó y añadió mucho más de lo que sabía.

Mastretta atribuye a su preparación periodística la necesidad de escribir sobre algo que pudo haber sucedido y por lo tanto se vale de personajes y situaciones reales. Cuando dice "Me atraía contar el poder, imaginarme las emociones y los pensamientos que puede haber dentro de las personas que deciden destinos" (entrevista inédita), Mastretta también revela su interés y comprensión de la historia política de México. Además de tejer una compleja trama sobre la relación entre Catalina y el general Ascencio, la autora capta de una manera gráfica y absorbente cómo se gobernaba. Según ella esos modos de hacer política se gestaron en los años posrevolucionarios de los treinta y cuarenta y le resultó "muy atractiva la idea de mirar dentro de quienes iniciaron los malos hábitos de hacer política que aún padecemos" (entrevista inédita). De manera que *Arráncame la vida* tiene un doble atractivo. Por un lado, está el personaje femenino Catalina, la ingenua joven casada con el cacique, y su desafío al esposo a través de un proceso de autodescubrimiento que la llevará a convertirse en una mujer con ideas propias. Vale señalar, sin embargo, que a pesar del desarrollo de su individualidad y su sexualidad Catalina no logra emanciparse completamente del dominio masculino. El otro hilo entretejido con la relación del general Ascencio y Catalina es la cínica lucha por el poder político de parte del cacique. El engaño y el asesinato son los instrumentos ordinarios de su ambición y no le importan el sufrimiento y el dolor que cause para alcanzar su meta.

Es precisamente esta doble fábula lo que hace tan atrayente la novela. Por un lado, hay un personaje femenino que lucha por emanciparse del yugo machista de su tradición y su cultura para vivir su propia vida, sentir su sexualidad, permitirse una pasión escandalosa, cantar las canciones de la época y finalmente, con la muerte del esposo, liberarse y sentirse feliz. La otra corriente histórica es de igual interés. Para los mexicanos se ha vuelto casi un juego tratar de identificar a los políticos que desfilan por la novela. Con frecuencia a Ángeles Mastretta se le acercan con un "óyeme, no seas mala, hazme una lista de los que aparecen ahí, quién es quién". Y no le creen cuando dice: "Pero no te puedo hacer esa lista porque nadie es nadie" (entrevista inédita). De esta reacción inferimos que Mastretta dio en un tema sensible entre sus lectores mexicanos y que Andrés Ascencio, el personaje cruel, tiránico y arbitrario, es un representante genérico del político corrupto. Lo que une las dos corrientes es el estilo fácil de la novela. El lenguaje coloquial, una trama que se mueve rápidamente, personajes atractivos, y la música y las canciones que unen los diferentes niveles de la obra contribuyen a una lectura entrañable. Cuando a Ángeles Mastretta la acusan de hacer literatura fácil se pone indignada y dice: "Si me propusiera escribir libros oscuros podría escribir libros oscuros. No tengo ganas de escribir libros oscuros. Quiero regalarles a los lectores un boleto de avión a otro mundo" (entrevista inédita).

Laura Esquivel llegó al mundo de la narrativa por un camino muy distinto. Antes de escribir *Como agua para chocolate* se había dedicado a la pedagogía, especialmente al teatro para niños, y había escrito dramas y programas de televisión infantiles. De ahí pasó a estudiar la técnica de escribir guiones para el cine y, como dice ella, "Ya después di el salto a la literatura, pero realmente nunca me planteé ser escritora" (entrevista inédita), hecho que hace la extraordinaria acogida de su novela tanto más increíble.

Su incursión en la narrativa fue casual. En un momento cuando no se filmaba mucho en México, decidió escribir "la película ideal" que nadie iba a editar o ponerle ningún tipo de limitación. Dice: "Primero escribí un guión de cine y después empecé a narrar ya por mi cuenta" (entrevista inédita). Sólo después del éxito de la novela y de haber recibido muchas propuestas de llevarla al cine accedió a hacer la película. Como sabemos, el film también ha sido un éxito rotundo y la publicidad relacionada con éste hizo que el libro se convirtiera en un *best-seller* mundial. Pero, como en el caso de Ángeles Mastretta, nos preguntamos a qué se debe el fenómeno. ¿Cómo es posible que una obra tan mexicana suscite el interés del público lector en la China, Rusia, Suecia, Estados Unidos, etc? ¿Es el tema, las escenas apasionadas, las exóticas recetas, la nostalgia o el hecho de ser mujer la autora? Indudablemente hay que buscar la clave en el texto.

La "química", en sentido figurado, de una historia de amor, de recetas que convocan a todos los sentidos, la nota mágica, atrae a los lectores y los lleva a otro mundo. De igual importancia es el medio donde tiene lugar la acción de la novela. Esquivel ubica su argumento lejos de la gran ciudad en un rancho durante la época de la Revolución; evocó así esos años turbulentos de guerra civil de una manera muy distinta de la novela de la Revolución. Nos transporta a una estancia que preside una mujer dominante e inflexible, personaje que nos recuerda a la Mamá Grande o la Eréndira de Gabriel García Márquez. Como el señor de un estado feudal, Mamá Elena manda y controla a sus hijas y a todos los de su casa. Resoluta y santurrona, decide que Tita, su hija menor, no puede casarse con el hombre que ama porque a ella le incumbe cuidar a su madre viuda. Es más, casa a su hija mayor con el novio de Tita y para agravar su crueldad insiste en que ésta prepare el banquete de bodas.

La novela sigue la trayectoria de Tita y de sus hermanas a la vez que comparte con los lectores una serie de recetas complicadas cuyos ingredientes producen efectos mágicos y cómicos. Tita asume el papel principal en la historia y se convierte en el símbolo de la nueva sociedad. Desde su posición dentro de la casa materna logra liberarse de las ideas represivas y no las transmite a la próxima generación. Con su amor ella cría y crea a Esperanza, la mujer del futuro. Las recetas tan céntricas en la vida familiar proporcionan el catalizador que mueve la acción de la narración. La cocina es el foco del mundo interior, del microcosmos, que Esquivel nos retrata. Aun las imágenes lingüísticas a menudo se refieren a la comida y a los sentidos convocados por estos platillos.

Hablando con Laura Esquivel de los elementos autobiográficos de *Como agua para chocolate* nos cuenta que "a una tía abuela no la dejaron casar para que cuidara a mi bisabuela". Esa historia la supo de niña y le impresionó tantó que "en honor a ella le puse Tita [al personaje] porque ella se llamaba Tita" (entrevista inédita). Sin embargo, señala que la historia la escribió como le hubiera gustado que fuera y no como realmente fue: su tía abuela nunca conoció el amor y se murió a los pocos meses de la muerte de su ya muy anciana madre. Mas las recetas sí son auténticas. Para la escritora forman los vínculos que enlazan las generaciones. Según ella, la idea de intercalar las recetas le vino de su propia experiencia en la cocina donde todos los sentidos relacionados con la comida y su preparación la hacían recordar a su abuela, a sus tías, a su mamá, en fin, a su pasado. Dice: "Pienso que la cocina lo remite a uno directamente a lo que es, a su pasado. ... Entonces yo pensé que sería muy interesante trasladar este mismo mecanismo natural en el ser humano a la literatura, y de la misma manera que uno describe cómo hacer una receta, narrar una historia de amor porque ambas cosas van unidas" (entrevista inédita).

Para Laura Esquivel la cocina es un espacio sagrado, de conocimiento de vida y de goce; en ese espacio entramos en la nostalgia de los ritos perdidos y del contacto directo con la naturaleza. Es en la cocina donde siente uno el calor y la intimidad de la vida familiar, elementos que hacen falta en la sociedad moderna. Para ilustrar este concepto se refiere al supermercado con todos los productos envueltos o congelados lo cual hace imposible el placer de la vista, del olfato y del tacto. Por eso cree que su personaje Tita tocó un punto vital en la crisis actual del ser humano, un punto que parece seducir al lector de cualquier país.

La propia vida de Esquivel está regida hasta cierto punto por el placer que sus sentidos le proporcionan. Sus visitas diarias al mercado para "ver ese día qué me va a seducir, qué olor, qué color, qué fruta" sirven para preparar su estado de ánimo para enfrentar las actividades del día. Nos explicó que cuando se cansaba o se bloqueaba después de escribir unas horas, bajaba a cocinar, "y mientras estaba cocinando me venía la solución del problema en la escritura" (entrevista inédita).

El atractivo de la novela de Laura Esquivel es difícil de definir. *Como agua para chocolate* tiene lectores masculinos y femeninos, niños y adultos, aficionados y novatos. Lo que atrae a este grupo heterogéneo es una combinación de factores, empezando con el título de la novela que para muchos evoca una imagen exótica y hasta sabrosa. Esa imagen es reforzada con las descripciones minuciosas de las recetas que se entrelazan con la narración. Los personajes femeninos, desde Mamá Elena y sus hijas a las sirvientas, hasta Esperanza que representa a la mujer nueva —"un ser equilibrado" (entrevista inédita) en las palabras de la autora— son absorbentes. El ambiente revolucionario externo refleja y complementa la discordia interna en su lucha por efectuar cambios colectivos e individuales, y capta la imaginación del lector. Su novedosa estructura de novela de entregas recoge y ata los diversos hilos.[1]

Volviendo a la pregunta de a qué se debe este fenómeno de popularidad y acogida universal de las dos obras —*Arráncame la vida* y *Como agua para chocolate*— sólo podemos sugerir una respuesta. Se puede rechazar sin más la idea que las escritoras se propusieran escribir *best-sellers*. Tanto Mastretta como Esquivel se asombraron del éxito de sus novelas. Si el interés en la obra de estas escritoras es un capricho pasajero el tiempo nos lo dirá. Después de *Arráncame la vida*, Ángeles Mastretta ha publicado dos libros: *Mujeres de ojos grandes* (1990), una colección de cuentos acerca de unas "tías" extraordinarias, y *Puerto libre* (1993), una recopilación de ensayos sobre diferentes temas que acaba de salir y ya figura entre los libros de mayor venta en México. Como el de Laura Esquivel su público espera con gran anticipación las novelas que cada una tiene en proyecto. Mientras tanto el hecho es que Mastretta y Esquivel parecen haber cautivado a sus lectores con obras asequibles que dan gusto y estimulan interés en los mundos retratados por ellas y en los personajes, especialmente los femeninos, que luchan por descubrirse y emanciparse. Tal vez es el "boleto de avión a otro mundo" mencionado por Mastretta lo que ella y Laura Esquivel lograron regalarle a su público.

Bibliografía

Domecq, Brianda. Entrevista personal, 5 agosto 1992.
Esquivel, Laura. Entrevista personal, 11 agosto 1992.
Mastretta, Ángeles. Entrevista personal, 6 agosto 1992.

---

[1] La autora explicó que, al principio, pensó hacer *Como agua para chocolate* una serie de cuentos; cada receta estaría dedicada a un personaje moldeado en un miembro de su familia. Pero después decidió crear a una familia imaginaria. Dijo: "Me vino también la idea de rescatar el folletín, el mecanismo de la novela de entregas muy devaluado en esta época. Fue así como me decidí a hacer la novela" (entrevista inédita).

CRISTINA PERI ROSSI

Colita Fotografía (Barcelona)

Cristina Peri Rossi:
una escritora de la libertad

Rogelio Arenas Monreal

Entrevista grabada durante el XXX Congreso del Instituto Internacional de Literatura Iberoamericana, Pittsburgh, 12-16 de junio de 1994. (Ayudante de transcripción: Gabriela Olivares Torres, Universidad Autónoma de Baja California, Tijuana, México)

Desgraciadamente, la conferencia dada por Cristina Peri Rossi, novelista, ensayista y poeta uruguaya, durante el XXX Congreso no fue grabada; se ofrece en su lugar esta entrevista en la que considera por lo menos algunos de los mismos temas tratados en su discurso. Para una bibliografía de las obras de Cristina Peri Rossi véanse las páginas 332-33.

PIEZAS PARA UNA BIOGRAFÍA

La vida es un *puzzle* de numerosas piezas, dispersas, y nosotros, los ingenieros que intentamos seleccionar algunas, para configurar un sentido, una estructura, una forma significativa. Con las pistas que propongo, se puede armar, si al lector le interesa, una presunta biografía.

Nací en Montevideo, Uruguay, el 12 de noviembre de 1941 (*La ciudad de Luzbel*). Fui una niña curiosa, que creyó que el saber era poder, y decidió investigar, por cuenta propia, todo lo humano y lo divino (*La rebelión de los niños, La tarde del dinosaurio*). En el seno de mi familia (emigrantes italianos llegados a la Tierra de la Promisión, allende el Sur) aprendí mucho acerca de las pasiones y los delirios: una familia es un microcosmos (*El libro de mis primos*). Estudié música y biología, pero me gradué de Literatura Comparada: la fantasía me pareció un territorio más fascinante que el de las leyes físicas. Fui romántica antes de saber qué era el romanticismo; amaba las ruinas, los días lluviosos, las pasiones morbosas, la intensidad. De pequeña, mis tíos me llevaban al puerto a ver zarpar los barcos. Me enamoré de esas ballenas blancas, sin saber que un día, a los veintinueve años, un barco italiano (geometría perfecta del origen y el desenlace) me conduciría al exilio, en España. El exilio fue una experiencia larga, dolorosa, totalizadora, que no cambiaría por ninguna otra. Me costó casi diez años hacer de mi exilio particular una alegoría (*La nave de los locos, Diáspora, Descripción de un naufragio*). El exilio fue una pasión, tan fuerte como el amor, porque para los obsesivos, lo importante es la pulsión, no el objeto. De modo que cuando el exilio acabó, busqué otra dictadura, la del amor: *Solitario de amor, Babel bárbara*. Del exceso del romanticismo siempre me ha salvado la ironía, el humor y la ternura. Si imaginé *El museo de los esfuerzos inútiles* y *Una pasión prohibida*, satiricé en ellos y en *Cosmoagonías* el mundo en que nos ha tocado vivir.

La literatura y el amor son actividades lúdicas; quizás, por eso, desarrollé el tema de la ludopatía en la novela *La última noche de Dostoievski*.

De los barcos me ha quedado un amor por sus imágenes en madera, en papel, en sellos, que colecciono con el furor de los fetichistas.

Me gusta escribir vestida de blanco: pantalón blanco, camisa blanca, y con mucho papel (en blanco) sobre la mesa.

Mis ciudades emblemáticas son: Montevideo (la nostalgia), Berlín (el muro, antes y después), Barcelona (pragmática y soñadora al mismo tiempo).

Mi paisaje favorito: *Europa después de la lluvia*. Está agotado. Dejo al lector el sentido simbólico de este hecho.

—Me interesaría que empezáramos con un pregunta que puede resultar muy elemental, pero ¿quién es Cristina Peri Rossi?—

Yo creo que las definiciones son siempre reduccionistas, pero en fin, yo me considero una mujer escritora; tengo 19 libros publicados, por lo tanto, parece que eso es una coherencia en mi vida. Son de distintos géneros, poesía, relato, novela y un libro de ensayos que se llama *Fantasías eróticas* sobre ese tema en particular. Por otro lado, yo hago una labor bastante importante en la prensa española: fundamentalmente, ya la hacía en Uruguay cuando era más joven y con un tipo de periodismo de firma que inauguró un género que era conocido en Estados Unidos, pero que en España no se conocía, que es el periodismo de ficción. Es decir, yo parto de cualquier anécdota de la vida real y la llevo al absurdo, y ese género que yo empecé a publicar en el año 1976, en España, ha conseguido enorme éxito: hay mucha gente que ya lo hace también en España. Es decir, que yo cada vez que escribo algo, sea un artículo editorial en la prensa en España (el servicio más importante de noticias es de la agencia EFE que es estatal, y tiene un servicio que se llama "Grandes Firmas", donde estamos doce escritores desde Cela a Octavio Paz, yo soy la única mujer que está en ese servicio), yo siempre escribo con la idea de que cualquiera de esos textos pueda formar parte de mi obra completa, de manera que también para mí el periodismo que yo hago es un género literario; de modo que yo diría que, para utilizar términos psicoanalíticos, el deseo de la escritura me ha atravesado toda la existencia, a pesar de que reconozco que tengo intereses múltiples, y que por ejemplo me interesa muchísimo la ciencia —leo mucho ciencia— durante mucho tiempo me interesaron las matemáticas, la música, pero siempre ha predominado el deseo de la escritura.

—Esta vocación por la escritura, recordando tu pasado uruguayo adolescente, ¿fue una vocación temprana? ¿A qué la atribuyes tú particularmente?—

Yo creo que no se pueden explicar las vocaciones; forman parte de un conjunto de factores, posiblemente incluso haya factores de tipo genético. Cuando alguien nace con una voz de soprano privilegiada no se puede explicar por qué una mujer tiene la maravillosa voz de soprano y a otra que le gustaría cantar no la tiene. Las vocaciones se tienen que montar sobre ciertas posibilidades de uno mismo, porque si yo con esta voz quisiera cantar (a mí me encanta la ópera, pero no podría cantar: podría cantar tango, pero no lo aguanto) entonces hay un estrato que son las disposiciones naturales con las que uno nace, y mi madre que fue una gran pedagoga (se jubiló hace unos años porque ya tiene 79 años) ella siempre dice que daba clases a niños muy pequeños, toda su vida se dedicó a la escuela, y que como conocía muy bien la psicología infantil, ella me contó que cuando tenía muy poquitos años, un año y medio o dos, yo empecé a hablar con metáforas, que a ella le llamó mucho la atención porque los niños son muy literales, y mi madre pensó: "qué desgracia; va a ser poeta" —un poco como aquel famoso soneto de Baudelaire en que la madre de Baudelaire considera una maldición haber tenido un hijo poeta— porque ella decía que yo hablaba metafóricamente. De todas maneras le digo a ella que quizás [fuese] el hecho de que me acostumbró a leer desde muy pequeña, y yo creo, ella me cuenta y yo lo recuerdo —quizás no con tanto detalle como ella— que a los seis años en medio de una familia de emigrantes italianos tal como lo indican mis apellidos, que yo en aquellos almuerzos donde estaba toda la familia, que éramos como 40, el clan italiano hablando todos al mismo tiempo, me subí a una silla y grité: "Yo voy a ser escritora", y que claro, mis tíos abuelos dijeron: "Está loca la nena; ¿qué dice la nena?" y que ella se asustó porque me conocía y sabía que tenía decisiones muy firmes, y una vez que decía una cosa era muy seguro que lo iba a hacer.

—Entonces es parte de esta coherencia que te ha acompañado durante toda tu vida ...

Sí, yo creo que fue un deseo muy fuerte porque me gustaban mucho los libros y ella me habituó, me contaba cuentos, pero por otro lado prácticamente ella me enseñó las letras y yo aprendí a leer sola, en seguida empecé a leer mucho. Yo he llevado una vida muy rica, no era lo único que hacía, he leído mucho en la vida, pero he hecho muchísimas cosas más. Pero [tomé] la decisión definitiva de dedicarme a escribir y no a otras posibilidades (era muy buena estudiante de biología). Siempre recuerdo lo que me hizo abandonar la biología: mi profesor de biología era un eminente biólogo uruguayo, un hombre muy inteligente, muy severo y muy machista, entonces yo era una de las pocas alumnas mujeres de biología, estaba estudiando letras y biología al mismo tiempo. Cuando él se enteró, como me había puesto notable, me llamó aparte y me dijo: "Peri Rossi, usted tiene cabeza de hombre, estudie biología. Literatura se lee de noche". Eso fue definitivo; dije: bueno, si resulta que los hombres consideran que si uno se dedica a la biología uno deja de ser mujer es que está todo mal. Entonces decidí hacer al revés, como reacción. Me lo encontré años después y le dije: "Profesor, hice exactamente al revés, me dedico a las letras y de noche leo biología".

De todas maneras creo que la decisión de ser escritora, en Uruguay, cuando en Uruguay no había prácticamente editoriales —éramos consumidores de las editoriales argentinas fundamentalmente, de las mexicanas también— era una decisión difícil. Yo estudié Letras, me gradué de Literatura Comparada, y creo que heredé de mi madre también la vocación por la docencia. Una de las otras grandes vocaciones de mi vida ha sido la enseñanza: durante muchos años di clases en Uruguay. Después en España no pude convalidar el título porque ya estaba exiliada, pero de todas maneras lo he sustituido por dar conferencias o seminarios que lo hago tanto en España como en Europa o incluso en Estados Unidos.

—Claro, finalmente es otra manera de estar en el ejercicio de la docencia—
Yo creo que también la escritura es una forma de la docencia, por lo tanto son formas de lo mismo; a pesar de que todos los escritores, creo que en algún momento tenemos crisis en cuanto a nuestra vocación y pensamos que a lo mejor no es la elección más satisfactoria que hemos hecho. Yo siempre repito, siempre vuelvo —es como los grandes amores, uno vuelve siempre— de manera que creo que no me equivoqué porque yo sigo gozando escribiendo; si no fuera un goce no lo haría porque yo soy muy perezosa para las cosas que no dan goce. Entonces lo que he tratado de preservar siempre es las ganas de escribir, el placer de escribir y todo lo demás que venga por añadidura, todo lo demás es lo que rodea a la escritura, pero no es el goce en sí de estar escribiendo, que eso es lo que yo preservo siempre y cuido mucho: no escribir por obligación ni para ganar dinero sino porque es una de las formas del placer.

—Y como una parte de esa pasión que tú misma estás ejerciendo con tu oficio—
Exactamente. Yo soy una mezcla de dos de las cosas que he admirado más, que es el romanticismo (creo que el romanticismo solo me parece peligrosísimo) y la Ilustración (creo que la síntesis entre la razón y la pasión, esa síntesis cultural que tuvo que hacer Occidente, es la única manera de ser completos; ni solamente pasionales ni solamente racionales, eso lo encuentro en la escritura, ha sido el lugar donde puedo reunir las dos partes de mi personalidad). Por lo tanto yo entiendo que para muchos escritores escribir puede ser doloroso, para mí no lo es, es todo lo contrario.

—El haber estudiado formalmente en una universidad Literatura ¿reforzó tu vocación de escritora? ¿En qué manera vino a apoyar o a no apoyar?—

Yo no creo para nada que la espontaneidad o lo que se llama tradicionalmente la inspiración sea una cosa irracional, creo que ... García Márquez piensa que si uno habla cómo escribe y analiza el proceso creativo lo castra; yo pienso que no, perfectamente uno puede ser lúcido del acto de la escritura siempre y cuando preserve la parte inconsciente de la escritura. En ese sentido yo soy completamente freudiana: creo que la gran Literatura se hace con el inconsciente y que si hubiera que dar una explicación psicológica de lo que es un gran escritor, digamos Baudelaire o Poe, son personas que han tenido un acceso muy fácil a su inconsciente. El inconsciente normalmente está atrapado en casi todo el mundo, el lector tiene a veces acceso a él a través de la lectura, como el escritor es generalmente más desinhibido — por eso es que ha tenido tan mal aprecio, socialmente. El escritor es el revolucionario, el artista es el transgresor, el poeta maldito, justamente porque tiene un acceso más fácil a lo reprimido; yo pienso que si hay una explicación de tipo psicológico justamente para Poe, Baudelaire, los grandes escritores, para Dostoievski mismo, han tenido un acceso más inmediato a su inconsciente y han escrito con esa parte, lo que antiguamente se llamaba la inspiración; para decirlo en términos de Homero, el canto a Dios, a la musa, para mí está dado por esa voz interior. Yo a veces digo, por ejemplo, la novela *Solitario de amor* yo la escribí al dictado de una voz interior, yo sólo podía escribir cuando esa voz me hablaba. Cuando la voz se acababa yo no tenía más nada que hacer, pero no voy a creer que eso es algo ajeno a mí, esa voz es mi inconsciente, por algunos motivos especiales, incluso de tipo físico (yo estaba recién operada) y esa voz tenía más acceso a mí más fácilmente, era la que me dictó el texto. En otros casos me dicta una frase, me dicta un poema de un tiro o tres versos de un poema, pero esa voz soy yo, no hay ninguna mistificación en eso, yo la reconozco como la voz de mi inconsciente, un poco lo que llamaba Sócrates el *daimón*. Exactamente ahí en ese sentido me parece que Freud lo único que hace es desarrollar ideas que incluso ya estaban dentro de la filosofía griega.

—Este desarrollo tan marcado en la Literatura, en que se va dando la conjunción entre la razón y la pasión que señalas ¿es un elemento constante que trabajas de manera muy consciente? ¿Todo lo que está en tu escritura parte de este oficio meticuloso y cuidadoso que vas ejerciendo y que de alguna manera es parte de llevar a cabo la educación de ese inconsciente?—

Sí, hay que domarlo un poco también. Por ejemplo, tú sabes lo difícil que es escribir un sueño. Generalmente fastidiamos a los otros contándoles nuestro sueños que son claves para nosotros nada más. Kafka lo hizo muy bien, es uno de los primeros, aparte de los románticos, de los grandes poetas alemanes, pero uno tiene que trabajar sobre sí mismo, uno tiene que llegar a entender sus propios símbolos, cuando sea uno de los símbolos en general esos sí que son convencionales, el signo de la farmacia, porque algunos somos fóbicos a las aves y otros a las serpientes; todo es una historia personal, es la historia de su propia vida. Cuando Baudelaire, en el famoso soneto que funde el simbolismo, ése que dice que vivimos en una selva, en un templo lleno de símbolos que desciframos, es porque evidentemente el saber se traduce en símbolos, y la escritura es un símbolo también. Por lo tanto no tenemos otra forma de acceso al conocimiento que traducir las percepciones, el conocimiento, en símbolos, pero eso también es una lectura de los propios sueños. Yo trabajo mucho con mis sueños, pero eso me ha costado, poder escribirlos y darle a eso que es individual y subjetivo una categorizacion más universal, la base de simbología individual y colectiva, es el trabajo del escritor propiamente y eso lo que evita el hermetismo, porque cuando nosotros leemos a Dante (dice que estuvo asediado por tres animales), tenemos que encontrar la nota al pie porque eso formaba parte de la cultura de la Edad Media: qué representaba el león, qué representaba la loba. El escritor yo creo que tiene que evitar el hermetismo en este momento porque hay pocos lectores; tenemos que cuidarnos mucho porque tenemos que competir con la televisión que es tan poderosa. Entonces creo que cada vez más el escritor tiene que ir afinando cuál es el espacio concreto de la Literatura en nuestros días: yo creo que cada vez es menos el espacio narrativo, porque narra mejor el cine y narra mejor la televisión y narra muy bien el periodismo también, es lo inmediato. Cada vez nos queda el espacio de lo que los románticos llamaban la revelación, o dicho de otra manera, la filosofía, pero no la podemos dar como un saber frío, filosófico puesto que todos sabemos aprender mejor con la emoción y ése es el trabajo del escritor: enseñar emocionado ese espacio que cada vez nos queda más como el espacio de aquellas cosas que no se pueden traducir en imágenes, de los conflictos interiores, de las fantasías que no admiten un discurso narrativo, sino simbólico y fuertemente emocional porque es la mejor manera de entrar en contacto con el otro.

—Dentro de este mundo de tus sueños, de tus deseos, de tus recuerdos, ¿cuál es el recuerdo más significativo que hay de tu infancia?—

Yo me crié prácticamente en la casa de mis abuelos, que es una casa en un barrio muy significativo en Montevideo; el barrio se llama "El Reducto" justamente porque fue el último bastión contra los ingleses, portugueses y españoles. La casa de mis abuelos fue construida ladrillo a ladrillo por mi bisabuelo italiano albañil, una casa que tenía como pegostes (se iban agregando partes a medida que la familia crecía) y tenía un fondo, un terreno arbolado, atrás, donde casi crecían espontáneamente los árboles. Había gallineros, pero dado que era "El Reducto" y yo no lo sabía, me puse a investigar. Mi primer oficio fue excavadora, cogí una pala de hierro, más grande que yo, y encontré —y ahora la he recuperado estando en casa en Barcelona— encontré un arcabuz justamente de la época de la Independencia, de los que se le echaba pólvora, una pistola de dos caños, un pistolón que perdí en el exilio y después recuperé porque se lo había llevado mi hermana, y una espada de la época de Garibaldi, porque efectivamente Garibaldi estuvo por ahí (hay una calle llamada Garibaldi). Y yo cavando en el fondo de la casa de mi abuela encontré una espada que no pude empujar porque era yo muy chica (mi abuela me ayudó a rescatarla) de la época de la Conquista. Por los años cuando tengo que explicarme esa curiosidad enorme que yo tenía por el mundo y por encontrar cosas pensé que era como dice Freud que es el inconsciente: el inconsciente se puede representar como Troya, que era la séptima ciudad sobre las antiguas Troyas: es decir, la actividad que yo hacía era rescatar el pasado del fondo de la tierra como tiene que hacer el escritor, que es la memoria de su inconsciente y del inconsciente del ser humano.

Me parece que el escritor es un arqueólogo de tipo psicológico en la perceptiva literaria del siglo XIX. Por ejemplo a Dostoievski se le llamaba ingeniero de almas. Antes de la difusión y del desarrollo de la psicología los grandes psicólogos eran los escritores que eran los que hablaban del alma de la gente. Pienso que sí, los psicoanalistas siempre han querido ser escritores justamente porque trabajamos sobre lo mismo, trabajamos sobre los símbolos y las pasiones de los seres humanos.

—¿*La última noche de Dostoievski* es un libro significativo para ti por esta mención de Dostoievski y de internarte en lo subterráneo?—

Si, yo cometo una maldad en ese libro: comparo a Dostoievski con Tolstoi y digo que Dostoievski es el gran escritor, no Tolstoi, porque lo que hace Tolstoi es un fresco de la sociedad donde en realidad nunca se mete adentro de la cabeza de los personajes. En cambio Dostoievski hablaba desde el interior de los personajes, hablaba del psiquismo humano, y que en realidad entonces el profundo era Dostoievski. Tolstoi en realidad era una especie de sociólogo, lo cual también se podría decir de Balzac. Siempre han hecho grandes frescos en un momento en que la sociología no se conocía como disciplina, pero que el gran escritor fue Dostoievski porque se animó a ensuciarse las manos con la culpa, con el sentimiento humano.

—Y al grado de finalmente remover las fibras más íntimas del ser humano—

Por eso es que ahora *Guerra y paz* es un libro que prácticamente sólo se lee cuando se está estudiando. En cambio yo creo que *Crimen y castigo*, *El príncipe idiota* que, me parece una novela parcialmente fallida como todas las grandes novelas, como el propio *Don Quijote de la Mancha*, pero que es una novela profundamente interesante a nivel psicológico.

—Entendemos el exilio de Cristina Peri Rossi, pero me gustaría que hablaras del momento de tu exilio, las razones, y lo que ha significado también en tu trayectoria como escritora—

Yo me tuve que exiliar a fines del año '72 porque había publicado un libro que se llama *Indicios pánicos*, encabezado por una cita de Mussolini que me parecía que se podía aplicar al momento político que estaba viviendo Uruguay. En mí confluían varias actividades que me volvían enemiga del fascismo que estaba en ese momento apareciendo en Uruguay: en primer lugar era catedrática, creo que mis clases eran bastante subversivas; en segundo lugar, yo era la benjamina del semanario de izquierda, *Marcha*, que después la dictadura cerró; y en tercer lugar, este libro que era una clara advertencia sobre los peligros del militarismo y sobre todo del ascenso al poder de una clase aliada con los militares, que tenía proyecto de exterminio de la vanguardia; claro, entonces al confluir estos tres motivos (y tú sabes muy bien que buena parte de la redacción de *Marcha*, incluso el propio Onetti, fueron presos) tuve la suerte de que pude escapar a tiempo. Yo siempre cuando me preguntan por qué a

España, yo digo: bueno, cuando uno se escapa de madrugada y tiene que confiar en dos o tres personas que lo pueden sacar del país no puede elegir el país, no es un viaje de turismo, uno no mira los catálogos y dice yo me quiero ir acá; las personas que me pudieron sacar me pudieron sacar en barco con destino a Barcelona. Salí al exilio sin llevarme nada, porque no podía llevar maletas. Mi casa estaba vigilada. Por supuesto que el exilio es muy doloroso porque responde quizás a alguno de los grandes sentimientos de pérdida que tiene uno: uno pierde la identidad en primer lugar. En Barcelona ¿qué iba a decir? Soy una escritora famosa en Uruguay. Lo primero que me preguntaban era ¿dónde está Uruguay? En segundo lugar, no tenían por qué creerme, no habían visto los libros ¿qué iba a decir? ¿soy profesora en la Universidad de Montevideo? ¿Dónde queda Montevideo? Es decir, uno lo que pierde son los referentes, uno cambia el espacio y el tiempo. Según los psicólogos, cuando estas dos nociones son violentamente quebradas con el paso del tiempo, uno se vuelve loco; claro, había que usar la cabeza. Hay que hacer el duelo, además, hay que llorar mucho. Yo estoy convencida que las grandes pérdidas hay que llorarlas mucho para poder después pasar esa etapa; si no, se arrastran toda la vida. De manera que lloré todo lo que tenía que llorar, me puse mal, me deprimí todo lo que tenía que deprimirme y empecé a hacer una cosa positiva, que, mirada desde ahora, es una locura, pero yo creo que me sirvió: empecé a luchar contra la dictadura desde Barcelona, durante el franquismo monté el primer comité de solidaridad con los presos políticos de Uruguay, lo cual me valió que me echaran de España y me tuve que exiliar por unos meses, en París, en '74.

Ya el franquismo estaba bastante deteriorado, pero de todas maneras psicológicamente respondía a la necesidad de afirmar una identidad: yo soy uruguaya, aunque estoy aquí por razones políticas, mi identidad sigue allá y hago lo que mi inconsciente me pide que haga para darme a mí misma la continuidad. Por suerte pude volver a España; al año siguiente adquirí la nacionalidad española y digamos que durante los años que hubo la dictadura uruguaya yo fui fundamentalmente una escritora exiliada, dado que nunca tuve carrera política de ningún partido, pero era conocida por todos los uruguayos que estaban repartidos por todo el mundo. Era la figura que reunía, al no tener un cargo específico, que podía establecer, el nexo entre diversos grupos políticos. Pero una vez que se acabó la dictadura (yo digo que psicológicamente uno también siente pérdida aun de las cosas malas), cuando yo festejé la caída en Barcelona con muchos amigos catalanes, al otro día no sabía qué hacer con mi vida. Había perdido un rol, un rol que no había elegido, que había elegido la historia por mí, pero me pregunté: ahora yo ¿qué hago? Ya no soy la escritora del exilio. Hay que darse tiempo para reinventarse otro deseo y otro papel y hay que ser paciente con esas épocas de transición. Como todo el mundo, tuve la duda de si volvía o no a Uruguay; yo creo que fui de las primeras en regresar. Llegué el primero de mayo, que es el día de la gran manifestación en Uruguay, estuve un mes y tomé la decisión de volver a España. No me lo propuse de manera definitiva, pero sentí que tenía que volver a España y quedarme allá, aunque voy muy a menudo a Uruguay, sobre todo porque efectivamente como pasó, me pareció que iba a empezar una etapa difícil en Uruguay, de competencia, de duelos, quién sufrió más, fantasías muy raras, las fantasías de que los exiliados en realidad tuvimos mucha suerte porque tuvimos oportunidades que los demás no tuvieron, son todas fantasías. Lidiar con las fantasías del ser humano es muy difícil —los escritores lo sabemos muy bien— por lo tanto mi decisión de mantenerme en España fue en parte para preservarme de las cosas que me duelen mucho: la gente no puede disputar sobre quién sufrió más, realmente no hay manera de medir el dolor y no podemos competir en eso, son dolores distintos. Por otro lado, yo creo que lo que uno hace por conciencia no tiene que pedir retribuciones, es decir, tampoco voy a volver a Uruguay a que me pongan medallas por haber luchado contra la dictadura. Era lo que sentía que tenía que hacer, estoy completamente satisfecha, lo haría otra vez; y ahí otra vez regresar a España porque también es cierto que los 22 años que duré en España, yo tengo un papel en España. Mis libros estaban prohibidos en Uruguay y en cambio yo publicaba en España; yo soy antimonárquica —evidentemente soy republicana— pero en el momento en que no podía entrar a Uruguay el rey de España me invitó a la Zarzuela, y yo escribí un artículo en *El País*, de España. A ver, vamos a entendernos, yo no soy peligrosa para el rey de España y lo soy para los uruguayos ¡qué paradoja! de manera que creo que acerté también en eso, y sobre todo porque como para mí lo importante es conservar esa zona de placer de la escritura, creo que la he podido mantener estos años. El exilio no es un acto voluntario, la pérdida del reino; la expulsión del paraíso me parece ilusoria también, de manera que si es un acto involuntario, la armonía de las cosas exige que uno lo corresponda con también dejar que sea el tiempo el que decida, un poco la historia la que decida también. Por suerte nunca me han ofrecido ningún puesto en Uruguay, porque si me hubieran ofrecido —que estuvieron a punto ... la única ministra que había en el gabinete me dijo que pidiera algo; por suerte me lo dijo el día antes de volver a Barcelona— porque posiblemente la parte mía más yoica, que tenía más que ver con el sentido del deber y no del placer, lo hubiera hecho y vuelvo para hacer algo por mi país. Yo ya he hecho suficiente por mi país.

—¿Has encontrado una atmósfera en la que sustituyes referentes de expulsión por referentes de realización?

Claro, porque a pesar de las diferencias folklóricas —en Uruguay se toma mate; en España el carajillo— yo soy antinacionalista completamente, y por ser antifascista, entonces generalmente lo que la gente considera tradiciones, rasgos nacionales, son cosas folklóricas, costumbres —que se come la carne de tal manera o de tal otra— pero las cosas profundas del ser humano son universales. Todos nos enfermamos, todos nos vamos a morir, todos nos enamoramos y da lo mismo si de hombres o mujeres, perros o gatos, alguien que no es nada izquierdoso (como es el famoso cirujano Barnard, sudafricano, una vez que le preguntaron sobre el nacionalismo dijo: cuando yo opero un corazón así sea de negro o de blanco el corazón es el corazón, es una víscera igual en todos, el color de la piel es sólo epidérmico), yo creo que a veces hasta diría, repitiendo a Virginia Woolf en el *Orlando*, para ciertas cosas hasta la diferencia sexual es poco determinante: somos hombres y mujeres, nos morimos igual, tenemos las mismas enfermedades, de manera que yo pude encontrar en España problemas muy similares. Lo que varía es cómo se visten, qué nos ponemos de ropa, las formas de la seducción, pero seducimos igual; el código puede ser diferente, pero la seducción es necesaria en la vida. Yo además soy una mujer con muchos intereses, me conecto rápidamente con muchos temas, de manera que no podía permanecer indiferente a la realidad española; yo no me exilié para dar la espalda al lugar en el que estaba. Con mucho dolor yo sabía que estaba haciendo dos trabajos: por un lado me estaba quejando todo el tiempo del exilio y por otro lado me daba cuenta que estaba haciendo todo lo posible para pisar tierra ahí también. Entonces sería incluso injusto con esos años de mi vida si yo considerara que fueron un paréntesis nada más. Por supuesto que cambia la literatura, pero es que también la literatura hubiera cambiado en Uruguay. A mí me preguntan qué hubiera escrito en Uruguay, y ¿cómo voy a saberlo? No importa, lo que importa es que uno siga escribiendo, evidentemente un libro como *La última noche de Dostoievski*, que habla de un problema sociológico muy importante en España —que es lo que se llama la ludopatía, y que es un fenómeno muy español— ese libro no lo hubiera hecho en Uruguay porque no es un problema uruguayo; pero ludopatía ha habido siempre, de manera que si una realidad es muy rica y uno está vivo, no es un muerto en vida, los estímulos están en un lado o en el otro. Evidentemente si yo volviera a Uruguay cambiaría otra vez mi literatura, dado que no hago una literatura que esté totalmente desvinculada a la realidad; yo creo que es una interrelación, nadie tiene un mundo interior completamente ajeno a la época histórica que le ha tocado vivir. Claro, hay lugares a los que no hubiera ido nunca, hay paisajes fóbicos para mí (yo al desierto no voy ni atada, no me gusta) pero en el fondo no son sociedades tan diametralmente opuestas. Evidentemente Uruguay ha sido una sociedad enormemente más democrática que la española, pero también ése es un motivo de reflexión: he aprendido mucho acerca de qué pasa en un país cómo España o como Rusia, donde no ha habido nunca democracia, cómo se jerarquiza el autoritarismo y todo lo que implica, incluso las relaciones personales.

—¿Cómo es tu vida en Barcelona? ¿Ha sido siempre tu ciudad luego de que saliste, fuera de ese período en París?—

Viví también un poco en Berlín en el año de 1980 porque me dieron la beca del DADA, y me encantó. Incluso uno de mis libros de poemas que se llama *Europa después de la lluvia* está dedicado a Berlín y la mayoría de los poemas son poemas berlineses, pero siempre vuelvo a Barcelona. Yo creo que fundamentalmente porque es la segunda patria que tuve, es el único lugar donde monté casa después del exilio. Durante mucho tiempo no pude viajar fuera de Barcelona porque me venía el síndrome del exilio, inconscientemente tenía miedo de perderlo todo otra vez, de manera que a veces me dicen dónde está Montevideo, por Barcelona. Claro se ve que alguna manera la considero ya mía, se pueden tener dos patrias, se pueden tener dos amores ¿por qué no?

Además es una ciudad muy dura para integrar a los extranjeros, incluso para integrar a los propios españoles no catalanes; yo creo que he ganado por resistencia. Si a mí me han integrado es por puro aguante, por la paciencia que he tenido.

—Pero tienes un grupo de amigos significativos y te mueves como pez en el agua en el medio español—

Sí, pero lo he tenido por paciencia, y creo que también ayuda el hecho de que en inglés en sociología hay una hermosa distinción entre integración y asimilación. Yo no estoy asimilada, estoy integrada; eso para mí es seguir siendo uno y confrontar muchas veces, y también comprender, a los demás. Quizás en la primera etapa del exilio uno sólo necesita ser comprendido, pero después uno puede entender a los demás y las diferencias; el concepto más difícil es amar las diferencias. Eso los nacionalistas no lo pueden hacer —el nacionalismo es una suerte de narcisimo colectivo, sólo puede aceptar lo igual para afirmarse y reafirmarse. Creo que los que nos hemos exiliado hemos tenido que hacer el aprendizaje de amar las diferencias, confrontarlas y comprender que el punto de vista del otro no es ni mejor ni peor, es diferente, es otra categoría. Pienso que eso a la larga ha hecho que mi convivencia sea cómoda.

—Una pregunta que puede parecer un tanto idiota, pero que me interesa hacer ¿cuál es la aventura más audaz que tu has emprendido en tu vida?—

Yo creo que la más peligrosa, cuando menos, fue antes de exiliarme. Tuve en mi casa escondida a una alumna durante tres meses, que después la secuestró el ejército, que estuvo en un campo de concentración muchos años, y que después se salvó, pobrecita, porque se estaba muriendo. El embajador sueco la salvó, la llevó a Suecia y ahora es una personalidad muy importante en Suecia. Aprendió el sueco de inmediato. Fue la estudiante que hizo en menor tiempo la carrera de antropología y ahora es escritora. Creo que ahí me la jugué mucho en Uruguay, pero me la jugué sabiendo que protegía a alguien muy valioso, una chica extraordinariamente inteligente y que ha demostrado que efectivamente se merecía la confianza que yo tuve en ella.

—Sobre la relación entre literatura y política ¿qué piensas?—

Yo creo que Sartre cuando contesta ¿qué es la literatura? es compromiso político, la palabra "política" puede ser entendida en una forma muy amplia. "Política" puede ser todo, hasta la manera de hacer el amor, si le damos esa acepción. Evidentemente la literatura es compromiso, pero en esa acepción amplísima en la que, por ejemplo, un libro feminista y político en que en determinados momentos reivindicar eros es político, sólo en esa acepción. El compromiso del escritor es con todo; claro que el no puede con todo, por lo tanto, tendrá que elegir según sus aptitudes y el momento histórico aquellas partes en que pueda sentir que su compromiso con el ser humano es con la libertad. Yo coincidí con Milan Kundera una vez en París, en un congreso de exiliados; el discurso de Kundera y el mío era igual, simplemente que él hablaba del totalitarismo en Checoslovaquia y yo del totalitarismo en Uruguay. Posiblemente si hubiéramos tenido que hablar de las virtudes de esos regímenes hubieran sido distintos, él hubiera podido hablar de unas virtudes que la dictadura uruguaya no tenía, pero en la parte de defensa de la libertad que se necesita para vivir, para escribir, la libertad que es específica del ser humano, que nos permite evolucionar y cambiar, era idéntico. Yo pensé en un momento, si hubiera nacido en Checoslovaquia hubiera luchado igual que él contra el régimen, y si él hubiera nacido en Uruguay hubiera luchado igual. Aunque aparentemente veníamos de posiciones políticas muy diferentes, si se hablaba de partidos políticos: él era un exiliado, de un país comunista y yo de un país bajo el fascismo, incluso yo era una mujer de izquierda y lo soy todavía. Pero evidentemente ésas son nomenclaturas, estábamos defendiendo lo mismo, la libertad. En ese sentido pienso que el compromiso del escritor es siempre con la libertad. A veces pasa en momentos concretos por apoyar ciertas formaciones políticas porque son las que están defendiendo la libertad, pero no de manera esencial. Yo no creo en las esencias para nada: tengo un pensamiento totalmente antiesencialista. Ccreo que las esencias confunden todo y además son reduccionistas. Por eso no se puede definir qué es ser mujer, qué es hombre, empezamos a excluirnos, qué es ser catalán, qué es ser español, qué es ser escritor, nos ponemos normativos, por lo cual empezamos a reducir los hábitos. Entonces si resulta que la literatura es sólo compromiso político entendido de una manera partidista, sólo será literatura algunos libros. No, yo creo que justamente lo que hace que el género humano progrese es la libertad. Y es que no podemos decir nunca de manera definitiva: "esto es la literatura", el realismo mágico, más Kafka, más el simbolismo, más el realismo, es todo. Si nos ponemos excluyentes, terminamos por reducir, y por oprimir sobre todo; en ese sentido yo me considero una escritora de la libertad en todos los terrenos y creo que es la oferta que debo hacerle al lector, porque el lector también tiene que sentirse que es un hombre libre a pesar de que esa libertad no puede ser absoluta.

Bibliografía: Cristina Peri Rossi

Viviendo. Montevideo: Alfa, 1963.
Los museos abandonados. Montevideo: Arca, 1968; Barcelona: Lumen, 1992.
El libro de mis primos. Montevideo: Biblioteca de Marcha, 1969; Barcelona: Grijalbo, 1989.
Indicios pánicos. Montevideo: Nuestra América, 1970; Barcelona: Bruguera, 1981.
Evohé. Montevideo: Girón, 1971.
Descripción de un naufragio. Barcelona: Lumen, 1975.
Diáspora. Barcelona: Lumen, 1976.
La tarde del dinosaurio. Barcelona: Planeta, 1976; Barcelona: Plaza y Janés, 1985.
Lingüística general. Valencia: Prometeo, 1979.
La rebelión de los niños. Caracas: Monte Ávila, 1980; Montevideo: Trilce, 1987.
El museo de los esfuerzos inútiles. Barcelona: Seix Barral, 1983.
La nave de los locos. Barcelona: Seix Barral, 1984.
Una pasión prohibida. Barcelona: Seix Barral, 1986.
Europa después de la lluvia. Madrid: Banco Fundación Exterior, 1987.
Cosmoagonías. Barcelona: Laia, 1988.
Solitario de amor. Barcelona: Grijalbo, 1988.
Fantasías eróticas. Madrid: Temas de Hoy, 1990.
Babel bárbara. Caracas: Angria, 1990; Barcelona: Lumen, 1991.

La última noche de Dostoievski. Barcelona: Grijalbo, 1992.
La ciudad de Luzbel. Montevideo: Trilce, 1993 (una selección de relatos publicados originalmente en *Cosmoagonías*, 1988).
Otra vez Eros. Barcelona: Lumen, 1994.

www.ingramcontent.com/pod-product-compliance
Lightning Source LLC
Chambersburg PA
CBHW071400300426
44114CB00016B/2134

David Zac Niringiye's *The Church in the World: A Historical-Ecclesiological Study of the Church of Uganda* traces the Anglican Church of Uganda from its origins to the 1990s with a focus on its role in the socio-political life of post-independent Uganda. The study of ecclesiology in an African context has not attracted sufficient scholarship, in comparison to other theological themes related to the church in Africa. In this manuscript, Zac seeks to redress this imbalance by developing an ecclesiological analysis of the Church of Uganda. This book well achieves its objectives and has merits on several levels: First, this is a book written by one of the dynamic bishops with a long experience in church administration. The author has brought to his work not only a critical attitude to the church in Uganda but also an observer's impression. Second, the detailed select bibliography that includes primary and secondary sources adds to the value of this manuscript as it indicates that the author has made a thorough investigation of the field. Third, this manuscript is well-organized and easy to read. Zac has written one of the most valuable manuscripts which deserve to be read not only by those with an interest in the future of the church in Uganda, but also by anyone concerned with the debate over the modern concept of ecclesiology. I heartily recommend it.

Christopher Byaruhanga
Fulbright Scholar-in-Residence, Greenville College, Illinois, USA,
Professor of Systematic and Historical Theology, Uganda Christian University

This is a significant book on telling the Christian story. The church exists in the world, shaped by and shaping the world – in this case, the turbulent world of post-colonial Uganda. David Zac Niringiye demonstrates how the Anglican Church in Uganda more often reflected the political and social tensions in the country, while also highlighting when its faith in Christ was manifest. He draws primarily on interviews with Anglican Church leaders who shaped this narrative, creating an immediate and searching account into events and their origins. Each chapter concludes with a probing theological reflection on the Anglican Church's complex testimony to Christ in the midst of the historical period described. The book is essential reading both within and beyond Uganda, as churches in our world continue to wrestle with the nature of Christian faithfulness in the face of political and social turbulence.

Angus Crichton
Research Associate, Cambridge Centre for Christianity Worldwide

This is an important contribution to African Christian history. In late Victorian times "the wonderful story of Uganda" (to quote the title of a book which went though many editions) offered an inspiring glimpse of Christian success in Africa with few parallels. Bishop Niringiye traces the subsequent development of the Church in relation to the development of the nation, illustrating the dynamics of a major movement of religious renewal, the East African Revival, in church and society. In particular he explores the life of the Church in the often convulsive events of the three decades following national independence, drawing attention to theological and social implications. For all seriously concerned with African church history, this is essential reading; those concerned to understand more about contemporary world Christianity, and the place of Africa within it, will also gain much from it.

Andrew F. Walls
University of Edinburgh, Liverpool Hope University
and Akrofi-Christaller Institute, Ghana

This study by Bishop Zac Niringiye constructs a broad framework for the ecclesiology of the Church of Uganda. As such it is a major resource for all people interested in the history of the church in Uganda. Niringiye's focus on four motifs – authenticity, identity, sacrament and mystery – that explicate the corporate faith, ministry, mission and presence of the Church in Uganda's historical-context, are offered as pillars for constructing an African ecclesiology. This may surprise some, but it is a much-needed welcome corrective to certain assumptions. In my opinion, this book is one of the most significant contributions to the literature on Anglican Christianity in Uganda. A must read!

Alfred Olwa
Dean, Bishop Tucker School of Divinity and Theology, Uganda